Werner Lindner (Hrsg.)

Kinder- und Jugendarbeit wirkt

Werner Lindner (Hrsg.)

Kinder- und Jugendarbeit wirkt

Aktuelle und ausgewählte
Evaluationsergebnisse
der Kinder- und Jugendarbeit

VS VERLAG FÜR SOZIALWISSENSCHAFTEN

Bibliografische Information Der Deutschen Nationalbibliothek
Die Deutsche Nationalbibliothek verzeichnet diese Publikation in der
Deutschen Nationalbibliografie; detaillierte bibliografische Daten sind im Internet über
<http://dnb.d-nb.de> abrufbar.

1. Auflage 2008

Alle Rechte vorbehalten
© VS Verlag für Sozialwissenschaften | GWV Fachverlage GmbH, Wiesbaden 2008

Lektorat: Stefanie Laux

Der VS Verlag für Sozialwissenschaften ist ein Unternehmen von Springer Science+Business Media.
www.vs-verlag.de

Das Werk einschließlich aller seiner Teile ist urheberrechtlich geschützt. Jede Verwertung außerhalb der engen Grenzen des Urheberrechtsgesetzes ist ohne Zustimmung des Verlags unzulässig und strafbar. Das gilt insbesondere für Vervielfältigungen, Übersetzungen, Mikroverfilmungen und die Einspeicherung und Verarbeitung in elektronischen Systemen.

Die Wiedergabe von Gebrauchsnamen, Handelsnamen, Warenbezeichnungen usw. in diesem Werk berechtigt auch ohne besondere Kennzeichnung nicht zu der Annahme, dass solche Namen im Sinne der Warenzeichen- und Markenschutz-Gesetzgebung als frei zu betrachten wären und daher von jedermann benutzt werden dürften.

Umschlaggestaltung: KünkelLopka Medienentwicklung, Heidelberg
Satz: <Bausatz> Frank Böhm, Siegen
Druck und buchbinderische Verarbeitung: Krips b.v., Meppel
Gedruckt auf säurefreiem und chlorfrei gebleichtem Papier
Printed in the Netherlands

ISBN 978-3-531-15218-9

Inhaltsverzeichnis

Werner Lindner
Kinder- und Jugendarbeit wirkt.
Aber: wie und wo und warum genau?.. 9

I Ausgangslage und Legimitationsbedarf der Kinder- und Jugendarbeit

Jens Pothmann
Aktuelle Daten zu Stand und Entwicklung der Kinder- Jugendarbeit –
eine empirische Analyse.. 21

Benno Hafeneger
Zur gegenwärtigen Situation der Kinder- und Jugendarbeit –
ein Kommentar zur aktuellen Datenlage... 37

Wolfgang Bisler
Zuflucht beim KJHG: Rettet das Recht die Kinder- und Jugendarbeit?.... 51

II Wirkungen der Kinder- und Jugendarbeit

Daniela Perl/Anna Heese
Mehr als nur ein schöner Urlaub: Langzeitwirkungen
von internationalen Jugendbegegnungen auf die
Persönlichkeitsentwicklung der TeilnehmerInnen................................... 67

Peter Cloos/Stefan Köngeter
„... uns war mal langweilig, da ham wir das JUZ entdeckt."
Empirische Befunde zum Zugang von Jugendlichen zur Jugendarbeit..... 81

Mike Corsa
„...dass ich einen Ort habe, wo ich Sachen ausprobieren kann..."
Sichtweisen junger Menschen zur Kinder- und Jugendarbeit............... 95

Thomas Kreher
Jugendverbände, Kompetenzentwicklung und biografische
Nachhaltigkeit.. 109

Ulrich Deinet
Qualität durch Dialog – Kommunale Qualitäts- und
Wirksamkeitsdialoge in der Offenen Kinder- und Jugendarbeit
am Beispiel Nordrhein-Westfalens.. 125

Barbara Klöver/Sonja Moser/Florian Straus
Was bewirken (Jugend-) Freizeitstätten? –
ein empirisches Praxisprojekt... 139

Achim Schröder
Politische Bildung im Kinder- und Jugendplan des Bundes.
Evaluation von Profil, Maßnahmen und Wirkungen............................ 153

Werner Lindner
„Ich lerne zu leben." – Bildungswirkungen in der kulturellen
Kinder- und Jugendarbeit... 167

Erich Schäfer/Stefan Schack
Wirkungen des Projekts „Schule und Ausbildung für Toleranz
und Demokratie".. 181

Wiebken Düx/Erich Sass
Lernen im freiwilligen Engagement –
Ein Prozess der Kapitalakkumulation... 199

Nanine Delmas
„... da bin ich langsam, wie soll ich sagen, klüger geworden." –
Qualität und Wirkungen Mobiler Jugendarbeit..................................... 213

Peter-Ulrich Wendt
Übergang ins Gemeinwesen als Prozesswirkung
selbstorganisationsfördernder Jugendarbeit................................ 227

Thomas Coelen/Ingrid Wahner-Liesecke
Jugendarbeit kann auch mit (Ganztags-)Schulen wirken................ 241

Wolfgang Ilg
Jugendreisen auswerten: Methodik und ausgewählte Ergebnisse
der Evaluation von Gruppenfahrten.. 261

III **Konzeptionelle, analytische und reflektierende Kommentare**

Marc Schulz
Evaluation als praktische Haltung in der Kinder- und Jugendarbeit..... 281

Joachim König
Qualitätskriterien zur Selbstevaluation in der Kinder- und Jugendarbeit... 295

Benedikt Sturzenhecker/Hiltrud v. Spiegel
Was hindert und fördert Selbstevaluation und
Wirkungsreflexion in der Kinder- und Jugendarbeit?..................... 309

Werner Thole
Verkannt und unterschätzt – aber dringend gebraucht. Zur Perspektive
der Kinder- und Jugendarbeit als pädagogischem Handlungsfeld........ 323

Verzeichnis der AutorInnen.. 341

Werner Lindner

Kinder- und Jugendarbeit wirkt.
Aber: wie und wo und warum genau?

Am Anfang stand die Auseinandersetzung um ‚Punkt' oder ‚Ausrufezeichen' im Titel dieses Bandes. Dies ist mehr als eine nur semantische Lappalie, wenn man Wirkungen im Arbeitsfeld der Kinder- und Jugendarbeit auf der einen Seite wie selbstverständlich als Faktum akzeptiert und dieses als unanfechtbare Aussage mit einem solide markierenden Punkt bekräftigt. Das Ausrufezeichen hingegen würde den besonderen Hinweis auf die Wirkungen betonten und sich der Aufmerksamkeitserzeugung, wie eines empathischen Jubelrufes über einen bislang womöglich unbekannten Befund bedienen.

Die Entscheidung des Herausgebers für den Punkt beruht zunächst auf der Überzeugung, dass es die Kinder- und Jugendarbeit nicht nötig habe, sich übertrieben marktschreierisch und aufmerksamkeitserregend im Spiel der fachlichen, öffentlichen und gesellschaftspolitischen Arenen zu inszenieren. Andererseits ist Aufmerksamkeit eine knappe Ressource und das Erscheinungsdatum dieses Bandes kein Zufall. Er erscheint zu einem Zeitpunkt, da die empirisch nachweisbare Entwicklung der Kinder- und Jugendarbeit, wiewohl regional differenziert, mehr denn je an einem kritischen Entwicklungs-, gar Wendepunkt zu stehen scheint (vgl. Pothmann/ Thole 2006; vgl. Pothmann in diesem Band) und ihr Legitimationsbedarf trotz anhaltender Bildungskonjunktur unvermindert anhält: „Jugendarbeit redet heute über Bildung aus der Defensive heraus. Über Bildung reden heißt: öffentlich legitimieren, was Jugendarbeit überhaupt soll." (Müller 2006; S. 295, vgl. Hafeneger in diesem Band) Ungeachtet aller ausgewiesenen Rechtsqualität als kommunale Pflichtaufgabe (vgl. Bisler in diesem Band) und ihrer fachlichen Expertise gerät die Kinder- und Jugendarbeit immer wieder zwischen die Mühlen von (vermeintlich) knappen Finanzmitteln und output-orientierten Steuerungsstrategien, die noch von jugendpolitischem Desinteresse, hin- und her schwankenden Themenkonjunkturen (etwa der Bildung, Kompetenzvermittlung, Beratung, Prävention, Integration, neuerdings: Gesundheit) und üblen populistischen Diskreditierungen flankiert werden.

Nachdem sich der Faktor „Wachstum" in der Dimension von „Quantität" vorerst und bis auf Weiteres im Arbeitsfeld der Kinder- und Jugendarbeit erledigt haben dürfte (Rauschenbach/ Schilling 2005; Thole/ Pothmann 2005, aktuell Schilling 2007), hätte er nunmehr – so die These – in der Dimension der „Qualität" an Bedeutung zu gewinnen. In diesem „Umschalten" von Quantität auf Qualität erhalten auch Evaluationen ihre Relevanz als „datenbasierte, methodisch angelegte und an Gütekriterien überprüfbare Beschreibungen und Bewertung von Programmen, Projekten und Maßnahmen, die unter Berücksichtigung des jeweiligen politischen Kontextes systematisch darauf abzielen, zu einer rationaleren Entscheidungsfindung und zu einer Verbesserung der Problemlösungsansätze beizutragen." (Heiner 2001, S. 483)

Wirkungen der Kinder- und Jugendarbeit werden von der Politik vorzugsweise dann angefragt, wenn Legitimationen benötigt werden oder die Umverteilung finanzieller Mitteln ansteht (was oftmals miteinander verwandt ist). Als etwa im August 2006 Kürzungen in der Sächsischen Jugendverbandsarbeit verkündet wurden, räumte der zuständige Staatssekretär zwar ein, dass sich die Arbeit der überörtlichen Jugendverbände „grundsätzlich bewährt" habe; gleich wohl sei dem gesellschaftlichen und demographischen Wandel Rechnung zu tragen mit der Konsequenz für die Verbände, „…die Effizienz und Wirksamkeit ihrer Arbeit zu beleuchten" (www.jugendhilfeportal. de, Mitteilungen v. 23. 08. 2006) Ob Evaluationen in einem solche Fall als „Heilsbotschaften" die gewünschte Abhilfe schaffen, darf bezweifelt werden. Denn das Beispiel des Wirksamkeitsdialoges in Nordrhein-Westfalen erweist, dass auch die ambitioniertesten Modelle ausbluten, wenn es die Politik nicht mehr interessiert und angesichts vorgeblicher finanzieller Sachzwänge „unvermeidliche" Einsparungen anstehen. Allein die hierbei sich aufdrängende (hypothetische) Frage, ob die Kürzungen etwa zurück genommen würden, wenn die Ergebnisse entsprechend positiv ausfielen, mutet naiv an. Zugleich werden dokumentierte und reflektierte Erfahrungen des Scheiterns ausgeblendet, die mindestens ebenso wertvolle Kenntniszugewinne erbringen können.

Wo die Ressourcen (vermeintlich) knapp sind, macht es mindestens Sinn, sie dort einzusetzen, wo sie ihre maximale Wirkung entfalten. Aus diesem Grund durchzieht „… die Wirkungsdebatte als Steuerungsdiskurs Politik, Profession, Institutionen und Wissenschaft. Die Idee einer wirkungsorientierten Steuerung ist zu so etwas wie einer gemeinsamen Leitlinie geworden." (Otto 2007a, S. 19; vgl. Otto 2007b; Deutscher Bundestag 2007, S. 66f; vgl. Pluto u. a. 2007) Wirksamkeitsuntersuchungen und -nachweise gehören mithin zum unerlässlichen Fachbestand der Kinder- und Jugendarbeit; sie sind gemäß ihren Funktionen ‚Erkenntnis', ‚Kontrolle'; ‚Entwicklung' und ‚Legitimation' (Stockmann2006, S. 66ff) unentbehrlich für die fachliche Selbstvergewisserung, für Vorhaben der Qualitätsentwicklung wie auch für die Legitimation nach außen. Aber: sie schützen im Zweifelsfall vor gar nichts. Trotzdem müssen sie geleistet werden. Damit wird deutlich, dass Evaluationsergebnisse, wie überzeugend sie immer sein mögen, der Problematik von Nutzenorientierung und Instrumentalisierung kaum entgehen.

In einer erweiterten Dimension gewinnt die Frage nach Wirkungen dort an Gewicht, wo gerade im Bereich der Bildungspolitik neuerdings vermehrt (und durchaus nicht unproblematisch) von „Investitionen" die Rede ist. So führte etwa Bundespräsident Horst Köhler am 21. Sept. 2006 in seiner Berliner Rede unter dem Titel „Bildung für alle" aus: „(Ohne) ausreichende und effektive Bildungsausgaben wird der Weg zu gesunden Staatsfinanzen noch schwieriger. Deshalb müssen wir den Mut und die politische Kraft haben, anderes zugunsten der Bildung zurück zu stellen. Sie ist die wichtigste Investition, die unsere Gesellschaft und jeder einzelne tätigen kann. Wer an der Bildung spart, spart an der falschen Stelle." Im Weiteren zitierte Köhler noch John F. Kennedy mit der Aussage: „Es gibt nur eine Sache auf der Welt, die teurer ist als Bildung – keine Bildung."

So willkommen derartige Thesen in ihrer Programmatik sein mögen, bleibt doch – zum einen – zu prüfen, inwiefern Untersuchungen zu den volkswirtschaftlichen Erträgen von Investitionen in Bildung (vgl. Konsortium Bildungsberichterstattung 2006, Sell 2004, Kerstan 2006) solche Überzeugungen tatsächlich plausibel zu stützen vermögen. Zum anderen haben die Debatten um Wirkungen der Kinder- und Jugendarbeit die Fallen eines solchermaßen ökonomisierten Diskurses sorgfältig im Auge zu behalten. Denn wenn Kinder- und Jugendarbeit sich auf die Logik derartiger Sprach- und Denkregelungen einlässt, begibt sie sich umso mehr in die Pflicht, Erträge, Wirkungen und „Renditen" nachzuweisen. Die etwa von Albert (2006) aufgeworfene These, nach der sich „die Erkenntnis in der Sozialen Arbeit (nur langsam entwickelt), dass (diese) eine von der Gesellschaft und vom Staat finanzierte Dienstleistung ist und sich aus diesem Grund auch die berechtigte Frage stellen muss, nach welchen (Kosten-) Kriterien sie eigentlich arbeitet", reduziert das Problem auf die pure Effizienz- bzw. Outputdimension, solange nicht auch der Blick auf Zielerreichung, Ertrag und Nutzen (Outcome bzw. Effektivität) für die Adressaten gerichtet wird und eine reflektierte fachliche wie gesellschaftspolitische Dimension außer acht bleibt. So ist auf der einen Seite der Anspruch aufrecht zu erhalten „dass Evaluation darauf abzielt, durch eine datenbasierte Bewertung von Handlungsalternativen zu einer rationaleren Entscheidungsfindung beizutragen" (Heiner 2001, S. 491) Zugleich aber ist in Rechnung zu stellen, dass „Evaluationsmodelle (….) ebenso wie Evaluationen auf Wertentscheidungen beruhen, die nicht hinreichend durch wissenschaftliche Analysen begründet werden können. So lässt sich die Auswahl von Evaluationskriterien zwar wissenschaftlich untersuchen (Welcher Logik folgen sie? Wen begünstigen sie? Was wird auf diese Weise ausgeblendet?). Sie lassen sich damit aber nicht zwingend begründen." (Heiner, ebd.)

„(Das) Bedürfnis nach öffentlicher Kontrolle steigt, es breitet sich eine „gesellschaftliche Unruhe" aus. Es gibt keine Zeit und keine Ressourcen mehr zu verlieren. Kinder sind zu einem knappen Gut geworden. Deshalb sollen möglichst nur noch solche Interventionen begonnen und Angebote bereitgehalten werden, die nachweislich einen ökonomischen Nutzen haben. Ist dieser nicht belegt, läuft die jeweilige Maßnahme Gefahr, prinzipiell in Frage gestellt zu werden." (Pluto u. a. 2007, S. 27) Die fraglos heikle, aber wohl unvermeidbare Kopplung von Evaluationsergebnissen an Nutzerorientierungen ist mithin sorgfältig zu beachten; und dies gilt insbesondere dort, wo zwar gern „innovative" Lösungen oder Wirkungen erwartet (oder explizit gefordert) werden, diese aber vorab innerhalb eines politisch oder administrativ zumeist restriktiven und vorab gesetzten Rahmens zu erfolgen haben. Gerade hier steht die Frage zu Beantwortung an: „(Wer) definiert wie zu welchem Zeitpunkt den jeweiligen Nutzen, und wie kann für eine Evaluation entschieden werden, was jeweils wann als nützlich zu gelten hat?" (Haubrich/ Lüders/ Struhkamp 2007; S. 193) Evaluation lässt sich somit nicht auf pure Forschung reduzieren, denn sie wird als Beratungsinstrument für die Politik (auf kommunaler, Landes- oder Bundesebene) eingesetzt, die über die Gewährung und Legitimation von Ressourcen entscheidet: „Evaluation ist nicht einfach eine Form angewandter Sozialforschung, sondern eine eigenständige Methode wertender Analyse, die sich auf den Balanceakt zwischen Wissenschaft und Politik spezialisiert hat." (Bewyl 1988 zit n. Heiner 2001, S. 482) Ohne das Bedenken des Entstehungs- und Verwertungszusammenhangs und ohne den Bezug auf fachliche Debatten sowie gesellschaftspolitische Rahmenbedingungen, reduziert sich Evaluation auf die „Analyse der Funktionstüchtigkeit unter gegebenen Leitbildern bei nicht mehr hinterfragten Zielvorstellungen" (Heiner 2001, ebd.) und verkommt zu kontextfrei-funktionaler Evidenztechnik.

Dass auch Kinder- und Jugendarbeit „irgendwie" wirkt, ist zunächst eine triviale Feststellung: „So ziemlich alles, was die Kinder- und Jugendhilfe tut oder nicht tut lässt sich operationalisieren, d. h. in der Form methodisch feststellbarer Merkmale beschreiben. Sobald dies geschehen ist, lassen sich ‚eindeutige' Messungen vornehmen, die nicht im geringsten ‚weniger präzise' sind als die in Euro und Cent ausgedrückten Berechnungen der Betriebswirtschaft. Entscheidend ist aber weniger die ‚technische' bzw. methodisch-methodologische Möglichkeit von Messungen, sondern die Frage, ob das, was dabei gemessen wird, sinnvoll ist. Trifft es den Kern dessen, um was es in der Kinder- und Jugendhilfe gehen soll?" (Schrödter/ Ziegler 2007, S. 5)

Die in diesem Band vorgestellten Evaluationsprojekte mögen in ihrer Anhäufung eine gewisse grundständige Verankerung von Evaluationen nahe legen, gleichwohl ist das Arbeitsfeld der Kinder- und Jugendarbeit von einer konsistenten „Evaluationskultur" noch weit entfernt, wie etwa die Einschätzung eines nach wie vor bestehenden „Evaluierungsvakuums" (Zitzmann 2006; S. 171) dokumentiert. So verwundert es kaum, dass selbst sozialpädagogische Fachkräfte der Kinder- und Jugendarbeit über Wirkungsergebnisse ihres eigenen Arbeitsfeldes oftmals nur unzureichend informiert sind. Wirkungsbefunde, wie sie aus anderen Bereichen der Jugendhilfe vorliegen (die nicht zufällig kostenintensive Pflichtleistungen sind, wie etwa die Jugendhilfe-Effekte-Studie JES; vgl. BMFSFJ 2002) bleiben einstweilen Zukunftsmusik. Schon die Voraussetzungen für die Beantwortung von Wirkungsfragen sind dünn aufgrund einer nach wie vor unzureichenden Forschungskultur, die sich bis auf weiteres auch den Vorwurf der Empirieabstinenz gefallen lassen muss. (vgl. z. B. Thole 2001; Münchmeier 2003; BMFSFJ 2005, S. 376 u. 390f; Fauser/ Fischer/ Münchmeier 2006, S. 7). Und wo auch Relationen und Abgrenzungen von Evaluation gegenüber verwandten, aber keineswegs identischen Instrumenten wie Praxisberichten, angeleiteten Reflektionen, Praxisberatungen, wissenschaftlicher Begleitung, Prozessbegleitung, „Monitoring" oder „Qualitätsentwicklung" uneindeutig sind, wird bereits die Qualität der ausgehenden Fragestellungen und der damit verbundenen Datenerhebungsinstrumente in Mitleidenschaft gezogen – von der Beachtung und Einhaltung solch anspruchsvoller Güte- und Qualitätskriterien gar wie des Handbuches der Evaluationsstandards (Sanders/ Joint Committee 1999; vgl. König in diesem Band) noch zu schweigen.

Die Kinder- und Jugendarbeit steht vor der Herausforderung, auf breiter Front Anschluss zu gewinnen an die Etablierung einer evidenzbasierten Praxis in der Sozialen Arbeit. (vgl. Otto 2007, S. 19) Auch wenn der Kinder- und Jugendarbeit in dieser Hinsicht zunächst eine gewisse Bescheidenheit gut ansteht, besteht auf der anderen Seite kein Grund, die Erfolge der eigenen Arbeit gering zu schätzen. Die Frage, ob man durch die Kinder- und Jugendarbeit ein besserer Mensch und rundum erfreuliches Mitglied der Gesellschaft wird, welches sich fortan als allzeit selbst-aktivierende und optimierende Humanressource bewährt, dürfte aufgrund der Unmöglichkeit präziser kausaler Zurechnungen nicht zu beantworten sein. So sind Evaluationen in der Kinder- und Jugendarbeit zunächst idealtypisch situiert zwischen zwei Extrem-Punkten: Am einen Pol findet sich eine Position, die jedwede Evaluierbarkeit aufgrund vielfältiger Zurechnungs- und Messprobleme radikal in Abrede stellt; am Gegenpol findet sich die Annahme präziser und unzweifelhafter Nachweisbarkeit unumstößlicher Wirkungseffekte. Die in diesem Band versammelten Evaluationen sind motiviert von dem Ansinnen, den hierbei entstehenden Zwischenraum auszuleuchten und sich dergestalt an eine evidenzbasierte – und das bedeutet nicht mehr und nicht weniger als: *beweisgestützte* – Praxis heranzutasten. Sie sind daher vergleichbar einem Puzzelspiel, in dem noch viele Steine fehlen, weder Anlass zur Selbstverleugnung, noch weniger aber Grund zur satten Selbstzufriedenheit, die ein entspanntes Zurücklehnen rechtfertigen würde.

Die im Folgenden vorgestellten Analysen hatten zunächst keinen strengen Filter zu passieren in der Verständigung auf einen dezidiert elaborierten Evaluationsbegriff, methodisch ausgefeilte Settings, ausdifferenzierte Evaluationsdesigns oder detaillierte Reliabilitäts- und Validitätskriterien. Hinreichendes Gütekriterium war in erster Linie das Vorliegen einer reflektierten sozialpädagogischen Fragestellung, auf die hin spezifische Daten in unterschiedlichen Handlungsfeldern erhoben wurden. Die Zusammenstellung der Ergebnisse ist zudem eklektisch; andere vorliegende Evaluationen (z. B. Hellmann 2002; Lynen van Berg 2005, Lindner 2004, Schwab 2006, Klawe 2007; Schröder/ Streblow 2007, DJI 2006, Speck 2006; vgl. exe-Datenbank des DJI; Jugend- und Familienstiftung Berlin 2007; Sack/ Schumann 2007) wurden nicht berücksichtigt, das Dunkelfeld vielfach verstreuter interner, aber nicht publizierter Untersuchungen wurde billigend in Kauf genommen.

Mit den vorliegenden Ergebnissen wäre gleichwohl neu einzutreten in die öffentliche Auseinandersetzung um den Stellenwert und die Perspektiven von Kinder- und Jugendarbeit. Hierzu will der vorliegende Band einen Beitrag leisten. So sind die vorliegenden Arbeiten in ihrer Zusammenstellung zu werten als eine erste Bestandaufnahme, um innerhalb eines begrenzten Rahmens Forschungsergebnisse aus der Kinder- und Jugendarbeit vorzustellen und damit einen kleinen Sockel für weitere Anregungen zur bieten, um die Ergebnisse überhaupt erst einmal zur Kenntnis zu nehmen, Schwachstellen zu identifizieren und geeignete Forschungen/ Evaluationen weiter voran zu treiben. Dies gilt beispielsweise für eine Verständigung über Erfolgsbedingungen und Vergleichskriterien von Wirkungen, für die Frage der Übertragbarkeit von Ergebnissen, aber auch für vergleichende Wirkungszusammenhänge und der Frage, mit welchen Methoden welche Wirkungen erzielt werden. Zudem besteht weiterhin Bedarf an alltags- und praxistauglichen Messinstrumenten und Indikatoren. Weithin wünschenswert wären Bemühungen in Richtung vergleichbarer Qualitätsdimensionen (für die in der Kinder- und Jugendarbeit kaum Voraussetzungen und operationalisierte Grundlagen vorhanden sind). Das Gleiche gilt für das Vorliegen begründeter Hypothesen über die Funktionsweise des jeweiligen Arbeitsfeldes, die Entwicklung von Arbeitshilfen, für Fort- und Weiterbildungen, für die Verbindung von Evaluationsergebnissen mit der Jugendhilfe- und Sozialplanung und die konzeptionelle Aktualisierung und Präzisierung, z. B. von Erfolgskriterien. Gerade hier erweisen sich die bloße Anlehnung an bestehende Ergebnissen wie auch die Kopie von Evaluationsdesigns als untauglich: „Wirkungsforschung (ist) vor allem dann fruchtbar, wenn sie keine leitlinienförmige Praxisanleitung, sondern ein empirisch fundiertes Arsenal an Deutungs-, Erklärungs- und damit Reflexionswissen bereit stellt, das eine Basis für eine *angemessene* – und d. h. vor allem dem Einzelfall angemessene – sozialpädagogische Praxis bereitstellen kann." (Schrödter/ Ziegler 2007, S. 43)

Dass Evaluationen neben der Bereitschaft zur Durchführung immer auch der erforderlichen, oftmals zusätzlichen, Ressourcen bedürfen, sei ausdrücklich zugestanden. Und das Problem, woher diese Ressourcen bei generell rückläufigen Mitteln, erhöhtem Problemdruck und allseits knappen Zeiten kommen sollen, wirft Fragen danach auf, inwiefern diese aus den vorhandenen Kapazitäten heraus zu erwirtschaften und dafür anderswo Einsparungen vorgenommen werden sollen. Zugleich harrt die seit Jahren anhaltende Entfremdung von Wissenschaft und Praxis der Überbrückung, könnten die bislang unzureichend ausgeschöpften Möglichkeiten der Kooperation mit Hochschulen, die längerfristige Platzierung in Fort- und Weiterbildung, die bessere wechselseitige Information über durchgeführte Untersuchungen sowie die Erprobung lokaler oder regionaler Evaluationskooperativen die erforderlichen Weiterentwicklungen durchaus befördern.

Schließlich wären die vorliegenden Ergebnisse geeignet, die immer noch unzureichend verankerte Rechtsqualität der Kinder- und Jugendarbeit zu fundieren. Wenn in dem Rechtskommentar von Jans/ Happe/ Saurbier/ Mann formuliert wird: „Bestrebungen in der Jugendhilferechtsreform, ein subjektiv-öffentliches Recht, einen Rechtsanspruch durchzusetzen, mussten an dem Fehlen einer realen Möglichkeit scheitern, konkrete Ansprüche auf Leistungen der Jugendarbeit zu konstruieren. Solche Angebote sind faktisch nicht vorstellbar, es mangelt in der Jugendforschung an gesicherten Erkenntnissen über die Wirkung der Teilnahme an Angeboten der Jugendarbeit" (zit. n. Fieseler 2006) – so dokumentieren die in diesem Band versammelten Beiträge jedenfalls, dass diesem Mangel mittlerweile deutliche Abhilfe geschaffen worden ist und damit die Rechtsverbindlichkeit von Leistungen der Kinder- und Jugendarbeit besser als je zuvor begründet werden kann. Folgt man der Auffassung, „dass Gesetze auch Ausdruck der aktuellen Fachdebatte (sind), die sich zum Zeitpunkt des Gesetzgebungsprozesses jedoch noch nicht umfassend in einer veränderten Praxis niedergeschlagen hat" (Pluto u. a. 2007, S. 19), dann wäre auch hier ein entscheidender Druckpunkt für die Weiterentwicklung der Kinder- und Jugendarbeit zu identifizieren.

Der Nutzen dieses Bandes für interessierte Fachkräfte der Kinder- und Jugendarbeit läge nicht zuletzt darin, über die hier versammelten Ergebnisse und Wirkungen eine Stärkung des fachlichen Selbstbewusstseins zu erlangen, die geeignet wäre, künftig mit gediegenen Argumenten in die fachinternen wie öffentlichen Debatten einzutreten. Denn die offensive Weiterentwicklung dieses sozialpädagogischen Feldes wird wesentlich über die Trias von plausibler Empirie, ausgewiesener Fachpraxis und markanter jugendpolitischer Öffentlichkeits- und Lobbyarbeit erfolgen. In diesem Sinne sind die vorliegenden Evaluationen auch geeignet, Entscheidungsträger aus Politik und Verwaltung nachdrücklich mit den Ergebnissen der Kinder- und Jugendarbeit bekannt zu machen – und sie ihnen bei anhaltender Ignoranz und womöglich erneut anstehenden Kürzungsrunden gegebenenfalls um die Ohren zu hauen.

Literatur

Albert, M. (2006): Die Ökonomisierung der Sozialen Arbeit. In: Sozial Extra, H. 7-8, S. 26-31

BMFSFJ (2005): Zwölfter Kinder- und Jugendbericht: Bildung, Betreuung und Erziehung vor und neben der Schule. Berlin

Deutsches Jugendinstitut (2006) ICOVET – Durch informelles Lernen erworbene Kompetenzen und ihre Validierung in der Berufsausbildung. In: http://www.dji.de/cgi-bin/projekte/output.php?projekt=389

Deutsches Jugendinstitut (2007): eXe-Datenbank. Projekt Strategien und Konzepte externer Evaluation in der Kinder- und Jugendhilfe. In: www.dji.de/ cgi-bin/projekte v.12.04.2007

Deutsches Jugendinstitut (2006): Wirkungsevaluation in der Kinder- und Jugendhilfe. Einblicke in die Evaluationspraxis. München

Deutscher Bundestag (2007): Jugendliche in Deutschland: Perspektiven durch Zugänge, Teilhabe und Generationengerechtigkeit. Antwort der Bundesregierung auf die Große Anfrage der Fraktion BÜNDNIS 90/ DIE GRÜNEN. Drs. 16/4818. Berlin

Fauser, K./ Fischer, A../ Münchmeier, R. (2006): Vorwort. In: Dies.: (Hrsg.): Jugendliche als Akteure im Verband. Bd. 1. Opladen, S. 7-9

Haubrich, K./ Lüders, Ch. (2001): Evaluation – hohe Erwartungen und ungeklärte Fragen. In: DISKURS – Studien zu Kindheit, Jugend, Familie und Gesellschaft, 11. Jg., H.3., DJI- München, S. 69-73

Haubrich, K. /Lüders, Ch. (2004): Evaluation – mehr als ein Modewort? In: Recht der Jugend und des Bildungswesens. Zeitschrift für Schule, Berufsbildung und Jugenderziehung, Jg. 57, Heft 3, S. 316 – 337

Haubrich, K./ Holthusen, B./ Struhkamp, G. (2005): Evaluation – einige Sortierungen zu einem schillernden Begriff. In: DJI Bulletin Sonderteil, Heft 72, S. 1-4

Haubrich, K./ Lüders, Ch./ Struhkamp, G. (2007): Wirksamkeit, Nützlichkeit, Nachhaltigkeit. Was Evaluationen von Modellprogrammen realistischerweise leisten können. In: Schröder/ Streblow 2007, S. 183-201

Heiner, M. (2001): Evaluation. In: Otto, H.-U./ Thiersch, H. (Hrsg.): Handbuch Sozialarbeit / Sozialpädagogik. 2. üb. Auflage. Neuwied, S. 481-495

Hellmann, W. (2002): Das Offene Kinder- und Jugendzentrum in der Lebenswelt seiner NutzerInnen – Eine Evaluationsstudie aus der Perspektive der BesucherInnen. Aachen.

Jugend- und Familienstiftung Berlin (2007): Evaluation der Streetwork und der mobilen Jugendarbeit in Berlin. Ergebnisbericht. Berlin

Kerstan, Th. (2006): Der Wohlstand von morgen. In: Die Zeit v. 20. Jan. 2006, S. 21 ff
Fieseler, G. (2006): Objektive und subjektive Rechtsansprüche in Sachen einer bildungsorientierten Kinder- und Jugendarbeit. Vortrag und Ms – Protokoll vom 19.06.2006. In: http://www.agot-nrw.de/ upload/Fieseler%2019.6.06 %20 Domund%20Rechtsverbindlichkeit.pdf vom 11.01.2007
Konsortium Bildungsberichterstattung (2006): Bildung in Deutschland. Berlin
Klawe, W. (2003): Evaluation als Instrument der Qualitätssicherung. In: deutsche jugend, 50. Jg.; H. 5. S. 202-209
Klawe, W. (2007): Evaluationsstudie Jugendliche in Individualpädagogischen Maßnahmen. Durchgeführt vom Institut des Rauhen Hauses für Soziale Praxis (isp) im Auftrag des AIM e.V. Hamburg
Müller, B. (2006): Der Bildungsauftrag der Jugendarbeit als Legitimationsstrategie. In: deutsche jugend, 54., Jg.; Heft 7/ 8, S. 295-302
Lindner, W. (2004): Selbstevaluation und/ als forschende Praxis – Anmerkungen und Reflexionen zum Modellprojekt „ Lernen, wie man lernt". In: Deutscher Kinderschutzbund, Ortsverband Essen (Hrsg.): Lernen wie man lernt. Ein Modellprojekt zwischen Jugendhilfe und Schule evaluiert sich selbst. Münster, S. 11-19
Lynen van Berg, H. (2005): Die Auseinandersetzung mit dem Rechtsextremismus – eine Frage politischer Konjunkturen? In: deutsche jugend, 53. Jg. H. 11, S. 467-476
Münchmeier, R. (2003): Jugendarbeitsforschung: Inspiration – Irritation – Legitimation? In: Rauschenbach, Th. u. a. (Hrsg.): Kinder- und Jugendarbeit – Wege in die Zukunft. Weinheim und München, S. 181-194
Otto, H.-U. (2007a): Zum aktuellen Diskurs um Ergebnisse und Wirkungen im Feld der Sozialpädagogik und Sozialarbeit – Literaturvergleich nationaler und internationaler Diskussionen. In: FORUM Jugendhilfe, 1/ 2007, S. 18-20
Otto, H.-U. (2007b): Zum aktuellen Diskurs um Ergebnisse und Wirkungen im Feld der Sozialpädagogik und Sozialarbeit. Literaturvergleich nationaler und internationaler Diskussion. Expertise im Auftrag der AGJ. Berlin
Pluto, L. u. a. (2007): Evaluation als Element der Qualitätsentwicklung in der Kinder- und Jugendhilfe. In: Dies.: Kinder- und Jugendhilfe im Wandel. Eine empirische Strukturanalyse. München, S. 376-390
Pothmann, J./ Thole, W. (2006): Trendbrüche – Kahlschlag oder geordneter Rückzug? Entwicklungen in der Kinder- und Jugendarbeit. In: AKJstat: http://129.217.205.15/akj/tabellen/kommentierungen/jugendarbeit/ juarb2.pdf vom 21.02.2007
Rauschenbach, Th./ Schilling, M. (2005): Die Kinder- und Jugendhilfe zu Beginn des 21. Jahrhunderts – am Ende ihres Wachstums? In: Dies. (Hrsg.): Kinder- und Jugendhilfereport 2. Analysen, Befunde und Perspektiven, S. 11-28
Sack, A./ Schumann, M. (2007): Die offene Arbeit als Basis im Aufgabenfeld von Schulsozialarbeit. In: deutsche jugend, 55. Jg., S. 376-394
Sanders, J. R. (2006): Handbuch der Evaluationsstandards. Die Standards des „Joint Committee on Standards for Educational Evaluation". 3., erw. und akt. Aufl. Wiesbaden
Schilling, M. (2007): Öffentliche Ausgaben für die Kinder- und Jugendhilfe stagnieren auch weiterhin im Jahre 2005. In: FORUM Jugendhilfe, 1/2007, S. 70-73
Schmidt, M. u. a. (2002) (Hrsg.): Effekte erzieherischer Hilfen und ihre Hintergründe. Schriftenreihe des BMFSFJ Nr. 219. Berlin und Stuttgart
Schmidt, M. (2005): Warum die öffentlichen Bildungsausgaben in Deutschland relativ niedrig und die privaten vergleichsweise hoch sind. Befunde des OECD-Länder-Vergleichs. In: Engel, U. (Hrsg.): Bildung und soziale Ungleichheit. Tagungsberichte; 9. Bonn
Schröder, U./ Streblow, C. (2007) (Hrsg.): Evaluation konkret. Fremd- und Selbstevaluationsansätze anhand von Beispielen aus Jugendarbeit und Schule. Opladen u. Farmington Hills
Schrödter, M./ Ziegler, H. (2007): Was wirkt in der Kinder- und Jugendhilfe? Internationaler Überblick und Entwurf eines Indikatorensystems von Verwirklichungschancen. Wirkungsorientierte Jugendhilfe. Band 02. Münster

Schwab, J. (2006): Bildungseffekte ehrenamtlicher Tätigkeit in der Jugendarbeit. In: deutsche jugend, 54. Jg.; H. 7/8, S. 320-328
Sell, S. (2004): Der Ausbau der Ganztagsschulen aus ökonomischer Sicht. In: Appel, S. u. a. (Hrsg.): Jahrbuch Ganztagsschule. Investitionen in die Zukunft. Schwalbach/ Ts.; S. 10-22
Speck, K. (2006): Qualität und Evaluation in der Schulsozialarbeit. Konzepte, Rahmenbedingungen. Wiesbaden
Stockmann, R. (2007): Evaluation und Qualitätsentwicklung. Eine Grundlage für wirkungsorientiertes Qualitätsmanagement. Münster
Thole, W. (2001): Kinder- und Jugendarbeit beobachten. In: http://www.ejh.de/ download/thole-k-u-j-arbeit.pdf
Thole, W./ Pothmann, J. (2005): Gute Jugendarbeit ist nicht umsonst zu haben. In: Rauschenbach/ Schilling, S. 65-84
Zitzmann, Chr. (2007): „Das habe ich im Gefühl!" Perspektiven für Praxis und Wissenschaft der Wirkungsforschung. In: deutsche jugend, 55. Jg., H.4; S. 170-177

Teil I

Ausgangslage und Legimitationsbedarf der Kinder- und Jugendarbeit

Jens Pothmann

Aktuelle Daten zu Stand und Entwicklung der Kinder- und Jugendarbeit – eine empirische Analyse

Gerade seit den 1990er-Jahren hat die Frage nach den Effekten konkreter noch nach dem Erfolg von Leistungen und Strukturen der Kinder- und Jugendhilfe im Allgemeinen sowie der Kinder- und Jugendarbeit im Besonderen erheblich an Bedeutung gewonnen. Eingebettet ist die Frage nach den Auswirkungen und vor allem auch nach den entsprechenden empirischen Nachweisen im politischen Raum in der Regel in Legitimations- und Rechtfertigungsdiskussionen, in der sich die Kinder- und Jugendarbeit zumindest derzeit noch zumeist in der Defensive befindet (Vorwort von Lindner zu diesem Band). Vor diesem Hintergrund wächst auch nach Analyse der Sachverständigenkommission zum Elften Kinder- und Jugendbericht der Bedarf an empirischem Wissen über die Wirkungen von Leistungen der Kinder- und Jugendhilfe und ihrer Arbeitsfelder (Deutscher Bundestag 2002; S. 100ff.).

Bevor man jedoch zu der Beantwortung dieser Frage kommt, sollte – und hier setzt der nachfolgende Beitrag an – eine andere, nämlich die nach der institutionellen Verfasstheit der Kinder- und Jugendarbeit, quantitativ-empirisch beantwortet werden. Diese Frage nach statistischen Daten zu stellen, liegt für einen Band, der über die Frage nach den Verfahren und den Ergebnissen von Wirkungsanalysen einen Beitrag zur öffentlichen Auseinandersetzung über den Stellenwert und die Perspektiven für die Kinder- und Jugendarbeit leisten will (Vorwort von Lindner zu diesem Band), durchaus nahe, macht aber ihre Beantwortung keineswegs einfacher. Denn bevor man sich in die Welt der Zahlen begeben kann, ist zu klären, was Kinder- und Jugendarbeit eigentlich ist, wie sich dieses pädagogische Handlungsfeld charakterisieren lässt, welche Markierungen zu setzen sind, um dieses Arbeitsfeld der Kinder- und Jugendhilfe einigermaßen verlässlich fassen zu können.

Legt man eine Definition von Thole (2000) zugrunde, so ist zunächst einmal zu konstatieren, dass es sich bei der Kinder- und Jugendarbeit um ein pädagogisch gerahmtes und organisiertes Sozialisationsfeld für Kinder ab dem Schulalter, Jugendliche sowie junge Erwachsene handelt. Zum Selbstverständnis gehört ein Bildungsanspruch, aber zweifelsohne auch ein ebenso starker Akzent auf der Gestaltung von Erlebnis- und Erfahrungsräumen. Die institutionellen Akteure in diesem Feld sind die öffentlichen und freien Träger der Kinder- und Jugendhilfe sowie Initiativen und Arbeitsgemeinschaften. Junge Menschen haben – auch das gehört zum Kern einer Kinder- und Jugendarbeit – hierüber die Möglichkeit, „selbstständig, mit Unterstützung oder in Begleitung von ehrenamtlichen(/freiwilligen) und/ oder beruflichen MitarbeiterInnen, individuell oder in Gleichaltrigengruppen zum Zweck der Freizeit, Bildung und Erholung einmalig, sporadisch, über einen turnusmäßigen Zeitraum oder für eine längere, zusammenhängende Dauer zusammen(zu)kommen und sich (zu) engagieren" (ebd.; S. 23).

Dieser umfassenden Charakterisierung ist sicherlich erstens noch hinzuzufügen, dass die Kinder- und Jugendarbeit nicht nur Teil der Kinder- und Jugendhilfe ist, sondern die maßgeblichen rechtlichen Grundlagen im SGB VIII, dem Kinder- und Jugendhilfegesetz, in den §§ 11 und 12 geregelt sind. Zweitens ist die Unterscheidung zwischen Offener Kinder- und Jugendarbeit und Jugendverbandsarbeit zu ergänzen (Deinet/ Nörber/ Sturzenhecker 2002). Die folgenden Analysen können allerdings nicht so weit gehen, streng zwischen Offener Kinder- und Jugendarbeit einerseits und eben der Jugendverbandsarbeit andererseits zu unterscheiden. Das gibt die über die amtliche Statistik zur Verfügung stehende Datenlage nicht her (Pothmann/ Thole 2005a).

Im Folgenden wird in einem ersten Schritt die hier verwendete Datengrundlage für die vorzunehmende empirische Bilanzierung des Feldes, die amtliche Kinder- und Jugendhilfestatistik, kurz skizziert (1). Zweitens werden die Befunde der amtlichen Statistiken zur Kinder- und Jugendarbeit ausgewertet und kommentiert (2). In einem dritten und letzten Teil schließlich werden die Befunde der empirischen Analyse zur institutionellen Verfasstheit der Kinder- und Jugendarbeit resümiert (3).

1. Die Kinder- und Jugendarbeit und ihre Statistik

Die Kinder- und Jugendarbeit ist – wie gesehen – ein heterogenes und weit ausdifferenziertes. Und gerade deshalb handelt es sich dabei um ein Arbeitsfeld, das wohl in Bezug auf seine statistische Erfassung, aber auch in der Rezeption von statistischen Ergebnissen mit besonderen Schwierigkeiten konfrontiert ist (z.B. Nörber 2000; Thole 2000). Dies gilt für die hier vor allem genutzten Daten der amtlichen Statistik im Übrigen genauso wie für andere Datenquellen zur Kinder-

und Jugendarbeit. Das Programm der amtlichen Kinder- und Jugendhilfestatistik – im Folgenden auch kurz als KJH-Statistik bezeichnet – bietet drei Perspektiven auf das Arbeitsfeld Kinder- und Jugendarbeit: Öffentlich geförderte Maßnahmen der Jugendarbeit (a), Einrichtungen und tätige Personen der Kinder- und Jugendhilfe, hier u.a. auch für die Einrichtungen der Kinder- und Jugendarbeit sowie die hier haupt- und nebenberuflich beschäftigten Frauen und Männer (b), Ausgaben und Einnahmen der öffentlichen Hand für Leistungen und Strukturen der Kinder- und Jugendhilfe, mitunter auch für das Arbeitsfeld Kinder- und Jugendarbeit (c).

Explizit zu den Wirkungen der über die Angaben beschreibbaren institutionellen Verfasstheit der Kinder- und Jugendarbeit liegen hingegen über die KJH-Statistik keine Daten vor. Gleichwohl können die amtlichen Daten auch insofern als Wirkungsanalyse gelesen werden, als dass nach dem im § 98 SGB VIII formulierten Willen des Gesetzgebers, sämtliche Angaben der KJH-Statistik, also auch die zur Kinder- und Jugendarbeit, nicht zuletzt zur Beurteilung der Auswirkungen des Fachgesetzes erhoben, ausgewertet und analysiert werden (Schilling 2007). Die amtlichen Daten liefern – ohne dies hier in dem vorgegebenen Rahmen ausführen zu können – Antworten auf die Frage nach der unmittelbaren Wirksamkeit des Fachgesetzes für die Praxisentwicklung (am Beispiel der Hilfen zur Erziehung Pothmann 2006a).

(a) Öffentlich geförderte Maßnahmen
Die Teilstatistik zu den Maßnahmen der Jugendarbeit im Rahmen der Jugendhilfe erfasst seit 1982 die öffentlich geförderten Maßnahmen der Kinder- und Jugendarbeit. Sie hat jedoch nicht das gesamte Spektrum der Maßnahmen in der Kinder- und Jugendarbeit zum Erhebungsgegenstand, also etwa die ‚normalen' Gruppenangebote in der Jugendverbandsarbeit. Stattdessen werden alle vier Jahre Daten zu den öffentlich geförderten Maßnahmen der außerschulischen Jugendbildung, der Kinder- und Jugenderholung, der internationalen Jugendarbeit sowie den Mitarbeiterfortbildungen der freien Träger erhoben. Im Rahmen der Erhebung werden Daten zur Art des durchführenden Trägers, zur Art der Maßnahme, zur Dauer des Angebots, zur Anzahl und dem Geschlecht der TeilnehmerInnen sowie speziell bei Maßnahmen der internationalen Jugendarbeit zum Durchführungsort, zum Partnerland der internationalen Begegnung und zur Nationalität der TeilnehmerInnen erhoben (AKJ[Stat] 2006). Ergebnisse des Teil II der KJH-Statistik werden alle vier Jahre vom Statistischen Bundesamt und von den Statistischen Landesämtern veröffentlicht. Die hier insbesondere in Abschnitt 2.2 ausgewerteten und analysierten Daten sind über das Statistische Bundesamt (www.destatis.de) kostenlos erhältlich

(Quelle: Statistisches Bundesamt: Statistiken der Kinder- und Jugendhilfe – Maßnahmen der Jugendarbeit, verschiedene Jahrgänge).

b) Einrichtungen und tätige Personen
Die Teilstatistik zu den Einrichtungen und den tätigen Personen in der Kinder- und Jugendhilfe eröffnet die Möglichkeit, weitere statistische Daten zur Kinder- und Jugendarbeit zu analysieren. Das Arbeitsfeld Jugendarbeit konturiert sich dabei über die Einrichtungstypen sowie über Arbeitsbereiche des beschäftigten Personals (Schilling 2003; S. 161ff.). Zum einen klassifiziert sich Jugendarbeit dabei über die Einrichtungstypen: Jugendtagungs-/Jugendbildungsstätten, Jugendzentren, Jugendberatungsstellen, Einrichtungen bzw. Initiativen der mobilen Jugendarbeit, Jugendherbergen, Jugendgästehäuser, Jugendkunstschulen u.ä., Einrichtungen der Stadtranderholung, Kinder- und Jugenderholungs- bzw. -ferienstätten sowie Kur- und Erholungseinrichtungen für junge Menschen. Zum anderen lässt sich die Kinder- und Jugendarbeit im aktuellen Erhebungsprogramm über die Arbeitsbereiche bzw. Tätigkeitsfelder kulturelle Jugend(bildungs)arbeit, außerschulische Jugendbildungsarbeit und Mitarbeiteraus- und -fortbildung, Kinder- und Jugenderholung, internationale Jugendarbeit, freizeitbezogene, offene Jugendarbeit und Jugendpflege, Jugendverbandsarbeit, mobile Jugendarbeit, Jugendberatung und Spielplatzwesen darstellen. Das hierüber in die alle vier Jahre stattfindende Erhebung mit einbezogene Personal in der Kinder- und Jugendarbeit wird erfasst nach Merkmalen wie Alter, Geschlecht, Qualifikationsabschluss sowie dem Beschäftigungsverhältnis einschließlich der Wochenarbeitszeit. Hierzu gehört auch der Aspekt einer Befristung von Arbeitsverträgen.

Die Erhebungsergebnisse des Teil III der KJH-Statistik werden alle vier Jahre vom Statistischen Bundesamt und von den Statistischen Landesämtern publiziert. Mit einer Veröffentlichung der zum 31.12.2006 zuletzt durchgeführten Erhebung ist Ende 2007, Anfang 2008 zu rechnen. Die hier insbesondere in Abschnitt 2.1. ausgewerteten und analysierten Daten sind über das Statistische Bundesamt (www.destatis.de) kostenlos erhältlich (Quelle: Statistisches Bundesamt: Statistiken der Kinder- und Jugendhilfe – Einrichtungen und tätige Personen (sonstige Einrichtungen ohne Kindertageseinrichtungen), verschiedene Jahrgänge).

c) Ausgaben und Einnahmen der öffentlichen Hand
Die dritte Teilstatistik der Erhebung zu den Bestimmungen des SGB VIII, die auch die Kinder- und Jugendarbeit berücksichtigt, ist die Statistik zu den Ausgaben und Einnahmen der öffentlichen Hand für die Kinder- und Jugendhilfe. Hinsichtlich der Jugendarbeit erfasst diese Teilstatistik zum einen Ausgaben und Einnahmen

für Einrichtungen, zum anderen die Aufwendungen für Angebote und Maßnahmen in diesem Feld. Dabei wird im statistischen Erhebungsbogen unterschieden zwischen den Ausgaben für außerschulische Jugendbildungsmaßnahmen, für Kinder- und Jugenderholungen, für Maßnahmen der internationalen Jugendarbeit und für Mitarbeiterfortbildungen sowie für sonstige Maßnahmen der Jugendarbeit. Trotz dieser Überschneidungen zwischen Ausgaben- und Einnahmenstatistik auf der einen Seite und der Maßnahmenstatistik auf der anderen Seite – vier von fünf Items stimmen immerhin semantisch überein – ist eine unmittelbare Verknüpfung der Daten nicht ohne weiteres möglich, da zwischen diesen beiden Teilerhebungen Inkompatibilitäten existieren, die eher zu statistischen Verzerrungen führen (Kolvenbach 1997; S. 376).

Im Gegensatz zu den Ergebnissen für die Maßnahmen sowie die Einrichtungen und die tätigen Personen werden Daten zu den öffentlichen Ausgaben jährlich erhoben und entsprechend häufig von den Statistischen Ämtern veröffentlicht. Die hier insbesondere in Abschnitt 2.3 ausgewerteten und analysierten Daten sind über das Statistische Bundesamt (www.destatis.de) kostenlos erhältlich (Quelle: Statistisches Bundesamt: Statistiken der Kinder- und Jugendhilfe – Ausgaben und Einnahmen, verschiedene Jahrgänge).

2. Kinder- und Jugendarbeit am ‚Turning Point' – eine empirische Bestandsaufnahme

Die nachfolgenden Analysen basieren auf den Daten der KJH-Statistik und den darin enthaltenen unterschiedlichen Perspektiven auf das Arbeitsfeld Kinder- und Jugendarbeit. Über die Kombination von verschiedenen Datenquellen bzw. verschiedenen Perspektiven innerhalb der amtlichen Statistik können erstens Schwächen und Ungenauigkeiten der vorliegenden Daten kompensiert werden, lassen sich Befunde der einen Erhebung bestärken oder auch wieder entkräften. Zweitens ermöglicht das multidimensionale Erhebungskonzept der KJH-Statistik für die Kinder- und Jugendarbeit bei allen vorhandenen Lücken einen Blick auf unterschiedliche Facetten des heterogenen Arbeitsfeldes.

Die nachfolgende Analyse gliedert sich nach den skizzierten Erfassungsdimensionen (1.). In den Blick genommen werden somit die Einrichtungen und die im Feld der Kinder- und Jugendarbeit beschäftigten Personen (2.1.), die mit öffentlichen Mitteln geförderten Maßnahmen und Veranstaltungen (2.2.) sowie die finanziellen Aufwendungen für Angebote und Projekte, aber insbesondere auch für die Strukturen der Kinder- und Jugendarbeit (2.3.).

2.1 Einrichtungen, Beschäftigte – Veränderungen seit den 1990er-Jahren

Die Kinder- und Jugendarbeit präsentiert sich für die 1990er-Jahre als ein expandierendes Arbeitsfeld der Kinder- und Jugendhilfe. Bis 1998 ist die Zahl der Einrichtungen bundesweit von 13.437 auf 17.920 angestiegen (+34%), um dann zwischen 1998 und 2002 auf 17.372 zurückzugehen (-3%). Der Großteil dieser Einrichtungen sind Jugendzentren und Jugendfreizeitheime oder auch Häuser der offenen Tür (46%), also Einrichtungen, die man eher der Offenen Kinder- und Jugendarbeit zurechnen kann (Binder 2005; Pelzer 2005), gefolgt von Jugendräumen und -heimen ohne hauptamtliches Personal (31%). Auf die anderen der Kinder- und Jugendarbeit zuzurechnenden Einrichtungsarten, wie z.B. Einrichtungen bzw. Initiativen der mobilen Jugendarbeit, Jugendbildungsstätten, Jugendkunstschulen, pädagogische betreute Spielplätze oder auch Jugendherbergen, entfällt somit ein Anteil von 23%, wobei allerdings der Anteil einzelner Einrichtungstypen höchstens etwas mehr als 5% beträgt.

Wenn für das Jahr 2002 knapp 17.400 Einrichtungen der Kinder- und Jugendarbeit über die amtliche Statistik ausgewiesen werden, so entspricht das pro 100.000 der 12- bis 21-jährigen Bevölkerung 183 Einrichtungen. Dieser Wert für die bundesweite ‚Einrichtungsdichte' verdeckt allerdings erhebliche regionale Disparitäten. Allein die Ost-West-Unterschiede sind erheblich. Während für Westdeutschland der beschriebene Quotient bei einem Wert von 167 liegt, beträgt dieser für Ostdeutschland 247. Demnach ist für den Osten Deutschlands von einer im Verhältnis zur altersentsprechenden Bevölkerung deutlich höheren Zahl von Einrichtungen auszugehen.

Blickt man auf die Beschäftigtenzahlen, ist das Personal in den Einrichtungen der Kinder- und Jugendarbeit in den 1990er-Jahren kontinuierlich gewachsen. Wurden Anfang der 1990er-Jahre bundesweit noch 33.085 Beschäftigte in entsprechenden institutionellen Kontexten gezählt, so waren dies im Jahre 1998 mit 49.967 immerhin knapp 50.000 Frauen und Männer (+51%). Bei diesen Angaben werden ehrenamtlich/ freiwillig tätige Personen jeweils nicht mit berücksichtigt. Zwischen 1998 und 2002 zeichnet sich jedoch auch anhand dieser Angaben für die Kinder- und Jugendarbeit ein Ende der Expansion ab. So sind im benannten Zeitraum die Beschäftigtenzahlen auf 45.514 zurückgegangen (-9%). Betrachtet man das Stellenvolumen, also die Zahl der Beschäftigten umgerechnet auf Vollzeitstellen, bestätigt sich dieser Trend. Zwischen 1998 und 2002 ist ein Rückgang von 37.151 auf 31.734 Stellen zu beobachten (-15%).

Relativiert man für den Ost-West-Vergleich die Angaben zu den Beschäftigten in den Einrichtungen der Kinder- und Jugendarbeit auf jeweils 10.000 der 12- bis 21-

Jährigen, so wird wiederum für Ostdeutschland (52 Beschäftigte) mehr Personal als für Westdeutschland (47 Beschäftigte) gezählt. Unabhängig davon ist allerdings in beiden Landesteilen zwischen dem Ende der 1990er- und Anfang der 2000er-Jahre mit -7% (West) und -16% (Ost) das Beschäftigtenvolumen zurückgegangen.

Personalstruktur 2002
Die amtliche Statistik zählt jedoch – wie gesehen (1.) – mehr als nur die Zahl der in Einrichtungen der Kinder- und Jugendarbeit tätigen Personen. Darüber hinaus werden die hauptsächliche Tätigkeit sowie Angaben zu Alter, Geschlecht, der beruflichen Qualifikation oder auch dem Anstellungsträger und zu einer eventuellen Befristung des Arbeitsverhältnisses erfasst. Zwar messen auch diese Informationen keine unmittelbaren Wirkungen für die Kinder- und Jugendarbeit, gleichwohl sind derartige Daten relevant für Wirksamkeitseinschätzungen, geben sie doch nicht zuletzt Auskunft über das, was man gemeinhin in der ‚Qualitätsdebatte' auch als „Strukturqualität" bezeichnet.

Differenziert man das Personal für die gesamte Kinder- und Jugendarbeit nicht – wie bisher – nach den Einrichtungen, sondern nach den überwiegenden Tätigkeiten, so ergibt für die Kinder- und Jugendarbeit ausgehend vom Jahre 2002 eine Zahl von 39.137 pädagogischen Fachkräften. Herausgerechnet sind hier also Beschäftigte mit vor allem Verwaltungsaufgaben, aber auch Personen mit Leitungsaufgaben sowie das hauswirtschaftlich-technische Personal. Charakteristisch für das pädagogische Personal in der Kinder- und Jugendarbeit sind – ohne hier näher auf regionale oder auch handlungsfeldspezifische Unterschiede eingehen zu wollen (dazu Thole/ Pothmann 2005) – folgende Befunde:

- Rund 57% der Fachkräfte sind Frauen. In den letzten Jahrzehnten hat sich der Frauenanteil in der Kinder- und Jugendarbeit tendenziell erhöht. Dieses Ergebnis steht auch mit dafür, dass für die Kinder- und Jugendarbeit aus Sicht der AdressatenInnen zumindest die Chancen nicht ganz so schlecht stehen, sich an Bezugspersonen beiderlei Geschlechts abarbeiten zu können. Darüber hinaus muss in diesem Zusammenhang allerdings auch berücksichtigt werden, dass die anteilige Zunahme von Frauen in der Kinder- und Jugendarbeit mit der Ausweitung der Klientel auf vor allem jüngere Altersgruppen in einem Zusammenhang stehen dürfte.

- Knapp 58% der Beschäftigten sind unter 40, 42% entsprechend über 40 Jahre alt. Bemerkenswert für die letzten Jahrzehnte ist – ohne hier über die Darstellung der zahlenmäßigen Entwicklung näher darauf eingehen zu wollen – ein Älterwerden des Personals in der Kinder- und Jugendarbeit. Wenn das jedoch so ist, so schließen sich unmittelbar Fragen nach den Konsequenzen für Personalentwicklung und für Kompetenzprofile an. Beispielsweise: Wie gestalten sich in diesem Zusammenhang zukünftig die Generationenverhältnisse in den Handlungsfeldern? Werden zukünftig andere Kompetenzen seitens der Fachkräfte in den Alltag eingebracht werden? Wie wird in der Kinder- und Jugendarbeit zukünftig mit neuen, innovativen Impulsen umgegangen werden?

- Nicht ganz 59% der erfassten Beschäftigten sind bei einem freien Träger beschäftigt. Mit die größten Arbeitgeber sind dabei neben den Kommunen die konfessionellen Träger mit zusammengenommen 18%. Ein Anteil von immerhin 21% der Beschäftigten ist bei kleineren Trägern – die Statistik weist diese als „sonstige juristische Personen aus" – angestellt. Dies deutet aber nicht nur auf die für die Kinder- und Jugendarbeit durchaus ‚bunte Trägerlandschaft' hin, und zwar insbesondere in Ostdeutschland, sondern verweist auch auf mitunter prekäre Beschäftigungsbedingungen in diesem Feld.
- Der Anteil befristeter Angestelltenverhältnisse ist ein zuverlässiger Indikator für prekäre Beschäftigungsbedingungen. Grundsätzlich gilt, dass Arbeitsplätze in der Kinder- und Jugendarbeit auf Grund einer Befristung von Beschäftigungsverhältnissen weitaus gefährdeter sind als in anderen Arbeitsfeldern der Kinder- und Jugendhilfe, z.B. Kindertageseinrichtungen oder Hilfen zur Erziehung (Rauschenbach/ Schilling 2001). Für die Kinder- und Jugendarbeit ist derzeit eine Unterscheidung zwischen Ost- und Westdeutschland unumgänglich. Legt man die Zahl aller Beamten- und Angestelltenbeschäftigungsverhältnisse zugrunde, so liegt der Anteil befristeter Arbeitsverträge für den Westen bei 18%, für den Osten aber bei 54%. Es liegt nahe, dass diese grundsätzlich divergierenden Ausgangsbedingungen bei den Beschäftigungsverhältnissen in den beiden Landesteilen nicht folgenlos für die pädagogische Arbeit sein können (z.B. Bissinger u.a. 2002).
- Für ein sozialpädagogisches Arbeits- und Handlungsfeld wie das der Kinder- und Jugendarbeit ist die Frage nach der Qualifikation in Form eines zertifizierten Abschlusses einer Ausbildung von besonderer Bedeutung, gleichwohl natürlich die formale Qualifikation alleine kein Indiz dafür sein kann, ob jemand für die außerschulische Kinder- und Jugendarbeit hinreichend qualifiziert und geeignet ist (Thole/ Küster-Schapfl 1997). Immerhin ist auf der empirischen Grundlage der amtlichen Statistik zu konstatieren, dass seit Anfang der 1990er-Jahre bundesweit der Anteil der Beschäftigten mit einer sozialpädagogischen Ausbildung auf zumindest Berufsfachschulniveau genauso steigt wie der mit einer (sozial)-pädagogischen Hochschulausbildung. Sowohl die eine als auch die andere Quote ist mit 53% bzw. 33% für 2002 nicht nur so hoch wie noch nie zuvor ausgefallen, sondern liegt auch um etwa 11 bzw. 6½ Prozentpunkte höher als noch 1994.

2.2 Maßnahmen und Veranstaltungen

Über die amtliche Statistik zu den öffentlich geförderten Maßnahmen liegen alle vier Jahre Daten zu Veranstaltungen im Rahmen der Kinder- und Jugendarbeit mit Schwerpunktsetzungen im Kontext von Freizeit und Erholung oder dem Bildungsbereich vor. Nach den zuletzt verfügbaren Daten für das Jahr 2004 sank gegenüber dem Jahre 2000 bundesweit die Anzahl der Maßnahmen von 116.643 auf 97.267, also um knapp 17% oder nicht ganz 19.400 Veranstaltungen. Und statt 4.547.306 Mädchen und Jungen zum Zeitpunkt der vorletzten Erhebung nahmen 2004 noch 3.667.451 junge Menschen an den öffentlich geförderten Maßnahmen der außerschulischen Jugendbildung, der internationalen Jugendarbeit, der Mitarbeiterfortbildung und der Kinder- und Jugenderholung teil. Insgesamt ist somit nicht nur ein Rückgang der Maßnahmen, sondern auch eine deutliche Reduzierung der TeilnehmerInnen um 19% oder knapp 879.900 Personen festzustellen.

Im Bundestrend setzt sich damit eine Entwicklung aus der zweiten Hälfte der 1990er-Jahre nicht nur weiter fort, sondern scheint sich sogar noch zu beschleunigen. Sank die Zahl der Maßnahmen zwischen 1996 und 2000 noch um etwa 11% sowie die der TeilnehmerInnen um 3%, ist für den Zeitraum zwischen 2000 und 2004 sowohl bei den Maßnahmen als auch bei den TeilnehmerInnen eine weitaus drastischere Reduzierung zu konstatieren.

Differenziert man zwischen Ost- und Westdeutschland, so zeigt sich, dass der insgesamt rückläufige Trend in Ostdeutschland stärker ausgeprägt ist als in Westdeutschland, gleichwohl dieser hier länger, nämlich seit dem Ende der 1980er-Jahre, anhält. So gehen, ohne hier auf Unterschiede zwischen den Bundesländern im Einzelnen eingehen zu wollen (AKJ^{Stat} 2006), die Maßnahmenzahlen zwischen 2000 und 2004 im Osten um 27%, im Westen hingegen um 15% zurück. Gleichzeitig hat sich die Zahl der TeilnehmerInnen in den westlichen Bundesländern um 16%, in den östlichen Bundesländern aber um 39% reduziert. Sicherlich kann ein Teil der ostdeutschen Entwicklung mit dem Rückgang der 12- bis 21-Jährigen im angegebenen Zeitraum von immerhin knapp 16% zumindest plausibilisiert werden. Doch dies alleine würde als Erklärung für die zu beobachtende bundesweite Entwicklung zu kurz greifen, zumal erstens für den Westen von einem Bevölkerungsrückgang in dieser Altersgruppe bis dahin noch keine Rede sein kann sowie zweitens die Zahlen zu den Maßnahmen und TeilnehmerInnen auch relativiert auf die altersentsprechende Bevölkerung für Ost- und Westdeutschland jeweils rückläufig sind.

Bei der Zusammensetzung des Spektrums öffentlich geförderter Maßnahmen der Kinder- und Jugendarbeit stellen den größten Anteil noch immer die Angebote der Kinder- und Jugenderholungen. Etwa 47% der erfassten Maßnahmen wurden

2004 statistisch als solche erfasst; mehr als jede/-r zweite TeilnehmerIn von den nicht ganz 3,7 Mio. jungen Menschen haben an einer entsprechenden Veranstaltung teilgenommen. 38% der Angebote entfallen auf Veranstaltungen im Kontext der außerschulischen Jugendbildung, knapp 4% auf Maßnahmen der internationalen Jugendarbeit sowie 11% auf die Mitarbeiterfortbildungen bei freien Trägern.

Rückblickend zeigen sich für die 1990er-Jahre anteilig ein schwacher rückläufiger Trend bei den Kinder- und Jugenderholungen sowie ein entsprechender Anstieg für die außerschulischen Jugendbildungsmaßnahmen. Zwischen 2000 und 2004 hat sich dieser Prozess bundesweit deutlicher als bislang fortgesetzt. Gleichzeitig sind die Anteile für die internationale Jugendarbeit sowie ferner für die Mitarbeiterfortbildungen – anzunehmen ist, dass es sich in erster Linie um Qualifizierungsveranstaltungen für Ehrenamtliche/ Freiwillige handelt – weiter zurückgegangen (Pothmann 2006b).

Zwischen 1992 und 2004 sind somit die Kinder- und Jugenderholungen von 68.900 Maßnahmen mit ca. 2,5 Mio. TeilnehmerInnen auf rund 45.900 Angebote mit etwas mehr als 1,9 Mio. jungen Menschen zurückgegangen. Im gleichen Zeitraum ist das Maßnahmenvolumen im Bereich der außerschulischen Jugendbildung nahezu unverändert geblieben. Vielmehr werden pro Erhebungsjahr seither jeweils zwischen knapp 37.000 und nicht ganz 39.000 Maßnahmen gezählt. Bei einer insgesamt rückläufigen Maßnahmenentwicklung steigt der Anteil dieser Angebote am Gesamtvolumen im benannten Zeitraum folgerichtig von 29% auf 38%.

2.3 Finanzielle Aufwendungen

Jährlich erfasst werden Angaben zu den Ausgaben der ‚öffentlichen Hand' für Maßnahmen und Angebote einerseits sowie Einrichtungen der Kinder- und Jugendarbeit andererseits. Jährlich fließen vom Gesamtvolumen der finanziellen Aufwendungen für die Kinder- und Jugendarbeit rund 30% direkt in die Durchführung von Maßnahmen sowie knapp 70% in die Förderung von Einrichtungen. Für das Jahr 2005 bedeutet dies beispielsweise, dass von den insgesamt nicht ganz aufgewendeten 1,38 Mrd. EUR rund 935 Mio. EUR für Einrichtungen und entsprechend ca. 442 Mio. EUR für Veranstaltungen ausgegeben worden sind.

Anhand dieser Ausgabenstruktur erklärt sich auch, dass die statistischen Angaben zu den finanziellen Aufwendungen weniger mit der Entwicklung bei den öffentlich geförderten Maßnahmen übereinstimmen, sondern eher mit der für die Einrichtungen und tätigen Personen. Allerdings ist es – wie bereits zu Beginn dieses Beitrags einmal ausgeführt – nicht möglich unmittelbare Querbezüge zwischen den Teilerhebungen herzustellen. Die Ausgabendaten bestätigen den Ausbau einer entsprechenden Infrastruktur für die Kinder- und Jugendarbeit bis mindestens Ende der 1990er-Jahre und dokumentieren zuletzt den Übergang in eine Phase der Konsolidierung, möglicherweise auch des flächendeckenden Abbaus von vorhandenen Ressourcen in der ersten Hälfte der 2000er-Jahre.

Blickt man zurück auf den Zeitraum seit 1992, so ist – sieht man einmal von den Jahren 1995 bis 1998 ab – bis Anfang der 2000er-Jahre, genauer 2002, eine Zunahme der finanziellen Aufwendungen auf bis zu 1,459 Mrd. EUR zu beobachten. In den Jahren nach 2002 allerdings ist das jährliche Ausgabenvolumen um bis zu 100 Mio. EUR zurückgegangen (Abbildung 1). Relativiert man diese Angaben auf die Bevölkerungsdaten im benannten Zeitraum, bestätigen sich die konstatierten Trends. Bis Anfang der 2000er-Jahre haben sich die Ausgaben pro 12- bis 21-Jährigen auf über 150 EUR erhöht. Für die Jahre 2003 bis 2005 wird hingegen jeweils ein Wert unter der Marke von 150 EUR ausgewiesen.

Abbildung 1: Öffentliche Ausgaben für Maßnahmen und Einrichtungen der Kinder- und Jugendarbeit (Deutschland 1992-2005; Angaben absolut in Mio. EUR sowie bezogen auf die Bevölkerung im Alter von 12 bis 21 Jahren in EUR

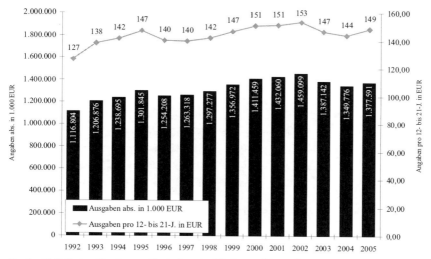

Quelle: Statistisches Bundesamt: Statistiken der Kinder- und Jugendhilfe – Ausgaben und Einnahmen der Jugendhilfe, versch. Jahrgänge; eigene Berechnungen

Eine Einordnung der finanziellen Aufwendungen für die Kinder- und Jugendarbeit in einen Gesamtkontext der Arbeitsfelder der Kinder- und Jugendhilfe erhält man über die Berechnung des Anteils der öffentlichen Ausgaben für die Kinder- und

Jugendarbeit an den Aufwendungen für die Kinder- und Jugendhilfe insgesamt. Dieser Quotient gibt Auskunft über den Stellenwert der Kinder- und Jugendarbeit innerhalb der Kinder- und Jugendhilfe. Das Ausgabenvolumen für Leistungen und Strukturen der Kinder- und Jugendhilfe in Deutschland beläuft sich für 2005 nach den Angaben der KJH-Statistik auf knapp 20,9 Mrd. EUR. Hiervon entfallen nicht einmal 7 %, genauer 6,6 % auf die Kinder- und Jugendarbeit. Im besagten Jahr werden für Hilfen zur Erziehung, Eingliederungshilfen sowie Hilfen für junge Volljährige rund 27 %, das sind knapp 5,7 Mrd. EUR sowie für die Kindertageseinrichtungen und Tagespflege 55 %, also etwa 11,4 Mrd. EUR aufgewendet.

In den letzten Jahren ist der Ausgabenanteil für die Kinder- und Jugendarbeit bundesweit zurückgegangen. Erreicht dieser Wert im Jahre 2000 noch 7,6 %, so ist für die ersten fünf Jahre der 2000er-Jahre eine Reduzierung auf 6,6 % zu konstatieren. Dieser rückläufige Trend ist sowohl für West- als auch Ostdeutschland zu beobachten, wobei allerdings der Wert für den Osten jeweils unter dem für den Westen liegt. (Abb. 2) So werden 2005 in Westdeutschland rund 6 % der Kinder- und Jugendhilfeausgaben für die Kinder- und Jugendarbeit aufgewendet, während der Wert für Ostdeutschland nicht einmal 5 % erreicht:

Abbildung 2: Entwicklung des Anteils der Aufwendungen für die Kinder- und Jugendarbeit bezogen auf die Gesamtausgaben für die Kinder- und Jugendhilfe (Deutschland sowie Ost- und Westdeutschland; 1992-2005; Angaben in %) (* Der Wert für Deutschland insgesamt liegt mitunter höher als die Angaben für Ost- und Westdeutschland, da beim Bundesergebnis im Gegensatz zu den regionalen Ergebnissen die Ausgaben der obersten Bundesjugendbehörde mit eingerechnet worden sind.)

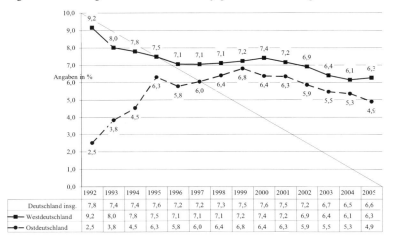

	1992	1993	1994	1995	1996	1997	1998	1999	2000	2001	2002	2003	2004	2005
Deutschland insg.	7,8	7,4	7,4	7,6	7,2	7,2	7,3	7,5	7,6	7,5	7,2	6,7	6,5	6,6
Westdeutschland	9,2	8,0	7,8	7,5	7,1	7,1	7,1	7,2	7,4	7,2	6,9	6,4	6,1	6,3
Ostdeutschland	2,5	3,8	4,5	6,3	5,8	6,0	6,4	6,8	6,4	6,3	5,9	5,5	5,3	4,9

Quelle: Statistisches Bundesamt: Statistiken der Kinder- und Jugendhilfe – Ausgaben und Einnahmen der Jugendhilfe, versch. Jahrgänge; eigene Berechnungen

3. Empirische Vergewisserungen in Krisenzeiten – ein Resümee

Die Kinder- und Jugendarbeit ist Anfang des 21. Jahrhunderts mit einer für sie zumindest ungewohnten Konstellation konfrontiert. Nachdem über Jahrzehnte trotz oder vielleicht auch gerade wegen häufig skizzierter Krisenszenarien eine Expansionsgeschichte dieses Arbeitsfeld begleitet hat (Thole/ Pothmann 2001), steht dieses Feld erstmalig seit der regelmäßigen statistischen Erfassung von Einrichtungen und Beschäftigten vor einer Konsolidierung, wahrscheinlich auch vor einem Abbau von vorhandenen Ressourcen (Thole/ Pothmann 2005). Entsprechende Kürzungen in den Landeshaushalten von z.b. Bayern, Hessen, Niedersachsen oder Nordrhein-Westfalen (Hafeneger 2005) lassen zumindest eher Letzteres vermuten (Delmas/ Lindner 2005; Spatscheck 2005).

Notwendig ist es bei der Analyse der institutionellen Verfasstheit der Kinder- und Jugendarbeit und deren Entwicklungsdynamik, die nach wie vor erheblichen Ost-West-Unterschiede herauszustellen. Im Osten ist nicht zuletzt auch bei den gegebenen, nicht zuletzt demografischen Voraussetzungen der derzeit stattfindende Abbau der Kinder- und Jugendarbeit nahezu unvermeidlich. Der sich hier längst vollziehende Rückgang von Jugendlichen und Heranwachsenden hinterlässt somit bis zu einem gewissen Grad folgerichtig seine Spuren in der seit den 1990er-Jahren aufgebauten Infrastruktur für die hiesige Kinder- und Jugendarbeit sowie in den Haushalten von Ländern und Kommunen (Pluto u.a. 2007; S. 143f. und 499; Hafeneger 2005). Vermutlich wird es dabei nicht immer vor Ort gelungen sein, politisch zu verdeutlichen, dass aus einem faktischen, zweifelsohne mitunter ‚erdrutschartigen' Rückgang der Bevölkerung nicht abgeleitet werden darf, im gleichen Umfang die Angebote der Kinder- und Jugendarbeit zurückzufahren (Schone 2005). Zumindest ist es in diesem Zusammenhang auffällig, dass zwischen 1998 und 2002 das Beschäftigtenvolumen in Relation zu der Zahl der 12- bis 21-Jährigen in vier von fünf ostdeutschen Bundesländern zurückgegangen ist (Pothmann/ Thole 2005b).

Angesichts dieser Datenlage scheint es keineswegs ausgeschlossen, dass die sich derzeit abzeichnenden Trends weiter an Dynamik gewinnen und insgesamt zu einer länger anhaltenden Trendwende und damit zu einem radikalen Abbau der Kinder- und Jugendarbeit respektive einer „Zerschlagung" eines Teils der Infrastruktur für Kinder sowie vor allem Jugendliche und junge Erwachsene im Bildungs- und Freizeitbereich führen werden. Bedrohlich wirkt dabei nicht nur, dass derzeit und wohl auch in Zukunft finanzielle Ressourcen für die Kinder- und Jugendarbeit nicht zuletzt auch angesichts der nach wie vor desolaten Lage öffentlicher Haushalte immer wieder zur Disposition gestellt werden (Pluto u.a. 2007; S.

498ff.). Mindestens genauso schwer wiegen derzeit die sich deutlich abzeichnenden strukturellen Veränderungen im Bildungs-, Erziehungs- und Sozialwesen. Und für diese muss konstatiert werden, dass bislang zu wenig oder auch nur am Rande zur Kenntnis genommen worden ist, dass die Kinder- und Jugendarbeit eine Bildungs-, Erziehungs- und Sozialisationsinstanz ist. Sie ist damit auch – folgt man Thole (2003) – Teil der sozialen Kultur einer modernen und auf Nachhaltigkeit setzenden Gesellschaft.

Wenn es aber nun so ist – und damit schließt sich in gewisser Weise der Kreis zum Anfang dieses Beitrags –, dass die Höhe und die Veränderung des Ressourceneinsatzes der ‚öffentlichen Hand' für einen gesellschaftlichen Teilbereich etwas über den politischen Stellenwert desselben aussagt (Hafeneger 2005), so findet man sich schnell in den anfangs beschriebenen politischen Räumen wieder, in denen kritisch zu den Effekten und Wirkungen der Kinder- und Jugendarbeit nachgefragt wird, in denen letztendlich auch die Legitimation für eine aus öffentlichen Geldern finanzierte Kinder- und Jugendarbeit zumindest infrage gestellt wird. Es scheint plausibel, dass die zuletzt verfügbaren Daten zum Ressourceneinsatz für dieses Feld, also insbesondere rückläufige Beschäftigtenzahlen sowie ein im Gegensatz zu anderen Arbeitsfeldern lediglich noch stagnierendes Ausgabenvolumen, mögliche Effekte dieser Konstellation darstellen. Hieraus formulieren sich mindestens drei Herausforderungen. Erstens ist offensiv zu vertreten, dass Kinder- und Jugendarbeit wirkt, wie nicht zuletzt die Beiträge in diesem Band verdeutlichen. Zweitens muss die Kinder- und Jugendarbeit sich stetig ihrer Wirkungen vergewissern. Hierzu ist es sicherlich notwendig, weiter an dem zur Verfügung stehenden methodischen Instrumentarium zu feilen (Liebig 2006). Und drittens sollte man sich auch auf der Grundlage einer auch diesbezüglich zu installierenden empirischen Dauerbeobachtung immer wieder selbstkritisch fragen, ob und – wenn ja – welche inhaltlich-konzeptionellen Weiterentwicklungen für die Kinder- und Jugendarbeit auch im Sinne einer Wirkungsorientierung notwendig sind.

Literatur

[AKJ[Stat]] Arbeitsstelle Kinder- und Jugendhilfestatistik (2006): Kinder- und Jugendarbeit 2004 im Bundesländervergleich. Öffentlich geförderte Maßnahmen im Spiegel der amtlichen Statistik. Dortmund (www.dbjr.de/index.php?m=13&id=233 vom 30.09.2007)

Binder, D. (2005): Zentrale Großeinrichtungen. In: Deinet, U./Sturzenhecker, B. (Hrsg.): Handbuch Offene Kinder- und Jugendarbeit. 3. Aufl. Wiesbaden, S. 353-359

Bissinger, S. u.a. (2002): Grundlagen der Kinder- und Jugendhilfe. In: Sachverständigenkommission Elfter Kinder- und Jugendbericht (Hrsg.): Materialien zum Elften Kinder- und Jugendbericht. Band 1. München, S. 9-104

Delmas, N./Lindner, W. (2005): Salto mortale rückwärts? Oder Strategie für magere Jahre?: Anmerkungen zu Entwicklungsperspektiven der Kinder- und Jugendarbeit. In: deutsche jugend, Heft 12, S. 520-527

Deinet, U./ Nörber, M./ Sturzenhecker, B. (2002): Kinder- und Jugendarbeit. In: Schröer, W/ Struck, N./ Wolff, M. (Hrsg.): Handbuch Kinder- und Jugendhilfe. Weinheim und München, S. 693-713

Deutscher Bundestag (2002) (Hrsg.): Bericht über die Lebenssituation junger Menschen und die Leistungen der Kinder- und Jugendhilfe in Deutschland – Elfter Kinder- und Jugendbericht – mit der Stellungnahme der Bundesregierung. Drucksache 14/8181. Berlin

Hafeneger, B. (2005): Jugendarbeit zwischen Veränderungsdruck und Erosion. Zum Umgang mit einem Arbeitsfeld. Teil1 und Teil 2. In: deutsche jugend, Heft 1, S. 11-18 und Heft 2, S. 57-67

Kolvenbach, F.-J. (1997): Die Finanzierung der Kinder- und Jugendhilfe. Zur Empirie eines vernachlässigten Themas. In: Rauschenbach, Th,/Schilling, M. (Hrsg.), Die Kinder- und Jugendhilfe und ihre Statistik. Band 2: Analysen, Befunde und Perspektiven. Neuwied u.a., S. 367-402

Liebig, R. (2006): Effekteforschung im Kontext der Offenen Kinder- und Jugendarbeit – Konzeptionelle Vorüberlegungen. Dortmund (www.fb12.uni-dortmund.de/einrichtungen/dji > Forschung > laufende Projekte > Auswirkungen und Effekte der Kinder- und Jugendarbeit vom 15.10.2007)

Nörber, M. (2000): Mit Qualität Zukunft gestalten. Qualität und Qualitätsentwicklung in der verbandlichen Kinder- und Jugendarbeit. In: Unsere Jugend, Heft 6, S. 245-254

Pelzer, W. (2005): Kleine Einrichtungen im ländlichen Raum: Jugendtreffs, Stadtteiltreffs, Bauwagen, Bauhütten. In: Deinet, U./Sturzenhecker, B. (Hrsg.): Handbuch Offene Kinder- und Jugendarbeit. 3. Aufl. Wiesbaden, S. 359-366

Pluto, L. u.a. (2007): Kinder- und Jugendhilfe im Wandel. Eine empirische Strukturanalyse. München

Pothmann, J. (2006a): 15 Jahre Kinder- und Jugendhilfegesetz – eine quantitative Bilanz zu den Auswirkungen des Jugendhilferechts auf die Hilfen zur Erziehung. In: Evangelische Jugendhilfe, Heft 1, S. 28-33

Pothmann, J. (2006b): Veranstaltungen der Kinder- und Jugendarbeit im Spiegel der Statistik. Einschnitte bei den Maßnahmen – Rückgänge bei den Teilnehmern/-innen. In: Forum Jugendhilfe, Heft 1, S. 57-61

Pothmann, J./ Thole, W. (2005a): Ein Blick in den Zahlenspiegel. In: Deinet, U./Sturzenhecker, B. (Hrsg.): Handbuch Offene Kinder- und Jugendarbeit. 3. Aufl. Wiesbaden, S. 344-353

Pothmann, J./ Thole, W. (2005b): Zum Befinden eines „Bildungsakteurs". Beobachtungen und Analysen zur Kinder- und Jugendarbeit. In: deutsche jugend, Heft 2, S. 68-75

Rauschenbach, Th./Schilling, M. (2001): Suche: Motivierte Spitzenkraft – Biete: Befristete Teilzeitstelle. Zu den Beschäftigungsrisiken in der Kinder- und Jugendhilfe. In: Dies. (Hrsg.): Kinder- und Jugendhilfereport 1. Analysen, Befunde und Perspektiven. Münster, S. 143-162

Schilling, M. (2003): Die amtliche Kinder- und Jugendhilfestatistik. Dissertation am Fachbereich 12 der Universität Dortmund. Dortmund (http://deposit.ddb.de/cgi-bin/dokserv?idn=966542657, 30.06.2007).

Schilling, M. (2007): Kinder- und Jugendhilfestatistik. In: Münder, J./Wiesner, R. (Hrsg.): Kinder- und Jugendhilferecht. Handbuch, Baden-Baden, S. 393-399

Schone, R. (2005): Entwicklungslinien und Spannungsfelder demografiebasierter Jugendhilfeplanung. In: Rauschenbach, Th./Schilling, M. (Hrsg.): Kinder- und Jugendhilfereport 2. Analysen, Befunde und Perspektiven. Weinheim und München, S. 239-254

Spatscheck, C. (2005): Jugendarbeit im beginnenden 21. Jahrhundert. Zentrale Kriterien für eine fachlich fundierte Positionierung. In: neue praxis, Heft 5, S. 510-521

Thole, W. (2000).: Kinder- und Jugendarbeit. Eine Einführung. Weinheim und München

Thole, W. (2003): Eine Gesellschaft ohne Soziale Arbeit ist nicht gestaltbar. In: sozial extra, Heft 10, S. 31-39

Thole, W./Küster-Schapfl, E.-U. (1997): Sozialpädagogische Profis. Beruflicher Habitus, Wissen und Können von PädagogInnen in der außerschulischen Kinder- und Jugendarbeit. Opladen

Thole, W./Pothmann, J. (2001): Der Krisenmythos und seine empirische Wirklichkeit. Stand der Kinder- und Jugendarbeit zu Beginn ihres zweiten Jahrhunderts. In: deutsche jugend, Heft 4, S. 153-164

Thole, W./ Pothmann, J. (2005): Gute Jugendarbeit ist nicht umsonst zu haben. In: Rauschenbach, Th./Schilling, M. (Hrsg.): Kinder- und Jugendhilfereport 2. Analysen, Befunde und Perspektiven. Weinheim und München, S. 65-84

Benno Hafeneger

Aktuelle Situation der Kinder- und Jugendarbeit – ein Kommentar zur aktuellen Datenlage

In den letzten Jahren und vor allem seit 2001 lassen sich mit Zahlen und Daten einige Tendenzen belegen und markieren, die in der Kinder- und Jugendarbeit einen Perspektivenwechsel, eine Abwärtsspirale oder gar einen Paradigmenwechsel in doppelter Perspektive andeuten. Mit den Stichworten *kürzen, schließen, abbauen, entlassen* scheinen die „fetten Jahre" in der Kinder- und Jugendarbeit (resp. Kinder- und Jugendförderung) vorbei zu sein. Auch wenn die Jugendarbeitsgeschichte schon immer mit einem „Auf und Ab" bzw. Zyklen des Ausbaus und der stagnierenden bzw. rückläufigen Förderung verbunden war, so scheint die Expansion bzw. der kontinuierliche Zuwachs gebrochen und zeigt in eine andere Richtung. Ob diese Prozesse mittlerweile zum Stillstand gekommen, zu Ende gehen und abgeschlossen sind, bleibt abzuwarten; hier gibt es im Jahr 2007 erste Hinweise, dass die Abbauprozesse beendet sind und eine Konsolidierung auf einem abgesunkenen Niveau stattfindet. Weiter markieren die Stichworte *verändern, vernetzen, ökonomisch wirtschaften, Nutzen beweisen*, aktuelle Tendenzen, die ebenfalls unabgeschlossen und in ihrer Entwicklungsrichtung weiter zu beobachten sind. Diese beiden dominierenden Tendenzen – und mit ihnen verbunden eine neue, permanent hinterfragte Relevanz und Rechtfertigung des Feldes – sind in den letzten Jahren wiederholt und materialreich dokumentiert und kommentiert worden (vgl. Rauschenbach/ Schilling 2005, Hafeneger 2005, Pothmann 2006).

Auch wenn sich lokal, länderspezifisch und auf Bundesebene – je nach politischen Traditionen, Konstellationen und Gesetzeslagen, Finanzsituation und Institutionenspektrum sowie Professionalisierungsgrad in der Kinder- und Jugendarbeit – unterschiedliche Förderlandschaften ergeben, so sind es doch die beiden genannten Tendenzen und Entwicklungen, die dominieren und sich mit zehn Punkten ursachen- und zeitdiagnostisch rahmen, einordnen und bewerten lassen.

1. Unsicheres und uneindeutiges Gelände

Es sind in der Kinder- und Jugendarbeit uneindeutige und parallele Prozesse zu beobachten, die mit unterschiedlichen argumentativen Angeboten und Legitimationsstrategien in drei Richtungen gehen: Es sind *erstens* die Bemühungen um den Erhalt bzw. die Sicherung des Status quo nach (zeitweisen, deutlichen) Kürzungs-, Abbau- und sog. Konsolidierungsprozessen, die gleichzeitig mit einem erhöhtem Begründungs- und Rechtfertigungsdruck (und zugehörigen Kontrollinstrumenten) verbunden sind. Es sind *zweitens* der weitere materielle Abbau, die Befristungen in der Förderung von Aktivitäten und die neuen Schwerpunkte in der Kinder- und Jugendhilfe (z. B. erzieherische Hilfen, Krippen und Kindergärten), die mit Abwertungen und auch (empirisch nicht belegten) negativen Reden über die Bedeutungen und Wirkungen der Kinder- und Jugendarbeit verbunden sind (vgl. Aufruf 2006). *Drittens* haben die Diagnosen über zunehmende gesellschaftliche und soziale Spaltungs- und Desintegrationsprozesse sowie Erkenntnisse über Bildungsbenachteiligung (und -armut) und die „prekäre Generation", über Befindlichkeiten und das Wahlverhalten (Stichwort: Nichtwähler, Wahl von rechtsextremen Parteien) in der jungen Generation in den Jahren 2006 und 2007 auch zu neuer Nachdenklichkeit geführt und Abbauprozesse gestoppt. Insgesamt bleibt das „Gelände" unübersichtlich und uneindeutig; es ist mit (Planungs-)Unsicherheit verbunden und unklar bleibt, wohin die weitere Reise der Kinder- und Jugendarbeit gehen wird.

2. Großwetterlage – Sozial-/ Bildungs- und Jugendpolitik

Wir haben es – so übereinstimmend seriöse Beobachter und Kommentatoren – mit einem gesellschaftlichen und geistigen Klima zu tun, in dem tiefgreifende Umbauprozesse von Gesellschaft und Politik (u. a. der Sozial-, Erziehungs- und Bildungssysteme) von statten gehen, deren Ende noch nicht absehbar ist und deren Folgen sich andeuten. Die Entwicklungen in der Kinder- und Jugendpolitik/-arbeit sind immer eingebunden in diese – vielfach unausgegorenen und hektischer Betriebsamkeit geschuldeten – Prozesse, in staatliche und gesellschaftliche (Krisen-)Entwicklungen, in dominierende bzw. mehrheitsfähige Politikmuster von Problemwahrnehmungen und Regulierungsstrategien – mit denen sich neue Steuerungs- und Kontrollregime herausbilden. Die erkennbaren strukturpolitischen Entwicklungen in der Kinder- und Jugendhilfepolitik sind von mehreren Merkmalen gekennzeichnet, zu denen insb. zählen:

- gebrochene Expansion und
- Rückzug öffentlicher Verantwortung,
- hinterfragte Relevanz,
- eine Förderungspolitik, die mit einem kontrolliert-evaluativen Vorgehen verbunden ist,

- aufgewertetes und gegen Professionalität instrumentalisiertes Ehrenamt/freiwilliges Engagement.

Dies mag im Einzelnen noch wenig dramatisch oder gar gut begründet sein, weil z. B. Ergebnisse einer „guten" Evaluation auch gute Gründe und Argumente für die weitere Profilierung von Kinder- und Jugendarbeit liefern können. Es ist aber die interessengeleitete und folgenreiche Addition der fünf Merkmale, die auch der Kinder- und Jugendarbeit die „Arbeit schwer machen". Die Folgen können zugespitzt so formuliert werden:

- mit weniger Mitteln dieselbe Arbeit machen und noch weitere Aufgaben übernehmen;
- eine ständige Rechtfertigung und Legitimation der Arbeit gegenüber Verwaltung und Politik (verbunden mit einer vielfach folgenlosen Papierproduktion, die in keinem Verhältnis zur praktischen Arbeit und deren Weiterentwicklung steht);
- eine Förderungs- und Kontrollpolitik, deren Verfahren anderen gesellschaftlichen Bereichen und Logiken (aus der Betriebswirtschaft) entlehnt sind und kontraproduktiv wirken.

Die Botschaft, dass Hilfe-, Lern- und Bildungsprozesse in der Pädagogik und Kinder-/ Jugendarbeit, als einem von Freiwilligkeit und Verständigung der Beteiligten, als Lernen in riskanten Suchprozessen mit Umwegen, Enttäuschungen und Bewältigungsanstrengungen verbunden ist, sowie in einem offenen und dynamischen (zuweilen auch „chaotischen", „anarchischen") Feld anders als in Schule, Wirtschaft oder Verwaltung verlaufen, erreicht kaum die zuständigen Akteure in Verwaltung und Politik. So ist die Kinder- und Jugendarbeit – wie die Bildungs- und Sozialpolitik insgesamt – im Sog und Zugriff „fremder Mächte" (Bernfeld) und zugehöriger Mechanismen von Kontrolle und Steuerung sowie eines neokonservativen und neoliberalen Denkens, das vom Rückzug öffentlicher Verantwortung, von Privatisierung und Ökonomisierung gekennzeichnet ist.

3. Kinder- und Jugenddiagnosen

Es kann eine paradoxe Konstellation der Problemwahrnehmung von gesellschaftlichen Diskursen und empirischen Befunden zur Lage der jungen Generation bei den politischen Akteuren konstatiert werden: Auf der einen Seite gibt es vielfältige (auch alarmistische) Krisen- und Problembenennungen, die mit einer politischen Bedeutungs- und Aufforderungsrhetorik, einer weiteren Handlungs- und Aufgabenzuweisung an die Kinder- und Jugendarbeit verbunden sind; auf der anderen Seite gibt es den Rückzug aus der öffentlichen Verantwortung, finanzielle Kürzungspolitik und Politikverzicht. Diese Diskrepanz erzeugt eine Legitimationslücke und ein Glaubwürdigkeitsproblem der Politik, das mit unterschiedlichen Mustern zu rechtfertigen versucht wird. Während die Befunde aus der empirischen Kindheits- und Jugendforschung zu den Bedingungen des Aufwachsens und zur Lage der jungen Generation (Armut, Arbeitslosigkeit, Perspektivlosigkeit, selektives Bildungssystem; Mentalitäten und Orientierungen u. a.) differenziert sind, konzentriert bzw. reduziert sich die aktuelle öffentliche Debatte über Kinder und Jugendliche vor allem auf *drei* enge Themenzentren:

– abweichendes Verhalten in Form von Gewalt, Aggressivität, Kriminalität und Rechtsextremismus;
– vorwurfsvolle Stigmatisierungen und Empörung über die sozialen Unterschichten, die nicht bildungsmotiviert und leistungsorientiert wären, was wiederum mit einem Klima institutioneller Verachtung verbunden ist;
– das angebliche Fehlen von moralischen Standards, Werten und Tugenden (Disziplin, Autorität, Gehorsam, gute Manieren, Höflichkeit u. a.), wie sie z. B. Bernhard Bueb (2006) mit seiner Streitschrift „Lob der Disziplin" für die Schule angemahnt hat (vgl. zur kritischen Auseinandersetzung, Brumlik 2007).

Damit zentriert sich ein öffentlicher neokonservativer Empörungsdiskurs und die Krisenbeschreibungen über angebliche Fehl- und Problementwicklungen in der jungen Generation, die ein negatives und vorwurfszentriertes Kinder- und Jugendbild (als Problem, Gefahr und Gefährdung, Risiko) beinhalten; die dann z. B. kein Interesse an Bildung haben und leistungsunwillig, anspruchsvoll und aufsässig seien, sich schlecht ernähren und medial verwahrlosen würden (vgl. Bueb 2006). Diese von negativen Diagnosen geleitete Zentrierung ist wiederum mit moralischen, pädagogischen und disziplinarischen (oder auch „bändigenden", vgl. Bueb) Reden und Maßnahmen, mit repressiven Kontroll- und Aufforderungsmetaphern sowie Handlungsaufträgen (u. a. erziehungsbedürftig, fordern und fördern, abfordern, bestrafen, einsperren) verbunden. Hier ist die lange Tradition von säkularisierten (materiellen, sittlichen, kulturellen) Verwahrlosungsdiskurse und Verfallssemantik zu erkennen, die mit der Auflösung des Zusammenhanges von Individuum und Gesellschaft einen ablenkenden Moral- und Panikdiskurs über die junge Generation – vor allem der sog. „neuen Unterschichten" – inszenieren, auf die mit dem bürgerlichen Erziehungs- und Kulturmodell – mit Missachtung, Verachtung und Nichtkennung – autoritär-fürsorglich bzw. disziplinierend eingewirkt werden soll. Dieses kulturkritische Denken ist nicht nur ein modisches Selbstgespräch der Eliten, sondern der Diskurs wird konkurrierend zu anderen (z. B. emanzipatorischen, gerechtigkeitsorientierten, lebensweltlichen) Traditionen und Professionsmustern (z. B. politisches Mandat, Advokatenfunktion, Parteilichkeit) in der Kinder- und Jugendarbeit angeboten. Er ist schließlich mit Forderungen an die Pädagogik, die Kinder- und Jugendarbeit (sowie die Soziale Arbeit) verbunden: Weg von partizipativ-lebensweltlichen Ansätzen, hin zu dem „alten" paternalistisch-hierarchischen Hilfeansatz, einer neuen Fürsorglichkeit der „alten" Schule. Es erodiert und geht verloren die Idee von Kinder- und Jugendarbeit für möglichst viele Kinder und Jugendliche, zu der Neugier, Offenheit und Experimentierfreude sowie Lust auf Demokratie, neue Erfahrungen und die Zukunft gehören – dies sind Erfahrungs- und Bildungsdimensionen, die sich vor allem auch jenseits von Evaluierungsforschung abspielen.

4. Kinder- und Jugendarbeit in der Bildungsdebatte

Die politische Klasse steht unter einem großen Handlungsdruck in der Bildungspolitik und zeigt seit einiger Zeit eine hektische Betriebsamkeit. Die Ergebnisse der empirischen Schul- und Schülerforschung und über das Schulsystem im internationalen Vergleich, die niedrige Studierendenquote im internationalen Vergleich, der Umbau des Hochschulsystems (Bologna-Prozess) und die Misere auf dem Ausbildungsmarkt haben in den letzten Jahren zu nervösen und vielfach unausgegorenen Aktivitäten mit Bildungs(gesamt)plänen, zu Reformpolitiken (in Vorschule, Schule und Hochschule) geführt, die diesen Namen kaum verdienen. Aber es dominiert dieser Bildungsbereich, bei dem die Kinder- und Jugendarbeit – mit ihren Angeboten des halb-formellen und informellen Lernens – kaum eine Rolle spielt. Die Kinder- und Jugendarbeit ist ein schwacher Akteur in der bildungspolitischen Landschaft, der kaum eine offensive, aggressive und zugleich kluge Lobbyarbeit betreibt bzw. die politischen Akteure offensichtlich nur schwer erreicht.

Die Eliten und Akteure in der Politik interessieren sich kaum für die – ihnen fernen – Probleme und Entwicklungen in der Kinder- und Jugendarbeit, auch die wiederholt begründeten halb-formellen und informellen Bildungspotenziale spielen im Bildungsdiskurs nur eine marginale Rolle (vgl. Otto/ Kutscher 2004, Rauschenbach/ Düx/ Sass 2006). Oder aber sie werden im Kontext der Kooperation von Schule und Jugendhilfe bzw. der Ganztagsschule (mit ihren Betreuungsangeboten) – aller Rhetorik von Augenhöhe und Dialog zum Trotz – zu vereinnahmen und funktionalisieren versucht. Die Dominanz der Schule und der Druck auf das schulische Bildungssystem ermöglichten kaum wirkliche Lern- und Aushandlungsprozesse zwischen den beiden Bildungsorten (die Zeit brauchen) und damit die Vergegenwärtigung und Anerkennung der Bildungspotenziale der Kinder- und Jugendarbeit.

5. Zyklen der Förderungspolitik

In historischer Perspektive muss man längerfristige Entwicklungen kommentieren; und es gilt in der Geschichte der Bundesrepublik auf Zyklen und Wellen zu schauen, die die aktuelle Entwicklung einordnen lassen. Kinder- und Jugendarbeit ist wie Kinder- und Jugend(hilfe)politik schon immer eine permanente Baustelle; vielschichtige Dynamiken und Prozesse sind für sie konstitutiv, wenn sie auf der „Höhe der Zeit" Kinder, Jugendliche erreichen und auf sie in bildender und partizipatorischer Absicht „einwirken" will. Die zeitbezogenen Zyklen zeigen ein Auf und Ab, Reformphasen und Stagnation, Veränderungen in den normativen Vorgaben, in den Aufträgen und inhaltlichen Akzentsetzungen (vgl. Hornstein 1999). Der seit einigen Jahren zu beobachtende Zyklus zeigt erstmals in der Geschichte der Bundesrepublik, dass wortpolitisch und appellatorisch einerseits der „Kernbestand" der Kinder- und Jugendarbeit erhalten werden soll, dafür aber möglichst wenige öffentliche Mittel eingesetzt werden sollen. Es scheint aber andererseits – bei allen Differenzen und Kompromissbildungen in der Vergangenheit – ein in der Geschichte der Bundesrepublik von allen politischen Lagern (und Parteien) geteiltes Kernverständnis, ein traditionell breiter gesellschaftlicher und politischer Konsens zu erodieren: dass erstens Kinder- und Jugendarbeit ein bedeutsames soziales, kulturelles und demokratisches Lern- und Erfahrungsfeld ist, welches möglichst vielen Kindern und Jugendlichen in deren Freizeit zur Verfügung stehen soll; dass hier zweitens Vergemeinschaftungs- und Integrationsprozesse ermöglicht sowie Anerkennungserfahrungen gemacht werden können, die biografisch wie gesellschaftlich von Bedeutung sind und kaum von anderen Gesellungsorten und -zeiten übernommen bzw. ersetzt werden können.

Neu am derzeitigen Förderungszyklus ist, dass – mit neokonservativen und neoliberalen Begründungslinien sowie Bedeutungsabwertungen versehen – die Kinder- und Jugendarbeit in ihrer bisherigen Form und Förderung auch prinzipiell in Frage gestellt, als strukturell veraltet und historisch überholt dargestellt (und auch als nicht effizient denunziert) wird (vgl. Dokument in: deutsche jugend 4/2006). Oder aber sie wird mehr strukturkonservativ – bzw. neokonservativ funktional – tradiert (weil gesellschaftlich eingebunden und angepasst), als notwendige „Nische" jugendlichen Freizeitlebens, als Reservoir für Nachwuchsgewinnung von

Erwachsenenorganisationen oder für spezifische soziale „Problemgruppen" – im Sinne von „Feuerwehrpolitik" – verstanden und akzeptiert. Vor allem freie Träger haben wiederholt auf die Folgen der zurückgehenden öffentlichen Jugendförderung hingewiesen: dass mit den Kürzungen, Einschnitten und dem Rückgang der geförderten Maßnahmen, dem Rückgang der Pro-Kopf-Förderung und steigenden Teilnahmekosten – allen Kompensationsversuchen der Träger zum Trotz – ein verstärkter sozialer Selektionsdruck in allen Maßnahmebereichen verbunden ist.

Der Blick in die Kinder- und Jugendhilfe insgesamt zeigt, dass von einem Sparkurs nicht in allen Bereichen die Rede sein kann. Politische Prioritäten und gesellschaftlicher Wandel, öffentlicher Druck und Problemmarkierungen haben insgesamt seit dem Inkrafttreten des KJHG die Ausgaben steigen lassen: von 14, 3 Mrd. Euro im Jahr 1992 auf 20,4 Mrd. im Jahr 2004 (das sind plus 43%). Hier beziehen sich die Ausgaben der Kommunen vor allem auf Leistungen für junge Menschen und deren Familien, auf die Kindertageseinrichtungen und Hilfen zur Erziehung – auf ein beinahe bundesweites Angebot und Netz von familienunterstützenden und -ergänzenden Erziehungshilfen. Für die Kinder- und Jugendarbeit ist im Jahr 2005 zwar insgesamt ein Ausgabenanstieg in der Bundesrepublik zu konstatieren (plus 2,8% gegenüber 2004), gleichzeitig gab es zwischen 2002 und 2004 einen deutlichen Rückgang von 8,5% (= 95 Millionen Euro); der Rückgang der Förderung lag in den östlichen Bundesländern wiederum im Jahr 2005 bei etwa 8% gegenüber dem Jahr 2004.

6. Kompetenz von Politik

Kinder- und Jugendarbeit muss immer wieder in der Öffentlichkeit, mit Verwaltung und Politik kommuniziert werden und in einem Dauerdialog stehen. Dies gehört konstitutiv zu ihrem „Geschäft" und ist produktiv, wenn die Spannungsverhältnisse von unterschiedlichen Interessen und Logiken aufgenommen werden. Hier sind m. E. zwei Dilemmata zu beklagen: Es gelingt den Akteuren und Trägern des Feldes kaum ihr Wissen, ihre Aktivitäten und Forderungen öffentlich „rüber zu bringen" und Diskurse zu bestimmen bzw. wesentlich zu beeinflussen. Die Akteure der Politik wiederum sind auch kaum an dem Feld interessiert – hier fehlen vielfach Zugänge, Traditionen und Sensibilitäten. Dies gilt vor allem für Akteure in der Politik, die kaum selbst noch eine (prägende) biografische Verwobenheit und Erfahrungen in der Kinder- und Jugendarbeit erfahren haben, um noch zu „wissen, von was sie hören und reden". Politische Karriere(einstiegs)muster sind kaum noch mit Erfahrungen und Kompetenzen in diesem Bereich verbunden. Diese vielfach zu beobachtende (auch biographisch vermittelte) Abnahme von Kompetenzen und Wissen bei den politischen Akteuren (aus allen politischen Lagern) ist folgenreich, weil damit Traditionen, Tradierungen und die zugehörige Kommunikationskultur („man weiß über was und wen man redet") zwischen den Akteursgruppen verloren gehen, die der Kinder- und Jugendarbeit eine lange Zeit in der Bundesrepublik (auf allen Ebenen) mentalen und argumentativen Rückhalt gegeben haben.

7. Binnenprozesse

Die Kinder- und Jugendarbeit ist mit vielschichtigen (politisch-administrativ erzwungenen) Binnenprozessen konfrontiert. Sie ist vor dem Hintergrund von Spar- und Kontrollpolitik, ständigen Legitimationen und Standarddebatten vor allem mit drei Entwicklungen konfrontiert, die das Binnenleben nachhaltig beeinflussen:

- mit der Schwächung der Bedeutung innerhalb der kommunalen Politik (und auch innerhalb von Trägern) und Akzentsetzungen zugunsten anderer Bereiche der Kinder- und Jugendhilfe;
- mit der Tatsache, dass die spezifischen Stärken des Feldes (informelle Bildung, Begleitung, Lebenskompetenzen, Krisenbewältigung, Partizipation) kaum zur Kenntnis genommen oder (für Schule) instrumentalisiert werden;
- mit der Erkenntnis, dass die Mechanismen der Kontrolle und Rechtfertigung zu einer Papier produzierenden und vielfach folgenlosen Dauerbeschäftigung führen.

Ähnlich argumentiert Sturzenhecker (2007) für die Jugendverbandsarbeit als bedeutsamen Bereich und relevante Trägergruppe der Kinder- und Jugendarbeit, indem er die seit einigen Jahren zu beobachtenden Versuche von staatlicher und politischer Seite als „Störung bzw. Zerstörung" des spezifischen Milieucharakters charakterisiert:

„a) der Jugendverbandsarbeit die Erreichung von bestimmten Zielgruppen zu verordnen (Konjunktur haben aktuell besonders „ausländische" Jugendliche) und

b) die Umsetzung von inhaltlichen Erziehungs- bzw. Präventionsprogrammen zu verlangen.

c) Auch die Vorgabe von Kooperationen wie die mit Schule gefährdet Strukturcharakteristika und Qualität der Jugendverbandsarbeit" (ebd., S. 114).

Diese Prozesse haben ein Binnenklima und einen atmosphärischen Haushalt innerhalb der Kinder- und Jugendarbeit zur Folge, der vielfach – nicht nur, aber auch – von Resignation und Lustlosigkeit, Rückzug und Lähmung, aber auch existenziellen Ängsten und großem Sicherheitsbedarf (kaum noch Fluktuation der Profession und fehlende Karrieremuster) gekennzeichnet ist. Unter diesen Bedingungen entwickeln sich kaum mehr Experimentierfreude und Konfliktbereitschaft, Ideen für Neues und pädagogische Phantasie.

Ein weiterer Aspekt ist in den Binnenprozessen von hervorzuhebender Bedeutung: Die marginale Bedeutung und die Schwierigkeit, das angehäufte und gebundene Wissen über die und den eigenen Umgang mit der junge(n) Generation, über deren Bedingungen des Aufwachsens, ihr Leben, ihre Befindlichkeiten und Wege der Lebensbewältigung in die öffentliche Kommunikation einzubringen. Den Trägern der Kinder- und Jugendarbeit kann umfängliches und differenziertes (Alltags-)Wissen und der Profession sensible Beobachtung und Wahrnehmung unterstellt werden; es gibt kaum einen gesellschaftlichen Ort, in dem mehr Wissen über die junge Generation vorhanden bzw. gespeichert ist. Dazu gehören auch Wissen und begründete Ahnungen über die vielschichtigen (psycho-sozialen, finanziellen) Folgen, sofern immer mehr Kinder und Jugendliche aufgrund des Rückzugs der öffentlichen Verantwortung aus den Einrichtungen und Angeboten der Kinder und Jugendarbeit herausfallen.

Dieses Wissen wird in den Binnendebatten der Kinder- und Jugendarbeit vielfach nicht offensiv aufgenommen; sie sind – infolge der skizzierten Entwicklungen – oftmals weniger inhaltlich und politisch offensiv als defensiv, technisch und mit wenig Engagement verbunden. Hier wäre auch selbstkritisch über die Zusammenhänge und Mechanismen innerhalb der Kinder- und Jugendarbeit, über blockierende Routinen, Resignation und Lähmung zu reden sowie über Wege, diese produktiv zu bearbeiten und zu überwinden.

8. Ausgrenzung von Kindern und Jugendlichen

Die Armutsforschung hat wiederholt gezeigt, dass Desintegration und Exklusion vielfach und mannigfaltig von statten gehen sowie viele Gesichter und Dimensionen haben; als sozialer Ausschluss, begrenzte oder fehlende Chancen der Teilhabe an materiellen und gesellschaftlichen Ressourcen identifizierbar ist. In der Kinder- und Jugendarbeit gehört die Auseinandersetzung mit den Erfahrungen, Folgen und Auswirkungen von Ausgrenzung zum alltäglichen Geschäft; diese haben sich aufgrund sozialer Spaltungsprozesse und der wachsenden Armutsbevölkerung – auch gerade innerhalb der jungen Generation – zu einem gesellschaftlich brisanten Problem entwickelt und verfestigt. Kinder- und Jugendarbeit ist mit zweierlei Formen der Ausgrenzung konfrontiert: einmal mit armen Kindern und Jugendlichen (Essen, Kleidung etc.); sodann finden vor dem Hintergrund der skizzierten Abbau- und Sparprozesse auch Ausgrenzungen innerhalb bzw. aus der Kinder- und Jugendarbeit statt. Es können – das zeigt die Praxis – viele Kinder und Jugendliche nicht mehr angesprochen und erreicht, d. h. in die Kinder- und Jugendarbeit integriert werden; ihnen fehlen pädagogisch gestützte und begleitete Räume und Zeiten sowie Erwachsenenbeziehungen.

Diese erzwungene Ausgrenzung ist folgenreich, weil bei fehlenden stützenden, Halt gebenden und begleitenden Angeboten und Nutzungen größere Teile der Kinder und Jugendlichen – in schwierigen Zeiten, den vielfältigen Übergängen – sich selbst überlassen bleiben. Zwar „verträgt" der junge Mensch viel Ausgrenzung; aber Verarmung und Entwurzelung, Stigmatisierungen und Zukunftsungewissheit bzw. Perspektivlosigkeit haben immer auch gesellschaftlich, sozial, biografisch dramatische Folgen. Wenn diese möglicherweise letzten gesellschaftlichen und professionellen Zugänge und Anbindungen abgeschnitten, verhindert und aufgelöst werden, zeigt die Gesellschaft Teilen der jungen Generation, dass sie ihr nichts wert sind, dass es ihr nicht lohnenswert erscheint, in sie zu investieren.

Der Formwandel der Ausgrenzung – der historisch viele Gesichter hatte und hat – erfolgt hier in Form von Nicht-Zur-Verfügung-Stellung bzw. dem Abbau von Angeboten, Einrichtungen, Gelegenheiten und Beziehungen. Der Verzicht auf Lern-, Bildungs- und Integrationskonzepte auch durch Kinder- und Jugendarbeit ist wiederum ausgrenzend und lässt Kinder und Jugendliche (endgültig) an der gesellschaftlichen Realität scheitern, weil Entwicklungschancen – wenn über die Kinder- und Jugendarbeit auch noch so bescheiden und begrenzt möglich – verhindert werden und keine Lebensperspektiven erkennbar sind. Auch aus der Kinder- und Jugendarbeit ausgeschlossen und ausgegrenzt zu bleiben, bedeutet für viele möglicherweise ihren letzten Anker- und Haltepunkt zu verlieren bzw. zu finden. Die Wahrnehmung ist: „Für uns gibt es nichts", „Wir sind der Gesellschaft nichts wert". Der antizyklische Effekt von Ausgrenzungsspiralen und Ohnmachtserfahrungen auch innerhalb der Kinder- und Jugendarbeit wiederum ist, dass die Kosten trotz vermeintlich drastischer Sparzwänge insgesamt (u. a. in anderen Bereichen der Kinder- und Jugendhilfe) steigen (müssen). Mit einem mehr partizipatorisch-bildenden und auch präventiven Verständnis bietet Kinder- und Jugendarbeit mit ihren Angeboten und Beziehungen auch für so genannte „Risikogruppen" einen wichtigen Zugang, ein Angebot und eine Bindung an die Gesellschaft. Hier greift auch eine betriebswirtschaftliche Sichtweise, mit der umfangreiche Investitionen begründet werden können; weil sie wirklichen Erfolg versprechen und kostengünstige Möglichkeiten eröffnen sowie enormen individuellen und gesellschaftlichen Folgen (Folgekosten) vorbeugen. Diese Perspektive müsste politisch „eigentlich" vermittelbar sein, weil neben politisch-pädagogischen auch finanzpolitische Kalküle angeboten werden (ohne das diese freilich dominieren dürfen).

9. Professionsprofile

Das professionelle Profil der sozialen und bildenden Berufe ist seit einiger Zeit in der Diskussion bzw. mit konkurrierenden normativen Merkmalen zu den bisherigen fachlichen und politischen Begründungen ihres Selbstverständnisses und Mandats konfrontiert. Jugendschützerische Argumente, integrierende Vorgaben und disziplinierende (auch strafende) Erziehung geraten – in einer desintegrativen Gesellschaft – verstärkt in den Blick und konkurrieren mit lebensweltlich-partizipatorischen, aufklärerisch-bildenden oder radikal-parteilichen Motiven und Aufträgen. Die Professionsbegründung ist wie das Arbeitsfeld in einer eher defensiven (partikularen, auftragsorientierten und interessengebundenen) Lage und kaum mehr eingebunden in eine offensive Bildungs-, Sozial- und Jugendpolitik. Zentrales Merkmal scheint eine Professionsökonomik und auch eine Suche nach normativen Halt zu werden, die einmal nach den Kosten, der Effizienz und den institutionellen Arrangements des knappen Gutes von Dienstleistungen in der Kinder- und Jugendarbeit fragt; und die dann Eindeutigkeit mit einem modernen autoritär disziplinierenden Generationenverhältnis postuliert.

Viele der bisher fachlich kaum umstrittenen Professionsbilder scheinen in der öffentlichen – nicht fachlichen – Diskussion in die Defensive zu geraten (Hafeneger 2007). Das politische und Verwaltungsinteresse sowie die Anfragen zielen einseitig auf Effizienz und Effektivität, manageriale Kompetenzen und quantitative Daten; weniger auf Inhalte und pädagogische Prozesse, die Komplexität und Balancen, die Offenheit und Ungewissheit im Umgang mit Kindern und Jugendlichen – und somit die notwendigen Spielräume von Kinder- und Jugendarbeit und des professionellen Handelns.

10. Wirkungs- und Grenzendiskurs

Der traditionsreiche (und zugleich inhaltsreiche) Grenzen- und Wirkungsdiskurs der Pädagogik ist seit einiger Zeit vor allem mit zwei Anfragen „von außen" verbunden, die weder in der Tradition von Bernfeld (mit seinen „drei Grenzen") noch von Luhmann („Technologiedefizit") oder Oevermann („Professionalisierungsbedürftigkeit") stehen. Die akzentuierten Nutzen- und Wirksamkeitsanfragen bedeuten, dass Kinder- und Jugendarbeit nicht mehr „für sich" genommen als demokratiepolitisch, bildend und biographisch wertvoll, notwendig und förderungswürdig erscheinen, sondern mit einem konkreten – sich rechnenden – Erwartungskalkül verbunden sind (z. B. gesellschaftlich und strukturell verursachte Jugendprobleme zu lösen). Während der traditionsreiche Grenzendiskurs die wirklichen Grenzen von Pädagogik und der Profession ausleuchtet und mit dem „Technologiedefizit" und der „Professionalisierungsbedürftigkeit" systematische Anstrengungen auf einen anspruchsvollen Diskurs verweisen, geht es nunmehr vordergründig um vermeintlich (schnell) zu erbringende Aufgaben und auch naive Vorstellungen von Machbarkeit. Mit Eindeutigkeit, Klarheit und Sicherheitsversprechen werden Lösungen von Problemen angeboten, die attraktiv erscheinen; aber letztlich werden gesellschaftliche Probleme stellvertretend als Jugend- und Erziehungsprobleme bearbeitet. Sie bieten sich als Projektionsfläche an und geben Gelegenheit, politische Handlungsfähigkeit zu beweisen. Hier wird ein naives, kausales und lineares – und meist auch moralisierendes und personalisierendes – Denken fortgesetzt und erwartet, das in der Pädagogik- und Professionsdebatte lange beendet erschien (vgl. Combe/ Helsper 1996, Lenzen 2004).

Neben dem notwendigen fachlich und politisch zu profilierenden Grenzen- und Wirkungsdiskurs, der Auseinandersetzung mit der Antinomien (z. B. zwischen pädagogischer Absicht und eigensinniger Interpretation des Adressaten) geht es weiter um eine – bisher weitgehend fehlende – selbstbewusste Kommunikation darüber, was Kinder- und Jugendarbeit jenseits von Programmatik, Konzept und Normativität an interner Ordnung und Grenzziehungen anbietet; was sie wirklich macht und kann. Es gilt jenseits von programmatischen und normativen Überfrachtungen und Versprechungen (sollte, müsste, könnte) empirisch (wissenschaftlich) gehaltvoll zu beschreiben und auszuweisen, was sie macht und kann – und was sie nicht macht und kann. Es gilt zu fundieren, was Kinder und Jugendliche eigensinnig und eigenaktiv als Handelnde in und aus der Kinder- und Jugendarbeit (mit deren Strukturen, Angeboten und Gelegenheiten) machen und was in subjektiver Nutzungsperspektive für sie attraktiv ist. Hier belegt die Studie der aej eindrucksvoll und beispielhaft, was Jugendverbandsarbeit für die Jugendlichen ist, ausmacht und bedeutet (vgl. Fauser/ Fischer/ Münchmeier 2006). Danach haben Jugendverbände u. a. die „Qualität eines Milieus" und typische Merkmale, die Sturzenhecker (2007) so kommentiert: „Es erscheint als zunehmend absurd, dass diese nun beweisbar erfolgreiche Institution der Entwicklungsförderung von Kindern und Jugendlichen zunehmend abgebaut wird. Jugendverbandsarbeit kann und muss mit

Stolz ihre Leistungen präsentieren. Die aktuellen Forschungsergebnisse zur Leistung von Jugendarbeit geben ihr hervorragendes Rüstzug gegen die kenntnislose Sparpolitik. Schamvolle Rechtfertigungen, Selbststilisierung als Opfer oder Verteidigung mit dem Rücken gegen die Wand sind als bisher durchaus verbreitete Handlungsmuster von Jugendarbeit nicht (mehr) angemessen" (ebd., S. 114).

Der empirische fundierte Grenzen- und Wirkungsdiskurs „nach innen" und „nach außen" ist Teil einer ehrlichen und entlastenden Selbstverständigung und kann auch „befreiend" gegenüber Zumutungen und Überfrachtungen wirken. Das heißt auch, immer wieder das Verhältnis von Kinder- und Jugendarbeit (als Pädagogik) und Politik zu relationieren; Diskurse, Zuständigkeiten und Aufgaben in die Politik und Gesellschaft zurück zu verweisen, weil Probleme von Kindern und Jugendlichen hier zu thematisieren und zu lösen sind.

11. Resümee

Wohin die weitere Reise der Kinder- und Jugendarbeit (und ihre Förderung) geht, auf welchem (fachlichen) Niveau sie weiter existieren und wie sie zukünftig aussehen wird, ist schwer zu prognostizieren. Wir haben es mit unterschiedlichen, nebeneinander liegenden und durchaus disparaten Tendenzen zu tun, die (noch) nicht abgeschlossen und mit vielfältigen Kontroversen verbunden sind. Aber soviel lässt sich konstatieren: Sie ist derzeit in keinem guten Zustand, mehr in der Defensive und kaum ein gestaltender Akteur; gleichzeitig gibt es für sie gute Gründe und Begründungen, macht sie eine vielschichtige (und gute) Praxis, bietet sie (kaum untersuchte) Sozialisations-, Erziehungs- und Bildungsleistungen, die politisch und gesellschaftlich kaum erkannt und gewürdigt werden. Hier hätte sie sich als Akteur einzumischen, den Wert und die Bedeutung ihrer Arbeit zu belegen. Dabei kommt es vor allem auf die sensible Wahrnehmung und Beschreibung des Alltags von Kindern und Jugendlichen, auf eine Beobachtungs- und Aufmerksamkeitshaltung von Folgen der skizzierten Prozesse an, die zur Erkenntnisgewinnung ebenso beitragen wie sie in die öffentliche Kommunikation über die Lage der jungen Generation und deren Zukunft eingebracht werden müssen.

Literatur

„Die Jugendarbeit hat sich vielfach nicht bewährt". Die „Pfeiffer-Affäre." In: deutsche jugend, Heft 4/ 2006, S. 188-190
Brumlik, M. (2007) (Hrsg.), Vom Missbrauch der Disziplin. Weinheim und Basel

Bueb, B. (2006): Lob der Disziplin. Eine Streitschrift. Berlin
Combe, A./ Helsper, W. (1996) (Hrsg.): Pädagogische Professionalität, Frankfurt/M.
Fauser, K./ Fischer, A./ Münchmeier, R. (2006): Jugend im Verband (Bd. 1 u. 2). Opladen
Hafeneger, B. (2005): Jugendarbeit zwischen Veränderungsdruck und Erosion (I, II) In: deutsche jugend, Heft 1/2005 (S. 11-18) und 2/2005 (S. 57-65).
Hafeneger, B. (2007): Professionsprofile in der Jugendarbeit/Pädagogik. In: deutsche jugend, Heft 1/2007, S. 13-20
Hornstein, W. (1999): Jugendforschung und Jugendpolitik. Weinheim und München
Lenzen, D. (2004)(Hrsg.): Irritationen des Erziehungssystems. Frankfurt/ Main
Otto, H.-U./ Kutscher, N. (2004)(Hrsg.): Informelle Bildung Online. Weinheim und München
Pothmann, J.(2006): Veranstaltungen der Kinder- und Jugendarbeit im Spiegel der Statistik. Einschnitte bei den Maßnahmen – Rückgang bei den Teilnehmer/-innen. In: Forum Jugendhilfe, Heft 1/2006, S. 57-61
Rauschenbach, T./ Schilling, M. (2005) (Hrsg.): Kinder- und Jugendhilfereport 2. Weinheim und München
Rauschenbach, T./ Düx, W./ Sass, E. (2006) (Hrsg.): Informelles Lernen im Jugendalter. Weinheim und München
Sturzenhecker, B. (2007): Zum Milieucharakter von Jugendverbandsarbeit. In: deutsche jugend, Heft 3/2007, S. 112-119

Wolfgang Bisler

Zuflucht beim KJHG: Rettet das Recht die Kinder- und Jugendarbeit?

Leitnorm aller Jugendhilfe, die als „vor die Klammer gezogene Generalklausel" das ‚Wozu' der öffentlichen Jugendhilfe normativ bestimmt und über die normative Bestimmung des ‚Wozu' öffentlicher Jugendhilfe hinaus das Verhältnis zwischen Kind, Eltern und Staat beschreibt, ist das Recht eines jeden jungen Menschen auf Förderung seiner Entwicklung und auf Erziehung zu einer eigenverantwortlichen und gemeinschaftsfähigen Persönlichkeit (vgl. Kunkel/ Steffan 2006 a, S. 29/30). Dies hat der Gesetzgeber in § 1 Abs. 1 Sozialgesetzbuch (SGB) Achtes Buch – Kinder- und Jugendhilfe, in der Folge: KJHG, bestimmt. Zur Sicherstellung der Verwirklichung dieses Rechts junger Menschen sind der Jugendhilfe durch den Gesetzgeber Aufgaben zugewiesen, die sie als „Leistungen zugunsten junger Menscher" zu erbringen hat.

Zu den Leistungen der Jugendhilfe, die sie zur Verwirklichung des Rechtsanspruchs junger Menschen auf Förderung ihrer Entwicklung und auf Erziehung zu einer eigenverantwortlichen und gemeinschaftsfähigen Persönlichkeit zu erbringen hat, zählen nach § 2 Abs. 2 KJHG „Angebote der Jugendarbeit" (Kunkel/ Steffan 2006 b, S. 38/39).

Die Aufgabenzuweisung der Errichtung und Durchführung von Angeboten der Jugendarbeit richtet sich an die öffentlichen Träger der Kinder- und Jugendhilfe, das sind nach § 3 Abs. 2 S. 2 (Papenheim 2006 a, S. 43 ff.) i.V.m. § 69 Abs. 1 S. 1 KJHG (Vondung 2006, S. 742 ff.) die örtlichen Träger, zu deren Aufgaben nach § 85 Abs. 1 KJHG (Nonninger 2006, S. 895/896) die Gewährung und die Gewährleistung der Leistung der Jugendarbeit nach § 11 KJHG als Leistung der Jugendhilfe gehört.

Diese Art der Gewährung der Leistung ‚Jugendarbeit' und der Umfang ihrer Gewährung und damit Finanzierung unterfallen allerdings und unbeschadet der durch § 27 Abs. 1 Nr. 1 Sozialgesetzbuch Allgemeiner Teil (SGB I) normativ indizierte „sind" in § 11 Abs. 1 KJHG gesetzten Normqualität von § 11 KJHG wegen Landesrechtsvorbehalt aus § 15 KJHG vollständig landesrechtlicher Regelung (Riekenbrauk 2003, S. 214-216): § 11 KJHG steckt lediglich einen Rahmen ab, der „Raum für eine Konkretisierung der Ziele, der Zielgruppen, der Angebotsformen sowie der Förderung" durch das Landesrecht lässt und wegen der „möglichen Kostenfolgen und der dadurch tangierten Finanzhoheit der Länder und Gemeinden" dem Landesrecht besondere, sozusagen „abschließende" Bedeutung zumisst (Kunkel/ Steffan 2006 c, S. 175-177; Nonninger 2006, S. 201).

Für die Leistungen nach §§ 11 bis 14 gilt damit: Das Landesrecht „schafft an", nur darf es hierbei eben eines nicht: es darf nicht „nicht anschaffen" und es darf nicht „nur so wenig anschaffen", dass hierdurch der normative Kernbestand des Leistungscharakters der Leistung Jugendarbeit erkennbar ausgehöhlt oder auch nur gefährdet wird (Kunkel 1997, S. 183 ff.).

Dies folgt aus der jugendhilferechtlichen Garantstellung des öffentlichen Trägers, die nicht nur bedeutet, „ein lückenloses Netz zu knüpfen, sondern auch dem Leistungsberechtigten gegenüber dafür einzustehen, dass die Aufgabenerfüllung der gesetzlich geforderten Qualität entspricht. (...) Dies schließt die Versorgung mit Einrichtungen und Angeboten der Jugendarbeit ebenso ein wie die Bereitstellung von Kindergartenplätzen" (Kunkel 2006, S. 865).

Die öffentlichen Träger der Jugendhilfe haben als örtliche Träger (Kreise und kreisfreie Städte) und als überörtliche Träger durch Errichtung eines Jugendamtes (örtliche Träger), als überörtliche Träger – in der Regel die Bundesländer selbst – durch Errichtung eines Landesjugendamtes im Rahmen ihrer Gesamtverantwortung nach § 79 KJHG und gemäß ihrer aus ihrer Gesamtverantwortung resultierenden Gewährleistungsverpflichtung aus § 79 Abs. 2 („sollen gewährleisten"), die der allgemeinen Gewährleistungsverpflichtung aus § 17 Abs. 1 Nr. 2 Sozialgesetzbuch I – Allgemeiner Teil zwar korrespondiert, über diese aber hinausgeht, weil sie „für den Regelfall besteht, Ermessen also nur bei atypischen Umständen im Einzelfall zulässt" (Kunkel 2006, S. 872) dafür zu sorgen, dass diese Leistung der Jugendhilfe tatsächlich besteht – ebenso wie alle übrigen in § 2 Abs. 2 Ziffer 1-6 KJHG genannten Leistungen der Jugendhilfe (Kunkel/ Steffan 2006 b, S. 38; Kunkel 2006, S. 866/867).

Erbringt der Träger der Jugendhilfe diese Leistungen selbst, handelt es sich um Sozialleistungen i. S. Sozialgesetzbuch I – Allgemeiner Teil mit dem dort bestimmten Verpflichtungsgrad.

Von Bedeutung für den Grad der Verbindlichkeit der Sorgetragung öffentlicher Träger der Jugendhilfe für Errichtung und Durchführung von Angeboten der Jugendarbeit ist der normative Gehalt – hier: der öffentlich-rechtliche Gehalt – des Begriffs „Gesamtverantwortung" aus § 79 Abs. 1 KJHG. „Gesamtverantwortung" bezeichnet die jugendhilferechtliche Garantenstellung des öffentlichen Trägers dafür, „dass im Bereich seiner örtlichen und sachlichen Zuständigkeit garantiert ist, dass alle in § 2 genannten Leistungen im Einzelfall gesetzmäßig tatsächlich erbracht werden".

Damit ist § 79 KJHG „Scharnier zwischen der Leistungserbringung im Einzelfall einerseits und der dafür notwendigen Struktur – Struktur definiert als: materielle und personelle Voraussetzungen der Erbringung (Errichtung) und der Wirksamkeit, genauer: des Wirksamwerdens (Durchführung) dieser Leistung" – andererseits und „gleichsam das Vehikel, das Aufgabenpostulate vom Papier in die Praxis befördert und ausschließt, dass einzelne dieser Leistungen in ihrer Bedeutsamkeit relativiert werden, was beispielsweise für die Jugendarbeit gern geschieht" (Kunkel 2006, S. 866).

Die Gesamtverantwortung des öffentlichen Trägers belastet diesen mit Garantenstellung und begründet aus dieser Garantenstellung die Gewährleistungspflicht des öffentlichen Trägers dahingehend, dass die durch § 2 Abs. 2 KJHG bestimmten Leistungen, darunter Angebote der Jugendarbeit, in geeigneter Form, in erforderlichem Umfang, in ausreichender Personal- und Finanzausstattung und rechtzeitig zur Verfügung stehen.

Die Pflicht zur Leistungserbringung bedeutet nicht, dass der öffentliche Träger alle Leistungen selbst erbringen muss. Er muss vielmehr nur garantieren, dass die vom Gesetzgeber in § 2 KJHG benannten Leistungen der Jugendhilfe, darunter Jugendarbeit, erbracht werden – von einem freien Träger oder von einem privatgewerblichen Träger. Dabei ist es nicht dasselbe, wenn Leistungen der Jugendhilfe von einem freien Träger oder von einem privatgewerblichen Träger erbracht werden; und zwar deshalb nicht, weil zur für die Jugendhilfe verpflichtenden pluralen Angebotsstruktur, die Voraussetzung dafür ist, dass Leistungsberechtigte ihr Wunsch- und Wahlrecht nach § 5 KJHG (Papenheim 2006 b, S. 78-81) ausüben können, nur Angebote freier Träger, nicht aber Angebote privatgewerblicher Träger gehören, wie sich aus § 3 Abs. 2 KJHG und aus § 4 KJHG ergibt (Papenheim 2006 a, S. 47; Papenheim 2006 c, S. 55/56) und weil der Nachranggrundsatz als Ausdruck des Subsidiaritätsprinzips gebietet, ein weltanschaulich differenziertes Angebot der Jugendhilfe zu ermöglichen, hingegen aber nicht gebietet, ein marktwirtschaftlich diversifiziertes Angebot der Jugendhilfe zu ermöglichen – dies folgt aus §§ 79 Abs. 2 S. 1, 78 e Abs. 3 S. 1 KJHG (Gottlieb 2006, S. 851).

Weiterer Bestandteil der Gesamtverantwortung des öffentlichen Trägers und der durch sie ihm auferlegten Gewährleistungspflicht ist die Finanzierungsverantwortung des öffentlichen Trägers: Die Vertretungskörperschaft des öffentlichen Trägers ist verpflichtet, soviel Finanzmasse zur Verfügung zu stellen, wie viel erforderlich ist, um die Leistungen der Jugendhilfe bedarfsgerecht zu erbringen. Leistungen der Jugendhilfe, darunter Jugendarbeit, „bedarfsgerecht erbringen" heißt nach in Kommentarliteratur und Rechtsprechung gesicherter Rechtsauffassung eben nicht, diese Leistungen kontingent und lediglich nach Maßgabe quantifizierbarer empirischer Nachfrage zu erbringen, sondern es heißt vielmehr, sie unabhängig von Schwellenwerten empirisch nachweisbaren Bedarfs der normativen Zweckstellung nach Gesetz entsprechend zu erbringen: Es ist diese Entkopplung der Verpflichtung des öffentlichen Trägers der Jugendhilfe zur Errichtung und Durchführung der Jugendhilfeleistung Jugendarbeit von Schwellenwerten empirisch quantifizierbarer Nachfrage, der die Jugendhilfeleistung Jugendarbeit normativ als Soll-Leistung, „die zur Muss-Leistung wird", qualifiziert („sind (...) zur Verfügung zu stellen", § 11 Abs. 1 S. 1 KJHG) – darin besteht, so Kunkel/ Steffan im Hinblick auf Errichtung und Durchführung der Jugendhilfeleistung Jugendarbeit „eine unbedingte Verpflichtung", ein Ermessensspielraum verbleibt nicht (Kunkel/ Steffan 2006 b, S. 40).

Der Verpflichtungsgehalt der Leistungen der Jugendhilfe ist für die in Nr. 1 bis 6 § 2 Abs. 2 KJHG genannten Leistungen unterschiedlich.

Im Falle der Jugendarbeit ist der Verpflichtungsgehalt einer echten Rechtsnorm gegeben. Es handelt sich – das ist für die Frage: „Zuflucht beim KJHG?" – von entscheidender Bedeutung, bei § 11 nicht lediglich um einen bloßen Programmsatz der Jugendhilfe, sondern um die Setzung einer objektiven Leistungsverpflichtung für den örtlichen Träger der öffentlichen Jugendhilfe, diese Angebote zur Verfügung zu stellen oder im Rahmen des Subsidiaritätsprinzips wegen Gesamtverantwortung des örtlichen öffentlichen Trägers dafür zu sorgen, dass Angebote der Jugendarbeit in bedarfsgerechtem Umfang entsprechend dem Gebot der Jugendhilfeplanung nach § 80 KJHG, in deren Rahmen sie als „Angebote überhaupt" zwingend vorzusehen sind, von freien Trägern der Jugendarbeit zur Verfügung gestellt werden (Kunkel 2000, S. 414). Es wäre eindeutig gesetzeswidrig, wenn keine oder nur völlig unzureichende Angebote unterbreitet würden (Wabnitz 2003, S. 39).

Wichtig ist dabei, dass diese „Leistung der Jugendhilfe i. S. § 11 Abs. 1 nicht die Jugendarbeit als solche, sondern die Zurverfügungstellung und Nutzung der Angebote der Jugendarbeit ist. Es handelt sich bei § 11 Abs. 1 also nicht um individuelle Dienst-, Sach- oder Geldleistungen, sondern lediglich um die Möglichkeit der Teilnahme an allgemein zugänglichen Veranstaltungen oder Maßnahmen oder um die Möglichkeit der Nutzung von Diensten und Einrichtungen der Jugendarbeit.

Dem entspricht es, dass ein Anspruch auf ein bestimmtes Angebot der Jugendarbeit nicht besteht. Hierfür ist zum einen die Verpflichtung aus § 11 Abs. 1 zu unbestimmt. Zum anderen stünde ein solcher Anspruch im Widerspruch zum Gebot der Pluralität der Angebote der Jugendhilfe aus § 3 Abs. 1 KJHG. Zur Pluralität gehört auch die Entscheidungsfreiheit der öffentlichen und der freien Träger, wie sie die Aufgaben der Jugendhilfe wahrnehmen.

Eine hiervon zu unterscheidende andere Frage ist jedoch die, ob dieser Verpflichtungsgehalt als subjektives öffentliches Recht und damit als klagbarer Anspruch auf Erfüllung, das heißt auf Zur-Verfügungstellung ausgestaltet ist. Dies ist von außerordentlicher Bedeutung. Unter einem subjektiv öffentlichen Recht versteht man die dem Einzelnen kraft öffentlichen Rechts verliehene Rechtsmacht vom Staat zur Verfolgung eigener Interessen ein bestimmtes Verhalten verlangen zu können.

Sollte die Verpflichtung des öffentlichen Trägers ein subjektiv öffentliches Recht begründen, dann korrespondierte dieser öffentlich-rechtlichen Verpflichtung des öffentlichen Trägers ein vor den Verwaltungsgerichten einklagbarer Rechtsanspruch des Bürgers – auch des einzelnen jungen Menschen – und des Trägers der freien Jugendhilfe, das der Träger der öffentlichen Jugendhilfe erforderliche Angebote auch tatsächlich zur Verfügung stellt.

Ein solcher Rechtsanspruch wird von der Mehrheit der Kommentarliteratur regelmäßig verneint. Dies zum einen aus einem im engeren Sinne juristischen, nämlich dogmatischen Grunde, deshalb, weil der Schutzzweck fehlt, das heißt weil es nicht Zweck der Jugendhilfeleistung Jugendarbeit ist, den Einzelnen zu schützen. Zum anderen und nicht zuletzt aber auch deshalb, weil es, wie in einem Fall der Kommentarliteratur betont, der Jugendforschung an gesicherten Erkenntnissen über die Wirkungen der Teilhabe an Angeboten der Jugendarbeit fehlt (vgl. Lindner in diesem Band).

Hingegen gibt es ein Teilhaberecht, und dies ist die Anspruchsqualität der Jugendhilfeleistung Jugendarbeit. Bejaht wird in Kommentarliteratur und Rechtsprechung ein Anspruch junger Menschen darauf, dass „überhaupt bzw. in ausreichendem Maße Angebote der Jugendarbeit zur Verfügung gestellt werden", und insofern besteht ein subjektives Recht, dass durch zwei Voraussetzungen begründet wird:

1. Eine Rechtsnorm, die die Verwaltung zu einem bestimmten Verhalten verpflichtet. Diese an den öffentlichen Träger gerichtete Rechtsnorm ist gegeben mit § 11 KJHG i.V.m. der Gesamtverantwortung des öffentlichen Trägers aus § 75 KJHG.

2. Die Rechtsnorm muss zumindest auch dem Schutz der Interessen einzelner Bürger dienen. Dies ist gegeben dadurch, dass nach § 11 Abs. 1 KJHG Jugendarbeit im Interesse junger Menschen liegt und junge Menschen nach der Begriffsbestimmung aus § 7 Abs. 1 Nr. 4 KJHG bestimmt werden als „wer unter 27 Jahre alt ist". Und diese haben jedenfalls einen Anspruch darauf, dass ihnen eine Grundversorgung durch Jugendarbeit in den Bereichen Bildung, Beratung und Begegnung gewährt wird. Dieser Anspruch auf Grundversorgung mit Einrichtungen der Jugendarbeit scheitert nicht daran, dass es einen allgemeinen Gesetzesvollzugsanspruch nicht gibt, denn es verhält sich so: Wenn der Staat bestimmte Leistungen gesetzlich festlegt, können sich im Hinblick auf das Sozialstaatsprinzip entsprechende Ansprüche ergeben (vgl. dazu Maurer, Allgemeines Verwaltungsrecht, § 8 Randnummer 14).

In geradezu mustergültiger und darüber hinaus für die Frage, ob denn die Jugendarbeit hinsichtlich ihrer Bestandssicherung gegenüber einem zunehmend restriktiv agierenden öffentlichen Träger „Zuflucht beim KJHG" suchen könne gleichermaßen praktisch wie rechtlich bedeutsamen Weise haben Kunkel und Steffan Bedeutung und verwaltungsrechtliche Tragfähigkeit einer Soll-Vorschrift erläutert: „Eine Soll-Vorschrift verpflichtet die Behörde, grundsätzlich so zu verfahren, wie es im Gesetz bestimmt ist; wenn keine Umstände vorliegen, die den Fall als atypisch erscheinen lassen, bedeutet das „Soll" ein „Muss". Zur Gewährung von Soll-Leistungen sind die Träger der öffentlichen Jugendhilfe demnach für den Regelfall genauso verpflichtet wie bei Muss-Leistungen, lediglich in atypischen Ausnahmefällen ist Abweichung zulässig. Der Träger der öffentlichen Jugendhilfe hat den Ausnahmefall zu begründen und zu beweisen, wenn er von Soll-Vorschriften abweichen, also eine Soll-Leistung versagen will. Kein Kriterium für die Versagung von Soll-Leistungen ist die finanzielle Situation des öffentlichen Trägers, da eine schlechte Finanzlage nicht atypisch, sondern eher typisch ist" (Kunkel/ Steffan 2006 b, S. 40).

Sowohl für die Frage der „Zuflucht der Jugendarbeit beim KJHG", mehr aber noch für die Frage nach der Möglichkeit der Begrenzung restriktiven Finanzverhaltens öffentlicher Träger der Jugendhilfe gegenüber der Jugendarbeit und gegenüber freien Trägern und Jugendverbänden ist der Umstand, dass Jugendarbeit als Förderangebot nicht nur wie die Förderangebote „Förderung der Erziehung in der Familie – §§ 16-21 KJHG – und „Förderung von Kinder- und Tageseinrichtungen – §§ 22-25 KJHG – „zum Kernbereich der Leistungen der Jugendhilfe" zählt (Kunkel/Steffan 2006 b, S. 39), sondern darüber hinaus gegenüber anderen in § 2 Abs. 2 KJHG genannten Leistungen der Jugendhilfe durch Wortlaut des Gesetzes dadurch hervorgehoben wird, dass der öffentliche Träger der Jugendhilfe durch § 74

Abs. 2 S. 2 KJHG durch sollvorschriftsanaloge Formulierung – „haben zu (...) verwenden" – verpflichtet wird, „von den für die Jugendhilfe bereitgestellten Mitteln einen – der normativen Zweckstellung der Jugendarbeit – angemessenen Teil für die Jugendarbeit zu verwenden".

Dabei wird durch die der normativen Zweckstellung der Jugendarbeit entsprechende Sollqualität der Formulierung aus § 11 KJHG und der Sollqualität dieser Formulierung gemäß das Ermessen des öffentlichen Trägers der Jugendhilfe bezüglich des Umfangs der für die Errichtung und Durchführung von Jugendarbeit zur Verfügung zu stellenden Mittel „dann auf Null reduziert, wenn nur eine bestimmte Höhe der zur Verfügung zu stellenden Mittel gewährleistet" (Kunkel 2006, S. 870), dass Jugendarbeit in einer ihrer normativen (gesetzlichen) Zweckstellung entsprechenden Weise oder gemäß den Qualitätsmerkmalen nach § 79 Abs. 2 KJHG erbracht werden kann. Normativer Zweck von Jugendarbeit ist es, „eine eigenständige Sozialisationsinstanz zu sein, die nicht vorrangig auf die Unterstützung der Personensorgeberechtigten ausgerichtet ist und die dazu beitragen soll, soziale Benachteiligungen und individuelle Beeinträchtigungen, die Hilfe nach § 13 KJHG (Jugendsozialarbeit) erforderlich machen, gar nicht erst entstehen zu lassen" (Kunkel/Steffan 2006 c, S. 175)

Darüber hinaus sind die Einschränkungs- und Entscheidungsspielräume des öffentlichen Trägers eingegrenzt durch allgemeine verwaltungsrechtliche Grundsätze der Ausübung pflichtgemäßen Ermessens und durch allgemeine rechtsstaatliche Grundsätze der Verhältnismäßigkeit und des Vertrauensschutzes aus Art. 20 Abs. 1 und 28 Abs. 1 GG.

Das gilt auch für den Umfang der Förderung freier Träger nach § 74 Abs. 1 und Abs. 3 KJHG, wenn und insoweit diese die Jugendhilfeleistung Jugendarbeit nach § 11 KJHG erbringen: „In Zeiten knapper oder gar leerer öffentlicher Kassen ist zu betonen, dass Förderungsentscheidungen nach § 74 Abs. 3 S. 1 KJHG zwar – nach Art und Höhe – im Rahmen der verfügbaren Hausmittel nach pflichtgemäßem Ermessen erfolgen, dass aber das Argument, „dafür haben wir kein Geld" kein zulässiges Kriterium für ein pflichtgemäßes Ermessen ist. Vielmehr würde sich eine Ermessensentscheidung, die auf dieser Basis getroffen wäre, als rechtswidrig erweisen: Dies, weil die Mittel für die Träger der freien Jugendhilfe aufgrund der Gewährleistungsverpflichtung nach § 79 KJHG zur Verfügung zu stellen sind. Fiskalische Erwägungen dürfen nicht die Durchführung der Aufgaben des Kinder- und Jugendhilfegesetzes vereiteln" (Fieseler/ Busch 2006, S. 168/169; Wabnitz 2003, S. 5).

Die Versagung der fiskalischen Förderung eines freien Trägers der Jugendhilfe ist schon deshalb ermessensfehlerhaft und rechtswidrig, wenn diese Versagung nicht anhand der örtlichen Jugendhilfeplanung belegt werden kann. Das heißt: bei Vorliegen der Förderungsvoraussetzungen nach § 74 Abs. 1 KJHG ist die Ablehnung der Förderung ausschließlich anhand der Jugendhilfeplanung nachvollziehbar zu begründen. Auch kann die Förderung eines freien Trägers nicht deshalb abgelehnt werden, weil eine Jugendhilfeplanung nach § 80 KJHG nicht vorliegt: Liegt eine solche vor, ist sie bei der Förderung nach § 74 KJHG zu beachten, liegt sie nicht vor, so hindert dies, wie Fieseler und Busch mit Bezug auf Entscheidung des Bundesverwaltungsgerichts vom 30. Dezember 1996 gezeigt haben, die Förderung nach § 74 KJHG nicht (Fieseler/Busch 2006, S. 169).

Und weiter, und auch dies eine Tür, die „Zuflucht beim KJHG" ermöglicht: Vergegenwärtigen wir uns den Gesetzesinhalt insbesondere von § 11 Abs. 3 KJHG. Zu den Schwerpunkten der Jugendarbeit gehören: 1) Außerschulische Jugendbildung mit allgemeiner politischer, sozialer, gesundheitlicher, kultureller, naturkundlicher, technischer Bildung; 2) Jugendarbeit in Sport, Spiel und Geselligkeit; 3) arbeitswelt-, schul- und familienbezogene Jugendarbeit; 4) internationale Jugendarbeit; 5) Kinder- und Jugenderholung; 6) Jugendberatung. Diesen Wortlaut des Gesetzes vorausgesetzt, ist das Urteil des Bundesverfassungsgerichts vom 18. Juli 1967 für die Frage, ob denn die entsprechende Gewährleistungsverpflichtung aus § 79 Abs. 2 KJHG für Jugendarbeit rechtlich, und zwar zwingend umzusetzen ist und inwieweit bei Fehlen der entsprechenden Grundversorgung Rechtsbehelfe zur Verfügung stehen, um die Erfüllung objektiv-rechtlicher Verpflichtungen durchzusetzen (wozu dann neben der Errichtung von Angeboten der Jugendarbeit auch die hierzu einschlägige Förderung freier Träger auf dem Gebiet der Jugendarbeit gehört), geradezu eine Offenbarung. Und zwar deshalb, weil es in diesem Urteil heißt, „(...) dass die Jugendpflege ebenso zu den Aufgaben der öffentlichen Jugendhilfe gehört wie insbesondere die Förderung der Jugendverbände und die Förderung jugendpflegerischer Maßnahmen bei der Abhaltung von Freizeiten, Veranstaltungen zur politischen Bildung, internationale Begegnungen, die Förderung der Ausbildung und Fortbildung ihrer Mitarbeiter und der Errichtung und Unterhaltung von Jugendheimen, Freizeitstätten und Ausbildungsstätten, weil diese dazu beitragen, eine Gefährdung junger Menschen zu vermeiden und damit Hilfen zur Erziehung überflüssig zu machen" (Bundesverfassungsgerichtsentscheidung (BVerGE) 22 vom 18. Juli 1967, S. 180-220 bei Fieseler/ Busch 2006, S. 169).

Im Gegensatz zu der in der Kommentarliteratur mehrheitlich vertretenen Auffassung, dass kein subjektiver Rechtsanspruch – weder von jungen Menschen noch von Trägern – auf Förderung besteht, ist, wie Fieseler und Busch gezeigt haben, die Auffassung begründungsfähig vertretbar, dass § 11 sehr wohl ein subjektiver

Rechtsanspruch zugrunde liegt. Ebenso wie § 1 KJHG ein subjektiv-öffentliches Recht zu entnehmen ist, liegt – das haben Fieseler/ Schleicher/ Busch unter Heranziehung aller juristischen Auslegungsmethoden in ihrem Gemeinschaftskommentar zum Kinder- und Jugendhilferecht (2006) gezeigt –, wie bereits 2002 vom Bundesministerium für Familie, Senioren, Frauen und Jugend in einer Information an die Europäische Kommission vom 12. Dezember 2002 zugestanden, dem § 11 KJHG sehr wohl ein subjektiver Rechtsanspruch zugrunde.

Dass die heutige Mehrheitsmeinung der Kommentierung zu § 11 KJHG dies übersieht und das Fehlen eines subjektiv-öffentlichen Rechts mit „fehlender hinreichender Konkretisierung" begründet, ist fehlerhaft und ist einzig und allein dem Umstand geschuldet, dass § 38 Sozialgesetzbuch I – Allgemeiner Teil unbeachtet bleibt: Nach § 38 Sozialgesetzbuch I besteht auf Sozialleistungen ein Anspruch, soweit nicht nach den besonderen Teilen des Sozialgesetzbuchs die Leistungsträger ermächtigt sind, bei Entscheidungen über die Leistung nach ihrem Ermessen zu handeln (Krahmer 2003 a, S. 311/312). Und genau diese Ermächtigung, bei der Entscheidung über Errichtung der Jugendhilfeleistung Jugendarbeit nach Ermessen zu handeln, ist im Gesetzeswortlaut von § 11 KJHG nicht gegeben. Und wie bei §§ 27, 35 a, 41 KJHG kann Einklagbarkeit nicht allein schon deshalb verneint werden, weil im Einzelfall das geeignete und erforderliche Angebot schwer zu bestimmen ist. Dies wird gestützt durch eine Entscheidung des Bundesverwaltungsgerichts. Das Bundesverwaltungsgericht hat bereits 1954 anhand der „Leitgedanken des Grundgesetzes" dargelegt, dass „die Rechtspflicht zur Fürsorge deren Träger gegenüber dem Bedürftigen obliegt und dieser einen entsprechenden Rechtsanspruch hat" (Fieseler/ Busch 2006, S. 166; Fieseler 1977, S. 32 ff.). Es handelt sich hier um eine der wenigen gerichtlichen Entscheidungen, die aus dem Grundgesetz selbst einen konkreten Rechtsanspruch des Einzelnen gegen den Staat ableiten.

Jugendarbeit nach § 11 KJHG ist nach § 27 Abs. 1 Ziffer 1 Sozialgesetzbuch I (SGB I) – Allgemeiner Teil eine Sozialleistung, die der Verwirklichung des im Katalog der Sozialen Rechte, §§ 3-10 SGB I, durch § 8 SGB I, Kinder- und Jugendhilfe, bestimmten Rechts auf „Förderung der Entwicklung junger Menschen" - § 8 S. 2 SGB I wortgleich mit § 11 Abs. 1 S. 1 KJHG – dient, auf deren Inanspruchnahme ein Rechtsanspruch besteht (Riekenbrauk 2003, S. 21 ff.; Kunkel 2006 c, S. 175-177; Riekenbrauk 2003 b, S. 67-70).

Gerade für die Beantwortung der Frage, ob denn Jugendarbeit „Zuflucht beim KJHG" nehmen kann und, sofern diese Frage bejaht wird, welche Schutzwirkung das KJHG in diesem Falle zu entfalten vermag, ist es durchaus von Interesse, Klarheit darüber zu gewinnen, was soziale Rechte sind, wen sie tragen und wie weit sie tragen und was von „Sozialleistungen nach Sozialgesetzbuch I zur Verwirklichung sozialer Rechte" zu halten ist.

Das Sozialgesetzbuch befasst sich mit denjenigen Gegenstandsbereichen des Sozialrechts, die nicht nur aus aktuellem Anlass vorübergehend von Bedeutung sind, sondern mit denjenigen Materialien, die dauerhaft zur Herstellung oder Wahrung sozialer Sicherheit und zur Wahrung sozialer Gerechtigkeit beitragen müssen, um das Sozialstaatsgebot des Grundgesetzes (Art. 20, 28 GG) verwirklichen zu helfen. Dieser Auftrag ist dem Sozialgesetzbuch ausdrücklich aufgegeben und in § 1 Abs. 1 SGB I ausdrücklich formuliert.

Das Sozialgesetzbuch gründet die gesetzlichen Voraussetzungen, die zur dauerhaften Herstellung oder Wahrung sozialer Sicherheit und sozialer Gerechtigkeit beitragen müssen, auf in ihm bestimmte soziale Rechte.

Soziale Rechte sind keine Vollrechte im Sinne unmittelbar durchsetzbarer Ansprüche. Aus ihnen können Ansprüche nur insoweit geltend gemacht oder hergeleitet werden, als deren Voraussetzungen und Inhalte durch die Vorschriften der besonderen Teile des Sozialgesetzbuches im einzelnen bestimmt sind. Wohl aber verleihen soziale Rechte subjektive öffentliche Rechte, weil sie dem Bürger gegenüber dem öffentlichen Träger den Rechtsanspruch auf ihre Beachtung bei der Auslegung der Vorschriften aller Gesetzbücher des Sozialgesetzbuches und den Rechtsanspruch auf ihre Beachtung bei der Ausübung von Ermessen einräumen (Krahmer 2003 b, S. 25-27).

Soziale Rechte „sind Richtlinien für die Rechtsanwendung durch Verwaltung und Rechtsprechung, die bei der Auslegung, Rechtsfortbildung, Ermessensbetätigung und Ermessensüberprüfung nicht nur zu beachten, sondern möglichst weitgehend zu verwirklichen sind". Nur in dieser Funktion und nur auf dem Umweg über Anspruchsnormen können soziale Rechte ausnahmsweise Leistungsansprüche begründen. Im Übrigen sind sie weder Selbstansprüche noch können aus ihnen eigenständige Ansprüche hergeleitet werden. Dies folgt auch daraus, dass soziale Rechte weder bestimmte Leistungsträger verpflichten noch gerichtlich durchsetzbar sind. Ihre Bezeichnung als Rechte ist deshalb auch als irreführend kritisiert worden. Richtig an dieser Kritik ist, dass soziale Rechte subjektiv-öffentliche Rechte dann nicht sind, wenn man mit diesem Begriff nur solche Rechte verbindet, mit denen individuell einklagbare öffentlich-rechtliche Ansprüche verbunden sind. Sofern man aber diesen Begriff für den Einzelnen zugeordnete Rechtspositionen verwenden will, die keine Ansprüche sind (sofern man also zwischen Rechtsposition und Anspruch unterscheidet), sind soziale Rechte als soziale Grundrechte subjektive Rechte ohne Anspruchsqualität (Bley 1988, S. 18/19).

Sozialleistungen sind Vorteile zur Verwirklichung sozialer Rechte, insbesondere zur Verwirklichung des sozialen Rechts auf Förderung derjenigen Fähigkeiten, die der freien Entfaltung der Persönlichkeit dienen, „insbesondere auch für junge Menschen" und auf Förderung derjenigen Fähigkeiten, die den Erwerb des Lebensunterhalts durch eine frei gewählte Tätigkeit ermöglichen.

Der Verwirklichung insbesondere dieser sozialen Rechte stehen soziale Benachteiligungen und individuelle Beeinträchtigungen von Kindern und Jugendlichen als „besondere Belastungen des Lebens von Kindern und Jugendlichen" entgegen. Normative Zweckbestimmung aller vom Gesetzgeber benannten Sozialleistungen und damit auch normative Zweckbestimmung von Jugendarbeit als auf Verwirklichung des durch § 8 SGB I benannten sozialen Rechts ist es, durch die Wahrnehmung der in § 11 Abs. 3 KJHG bezeichneten „Schwerpunkte der Jugendarbeit" genannten Aufgaben individuelle Güter- und Leistungsdifferenzen auszugleichen, die eine anderweitig nicht behebbare Existenz- und Statusbeeinträchtigung, eine besondere Belastung oder Unterlegenheit des Leistungsempfängers – in diesem Falle: Kinder, Jugendliche und junge Menschen – zur Folge haben und dadurch zur Verwirklichung sozialer Gerechtigkeit und sozialer Sicherheit beizutragen. Im Falle von Sozialleistungen ist der Leistungsträger verpflichtet, die entsprechende Sozialleistung unmittelbar zu erbringen, das heißt: den Bedarf des Leistungsberechtigten unmittelbar dadurch zu befriedigen, dass er die erforderlichen Dienste und Sachen naturaliter zur Verfügung stellt und sich nicht darauf beschränkt, ihm die Kosten für das selbst beschaffte Erforderliche zu erstatten, wie beim Kostenerstattungsprinzip verfahren wird. Sozialleistungen haben, sofern sie nicht präventiv wirken, Ausgleichsfunktion: Indem sie den Empfänger entlasten, geminderte Entfaltungschancen erhöhen oder seine wirtschaftliche Situation durch Befriedigung elementarer oder spezieller Bedarfe bessern, gleichen sie seine individuelle Situation an die derjenigen an, die kein solches Güterdefizit aufweisen (Bley 1988, S. 61/62).

Das Gebot der Schaffung gleicher Voraussetzungen für die freie Entfaltung der Persönlichkeit durch Gewährung von Sozialleistungen konkretisiert die Leitidee sozialer Gerechtigkeit und damit des Gleichheitssatzes des Art. 3 GG als sozialen Ausgleich von Benachteiligungen. Erst wirtschaftliche und soziale Hilfen eröffnen sozial Benachteiligten die Handlungsfreiheit und Persönlichkeitsentwicklung, die ihnen Art. 2 Abs. 1 GG gewährleisten will.

Es geht nicht darum, die Persönlichkeitsentwicklung von Kindern, Jugendlichen und jungen Menschen zu steuern, wohl aber um den Ausgleich nicht hinnehmbarer Ungleichheiten als den tatsächlichen Voraussetzungen der Inanspruchnahme des Entwicklungsfreiraums – dies und nichts anderes ist mit dem Gebot der Chancengleichheit bezeichnet (Krahmer 2003 c, S. 21/22).

§ 8 SGB I markiert diese Grundsätze unter ausdrücklicher Bezugnahme auf das soziale Recht der Kinder- und Jugendhilfe und deren Leistungen und damit im Hinblick auf Jugendarbeit mit der Rechtsqualität einer Rechtsanwendungsrichtlinie. Diese gebietet, bei der Gesetzesanwendung und bei Ermessensausübung die in §§ 3-10 SGB I normierten sozialen Rechte und deren normative Zweckbestimmung, darunter Kinder- und Jugendhilfe und Jugendarbeit als deren Leistung, und die auf deren Verwirklichung ausgerichteten Sozialleistungen „in der Weise zu beachten, dass sie möglichst weitgehend verwirklicht werden". Auch dies ist, was allerdings im Einzelfall rechtssystematisch und dogmatisch sorgfältig zu prüfen wäre, eine Zuflucht beim KJHG, vielleicht eine stärkere als § 11 KJHG selbst, weil dieser in seinen Bestimmungen durch die landesrechtlichen Durchgriffsrechte auf die Leistungen der Jugendhilfe unterlaufen werden kann, was für das Sozialgesetzbuch I nicht gilt (Baltz 1996, S. 362 und S. 365).

Literatur

Baltz, J. (1996): Förderung der freien Jugendhilfe. Möglichkeiten, Voraussetzungen und Grenzen der Bewilligung, Kürzung oder Streichung von Fördermitteln nach SGB VIII (KJHG). In: Nachrichtendienst des Deutschen Vereins für öffentliche und private Fürsorge, Jg. 1996, S. 360-365.
Bley, H. (1988): Lexikon der Grundbegriffe des Sozialrechts. Baden-Baden.
Fieseler, G./ Busch, M. (2006): Jugendarbeit gemäß § 11 SGB VIII – Wie verbindlich ist sie für die Kommunen? In: Jugendhilfe, 44. Jg., S. 165-169.
Fieseler, G. (1977): Rechtsgrundlagen Sozialer Arbeit. Stuttgart.
Gottlieb, H.-D. (2006): Kommentar zu § 78 e Kinder- und Jugendhilfegesetz (SGB VIII): Örtliche Zuständigkeit für den Abschluss von Vereinbarungen. In: Kunkel, P.-Chr. (Hrsg.): Sozialgesetzbuch VIII. Kinder- und Jugendhilfe. Lehr- und Praxiskommentar. Baden-Baden, S. 848-852.
Krahmer, U. (2003 a): Kommentar zu § 38 Sozialgesetzbuch Allgemeiner Teil: Rechtsanspruch. In: Krahmer, U. (Hrsg.): Sozialgesetzbuch Allgemeiner Teil. Lehr- und Praxiskommentar. Baden-Baden, S. 310-314.
Krahmer, U. (2003 b): Kommentar zu § 2 Sozialgesetzbuch Allgemeiner Teil: Soziale Rechte. In: Krahmer, U. (Hrsg.): Sozialgesetzbuch Allgemeiner Teil. Lehr- und Praxiskommentar. Baden-Baden, S. 23-30.
Krahmer, U. (2003 c): Kommentar zu § 1 Sozialgesetzbuch Allgemeiner Teil: Aufgabe des Sozialgesetzbuchs. In: Krahmer, Utz (Hrsg.): Sozialgesetzbuch Allgemeiner Teil. Lehr- und Praxiskommentar. Baden-Baden, S. 15-23.
Kunkel, P.-Chr. (2006) (Hrsg.): Sozialgesetzbuch VIII. Kinder- und Jugendhilfe. Lehr- und Praxiskommentar. Baden-Baden
Kunkel, P.-Chr. (2006): Kommentar zu § 79 Kinder- und Jugendhilfegesetz: Gesamtverantwortung, Grundausstattung. In: Kunkel 2006, S. 864-873.

Kunkel, P.-Chr./ Steffan, R. (2006 a): Kommentar zu § 1 Kinder- und Jugendhilfegesetz: Recht auf Erziehung, Elternverantwortung, Jugendhilfe. In: Kunkel, S. 29-37.

Kunkel, P.-Chr./ Steffan, Ralf (2006 b): Kommentar zu § 2 Kinder- und Jugendhilfegesetz: Aufgaben der Jugendhilfe. In: Kunkel 2006, S. 37-43.

Kunkel, P.-Chr./ Steffan, R. (2006 c): Kommentar zu § 11 Kinder- und Jugendhilfegesetz: Jugendarbeit. In: Kunkel 2006, S. 174-181.

Kunkel, P.-Chr. (2000): Fragen der Finanzierung freier Träger. In: Zeitschrift für Jugendrecht, 87. Jg., S. 413-421.

Kunkel, P.-Chr. (1997): Zu Fragen der Gewährleistungspflicht am Beispiel der Jugendarbeit und der Jugendsozialarbeit. In: Zeitschrift für Jugendrecht, 84. Jg., S. 180-186.

Nonninger, S. (2006 a): Kommentar zu § 85 Kinder- und Jugendhilfegesetz: Sachliche Zuständigkeit. In: Kunkel 2006, S. 893-902.

Nonninger, S. (2006 b): Kommentar zu § 15 Kinder- und Jugendhilfegesetz: Landesrechtvorbehalt. In: Kunkel 2006, S. 201-204.

Papenheim, H.-G. (2006 a): Kommentar zu § 3 Kinder- und Jugendhilfegesetz: Freie und öffentliche Träger der Jugendhilfe. In: Kunkel 2006, S. 43-53.

Papenheim, H.-G. (2006 b): Kommentar zu § 5 Kinder- und Jugendhilfegesetz: Wunsch- und Wahlrecht. In: Kunkel 2006, S. 76 -84.

Papenheim, Heinz-Gert (2006 c): Kommentar zu § 4 Kinder- und Jugendhilfegesetz: Zusammenarbeit der öffentlichen Jugendhilfe mit der freien Jugendhilfe. In: Kunkel 2006, S. 53-74.

Riekenbrauk, K. (2003 a): Kommentar zu § 27 Sozialgesetzbuch Allgemeiner Teil: Leistungen der Kinder- und Jugendhilfe. In: Krahmer, U. (Hrsg.): Sozialgesetzbuch Allgemeiner Teil. Lehr- und Praxiskommentar. Baden-Baden, S. 213-220.

Riekenbrauk, K. (2003 b): Kommentar zu § 8 Sozialgesetzbuch Allgemeiner Teil: Kinder- und Jugendhilfe. In: Krahmer, U. (Hrsg.): Sozialgesetzbuch Allgemeiner Teil. Lehr- und Praxiskommentar. Baden-Baden, S. 67-73.

Vondung, U. (2006): Kommentar zu § 69 Kinder- und Jugendhilfegesetz: Träger der öffentlichen Jugendhilfe, Jugendämter, Landesjugendämter. In: Kunkel 2006, S. 740-749.

Wabnitz, R. J. (2003): Recht der Finanzierung der Jugendarbeit und Jugendsozialarbeit. Ein Handbuch. Baden-Baden, S. 30-44.

Teil II

Wirkungen der
Kinder- und Jugendarbeit

Daniela Perl/Anna Heese

Mehr als nur ein schöner Urlaub: Langzeitwirkungen von internationalen Jugendbegegnungen auf die Persönlichkeitsentwicklung der TeilnehmerInnen

1. Vorbemerkung

Insbesondere an Jugendliche und junge Erwachsene, die sich im Prozess des Hineinwachsens in ein Gesellschaftssystem befinden, werden in der heutigen Zeit immer komplexere Anforderungen gestellt. In einer Welt, die immer vielschichtiger und dynamischer wird und geprägt ist von internationalen Vernetzungen und technologischer Entwicklungen, sind vielseitige Kompetenzen gefordert, um sich darin orientieren und auf zufrieden stellende Weise entwickeln zu können. Die Herausforderungen, mit denen ein Heranwachsender konfrontiert ist, hat Havighurst (1972) unter dem Begriff Entwicklungsaufgaben zusammengetragen und erläutert. Demnach sind neben der körperlichen Entwicklung, dem Aufbau von Beziehungen und der Ablösung von den Eltern auch die Vorbereitung auf die berufliche Karriere, Entwicklung eines sozial verantwortlichen Verhaltens und der Aufbau eines Wertesystems zentrale Anforderungen. Es geht darum, seinen Platz in der Gesellschaft zu finden, einen angemessenen Lebensstandard aufrechtzuerhalten und sich persönlich weiterzuentwickeln und an die Veränderungen der modernen Welt anzupassen. Die individuelle Entwicklung hat wiederum Auswirkung auf das Gesellschaftssystem, das nur dann funktioniert, wenn jeder einzelne einen Beitrag zur Aufrechterhaltung und Weiterentwicklung von Werten und Einstellungen leistet, wodurch ein friedliches Zusammenleben erst möglich wird. Dazu müssen Schlüsselkompetenzen wie interkulturelle Handlungskompetenz, soziale Fertigkeiten, Offenheit für neue Erfahrungen etc. entwickelt werden. Insbesondere interkulturelle Kompetenzen sind in einer durch Globalisierung und Internationalisierung geprägten Welt sowohl in beruflichen als auch privaten Lebensbereichen gefordert, um sich erfolgreich und zufrieden stellend in internationalen Kontexten bewegen zu können. Auch ein durch Integration und Verständnis geprägtes Zusammenleben im Inland wird erst durch ebendiese Kompetenzen ermöglicht.

Dazu muss ein vielseitiges und auf hohem Niveau stehendes Bildungssystem existieren, das Lernkontexte schafft, die eine Entwicklung der genannten Kompetenzen ermöglicht. Sowohl formelle als auch informelle Bildungsangebote sind dabei von Bedeutung. Das Ausmaß an potentiellen Angeboten für Jugendliche ist groß, doch kommt es auch auf die Beschaffenheit und Zugänglichkeit der Möglichkeiten an. Neben der Schule als Hauptbildungsinstanz zur Vermittlung fachspezifischen Wissens und Kenntnissen, aber auch sozialer Werte, Normen und Kompetenzen, sind insbesondere bei der Vermittlung von sozialen Fertigkeiten die außerschulischen Bildungsangebote von großer Bedeutung. Als ein in der Vergangenheit in seiner Wirkung häufig unterschätztes Angebot kommt dem internationalen Jugendaustausch als wesentlichem Teil der internationalen Jugendarbeit eine wichtige Bedeutung zu.

Internationale Jugendaustauschprogramme wurden verstärkt nach dem 2. Weltkrieg als Beitrag zur „Völkerverständigung" ins Leben gerufen, mit dem Ziel der gegenseitigen Annäherung und Verständigung von Kulturen zur Aufrechterhaltung des Weltfriedens (Danckwortt 1959). Wurden zum damaligen Zeitpunkt vorrangig gesellschaftliche Lernziele verfolgt, rückte bei der Zielsetzung in den letzten Jahren verstärkt das Individuum in den Mittelpunkt: Förderung der Identitätsentwicklung, Entwicklung von interkultureller Handlungskompetenz, Verbesserung der Fremdsprachenkenntnisse, Förderung der sozialen Kompetenzen. Internationaler Jugendaustausch ist dabei ein übergeordneter Begriff unter dem bezüglich des Programmangebots, der Dauer und den Rahmenbedingungen ganz unterschiedliche Programmformate zusammengefasst sind.

Es gibt eine über 50 jährige Forschungstradition, die internationale Begegnungen hinsichtlich ihrer Voraussetzungen, Bedingungsfaktoren und Wirkungen auf die TeilnehmerInnen untersucht. Die Austauschforschung differenziert dabei zwischen Langzeit- und Kurzzeitprogrammen. Langzeitprogramme umfassen eine Zeitspanne von mindestens drei Monaten und sind meist Individualprogramme, wohingegen Kurzzeitprogramme in der Regel ein bis vier Wochen dauern und in einer Gruppe durchgeführt werden.

Bei der Evaluation von Jugendaustauschprogrammen wurde häufig eine Kurzzeitperspektive eingenommen, indem ehemalige TeilnehmerInnen kurz nach Ende des Programms anhand von Fragebögen oder in persönlichen Interviews befragt wurden. Es gab jedoch auch Studien, welche die TeilnehmerInnen mehrere Jahre nach der Teilnahme am Programm befragten, um langfristige Einflüsse auf die Persönlichkeit und den Lebensweg herauszuarbeiten. Dabei wurden allerdings Langzeitprogramme unter die Lupe genommen. Die Ergebnisse dieser Studien zeigten, dass internationale Jugendbegegnungen als besonderes Handlungs- und Lernfeld einen Beitrag zur persönlichen Entwicklung der TeilnehmerInnen auf der Ebene des interkulturellen und sozialen Lernens, der Fremdsprachenkompetenz und Entwicklung von beruflichen Schlüsselkompetenzen leisten (Bachner/ Zeutschel, 1990; Bayerischer Jugendring 2001).

Von Interesse war nun, welche Rolle die Dauer der Programme dabei spielt. Treten die Wirkungen nur bei mehrmonatigen Programmen auf oder können auch Kurzzeitprogramme mit einer Dauer von ein bis vier Wochen dauerhafte Wirkungen hinterlassen? Bei einem Treffen des Forscher-Praktiker-Dialogs 1998 wurde die Idee zu einer Untersuchung von Langzeitwirkungen von Kurzzeitprogrammen entwickelt und ausgearbeitet. Entstanden ist schließlich ein über drei Jahre laufendes Forschungsprojekt, das unter der Leitung von Prof. Dr. Alexander Thomas in Kooperation mit dem Bayerischen Jugendring (BJR), der Bundesvereinigung Kulturelle Jugendbildung (BKJ), dem Deutschen Bundesjugendring (DBJR) und den internationalen Jugendgemeinschaftsdiensten (IJGD) an der Universität Regensburg durchgeführt wurde. (Thomas/ Chang/ Abt 2007; Thomas/ Abt/ Chang 2006) Nachfolgend sollen die zentralen Ergebnisse der Untersuchung und die daraus abgeleiteten Implikationen für das Praxisfeld des Internationalen Jugendaustausches dargestellt werden.

2. Zielsetzung, Methodik und Teilnehmervariablen

Die zentralen Ziele des Projektes „Langzeitwirkungen der Teilnahme an internationalen Jugendbegegnungen auf die Persönlichkeitsentwicklung" bestanden darin, herauszufinden, auf welche Lern- und Handlungsfelder Jugendliche beim internationalen Kurzzeitaustausch treffen, welche Lernprozesse dadurch angeregt werden und wie sich diese langfristig in der Persönlichkeitsentwicklung und im Lebenslauf der TeilnehmerInnen manifestieren.

Da das Feld des internationalen Jugendaustauschs groß ist und auch zahlreiche unterschiedliche Kurzzeit-Programme angeboten werden, die bei der Untersuchung nicht alle berücksichtigt werden konnten, musste eine repräsentative Auswahl getroffen werden. Aus dem Spektrum der angebotenen Programme konnten vier Programmtypen herausgebildet werden, in die sich die am häufigsten durchgeführten Gruppenprogramme vom Format Kurzzeitbegegnung eingliedern lassen: Schüleraustausch mit Unterkunft in Gastfamilien, Jugendgruppenbegegnung auf Gegenseitigkeit am jeweiligen Ort der Partner, Projektorientierte Jugendkulturbegegnung mit Gemeinschaftsunterkunft und Multinationales Workcamp.

Die Stichprobe setzte sich aus ehemaligen TeilnehmerInnen zusammen, die vor durchschnittlich 10 Jahren an einem dieser Programmtypen teilgenommen haben, die von der jeweiligen Partnerorganisation angeboten wurden. Um dem komplexen Forschungsgegenstand gerecht zu werden, wurde ein integratives methodisches Vorgehen gewählt. Im ersten Schritt wurden 93 deutsche und 38 ausländische TeilnehmerInnen in einem circa zweistündigen, teilstrukturierten, problemzentrierten Interview (Witzel 1989) befragt. Die zeitaufwändige Interviewbefragung war notwendig, um einerseits einen detaillierten Eindruck von den möglichen Erfahrungsfeldern im Kurzzeit-Gruppenaustausch zu gewinnen und andererseits den Wirkungsprozess von berichteten Langzeitwirkungen rekonstruieren zu können. Im zweiten, quantitativen Schritt, wurden die berichteten Ergebnisse mit einem Fragebogen anhand einer größeren Stichprobe überprüft. An der Fragebogenuntersuchung nahmen 532 ehemalige TeilnehmerInnen teil: 66 % der Befragten waren weiblich, das durchschnittliche Alter zum Zeitpunkt der Befragung betrug 30 Jahre und das Durchschnittsalter bei Teilnahme betrug 17,3 Jahre. Für 60 % der Befragten war es die erste Teilnahme an einer internationalen Jugendbegegnung, die im Durchschnitt 10 Jahre zurücklag. 86 % der TeilnehmerInnen waren Gymnasiasten (vgl. Thomas/ Chang/ Abt 2007, S. 92-93).

3. Ergebnisse

Die zentralen Ergebnisse der Untersuchung werden im folgenden Abschnitt dargestellt (vgl. Thomas et al. 2007, S. 91-141).

Das Ziel der Untersuchung bestand nicht nur darin, Wirkungen zu erheben, die selbst Jahre nach dem Austausch noch relevant sind, sondern auch den Wirkungsprozess bis hin zu bestimmten Auslösesituationen zurückzuverfolgen. Mit dem Begriff „Auslöser" werden Situationen bezeichnet, die entgegen der Erwartungen und bisheriger Erfahrungen auftraten, eine intensive emotionale Reaktion hervorriefen und aus diesem Grund Lernprozesse anregten und den TeilnehmerInnen besonders im Gedächtnis geblieben sind. In der Interviewbefragung zeigte sich, dass eine Vielzahl an Auslösesituationen berichtet wurde, die von den Inhalten des jeweiligen Programms abhängig waren. In allen vier Programmformaten kamen Auslöser vor, die sich in die Kategorien Wahrnehmung von Unterschieden, Erfahrungen mit anderen Personen und Gastfreundschaft einordnen lassen (Thomas et al. 2007, S. 258). Aus der Vielzahl an berichteten Auslösern und Situationen kann geschlossen werden, dass die untersuchten Programme ein vielseitiges und komplexes Erfahrungs- und Lernfeld darstellen.

3.1 Langzeitwirkungen

Basierend auf den aus den Interviewdaten gewonnenen Ergebnissen, ließen sich unterschiedliche Kategorien von Langzeitwirkungen bilden, die mit der Fragebogenuntersuchung bei einer größeren Stichprobe überprüft wurden.

Besonders ausgeprägt sind die Wirkungen im Bereich *Selbstbezogene Eigenschaften und Kompetenzen*. Hierzu zählen Wirkungen in den Bereichen Selbstbewusstsein, Selbständigkeit, Selbstvertrauen, Selbstsicherheit, und Selbstwirksamkeit. Selbstwirksamkeit ist ein wichtiger Persönlichkeitsbereich und beinhaltet situationsunabhängiges Vertrauen auf eigene Fähigkeiten. Die hohe Zustimmung von 63 % der Befragten zu diesem Bereich zeigt, dass der Austausch zu einem bedeutsamen Zuwachs an Selbstsicherheit und Selbstwirksamkeit führte. Die TeilnehmerInnen, die sich vor dem Austausch als wenig selbstsicher erlebt haben, machten im Austausch die Erfahrung, dass sie sich in der fremden Umgebung alleine zurechtfinden, dass sie auch ohne ihre Eltern zurechtkommen und dass sie neue Situationen erfolgreich bewältigen können.

Bei 51 % der Befragten führte die Austauscherfahrung zu Langzeitwirkungen in dem Bereich *Offenheit, Flexibilität, Gelassenheit*. Die TeilnehmerInnen wurden offener gegenüber neuen Situationen und Menschen und reagieren in ungewohnten Situationen gelassener und flexibler.

Durch die Konfrontation mit dem fremdkulturellen Wertesystem und durch das Erleben der eigenen Person in einem fremden Kontext erfahren die Jugendlichen viel über ihre Möglichkeiten und ihre Grenzen. 40 % der TeilnehmerInnen stimmen zu, dass der Austausch zu vermehrter *Selbstreflexion* und zu einer *Veränderung des Selbstbildes* führte. Wirkungen in diesen Bereichen sind auch geradezu vorprogrammiert, da die zentrale Entwicklungsaufgabe des Jugendalters die Entwicklung einer persönlichen Identität ist und das Selbstbild von Jugendlichen weniger stabil ist als das von Erwachsenen (Havighurst, 1972).

Besonders gefördert wird im Austausch zudem der Aufbau von *sozialer Kompetenz*. Aufgrund der zahlreichen Gruppensituationen und des möglichen Gastfamilienaufenthaltes werden insbesondere Team- und Konfliktfähigkeit erhöht (52 % Zustimmung).

62 % der Befragten stimmen zu, dass die Austauscherfahrung bis heute andauernde Wirkungen im Bereich *interkulturelles Lernen* hinterließ. Interkulturelles Lernen umfasst die Fähigkeiten, die Perspektive eines anderen übernehmen zu können, sich über kulturelle Unterschiede bewusst zu sein sowie über vertieftes Wissen über die Eigen- und Fremdkultur zu verfügen. Durch die vielen neuartigen und unerwarteten Erfahrungen im interkulturellen Kontext, die entgegen bisheriger Maßstäbe spre-

chen, werden Lernprozesse angeregt, die im günstigen Fall zu einer Erweiterung des eigenen Wertesystems und Verhaltensrepertoires führen. Die Ergebnisse zeigen, dass es den Jugendlichen gut gelingt, diese neuartigen Erfahrungen zu integrieren.

Lediglich 28 % der Befragten stimmten zu, dass die Teilnahme an der internationalen Jugendbegegnung Einfluss auf ihre *kulturelle Identität* hatte. Unter Kulturelle Identität fällt die Wertschätzung der Eigenkultur (15 % Zustimmung), die in vorliegender Studie keinen bedeutsamen Wirkungsbereich darstellt. Dies könnte auf die deutsche Vergangenheit zurückzuführen sein, die eine positive und wertschätzende Identifikation mit der deutschen Nationalkultur erschwert. Dennoch werden kulturelle Unterschieden wahrgenommen und 51 % stimmen zu, dass die Austauscherfahrung zur *Bewusstwerdung der eigenkulturellen Prägung* beigetragen habe.

Internationale Jugendbegegnungen ermöglichen in besonderem Maße Interaktionen mit Menschen aus anderen Kulturen, die private oder organisierte Reisen meist nicht bieten können. Dieser intensive Kontakt führt auch dazu, dass sich bei 60 % der ehemaligen TeilnehmerInnen eine immer noch bestehende *positive Beziehung zum Gastland/ -kultur und anderen Kulturen* entwickelte. Ein verstärktes Interesse am Gastland sowie die positiv-emotionale Beziehung zum Gastland und den Gastlandbewohnern bleiben über Jahre bestehen. Häufig entwickelt sich auch ein allgemeines Interesse an fremden Kulturen, weshalb sich viele TeilnehmerInnen auch verstärkt mit anderen Kulturen beschäftigen.

Als Folge der Austauscherfahrung gaben die Befragten neben den Wirkungen auf die bisher dargestellten Persönlichkeitsbereiche auch konkrete *aufbauende Aktivitäten* an (28 %). 19 % der ehemaligen TeilnehmerInnen wurden durch die Austauscherfahrung zu (mehr) ehrenamtlichem Engagement angeregt. Tabelle 1 gibt Aufschluss darüber, in welchen Bereichen sich die ehemaligen TeilnehmerInnen engagierten.

Für Kinder und Jugendliche	39 %
Politisch	29 %
Für Minderheiten/Ausländer	26 %
Künstlerisch	26 %
Ökologisch	21 %
Sonstiges	17 %
Kirchlich	14 %
Für Menschenrechte	12 %
Für Alte und Kranke	8 %

Tabelle 1: Ehrenamtliches Engagement (N = 256, Mehrfachnennungen waren möglich) (vgl. Thomas et al. 2007, 122)

Und für deutlich mehr als die Hälfte der Befragten war die Jugendbegegnung Anlass, weitere Auslandsreisen zu unternehmen, für die wiederholte Teilnahme an einem Austauschprogramm oder einen längeren Auslandsaufenthalt.

Auch für den Bereich der *beruflichen Entwicklung* konnten Wirkungen festgestellt werden. Dies galt insbesondere für Programmformate, die projektorientiert konzipiert waren. So gaben 16 % der ehemaligen TeilnehmerInnen an, dass die Austauscherfahrung Einfluss auf die Wahl des Studiums oder der Ausbildungsrichtung hatte. Dieses Ergebnis ist insbesondere in Anbetracht der Kürze der Begegnungen bemerkenswert.

Wirkungen auf den Bereich *Fremdsprache* gaben 52 % der Befragten an. Die Interaktion und Kommunikation mit Angehörigen anderer Kulturen förderte zum einen die Fremdsprachenkompetenz und zum anderen das Interesse sowie die Bereitschaft, eine Fremdsprache zu sprechen. Darüber hinaus animierte der Austausch 23 % der TeilnehmerInnen zum Erlernen einer neuen Fremdsprache (z.B. Hebräisch oder Polnisch). Die Wirkungen in diesem Bereich sind bei den Austauschprogrammen geringer, welche nur eine geringe Notwendigkeit zur Kommunikation in einer Fremdsprache aufweisen. Dies war der Fall bei Programmen, die in Deutschland stattfanden, und wenn eine spezifische Projektarbeit (z.B. Orchesterarbeit) im Vordergrund der Begegnung stand.

3.2 Biografische Verarbeitung

In der Untersuchung waren wir des Weiteren an der biografischen Verarbeitung interessiert, an der Art und Weise der Integration des Erlebten in das bisherige und weitere Leben der TeilnehmerInnen. Auf Basis inhaltsanalytischer Auswertung der Interviews kristallisierten sich verschiedene Typen der biografischen Verarbeitung heraus, die im Folgenden vorgestellt werden. Auch im Fragebogen wurde von den TeilnehmerInnen Items zu den unterschiedlichen Typen der biografischen Verarbeitung bearbeitet.

Nice-to-have:
Von einigen Befragten (12 %) wird der Austausch einfach als *„eine nette Zeit"* beschrieben. Der Austausch war *„ein schöner Urlaub"*, *„eine wunderbare Zeit"*, *„eine wertvolle Erfahrung"*, aber die Austauscherfahrung hat keine bemerkenswerten Spuren in der bisherigen Biografie hinterlassen.

Mosaikeffekt:
51 % der TeilnehmerInnen schilderten, dass die Austauscherfahrung zusammen mit anderen Ereignissen zu einer bestimmten Entwicklung beitrug. Sie fügt sich wie ein Mosaikstein in die Gesamtbiografie ein. Der Austausch wird als *„ein Mosaikstein im Werdegang"*, als *„ein Teilchen, das auch dazu gehört"*, einfach als *„ein wichtiger Teil des Ganzen"* gesehen:

> „Der Austausch war ein Baustein, ein wichtiges Steinchen, aber eines von mehreren in meinem Leben."

Dominoeffekt:
Die Austauscherfahrung ist bei vielen TeilnehmerInnen (31 %) der Anstoß für eine Kette aufbauender Ereignisse und Aktivitäten. Der Austausch wird als *„Initialzündung"*, *„Impulsgeber"*, *„Anstoß"*, *„Anfang einer Kette"*, *„der Anfang von Allem"*, *„Geburtsstunde"* oder *„Grundstein"* gesehen:

> „Mein Schüleraustausch hat für mich eine sehr starke Bedeutung. Er hat eine Kette in meinem Leben in Gang gesetzt, die sehr viel verändert hat. Der Austausch war eine Art Weckruf, da viele Dinge, die heute mein Leben bestimmen, dadurch losgegangen sind. Seit dem Austausch zieht sich ein roter Faden durch mein Leben, da seitdem viele Entscheidungen, die ich getroffen habe und Menschen, mit denen ich heute zusammen bin, mit dem Austausch zu tun haben."

Wendepunkt:
Besonders beeindruckend ist die Erkenntnis, dass die Austauscherfahrung bei 7 % der Befragten einen Wendepunkt in der bisherigen Biografie einleitet. Der Austausch stellt eine *„Kehrtwende"*, ein *„Ausbrechen aus eingefahrenen Strukturen"* oder *„den Anfangspunkt für ein anderes Leben"* dar:

> „Je länger der Austausch her ist, desto mehr seh ich in der Rückschau, wie sehr das damals ein Wendepunkt in meinem Lebenslauf gewesen ist, wie deutlich sich das, was danach passierte, unterscheidet von dem, was davor war. Seit dem Austausch verändert sich mein Leben stetig in eine Richtung, die mit meinem früheren Leben eigentlich kaum etwas zu tun hat."

Es zeigte sich, dass bei einigen TeilnehmerInnen auch mehrere Formen der biografischen Verarbeitung auftraten. So kann in einem Lebensbereich ein Dominoeffekt vorliegen (z.B. Interesse für Afrika) und in einem anderen ein Mosaikeffekt (z.B. Engagement in gemeinnützigen Vereinen). Aus diesem Grund schließen sich die Kategorien nicht gegenseitig aus und die Prozentzahlen addieren sich zu über 100 % auf. In keinem Fall stellte der Austausch den Beginn einer negativen Entwicklung dar.

4. Welche Variablen stehen mit den berichteten Wirkungen in Zusammenhang?

Die Ergebnisse zeigen, dass die Teilnahme zu Wirkungen in unterschiedlichen Bereichen führen kann und in vielen Fällen einen nachhaltigen Einfluss auf den weiteren Lebenslauf der ehemaligen TeilnehmerInnen hat. Es sollte jedoch nicht nur eine Bestandsaufnahme der Wirkungen erfolgen, sondern Antworten auf folgende Fragen gefunden werde: Wie kommt es, dass die TeilnehmerInnen unterschiedlich viele Wirkungen berichten und von welchen Variablen hängt es ab, ob und wie viele nachhaltige Wirkungen sich bilden? Worauf muss in Zukunft bei der Programmgestaltung geachtet werden, um Lernpotentiale noch besser ausschöpfen zu können?

Mit Hilfe eines statistischen Rechenverfahrens (Regressionsanalyse), wurden die Beziehungen zwischen den Langzeitwirkungen und personen- und programmspezifischen Variablen quantitativ untersucht. Um eine statistische Analyse der Zusammenhänge vornehmen zu können, mussten die oben einzeln aufgeführten Langzeitwirkungsbereiche mittels Faktorenanalyse gruppiert werden. Dabei kristallisierten sich folgende drei Oberkategorien (Faktoren) heraus:

1. *Selbstbezogene, bereichsübergreifende Eigenschaften und Kompetenzen*: worunter z.B. Selbsterkenntnis, Offenheit und soziale Kompetenz fällt.
2. *Interkulturelle Kompetenz*: dazu zählt interkulturelles Lernen, kulturelle Identität und Beziehungen zur Gastkultur/anderen Kulturen.
3. *Bereichsspezifische, handlungsorientierte Kompetenzen und Aktivitäten*: Aufbauende Aktivitäten, Fremdsprachen, berufliche Entwicklung.

Zwischen den Oberkategorien und den TeilnehmerInnen- und Programmvariablen wurden folgende Zusammenhänge festgestellt (vgl. Thomas et al., 2007, S. 134-139):

Für die Entwicklung von *selbstbezogenen, bereichsübergreifenden Eigenschaften und Kompetenzen* sind das Interesse für neue Menschen und der tatsächliche Kontakt zu Peers eine wichtige Voraussetzung; ältere TeilnehmerInnen fungieren hierbei als Modell und begünstigen Lerneffekte. Insbesondere bei TeilnehmerInnen, die sich selbst retrospektiv als unsicher und schüchtern einschätzten, wurden Lernprozesse in diesem Bereich angestoßen. Die Reflexion des Erlebten während und nach dem Austausch fördert Langzeitwirkungen im Bereich *selbstbezogene, bereichsübergreifende Eigenschaften und Kompetenzen*. Das Programmformat spielt in diesem Wirkungsbereich keine Rolle, jeder Programmtyp trägt gleichermaßen zur Entwicklung von *selbstbezogenen, bereichsübergreifende Eigenschaften und Kompetenzen* bei.

Wirkungen im Bereich *interkulturelle Kompetenz* traten verstärkt bei TeilnehmerInnen auf, die als Teilnahmemotiv „Menschen aus anderen Kulturen kennen lernen" angaben und den Kontakt zu Angehörigen des Gastlandes/ Gastregion als wichtig bewerteten. Lernprozesse werden dann begünstigt, wenn während des Austauschs ein Auslandaufenthalt stattfand. Dies passt zu dem Befund, dass Wirkungen im Bereich *interkulturelle Kompetenz* durch das Auftreten von überraschenden und neuartigen Erfahrungen (Diskrepanzerlebnisse) gefördert werden. Bei TeilnehmerInnen an Jugendkulturbegegnungen traten weniger Wirkungen in diesem Bereich auf. Dies lässt sich dadurch erklären, dass bei den Kulturbegegnungen häufig der künstlerische Aspekt stärker im Vordergrund stand als interkulturelle Aspekte und die meisten Begegnungen in Deutschland stattfanden.

Auch beim Wirkungsbereich *bereichsspezifische, handlungsorientierte Kompetenzen und Aktivitäten* ist ein Programmeffekt zu beobachten: TeilnehmerInnen an Maßnahmen des Jugendkulturaustausches und an Workcamps profitierten hier in besonderem Maße. Dies könnte damit erklärt werden, dass unter diesen Wirkungsbereich auch die berufliche Entwicklung fällt und einige TeilnehmerInnen der beiden Programmtypen die Angebote bewusst zur beruflichen Orientierung nutzten. Wie auch schon Thomas (1988) feststellte, scheinen nicht-organisierte Freizeitaktivitäten einen wichtigen Stellenwert einzunehmen. Die Ansicht, dass Lernprozesse besonders durch strukturierte und auf die Vermittlung von Bildungsinhalten ausgerichtete Programmelemente hervorgerufen werden, kann so nicht bestätigt werden. Bei der Entwicklung von *bereichsspezifischen, handlungsorientierten Kompetenzen und Aktivitäten* profitieren TeilnehmerInnen in stärkerem Maße, wenn sie die nicht-organisierte Freizeitaktivitäten als wichtige Programmelemente bewerteten. Besonders nicht-organisierte Freizeitaktivitäten sind ein vielseitiges Handlungsfeld, in denen die TeilnehmerInnen stärker auf sich selbst gestellt sind und eigenständig explorieren können.

5. Implikationen für die Austauschpraxis

Aus den Ergebnissen lassen sich folgende Implikationen für die zukünftige Programmgestaltung ableiten:

(1) Diskrepanzerlebnisse in Form von ungewohnten und neuartigen Situationen, die gegen bisherige Erfahrungen und Erwartungen sprechen, sind Voraussetzung für Lernprozesse. „Die Wahrscheinlichkeit, für das Entstehen von Diskrepanzerfahrungen, die als Auslöser für Entwicklungsprozesse wirksam wer-

den und die dann eigenständige Problemlösungen provozieren steigt, wenn das Austauschprogramm einen Auslandsaufenthalt bietet" (Thomas et al., 2007, S. 275-276). Zudem sollte genügend Raum für nicht-organisierte Freizeitmöglichkeiten sein.

(2) Allein das Erleben von Diskrepanzerfahrungen führt nicht zu intendierten Wirkungen, denn Lerneffekte sind das Ergebnis von Verarbeitungs- und Bewertungsprozessen. Sowohl eine angeleitete, formelle Reflexion während und nach der Teilnahme als auch eine eher informelle Reflexion durch Erfahrungsaustausch zwischendrin können Lernprozesse fördern. Dadurch lernen die TeilnehmerInnen andere Sichtweisen und Verhaltensmöglichkeiten kennen und können Ihre eigenen Repertoires erweitern. Die Reflexionsangebote sollten durch eine Vorbereitung auf den Austausch im Vorfeld ergänzt werden. „Eine Sensibilisierung für die Gastkultur bzw. für die interkulturelle Situation im Austausch trägt zur Sicherheit bei, baut Orientierungsklarheit auf und mindert andererseits die bei den Diskrepanzerlebnissen zumeist auftretenden negativen Emotionen" (Thomas et al. 2007, S. 277). Um die Durchführung von wirkungsvollen Reflexionsangeboten vor, während und nach dem Austausch zu ermöglichen, ist eine entsprechende Qualifikation der LeiterInnen/ TeamerInnen erforderlich.

(3) Die Ergebnisse zeigen, dass alle vier Programmformate einen großen Beitrag zur Entwicklung von Langzeitwirkungen leisten. Die Fülle an Programmformaten ist wichtig, um eine möglichst große Zielgruppe anzusprechen. So sprechen zum Beispiel Schüleraustauschprogramme eher jüngere TeilnehmerInnen mit wenig Vorerfahrung an, Jugendkulturbegegnung hingegen können Jugendliche für internationale Programme gewinnen, deren primäres Interesse im künstlerischen Bereich liegt. Die Vielzahl an Programmformaten ist unbedingt beizubehalten und weiter auszubauen, so dass zukünftig auch mehr Jugendliche mit niedrigerem Bildungsstand und geringen finanziellen Mitteln angesprochen und motiviert werden können.

6. Zusammenfassung

Das Forschungsprojekt wurde sowohl von Seiten des Forscherteams als auch von der Praktikerseite, vertreten durch unsere Kooperationspartner, als erfolgreich bewertet. Zu Beginn des Projekts basierte viel auf Hypothesen, denn es waren kaum Untersuchungen bekannt, in denen TeilnehmerInnen so viele Jahre nach der Teilnahme über ihre Erlebnisse befragt wurden. Daher war fraglich, ob die Berichte der TeilnehmerInnen überhaupt ausreichend detailliert sein würden, denn schließlich handelte es sich um eine Erfahrung von wenigen Tagen. Zudem entstand die Idee aus den Ergebnissen einer Untersuchung zu Langzeit-Individualprogrammen (Bayerischer Jugendring 2001) und es gab keine fundierten Hinweise darauf, dass bei Kurzzeitprogrammen ähnliche Wirkungen erwartet werden können.

Im Rahmen der Interview-Durchführung stellte sich schnell heraus, dass die Befragten sich sehr genau an die Austauscherfahrung erinnerten, eine Vielzahl an detaillierten Situationen im Austausch schilderten, über ihre damaligen Gefühle, Gedanken und Handlungen Auskunft geben konnten und in vielen Fällen mit Wirkungen in Verbindung bringen, die bis heute andauern. Neben den nahe liegenden, da von den Organisationen vornehmlich intendierten Wirkungen wie Verbesserung der Fremdsprache, Wissenserwerb und Erhöhung des Interesses an Gastland und -kultur, wurden Wirkungen aufgezeigt, die zentrale Bereiche der Persönlichkeit der TeilnehmerInnen betreffen. So kam es zu einem Zuwachs an Selbstsicherheit, soziale Kompetenzen wurden ausgebaut und die TeilnehmerInnen entwickelten mehr Offenheit für unbekannte Situationen und Menschen. Auch interkulturelle Handlungskompetenz als Schlüsselkompetenz, der sowohl von Forscher- als auch von Praktikerseite in den letzten Jahren zunehmend mehr Bedeutung beigemessen wurde, konnte durch die Erfahrungen entwickelt und ausgebaut werden. Diese Kompetenzen sind wichtig, um sich in einer immer komplexeren Welt zurechtfinden und entwickeln zu können und sich auch in internationalen Kontexten erfolgreich bewegen zu können.

Die vorliegenden Ergebnisse deuten also darauf hin, dass das tatsächliche Wirkungspotential von internationalen Jugendbegegnungen weit größer ist als erwartet. Internationaler Jugendaustausch bietet Erfahrungs- und Lernfelder, die den Jugendlichen als Gesamtperson ansprechen. Es werden Erfahrungen ermöglicht, die das Auseinandersetzen mit den zentralen Entwicklungsaufgaben des Jugendalters fördern. Vor allem die Kontakte zu Gleichaltrigen (der Eigen- und Fremdkultur), das selbstständige Explorieren, praktische Erfahrungen in bisher unbekannten Bereichen sowie die Auseinandersetzung mit verschiedenen Wertesystemen, liefern Entwicklungsanstöße.

Die Ergebnisse der Studie stellen eine große Bestärkung für das Praxisfeld des Internationalen Jugendaustausches dar. Die subjektiven Bewertungen der ehemaligen TeilnehmerInnen und das enorme Ausmaß der berichteten Wirkungen sprechen dafür, dass internationale Jugendbegegnungen einen besonderen und unersetzbaren Beitrag zur Entwicklung von Jugendlichen leisten.

Literatur

Bachner, D./ Zeutschel, U. (1990): Students of four decades: Influences of an international educational exchange experience on the lives of German and U.S. high school students. Washington, D.C.: Youth for Understanding (YFU) International Exchange.

Bayerischer Jugendring (2001): Schüleraustausch auf dem Prüfstand. Der zwei-dreimonatige Schüleraustausch auf Gegenseitigkeit des Bayerischen Jugendrings. Eine wissenschaftliche Evaluation. München.

Danckwortt, D. (1959): Internationaler Jugendaustausch. Programm und Wirklichkeit. München

Havighurst, R. (1972): Developmental tasks and education. New York.

Thomas, A. (1988). Interkulturelles Lernen im Schüleraustausch – Abschlußbericht über eine Beobachtungsstudie. In: Thomas, A. (1988) (Hrsg.): Interkulturelles Lernen im Schüleraustausch. Saarbrücken, S. 17-76.

Thomas, A./ Chang, C./ Abt, H. (2007): Erlebnisse, die verändern. Langzeitwirkungen der Teilnahme an internationalen Jugendbegegnungen. Göttingen

Witzel, A. (1989): Das problemzentrierte Interview. In: Jüttemann, G. (Hrsg.): Qualitative Forschung in der Psychologie. Grundfragen, Verfahrensweisen, Anwendungsfelder. 2. Auflage. Weinheim, S. 227-225

Peter Cloos/Stefan Köngeter

„uns war ma langweilig, da ham wir das JUZ entdeckt" – Empirische Befunde zum Zugang von Jugendlichen zur Jugendarbeit

Kinder und Jugendliche sind die meist beforschte Bevölkerungsgruppe Deutschlands.[1] So mag es nicht verwundern, dass dem empirischen Wissen über Jugendliche im Rahmen der wissenschaftlichen Beschäftigung mit Kinder- und Jugendarbeit keine marginale Bedeutung zukommt. In den vorliegenden Einführungs- und Handbüchern zur Kinder- und Jugendarbeit wird Jugend ausführlich bedacht (vgl. beispielhaft Deinet/Sturzenhecker 1998, 2005; Thole 2000; für NRW auch MF-JFG 2003). Dabei nehmen die AutorInnen Erkenntnisse der großen gängigen Jugendstudien genauso zur Kenntnis wie kleinere Forschungsarbeiten im Bereich der Jugendkultur- bzw. Jugendszeneforschung. Sie buchstabieren die Bedeutung der Ergebnisse für die Kinder- und Jugendarbeit aus. Man weiß damit viel über die potentiellen, aber wenig über die tatsächlichen BesucherInnen der Jugendhäuser. Somit gibt es kaum Wissen über die AdressatInnen, also über Jugendliche, die Kinder- und Jugendarbeit nutzen. Zumindest werden die Spezifika von TeilnehmerInnenrollen in der Kinder- und Jugendarbeit zu wenig berücksichtigt. Häufig entsteht der Eindruck: Das Wissen der Jugendforschung dient dem Diskurs zur Kinder- und Jugendarbeit dazu, mehr oder weniger normative Prämissen darüber zu entwickeln, wie Kinder- und Jugendarbeit konzeptionell gestaltet sein soll.

Eine der wenigen publizierten Studien zu den AdressatInnen von Kinder- und Jugendarbeit ist die Studie „Jugendhilfe in NRW – Erfahrungen, Einsichten, Herausforderungen". Hier wurden Daten zu SchülerInnen und NutzerInnen erhoben (vgl. im Folgenden insbesondere Züchner 2003). Die Ergebnisse zeigen, dass Kin-

---

1 Die hier vorgestellten Überlegungen entstanden im Rahmen des von der DFG geförderten Projektes, das von Burkhard Müller (Universität Hildesheim) und Werner Thole (Universität Kassel) geleitet wurde. Die hier vorgenommenen Rekonstruktionen wurden im Rahmen des Gesamtprojektes vorgenommen und hätten nicht ohne die gemeinsame Arbeit im Gesamtteam realisiert werden können (vgl. Cloos u. a. 2007). Insbesondere ist Holger Schoneville zu danken, der einen wesentlichen Beitrag zur Rekonstruktion der Zugänge von Jugendlichen geliefert hat (vgl. Schoneville 2005). Im Fokus stehen BesucherInnen so genannter offener Angebote in Jugendzentren, also weder der mobilen Jugendarbeit noch der Jugendverbandsarbeit

der- und Jugendarbeit in Bezug auf ihren Output als eine wichtige Wirkungsvariable (vgl. Beywl/ Speer/ Kehr 2004) mehr erreicht, als sie möglicherweise glaubt. Bezogen auf die gesamte Kinder- und Jugendarbeit wird festgestellt: Nur 12 % der SchülerInnen geben an, dass sie Angebote der Kinder- und Jugendarbeit noch nie genutzt haben. Jedoch nur wenig mehr teilen mit (15 %), dass sie diese regelmäßig in Anspruch nehmen. 21 % der Befragten sind ehemalige NutzerInnen und der weitaus größte Teil der Kinder und Jugendlichen in Dortmund (52 %) nutzt gelegentlich die Angebote (vgl. ebd., S. 51). So kommt der Autor zu dem Schluss, dass Kinder- und Jugendarbeit den „Kindern und Jugendlichen heute als eine von vielen Freizeitmöglichkeiten" erscheint (ebd., S. 51). Die Ergebnisse stellen sich ein wenig anders beim Besuch von Jugendzentren dar. Knapp 9 % der befragten SchülerInnen besuchen regelmäßig Jugendzentren, 34 % manchmal, 26 % im vergangenen Jahr noch nicht aber früher und fast 31 % nie.

Über diese wenigen Daten zu den AdressatInnen der Kinder- und Jugendarbeit erfährt man zwar auch etwas über die Motive, aus denen Jugendliche die Angebote nutzen. Kaum etwas erfährt man aber über die konkreten Wege der Kinder und Jugendlichen in die Kinder- und Jugendarbeit. Wie diese sich gestalten und wie Jugendliche Zugang zur Kinder- und Jugendarbeit erlangen, wird in einem Teil des nachfolgend beschriebenen Forschungsprojekts behandelt. Somit steht im Mittelpunkt des folgenden Beitrages nicht die Wirksamkeit von Kinder- und Jugendarbeit im Sinne eines Outputs oder Outcomes. Die hier eingenommene Perspektive fragt nicht nach nachträglichen Effekten, sondern vielmehr nach den vorgängigen Bedingungen von Wirksamkeit, d. h. nach der Bedingung der Möglichkeit, dass Kinder- und Jugendarbeit wirksam werden kann.

1. Stichworte zum Forschungsprojekt

Die Ergebnisse, die im Folgenden präsentiert werden, stammen aus dem Forschungsprojekt „Konstitutionsbedingungen und Performanz sozialpädagogischen Handelns in der Kinder- und Jugendarbeit". Ziel des Forschungsprojekts war, die gemeinsame Herstellung von Kinder- und Jugendarbeit durch Kinder, Jugendliche und JugendarbeiterInnen, die professionellen Handlungsregeln und konstitutiven Bedingungen zu rekonstruieren. Dafür wurde ein ethnographischer Zugang gewählt, der es erlaubt, am pädagogischen Alltag in Jugendzentren teilzunehmen. Dies umfasste mehrere Wochen dauernde teilnehmende Beobachtungen in acht Jugendhäusern der offenen Tür. Im Rahmen dieses ethnographischen Zugangs wurden u. a. narrativ angelegte, leitfadengestützte Interviews mit Professionellen, Kindern und

Jugendlichen erhoben, Teamsitzungen und Gespräche mit den JugendarbeiterInnen aufgezeichnet sowie Audioaufnahmen vom alltäglichen Geschehen angefertigt. Der ethnographische Blick ermöglichte es, nicht nur die Deutungen der Jugendlichen und JugendarbeiterInnen, sondern die Handlungspraxis selber in den Blick zu bekommen.

Im Folgenden werden Teilergebnisse des Projektes präsentiert, die auf Basis von narrativ angelegten Interviews mit Jugendlichen gewonnen werden konnten (vgl. Schütze 1987). In den Leitfadeninterviews wurden insbesondere Narrationen generierende Fragen gestellt, die sich auf die jeweilige Geschichte mit der Einrichtung und den Beziehungen mit den PädagogInnen und den anderen BesucherInnen konzentrierten. Die Leitfadenfragen erfassten aber auch die Lebenssituation der Kinder und Jugendlichen in der Familie und im Stadtteil. Die Kinder und Jugendlichen wurden einzeln, auf Wunsch auch in Gruppen bis zu vier TeilnehmerInnen befragt. Dabei ging es jedoch nicht darum, ein Gruppendiskussionsverfahren (vgl. Bohnsack 2000) in Gang zu bringen. Vielmehr wurde der Leitfaden Stück für Stück jeweils einzeln und in Phasen auch gemeinsam beantwortet. Der Leitfaden der Interviews war nach dem Trichterprinzip strukturiert, d. h. es begann zunächst mit der narrativsten und offensten Frage und fokussierte dann sukzessive spezifische Themen, wobei jeder Thementeil des Interviews erneut trichterförmig angelegt war.

Das Erhebungsverfahren ermöglichte zu beschreiben, wie Kinder und Jugendliche Zugehörigkeit zur Kinder- und Jugendarbeit erlangen. Grundlegend war die These, dass Zugangsgeschichten viel darüber aussagen, warum ein Ort in welcher Situation mit welchen Erwartungen und Interessen aufgesucht wird. Somit kann die Auswertung von Zugangsgeschichten einen weiteren Beitrag dazu liefern, die Frage zu beantworten, wie der soziale Ort „Jugendhaus" gemeinsam hergestellt wird, und welche Rolle dabei die unterschiedlichen Akteure spielen.[2]

2. Adan Bilcen: Biographisches Wandlungsmuster

Das folgende Fallportrait stellt stark verdichtet die Ergebnisse der Fallrekonstruktion eines Interviews vor. Ausgewählt wurde diese Fallverdichtung, weil sie als Ankerfall zentrale Prozesse beschreiben kann, wie Jugendliche Zugehörigkeit zum Jugendhaus erlangen können.

---

2 Insgesamt wurden 38 Interviews mit 68 Kindern und Jugendlichen erhoben. Davon wurden Interviews mit acht Jugendlichen intensiv ausgewertet. Die vorgenommenen Rekonstruktionen gehen jedoch weit über den Status des Exemplarischen heraus, weil sie die zentralen Aspekte der Herstellung von Zugehörigkeit zur Kinder- und Jugendarbeit empirisch dicht beschreiben können.

Adan Bilcen ist 19 Jahre alt und wohnt bei seinen Eltern, die aus der Türkei und dem Iran stammen. Er hat die deutsche Staatsangehörigkeit. Nachdem er in einem Internetcafé gearbeitet hat, durchläuft er eine Ausbildung zum Metallfeinbearbeiter. Er bezeichnet sich als „Mosleme" mit großem Respekt vor seinen Eltern und besucht regelmäßig die Moschee. Alkohol will er demnächst nicht mehr trinken. In seiner Freizeit trainiert er Boxen und singt in einer Reggae-Band.

Der Zugang Adans zum Café Mittendrin wird durch mehrere Faktoren positiv beeinflusst. Erstens arbeitet Adan in der Nähe. Begünstigt durch die offenen Fensterfronten des Jugendhauses wird er darauf aufmerksam, dass das Café Mittendrin ein Treffpunkt von Jugendlichen ist. Zweitens kennt Adan Bilcen bereits einige der BesucherInnen des Jugendhauses. Drittens hat er bereits Jugendhäuser besucht und kennt die spezifische Atmosphäre von Jugendzentren. Das Aufsuchen des neu eingerichteten Café Mittendrin schließt damit an eine Kontinuität von Jugendhausbesuchen an. Das neue Jugendzentrumsangebot wird mit der Gruppe von Freunden daraufhin getestet, ob es attraktiv ist und den aktuellen Interessen entspricht. Es liegt also keine individuelle, sondern eine kollektive Zugangsgeschichte vor, bei der der Zugang wie selbstverständlich erfolgt. Da die Gruppe an das vorgefundene BesucherInnengefüge anschließen kann, entfällt eine weitere mögliche Zugangsbarriere.

Zunächst ist das Jugendhaus für Adan Bilcen vor allen Dingen ein Treffpunkt, wo sich jugendliche Netzwerke bilden, aufeinandertreffen und sich neu zusammenfügen. Aus dieser Sicht sind Jugendhäuser zuallererst Räume jugendkultureller Begegnung, aber auch der Auseinandersetzung unterschiedlich geprägter Jugendkulturen. Das vorgefundene Gefüge der BesucherInnen und der Umgang in der Einrichtung mit verschiedenen Jugendlichen und Gruppen entscheiden wesentlich über das Gelingen eines Zugangs.

Damit das Jugendhaus für die Jugendlichen attraktiv erscheint, bietet es vielfältige Spiel-, Sport und kulturelle Aktivitäten an. Für den weiteren Zugang ist bedeutsam, dass Adan hier Möglichkeiten der Mitgestaltung offen gehalten werden. Seine Vorschläge für neue Aktivitäten werden aufgegriffen und das Jugendhaus wird zur Bühne für die Darstellung der eigenen Fähigkeiten. Mit der Zeit erweist sich das Jugendhaus nicht nur als Treffpunkt, sondern auch als Ort von Zugehörigkeit. Dies wird deutlich, wenn Adan von der Einrichtung in Wir-Form spricht und eine spezifische institutionelle Perspektive einnimmt. Er will das Angebot des Jugendhauses positiv darstellen und zeigt eine hohe Identifikation mit den Regeln und Zielen der Einrichtung. Parallel zu der hier beschriebenen Zugangsgeschichte etabliert sich zu dem Jugendarbeiter Björn Große eine Arbeitsbeziehung. Dieser anerkennt und unterstützt Adans Leistungen als Stimmenimitator.

Besonders bedeutsam ist hier, dass der Mitarbeiter nicht nur Spaß an Adans Fähigkeiten hat, sondern auch beim Imitieren mitmacht. Beim gemeinsamen Tun kann ein gemeinsamer Erfahrungshorizont geschaffen werden. Gemeinsam Spaß haben zu können, erweist sich für Adan als zentraler Ansatzpunkt für den Aufbau einer langfristigen Arbeitsbeziehung.

Eine weitere Etappe der Herausbildung einer Arbeitsbeziehung ist durch die Erbringung einer Dienstleistung geprägt: Björn Große hilft Adan, eine Bewerbungsmappe kreativ zu gestalten, mit der dieser sich später erfolgreich bewirbt. Später unterstützt der Mitarbeiter den Jugendlichen auch bei der Bewältigung der berufschulischen Anforderungen und auch bei anderen Alltagssorgen und -nöten. Entscheidend ist aber, dass Björn Große auf Adan Bilcens Gewalttätigkeit Einfluss nimmt. Da Adan geübter Kickboxer ist, kam es häufig gemeinsam mit seinen Freunden zu Auseinandersetzungen mit anderen Jugendlichen und auch zu Körperverletzungen mit juristischen Folgen.

Im Rahmen der Unterstützung des Jugendlichen kommen keine ausgewiesenen therapeutischen Methoden zum Zuge. Björn Große unterstützt Adan nah am Alltag, hat Spaß mit ihm beim Stimmen imitieren, verschafft ihm Auftrittsmöglichkeiten im Jugendzentrum, bietet eher einfache Dienstleistungen an. In Zusammenhang mit Adans Devianz gibt er einfache Tipps. So kommt auch Adan zu dem Schluss, Björn Große sei „mehr als n Pädagoge". Er habe „etwas Väterliches". Er stellt fest: „niemand hatte so ein Einfluss wie Björn auf mich" und: „mit dem kann man Spaß machen, mit Björn kann man ernste Sachen reden". Dem Sozialpädagogen ist es durch seine alltagsweltlichen Tipps gelungen, Lernprozesse bei Adan Bilcen anzuregen. Das bisherige Gewalt-Muster kann durchbrochen werden: Darüber hinaus kann Adan ein alternatives Handlungsmuster für Gewaltsituationen entwickeln. Er entwirft einen klaren Handlungsplan, der mehrere Handlungsalternativen in Gewaltsituationen umfasst und auch einbezieht. Dies zusammengenommen kann als ein biographisches Wandlungsmuster im Rahmen eines Bildungsprozesses beschrieben werden (vgl. Schütze 1981; Marotzki 1990).

3. Rahmenbedingungen des Zugangs

Unter Berücksichtigung weiterer erhobener Interviews mit Jugendlichen lassen sich zentrale Rahmenbedingungen des Zugangs zu Jugendhäusern beschreiben. Diese Rahmenbedingungen zeichnen die so genannte Offene Kinder- und Jugendarbeit als einen besonderen Ort aus, der sich von anderen pädagogischen Handlungsfeldern unterscheidet. Die Art und Weise, wie diese spezifischen Rahmenbedingungen bei der pädagogischen Ausgestaltung der Angebote berücksichtigt werden, entscheidet damit auch über deren Wirkung.

(1) Kinder- und Jugendarbeit ist in den Interviews mit den Jugendlichen ein Ort, an dem sich nach dem Zugang wie selbstverständlich Zeiten der Abwesenheit anschließen. Diskontinuität ist unhinterfragbar und selbstverständlich mit der Geschichte der Zugänge verbunden – im Gegensatz zu anderen Arbeitsfeldern, wie beispielsweise der Schule oder einer Beratungsstelle, bei denen die regelmäßige Anwesenheit zu der Grundbedingung des gemeinsamen Handelns gehört. Unsere Beobachtungen in den Jugendhäusern haben gezeigt, dass Kinder- und Jugendarbeit dem Problem der Diskontinuität begegnet, indem sie insbesondere drei Strategien verfolgt: Erstens stellt sie Zugehörigkeit zum Jugendhaus her. Hier dominiert weder allein die subjektiv gefühlte Zusammengehörigkeit noch die alleinige Verbindung über Interessen. Kinder- und Jugendarbeit ist daher bestimmt durch eine vielgestaltige Zugehörigkeit. Zugehörigkeit zur Kinder- und Jugendarbeit ist immer eingebunden in ein „Doing Peergroup" der Jugendlichen, erschöpft sich jedoch nicht darin. Sie wird bestimmt durch spezifische Regeln, Praktiken, architektonische Ordnungen usw. Zweitens besteht die Antwort der JugendarbeiterInnen darin, mehr Verbindlichkeit zu erzeugen, indem sie z.B. ein Projekt initiieren, einen Skaterclub einrichten usw. Drittens kann dem Problem der Diskontinuität durch die Etablierung einer erfolgreichen Arbeitsbeziehung begegnet werden – wie z. B. bei Adan. Kinder- und Jugendarbeit hat aber genau das Problem, dass dies erstens nicht alle Jugendlichen wollen und dies zweitens auch nicht bei allen möglich ist.

(2) Die Zugangsgeschichten der einzelnen Jugendlichen erweisen sich prinzipiell als Gruppengeschichten. Für die Jugendlichen erscheint das Jugendhaus beim Zugang vor allen Dingen als ein Treffpunkt, wo jugendliche Netzwerke zusammentreffen und sich neu zusammenfügen. Die jeweils im Jugendhaus vorzufindenden Netzwerke, deren Zusammensetzung und Ausprägung, deren Bereitschaft, anderen Zugang zu gewähren, entscheidet wesentlich über das Gelingen eines Zugangs und die Herstellung von Zugehörigkeit. Pointiert formuliert sind Jugendhäuser damit zuallererst Orte für jugendkulturelle Begegnungen. Als eine pädagogische Veranstaltung wird das Jugendhaus kaum wahrgenommen. Weil Jugendliche das Jugendhaus zumeist in Gruppen aufsuchen, grenzen sie sich immer wieder stark von anderen Gruppen ab. Hierdurch wird im Jugendhaus eine differenzierte Zugehörigkeit hergestellt, geschieht eine Differenzierung des Besuchergefüges nach Alter, Ethnie, Geschlecht, Status

und Interesse. Häufig führt das Nebeneinander verschiedener Gruppen zu Konflikten. Wirksam zeigt sich Jugendarbeit genau dann, wenn sie eine reflektierte Kultur des Umgangs mit dem Problem dergestalt aufweist, dass Kinder- und Jugendarbeit auch Arena (vgl. Cloos u. a. 2007) von Konflikten zwischen Jugendlichengruppen ist. Konflikte werden jedoch genau dann verschärft, wenn einzelne Jugendlichengruppen separiert werden und das Jugendhaus nicht als Chance begriffen wird, die Unterschiedlichkeit der BesucherInnengruppen zu bearbeiten.

(3) Mit Zugangsgeschichten sind Vorhalteleistungen für Spiel- und Sportaktivitäten verbunden. In den Interviews stehen solche Vorhalteleistungen im Vordergrund, die dazu dienen, eigene Freizeitinteressen zu erfüllen. Die besondere Bedeutung von Vorhalteleistungen wiederum verlangt von den MitarbeiterInnen, dass sie sich sehr sensibel dafür zeigen, welche Vorhalteleistungen besonders geeignet sind, Zugänge zu ermöglichen. Dabei muss die Vorhalteleistung auch auf die jeweiligen Freizeitinteressen der vorhandenen und potentiellen BesucherInnen abgestimmt sein.

(4) Insbesondere zu Beginn des Jugendzentrumsbesuchs nutzen die Jugendlichen die bereitgehaltenen Unterstützungs- und Beratungsleistungen nur partiell. Sie besuchen das Jugendhaus nicht, weil sie Hilfe in Anspruch nehmen wollen. Hier erweist sich Kinder- und Jugendarbeit als besonders wirksam, wenn sie eher sparsam und behutsam vorgeht. Dabei gilt es im Sinne von Sparsamkeit nicht zu offensiv zu zeigen, dass das Jugendhaus insgesamt eine pädagogische Veranstaltung ist. Pädagogisches Handeln meint hier vielmehr, bei den jugendkulturellen Aktivitäten der Jugendlichen mitzumachen und dabei sensibel Gelegenheiten wahrzunehmen (Müller u. a. 2005) und aufzugreifen, die sich im Alltag der Kinder- und Jugendarbeit ergeben (Cloos u. a. 2007).

(5) Insbesondere im Interview mit Adan erscheint das Jugendzentrum als Aktivitätsraum, in dem eigene (kreative) Potentiale eingebracht und Mitgestaltungsmöglichkeiten offen gehalten werden. Adans Kompetenz als Stimmenimitator wird von den MitarbeiterInnen angenommen, seine Vorschläge für neue Aktivitäten aufgegriffen und das Jugendhaus als Bühne für die Darstellung der eigenen Fähigkeiten genutzt. Zusammengenommen erweisen sich Jugendhäuser eben nicht allein als jugendkulturelle Treffpunkte, sondern auch als Orte, in denen die Differenz der TeilnehmerInnen(gruppen) bearbeitet, Zugehörigkeit und Anerkennung sowie Werte und Ziele erhandelt werden. Dies wird deutlich, wenn die Jugendlichen von der Einrichtung in Wir-Form sprechen und eine spezifische institutionelle Perspektive einnehmen. Ausdruck dieser Perspektive ist z. B., dass die Jugendlichen das Angebot des Jugendhauses im

Interview besonders positiv darstellen wollen und sich für dessen Ansehen mit verantwortlich zeigen.

(6) Zugehörigkeit zur Kinder- und Jugendarbeit meint jedoch gerade nicht, dass die Jugendlichen und MitarbeiterInnen immer auch gemeinsame Ziele und Werte verfolgen. Dies hängt damit zusammen, dass im Gegensatz zu anderen professionellen Handlungsfeldern nicht präzise festgelegt ist, was hier eigentlich geschehen soll. Im Rahmen der Zugangsgeschichten zwischen MitarbeiterInnen und Jugendlichen wird stets ausgehandelt, welche Teile des Gesamtangebotes unter welchen Bedingungen genutzt und angeboten werden. Dies bedeutet jedoch nicht, dass diese Aushandlungen immer auch unter Anerkennung der Interessen der Jugendlichen gemeinsam geführt werden. Vielmehr zeigen die Rekonstruktionen, dass die JugendarbeiterInnen zuweilen im Rahmen von Interventionen den Jugendlichen ihre institutionelle Perspektive mehr oder weniger aufoktroyieren, ohne mit ihnen direkt und offensiv in Aushandlung zu treten. Hier wird dann die gelingende Herstellung von Zugehörigkeit aufs Spiel gesetzt. Die Geschichte von Adan Bilcen zeigt jedoch, wie zwischen Jugendlichem und Mitarbeiter Stück für Stück, das, was ‚Sache' ist, ausgehandelt wird und sich auf besonders wirksame Weise eine Zugehörigkeit zur Kinder- und Jugendarbeit herstellen kann.

4. Zugangsweisen und die Herstellung von Zugehörigkeit

4.1 Wie erhalten Jugendliche Zugang?

Die Wege der Jugendlichen in die Kinder- und Jugendarbeit gestalten sich insgesamt sehr unterschiedlich. Die von den Jugendlichen in den Interviews dargelegten Geschichten unterscheiden sich erheblich in ihrer Länge: Während die einen nur knapp berichten können, sie hätten das Jugendhaus zufällig entdeckt, zeichnen andere lange Vorgeschichten nach, durch die der Weg in das Jugendhaus Stück für Stück geebnet wird. Gleichzeitig jedoch sind bei den Geschichten Gemeinsamkeiten zu entdecken, die Hinweise dafür geben, welche grundlegenden Bedingungen der Herstellung von Zugehörigkeit zur Kinder- und Jugendarbeit bestehen. So ist die Entwicklung von Zugehörigkeit nicht nach dem ersten Zugang zum Jugendhaus abgeschlossen, sondern es schließen sich weitere Geschichten an. Die Zugänge vollziehen sich dabei ausschließlich ohne direkten Zwang durch andere, allerdings ist die normative Prämisse der Freiwilligkeit des Zugangs in dem Sinne eingeschränkt, dass dem Zugang nicht immer eine aktive Entscheidung für den Besuch des Jugendzentrum vorausgegangen ist. Dieser wird häufig durch andere Institutionen und Erwachsene geebnet oder erfolgt nicht selten vor dem Hintergrund einer Krise. Dies schließt nicht aus, dass die Jugendlichen – im Gegensatz zur Schule – jederzeit entscheiden können, das Jugendhaus nicht mehr aufzusuchen. Insgesamt lassen sich fünf Zugangsweisen typisierend unterscheiden:

(a) *Zugang über andere Institutionen*: Hier sind die Wege in die Kinder- und Jugendarbeit nicht Folge von bewussten Entscheidungen oder gar Resultat reflexiv angelegter Überlegungen. Vielmehr zeichnen sich die Zugänge durch eine institutionalisierte Abfolge aus, die durch Schule und Eltern geebnet wird.

(b) *Zugang über Krisen im öffentlichen Raum*: Daneben sind Zugänge zu finden, bei denen eine Krise im öffentlichen Raum Ausgangspunkt ist. Ausdruck diese Krise ist z. B., dass sich die Jugendlichen an Orten im öffentlichen Raum treffen und ihre jugendkulturellen Praktiken an diesen Orten durch verschiedene öffentliche AkteurInnen nicht akzeptiert werden. Kinder- und Jugendarbeit tritt hier an – durch die Öffentlichkeit dazu aufgefordert –, den Jugendlichen alternative Treffpunkte im Rahmen von Kinder- und Jugendarbeit anzubieten.

(c) *Zugang als Folge zufälliger Entdeckung*: Andere Zugänge können in dem Sinne weder als zielbewusst noch als geplant beschrieben werden, weil der Ausgangspunkt eine eher zufällige Entdeckung beispielsweise aufgrund von Langeweile ist. Es handelt sich hier vielmehr um ein Finden ohne vorausgegangene Suche.

(d) *Zugang als gezielte Aneignung*: Demgegenüber stehen Zugangsgeschichten, bei denen der Zugang durch eine gezielte Aneignung des Jugendhauses zustande kommt, indem eine Jugendgruppe neue Angebote auf ihre Attraktivität hin testet, um sich neue Treffpunkte zu erschließen, die den aktuellen jugendkulturellen Interessen entsprechen. Auch hier liegt in der Regel keine individuelle, sondern eine kollektive Zugangsgeschichte einer Gruppe von Jugendlichen vor.

(e) *Zugang aus Interesse an ehrenamtlicher Arbeit*: Ähnlich wie im vorausgegangenen Typus – jedoch ein wenig anders gelagert – ist ein gezieltes Interesse bei den Jugendlichen am Jugendhaus zu entdecken, die dort auch ehramtlich aktiv werden wollen. Hier zeigt sich aber, dass das ehrenamtliche Interesse kaum ausreicht, damit die Arbeit dort auch dauerhaft als erfolgreich angesehen werden kann. Vielmehr bedarf es der Herstellung einer Zugehörigkeit zur Kinder- und Jugendarbeit in Auseinandersetzung mit den anderen Jugendlichengruppen, die die Jugendzentren besuchen.

4.2 Statusgruppen im Jugendhaus

Kinder- und Jugendliche durchlaufen beim Zugang ins Jugendhaus unterschiedliche Phasen und lassen sich dementsprechend verschiedenen Statusgruppen im Jugendhaus zuordnen. Die nachfolgende idealtypische Kontrastierung von Statusgruppen sollte jedoch nicht zu dem Fehlschluss verleiten, dass dem Zugang immer ein Stufenmodell zugrunde liegt. Es geht hier vielmehr darum darzustellen, wie sich mit der Herstellung von Zugehörigkeit zur Kinder- und Jugendarbeit der Status verändern kann.

- Zunächst ist die Gruppe der *Jugendlichen* bzw. der potentiellen AdressatInnen zu nennen. Diese sind noch keine BesucherInnen, auch wenn sie möglicherweise als Jugendlichengruppe bereits im Blick von Kinder- und Jugendarbeit sind.
- Die Jugendlichen werden zu (Stamm-)*BesucherInnen* je kontinuierlicher sie die Angebote des Jugendhauses nutzen, je mehr Zugehörigkeit und Anerkennung sie innerhalb der sozialpädagogischen Arena erreichen, sie „am JuZe-Leben" teilnehmen und (partiell) eine institutionelle Perspektive übernehmen.
- Die *Ehrenamtlichen* haben auf Basis einer besonders weitreichenden Arbeitsbeziehung zu den Professionellen und des hohen Grades an Zugehörigkeit und Anerkennung innerhalb des Jugendhauses einen durchgreifenden Statuswechsel vollzogen.
- Mit abnehmender Nutzung der Angebote des Jugendhauses, mit dem Wechsel von der Schule in den Beruf und mit schwindenden Zeitressourcen können Jugendliche den Status des „*Freund des Hauses*" oder des „*Ehemaligen*" einnehmen. Auf Basis einer gemeinsam geteilten Geschichte besteht zu den Professionellen trotz seltener Besuche im Jugendhaus eine besonders enge und zuweilen freundschaftliche Beziehung. Die Beziehung zu den anderen BesucherInnen distanziert sich auch aufgrund des Altersunterschiedes.

Die Erzählungen der Jugendlichen verdeutlichen, dass sie sich beim Eintritt ins Jugendhaus herausgefordert fühlen, ihre Position im Jugendhaus im Verhältnis zu den unterschiedlichen Statusgruppen zu definieren. Die empirisch zu beobachtbaren Positionen von Jugendlichen im Jugendhaus erschöpfen sich jedoch nicht in diesen vier Statusgruppen. Die soziale Position der Jugendlichen ist davon abhängig, wie sie von Fall zu Fall und von Situation zu Situation das Jugendhaus in unterschiedlicher Art und Weise nutzen. Sie machen sich zu

- *NutzerInnen*, wenn sie die angebotenen Vorhalteleistungen in Anspruch nehmen;
- *AkteurInnen*, wenn sie das Jugendhaus als Bühne für ihre Inszenierungen und Aufführungen nutzen;

- *AdressatInnen*, wenn sie die JugendarbeiterInnen als HelferInnen oder BeraterInnen adressieren und auf dieser Basis eine verbindlichere Arbeitsbeziehung entsteht;
- *Mitwirkende* und *GestalterInnen*, wenn sie das Jugendhaus nutzen, eigene Ideen umzusetzen und den organisatorischen Rahmen selbst verändern.

Die Rekonstruktionen legen drei zentrale Prozesse der Veränderung von Zugehörigkeit[3] zu den Jugendhäusern nahe, die auf den Statuswechsel Einfluss nehmen.

(1) *Aneignung*: Unter Aneignung (vgl. Deinet/Reutlinger 2004) werden hier verschiedene Prozesse zusammengefasst, die mehr oder weniger deutlich aufzeigen, wie sich Jugendliche das Jugendhaus mit seinen Räumen und Angeboten zu Eigen machen. Aneignung meint hier, dass Jugendliche zunächst das Jugendhaus als Treffpunkt und Freizeitort entdecken und die dort vorhandenen Vorhalteleistungen erschließen. Prozesse der Aneignung setzen immer wieder auch Konflikte zwischen unterschiedlichen Gruppen Jugendlicher innerhalb des Jugendhauses um Position und Anerkennung in Gang, die maßgeblich darauf Einfluss nehmen, mit welchem Status Zugehörigkeit zum Jugendhaus hergestellt werden kann.

(2) *Differenzierung von Zugehörigkeit*: Zentral ist für die Zugangsgeschichten, dass mit der Zeit eine differenzierte Zugehörigkeit zum Jugendhaus hergestellt wird. Die Herstellung von Zugehörigkeit geht einher mit Prozessen der „Enkulturation". Hierunter wird der schrittweise Prozess der (partiellen) Übernahme von Regeln, Normen und Werten einer Einrichtungskultur von einzelnen Jugendlichen oder Jugendlichengruppen verstanden. In einem heterogenen Ensemble mit unterschiedlichen Jugendkulturen wie einem Jugendhaus sind Prozesse der „Enkulturation" beobachtbar, wenn Jugendlichengruppen versuchen, ihre jeweiligen Werte, Normen und Ziele anderen Jugendlichen und BesucherInnengruppen zu vermitteln oder diese durchzusetzen.

(3) *Die Etablierung von Arbeitsbeziehungen*: Jede Arbeitsbeziehung in der Kinder- und Jugendarbeit basiert auf einer gemeinsamen Erfahrungsbasis und damit auf einer Geschichte von situativ hergestellten Arbeitsübereinkünften. Diese Arbeitsübereinkünfte werden ausgehandelt, wenn z. B. Adan Unterstützung beim Bewerbungsschreiben nachfragt und diese erhält oder eine musikalische Aufführung im Jugendzentrum durchführen kann. Die zu bearbeitende »dritte

---

3 Zugehörigkeit bedeutet mehr als die Bildung einer Gemeinschaft im Rahmen der Peerkultur. Gleichzeitig grenzt sich der Begriff der Zugehörigkeit von der reinen Mitgliedschaft und von einem Klientenstatus ab, die die BesucherInnen in beiden Fällen zunächst in eine spezifische Rolle drängen würden, die sie aber in einem freizeitorientierten Setting gerade nicht einnehmen.

Sache«, das Ziel und Thema der Arbeitsbeziehung ist somit variabel und aushandlungsbedürftig und bestimmt immer nur von Fall zu Fall das Geschehen. Im Rahmen der Etablierung von Arbeitsbeziehungen stellen Prozesse der „Adressierung" einen wichtigen Moment dar, wobei diese von den JugendarbeiterInnen oder auch von den Jugendlichen ausgehen können. Hierunter wird der Prozess verstanden, der sich im Zuge der Inanspruchnahme von Beratungs-, Hilfe- und Unterstützungsleistungen und im Zuge von Interventionen durch MitarbeiterInnen im Jugendhaus ergibt. Anlässe für Adressierungsprozesse sind Krisen des Aufwachsens, aber auch Interventionen auf Basis von Krisen innerhalb des Jugendhauses. Während des Adressierungsprozesses werden aus Jugendlichen und NutzerInnen des Angebotes AdressatInnen. Mit anderen Worten: Der Status der Jugendlichen im Jugendhaus verändert sich. Mit dem Adressierungsprozess ist unweigerlich verbunden, dass eine Arbeitsbeziehung zwischen Jugendlichen und JugendarbeiterInnen besteht.[4]

Die bisherigen Verdichtungen haben ergeben, dass der zentrale Statuswechsel im Rahmen des Zugangs darin besteht, dass Kinder oder Jugendliche einzeln oder als Gruppe BesucherInnen der Kinder- und Jugendarbeit werden. Dabei erfolgt ein Prozess der Herstellung von Zugehörigkeit, der als gestufter Prozess rekonstruiert werden kann. Über unterschiedliche Formen des Zugangs, verschiedene Nutzungsweisen und Prozesse der Statusveränderung erzielen Jugendliche sehr unterschiedliche Positionen im sozialen Gefüge eines Jugendhauses.

5. Wodurch wirkt Kinder- und Jugendarbeit?

Welche Schlussfolgerungen lassen sich nun für die Wirksamkeit von Kinder- und Jugendarbeit ziehen? Zunächst zeigen die rekonstruierten Zugangsgeschichten, unter welchen Bedingungen Jugendliche einen Zugang zum Jugendhaus erhalten und welche Prozesse eine Rolle spielen, dass sie auch weiterhin das Angebot der Jugendarbeit nutzen. Diese Herstellung von Zugehörigkeit stellt die Bedingung der

---

4 In den Fallportraits der Jugendlichen finden sich nur wenige Hinweise auf die JugendarbeiterInnen – mit Ausnahme von Adan. Für die Zugangsgeschichten der Jugendlichen, so könnte geschlussfolgert werden, haben JugendarbeiterInnen keine zentrale Bedeutung. Den Jugendlichen ist es wichtiger, von der Gruppenkonstellation im Jugendzentrum und den Spielgeräten zu berichten, als davon, wie sie die JugendhausmitarbeiterInnen kennen gelernt haben. Die wenigen direkten Hinweise deuten darauf hin, dass die JugendhausmitarbeiterInnen im weiteren Verlauf des Zugangs durchaus als zentrale Akteure des Geschehens anzusehen sind, auch wenn ihr Agieren in weiten Teilen den Jugendlichen kaum bewusst wird und sie eher im Hintergrund agieren – wie dies von einem Jugendlichen erläutert wird.

Möglichkeit dafür dar, dass Jugendarbeit wirksam werden kann. Dabei lassen sich einige Faktoren als besonders bedeutsam herausstellen. Diese können für die Untersuchung der Frage genutzt werden, ob die Angebote und Maßnahmen im eigenen Jugendhaus optimale Bedingungen bereithält, damit Kinder- und Jugendarbeit sich als wirksam erweisen kann:

- Kinder- und Jugendarbeit muss die unterschiedlichen Zugangsweisen von Jugendlichen wahrnehmen, öffentlichkeitswirksam für ihre Angebote werben und darf nicht darauf hoffen, dass Jugendliche schon irgendwie Zugang zum Jugendhaus erlangen.
- Zentral ist hier die Wirkung von Vorhalteleistungen, mit denen ein gut geplantes und differenziertes Repertoire an Nutzungsmöglichkeiten und Dienstleistungsangeboten bereitgehalten wird. Dies bedeutet auch immer zu reflektieren, welche Vorhalteleistungen welche Jugendlichen ansprechen.
- In diesem Zusammenhang sind die räumlichen Bedingungen genau zu reflektieren. Welche Wirkung zeigt es, wenn das eigentliche Geschehen im Jugendzentrum in der Küche oder im Büro stattfindet, hier zwar eine familiäre Atmosphäre erzeugt wird, neue BesucherInnen aber vom Zugang abschreckt, weil diese sich noch gar nicht zugehörig fühlen?
- Dies verweist auf die Wirksamkeit der Kultur, die die jeweilige Einrichtung im Umgang mit neuen und alten BesucherInnengruppen herausgebildet hat. Wie sieht eine reflektierte Begleitung der Kinder und Jugendlichen beim Zugang in das Jugendhaus aus? Welche Chancen haben neue BesucherInnengruppen, sich im Jugendhaus zu etablieren? Wo gibt es Anknüpfungspunkte, wo entstehen in der Regel Konflikte?
- In diesem Zusammenhang bedarf es in der Kinder- und Jugendarbeit einer Bearbeitung von Gruppendifferenz. Kinder- und Jugendarbeit muss, wenn sie wirksam Zugehörigkeit herstellen will, vielfältige Möglichkeiten schaffen, unterschiedlichen Jugend- und Statusgruppen im Jugendzentrum eine produktive Auseinandersetzung zu ermöglichen. Welche Entfaltungs- und Aneignungsmöglichkeiten haben die einzelnen Jugendlichen und Jugendlichengruppen? Wie wird mit Außenseitern und marginalisierten Gruppen umgegangen?
- Wirksam ist Kinder- und Jugendarbeit dann, wenn sie eine differenzierte Zugehörigkeit herstellen kann und dabei sparsam zeigt, dass Kinder- und Jugendarbeit auch eine pädagogische Veranstaltung ist. Dies ermöglicht ihr, Übergänge zu anderen Angeboten zu schaffen und nah am Alltag der Jugendlichen Beratung, Hilfe und Unterstützung anzubieten. Wie gelingt es, solche Beratungs- und Unterstützungsformen im Alltag des Jugendhauses zu verankern, ohne dass der offene Charakter des Jugendhauses darunter leidet?

- Um Jugendlichen Übergänge in solche, in engerem Sinne, Beratungs- und Unterstützungsrahmen zu ermöglichen, bedarf es vielfältiger Angebote und eines sensiblen Umgangs mit den Themen, die die Jugendlichen aufs Tapet bringen. Hier sehen wir eine zentrale Herausforderung für Kinder- und Jugendarbeit. Ihre Wirksamkeit zeigt sich dabei sowohl darin, den Alltag des Jugendhauses so zu gestalten, dass er ein Ort jugendkultureller Begegnung ist, als auch Wege zu öffnen in Beratungs- und Hilfesettings, in denen die alltägliche Lebensbewältigung der Jugendlichen unterstützt wird.

Wenn Kinder- und Jugendarbeit dies beachtet und die damit verbundenen Bedingungen ausreichend reflektiert, erweist sie sich nicht nur als Ort, an dem Jugendliche ihren jugendkulturellen Interessen nachgehen können, sondern darüber hinaus auch als ein Angebot der biographischen Begleitung des Erwachsenwerdens.

Literatur

Bohnsack, R. (2000): Gruppendiskussion. In: Flick, U./ von Kardorff, E./ Steinke, I (2000) (Hrsg.): Qualitative Forschung. Ein Handbuch. Reinbek bei Hamburg, S. 369-384
Cloos, P./ Köngeter, St./ Müller, B./ Thole, W. (2007): Die Pädagogik der Kinder- und Jugendarbeit. Wiesbaden
Beywl, W./ Speer, S./ Kehr, J. (2004): Wirkungsorientierte Evaluation im Rahmen der Armuts- und Reichtumsberichterstattung. In: www.univation.org/ download/ Evaluation_der_Armuts-_und_Reichtumsberichterstattung.pdf
Deinet, U./ Sturzenhecker, B. (1998) (Hrsg.): Handbuch Offene Jugendarbeit. Münster
Deinet, U./ Reutlinger, Chr. (2004) (Hrsg.): „Aneignung" als Bildungskonzept der Sozialpädagogik. Wiesbaden
MFJFG NRW (2003) (Hrsg.): Jugendhilfe NRW – Erfahrungen, Einsichten, Herausforderungen. Heft 4: Kinder und Jugendliche als Adressatinnen und Adressaten der Jugendarbeit. Dortmund
Marotzki, W. (1990): Entwurf einer strukturalen Bildungstheorie. Biographietheoretische Auslegung von Bildungsprozessen in hochkomplexen Gesellschaften. Weinheim
Mollenhauer, K. (1986): Versuch 3. In: Müller, C. Wolfgang u. a.: Was ist Jugendarbeit? Vier Versuche zu einer Theorie. Weinheim und München (Reprint), S. 89-118
Müller, B./ Schmidt, S./ Schulz, M. (2005): Wahrnehmen können. Jugendarbeit und informelle Bildung. Freiburg i.Br.
Schoneville, H. (2005): Kinder- und Jugendarbeit aus der Sicht ihrer AdressatInnen. Unveröffentlichte Diplomarbeit, eingereicht am Fachbereich Sozialwesen der Universität Kassel. Kassel
Schütze, F. (1983): Biographieforschung und narratives Interview. In: neue praxis, 13. Jg., 1983, Heft 1, S. 283-293
Schütze, F. (1981): Prozessstrukturen des Lebenslaufs. In: Mathes, J. u. a. (1981) (Hrsg.): Biographie in handlungswissenschaftlicher Perspektive. Kolloquium am sozialwissenschaftlichen Forschungszentrum der Universität Erlangen-Nürnberg. Nürnberg, S. 67-156
Thole, W. (2000): Kinder- und Jugendarbeit. Eine Einführung. Weinheim und München
Züchner, I. (2003): Brauchen Heranwachsende Kinder- und Jugendarbeit? Angebote und Inhalte aus Sicht tatsächlicher und potentieller TeilnehmerInnen. In: MFJFG 2003, S. 39-65

Mike Corsa

„...dass ich einen Ort habe, wo ich Sachen ausprobieren kann..."[1] Sichtweisen junger Menschen zur Kinder- und Jugendarbeit

Kinder- und Jugendarbeit wirkt. Eine steile These, die mit den Beiträgen dieses Sammelbandes sicher nicht empirisch belegt werden kann. Der renommierte Jugendforscher Arthur Fischer hat einmal auf die Frage nach einem Forschungsdesign zur Ermittlung der Wirkung von Kinder- und Jugendarbeit geantwortet, da könne er Menschen frühestens auf der Bahre befragen, weil sie erst dann zu einer Einordnung der Wirkung von Kinder- und Jugendarbeit fähig wären. Die Bedeutungszuschreibungen von jungen Menschen seien äußerst unterschiedlich und die Nutzung der Kinder- und Jugendarbeit von vielschichtigen Motiven geprägt, die keine sinnvolle empirische Forschung zuließen, wenn man sich auf die Sichtweisen von jungen Menschen einließe und sich nicht an den Erwartungen der Erwachsenen ausrichte. Das letztere sei für die Beschreibung von Kinder- und Jugendarbeit jedoch wenig relevant, obwohl Erwachsene ja immer wüssten, was Jugendliche wollten und sollten.

Sitzen die Protagonisten der die Kinder- und Jugendarbeit wieder einmal einem neuen Schlagwort und der dahinter stehenden aktuellen Debatte (wirkungsorientierte Steuerung der Jugendhilfe) auf? Muss die Kinder- und Jugendarbeit sich zur Legitimation also ein weiteres Mal neu erfinden unter den Vorzeichen der politischen und fachwissenschaftlichen Großwetterlage? Der Herausgeber dieses Bandes stellt seinem Buchkonzept die Hypothese voran, Jugend- und Jugendverbandsarbeit sei unter Druck und auf dem Rückzug – unter anderem darum, weil es ihr an Indikatoren für Wirksamkeit und an einer Darstellung derselben fehle. Diese Defizitbeschreibung, die im Mantel der Existenzgefährdung daherkommt, sollte mit einiger Vorsicht betrachtet bevor sie protegiert wird.

Bei einiger Beschäftigung mit der Dimension „Wirkung" muss man zum Ergebnis kommen, dass sich die bisherige deutsche Aneignung des Begriffes „Wirkungsorientierung" einseitig auf Modelle und Konzepte konzentriert, die Wirkungs-

---

1 Aussage eines Jugendlichen im Rahmen der Vorstudien zum Forschungsprojekt „Realität und Reichweite von Jugendverbandsarbeit am Beispiel der Evangelischen Jugend"

orientierung mit wirkungsorientierter Finanzierung gleichsetzt (vgl. Merchel 2006, Otto 2007). Dahinter steht die Kritik an vorhandenen wohlfahrtsstaatlichen Strukturen und der (ausufernden) Finanzierung sozialer Dienstleistungen, deren professionsorientierte Steuerung unter den Vorzeichen der Ökonomisierung nicht mehr im Ruf steht, erfolgreich zu sein. Die VertreterInnen dieser Konzepte von Wirkungsorientierung wollen zukünftig nur noch Maßnahmen finanziert wissen, die die (politisch) wünschenswerten Wirkungen nachweisen können. Die Bundesregierung betont in ihrer Antwort auf die Große Anfrage der Bundestagsfraktion BÜNDNIS90/DIE GRÜNEN, dass „die Kinder- und Jugendhilfe nicht umhin (kommt), begründet und empirisch belastbar Auskunft über ihre Leistungen im Sinne von Wirkung und Effizienz zu geben. Die fachliche Legitimation gegenüber den Betroffenen und der Öffentlichkeit, knappe öffentliche Haushaltsmittel sowie verstärkter Wettbewerb zwischen den Anbietern machen dies in zunehmenden Maß erforderlich" (Deutscher Bundestag 2007, S. 66).

Nun lässt sich sicher fachlich begründet erörtern, ob bei Maßnahmen der Sozialen Arbeit, die im Kern auf Veränderung ausgerichtete Interventionen in der Lebenswelt von und im Zusammenwirken mit Adressaten sind, eine verstärkte Auseinandersetzung über wirkungsvolle Konzepte von Leistungen die Zielerreichung, vor allem aber die individuelle Situation von betroffenen Menschen verbessern kann. Berücksichtigt werden muss, dass Prozesse in der Sozialen Arbeit hochkomplex sind und keiner strengen Kausalkette von Ursache und Wirkung unterliegen. Das erschwert die Messbarkeit und damit die Vergleichbarkeit. Ob sich Maßnahmen dann typisieren lassen und die Grundlage für eine evidenzbasierte Praxis herstellen können, muss zumindest bei jetzigem Stand der Forschung und der politischen Diskussion hierzulande bezweifelt werden. So werden beispielsweise im Rahmen eines Hilfeplanverfahrens zwar konkrete Ziele vereinbart, doch zeigt die Praxis, dass es im Verlauf eines Hilfeprozesses häufig zu Veränderungen kommt, weil nicht berücksichtigte bzw. neue Faktoren an Bedeutung gewinnen. Dies macht die lineare Überprüfung der Zielerreichung oder gar die Messbarkeit des Erfolgs schwierig. Bei der Umsetzung des grundsätzlichen Rechtes eines jeden in Deutschland lebenden jungen Menschen „auf Förderung seiner Entwicklung und auf Erziehung zu einer eigenverantwortlichen und gemeinschaftsfähigen Persönlichkeit" (§ 1, 1 SGB VIII/ KJHG) und der mit diesem Recht verbundenen Verpflichtung der Kinder- und Jugendhilfe, junge Menschen zu fördern, Eltern in ihren Erziehungsaufgaben zu unterstützen, Kinder und Jugendliche zu schützen und zu positiven Lebensbedingungen für junge Menschen und ihre Familien beizutragen (vgl. § 1 SGB VIII/ KJHG), werden Wirkungsforschung und eine wirkungsorientierte Steuerung noch viel mehr an ihre Grenzen kommen und nur Teilaspekte beleuchten können, die durch die für Messbarkeit notwendige Reduktion der Komplexität zu falschen Bewertungen und Folgerungen führen können. Ziel muss vielmehr sein, sich der Komplexität zu stellen und sie theoretisch, empirisch und praktisch zu bearbeiten (mehr dazu in Otto 2007, S. 50 ff). Hierzu bedarf es der Entwicklung einer Forschungstradition in Deutschland, die an den internationalen Stand der Diskussion anknüpft. Also nochmals: Vorsicht mit einer zu schnellen Übernahme von Begriffen in die Argumentation, hinter denen Konzepte stehen, die möglicherweise den erreichten Stand an Fachlichkeit reduzieren.

Für Kinder- und Jugendarbeit ist der Zugang über solche Konzepte wirkungsorientierter Steuerung ungeeignet, so meine These, wiewohl die Lobbyisten dieses Feldes darüber gerne schlagkräftige Argumente für die Legitimation erhalten würden. Sie sprechen von den sozialen Kompetenzen, die erworben und später in den Führungsetagen der Gesellschaft angewandt werden, vom Impuls zum politischen Engagement, das die NutzerInnen von Kinder- und Jugendarbeit zu mündigen Staatsbürgern macht und vieles mehr. Das sind interessante Hypothesen, für die einiges spricht (vgl. Bundesministerium 2005, S. 250f sowie Selbstbeschreibungen der Kinder- und Jugendarbeit) und denen die Forschung nachgehen sollte; sie sind jedoch nachgeordnet für die Bedeutung und damit für die Legitimation von Kinder- und Jugendarbeit.

Kinder- und Jugendarbeit, speziell im Setting der jugendlichen Selbstorganisation eines Jugendverbandes, ist keine Maßnahme der Sozialen Arbeit, die entweder bewusst präventiven Charakter haben soll oder zielgerichtet auf die Veränderung einer konkreten individuellen Lebenssituation ausgerichtet ist. Zugespitzt gesagt ist es ordnungs- und fachpolitisch falsch, Kinder und Jugendarbeit der Sozialen Arbeit (und der Sozialgesetzgebung) zuzuordnen. Die Folgen sind nicht nur an der Frage einer Implementierung von Parametern zur Messung der Wirksamkeit festzumachen: Seit Jahren klagen Träger und fachlich fundierte VertreterInnen aus der Kinder- und Jugendarbeit nicht nur über die mangelnde, sondern falsche Ausbildung von Fachkräften an Fachhochschulen und Universitäten. Mit dem Habitus, über einen entscheidenden Wissensvorsprung bei der Analyse und Bearbeitung von Problemlagen zu verfügen, ist ein Scheitern als Fachkraft in der Kinder- und Jugendarbeit vorprogrammiert (vgl. Corsa 2005).

Dass es immer wieder Versuche gibt, Kinder- und Jugendarbeit politisch zu vereinnahmen und an von Erwachsenen erwünschten Wirkungen zu messen, ist bekannt – Kinder- und Jugendarbeit soll sich um Bildungsverlierer und arbeitslose Jugendliche kümmern, um Störende, die die Ruhe auf öffentlichen Plätzen gefährden, Kinder- und Jugendarbeit soll einen Beitrag zur flächendeckenden Umsetzung der Ganztagsschule leisten, Kinder- und Jugendarbeit soll junge Menschen in den sonntäglichen Hauptgottesdienst bringen, Kinder- und Jugendarbeit soll sich erkennbar beteiligen bei der gesellschaftlichen Integration von jungen Menschen mit Migrationshintergrund.

1. Die selbstbestimmte Rolle von jungen Menschen bei der „Herstellung" von Kinder- und Jugendarbeit

Das Kinder- und Jugendhilferecht richtet sich mit den Beschreibungen über Kinder- und Jugendarbeit an alle jungen Menschen und weist ihnen eine sehr prominente Rolle zu: Alle Maßnahmen der Kinder- und Jugendarbeit sind freiwillig, knüpfen an den Interessen der jungen Menschen an und sollen „von ihnen mitbestimmt und mitgestaltet werden" (§ 11, Abs. 1 SGB VIII/ KJHG). Lassen diese Beschreibungen über die „selbsttätige Selbstbestimmung von jungen Menschen" (Wiesner 2006, S. 206) bei der Produktion von Kinder- und Jugendarbeit schon keinen Zweifel zu, so pointiert der Gesetzgeber die aktive Rolle von jungen Menschen nochmals bei einem spezifischen Trägerbereich: „In Jugendverbänden und Jugendgruppen wird Jugendarbeit von jungen Menschen selbst organisiert, gemeinschaftlich gestaltet und mitverantwortet" (§ 12, Abs. 2 SGB VIII/ KJHG). Der Gesetzestext nimmt damit Bezug auf das entscheidende Merkmal von Kinder- und Jugendarbeit: Wo sie sich entfaltet, ist Kinder- und Jugendarbeit ein Ort der jungen Menschen. Unterschiedliche Interessen (der Träger und ihrer Mitarbeitenden, an Erziehung und gesellschaftlicher Integration) sind nachgeordnet und korrelieren im besten Falle mit den Nutzungsinteressen der jungen Menschen. Die Bedingungen gelingender Kinder- und Jugendarbeit sind von den NutzerInnen vielfältig gestaltbar. Im Gegensatz zu anderen institutionellen Settings in den Lebenswelten Jugendlicher ist Kinder- und Jugendarbeit ein Ort, der keine Gestaltungsvorgaben hat. Sie bietet freie Räume an. Schule, kommerzielle Orte, Sportvereine u. a. geben dagegen die Nutzungsmöglichkeiten im Wesentlichen vor.

Entsprechend allgemein sind die Leitziele der Kinder- und Jugendarbeit im Kinder- und Jugendhilferecht formuliert – junge Menschen zur Selbstbestimmung zu befähigen und zu gesellschaftlicher Mitverantwortung und zu sozialem Engagement anzuregen und hinzuführen. In ihrer Offenheit sind dies keine Kategorien, von denen sich Parameter für die Messung von Wirkung ableiten ließen. Die Wirksamkeit von Kinder- und Jugendarbeit ist dagegen eindrücklich auf andere Weise zu belegen: Kinder und Jugendliche nehmen das Gestaltungsangebot an und nutzen es in ihrem Sinne, oder sie bleiben weg und die gut gemeinten Angebote gehen ins Leere – dazwischen gibt es wenig Varianzen. Statt Wirkungshorizonte aus einem komplexen Vollzugsprozess zu isolieren und sie durch weitere Reduktion messbar zu machen, sollte die Kinder- und Jugendarbeit viel mehr „forschen", wann – also in welchem Setting, mit welchen Angeboten – Kinder- und Jugendarbeit für junge Menschen interessant ist und welches Nutzungsverhalten sie entwickeln, um dadurch eine fundierte Basis für die Steuerung von Angeboten und Ressourcen zu erhalten. Das kombinierte Forschungs- und Praxisentwicklungsprojekt „Realität und Reichweite der Jugendverbandsarbeit am Beispiele der Evangelischen Jugend" (vgl. Fauser/ Fischer/ Münchmeier 2006) schlägt genau diesen Weg ein. Die Arbeitsgemeinschaft der Evangelischen Jugend in der Bundesrepublik Deutschland e.V. (aej) und die Freie Universität Berlin haben sich dabei der Aufgabe gestellt, ungefiltert die Sichtweise von jungen Menschen auf die Angebote der evangelischen Kinder- und Jugendarbeit zu erheben und die Erkenntnisse daraus in die Praxis umzusetzen.

2. Der andere Blickwinkel – Subjektorientierung

Viele Beschreibungen über die Ziele und die Arbeit der Evangelischen Jugend liegen zwar vor, sie beschreiben aber nur eingeschränkt die Realität. Zielformulierungen blicken in eine erwünschte Zukunft und darauf, was sein sollte, könnte und müsste. Berichte über die Arbeit werden mehr denn je unter Legitimierungszwang verfasst – entsprechend wird mit kritischen Faktoren umgegangen. Die eigentlich interessanten und für die Weiterarbeit notwendig einzubeziehenden Informationen fallen in den meisten Fällen weg: Warum wurden Ziele nicht erreicht? Welche Planungen wurden sprichwörtlich in den Sand gesetzt, weil sie die Zielgruppe nicht (im geplanten Umfang) erreichten? Welche Zielgruppen nutzen die Angebote, an welchen gehen die Angebote vorbei? Welche Konsequenzen werden daraus für die Weiterarbeit gezogen? Zudem fehlt vielen Selbstbeschreibungen eine gesicherte Datengrundlage. Ein weiterer Umstand schränkt die Aussagekraft von Selbstbeschreibungen ein: Sie basieren auf Sichtweisen von Personen, die Verantwortung im Jugendverband tragen, sei es als ehrenamtliche Leitung von Ferienfreizeitmaßnahmen, Jugendgruppen und Projekten, sei als hauptamtliche MitarbeiterIn. Alle diese mit dem Verband und seinen Zielen hochidentifizierten Personen verfassen Realitätsbeschreibungen intentional – immer im Horizont der verbandlichen Ziele und mit eigenen Vorstellungen zu deren Umsetzung.

Um Realität abzubilden, müssen solche „Filterblicke" ergänzt werden durch andere Sichtweisen – die der „Adressaten" aller Zielbeschreibungen und Planungen, der Jugendlichen selbst. Diese Blickrichtung scheint insgesamt sehr entwicklungsbedürftig zu sein. Der 12. Kinder- und Jugendbericht markiert auch in dieser Frage die in der Forschung – aber auch in der Praxis – vorhandenen großen Defizite: die festgestellte unzureichende Datenlage über Kinder- und Jugendarbeit enthält „nur wenig gesicherte Aussagen aus der Nutzerperspektive" (Bundesministerium 2005, S. 245).

Das Gesamtprojekt schlägt also einen ganz neuen Weg ein, indem es sich den Sichtweisen der jungen Menschen öffnet, um zu erfahren, wie Evangelische Jugend in der alltäglichen Praxis „funktioniert" und welche Bedeutung Kinder- und Jugendarbeit für die Lebenswelten junger Menschen hat. Es enthüllt die Sichtweisen junger Menschen auf die Angebote der Evangelischen Jugend. Ziel ist ein bewusster Wechsel der Perspektive auf Jugendliche: *Vom Adressaten zum Produzenten* von Kinder- und Jugendarbeit. Es geht darum, sich Evangelischer Jugend nicht aus Sicht der Kirche oder als Träger der freien Jugendhilfe anzunähern, Jugendliche also nicht zu betrachten als Adressaten von (religions-/ pädagogischen) Angeboten, sondern Jugendliche in der Rolle als Hauptakteure der Evangelischen Jugend, als HerstellerInnen von Kinder- und Jugendarbeit wahrzunehmen. Jugendliche werden verstanden als Handelnde, die die Aktivitäten der Gruppe und das Angebot nach ihren Wünschen und Erwartungen, in ihrem Sinne zu verändern versuchen. Wie nutzen Jugendliche die Angebote? Was machen die Jugendlichen selbst aus ihrem Jugendverband und ihrer Gruppe? Wie eignen sie sich das Angebot an? Welche Bedeutung hat für sie die evangelische Kinder- und Jugendarbeit?

Diesen Fragen hat sich das kombinierte Forschungs- und Praxisentwicklungsprojekt gestellt. Für die geplante Erhebung subjektiver Sichtweisen von Jugendlichen sind im Rahmen des *Forschungsprojekts* intensive qualitative Vorarbeiten notwendig gewesen, die die Grundlage für zwei Befragungen schafften: Zum einen ist mit einer bundesweiten repräsentativen Befragung von 3020 Jugendlichen im Alter zwischen 10 und 20 Jahren die Reichweite der Angebote der Evangelischen Jugend erhoben worden. Zum anderen wurden in der Hauptstudie 2280 Jugendliche im gleichen Alter befragt, die sich an Angeboten der evangelischen Kinder- und Jugendarbeit beteiligen oder beteiligt haben. Diese Erhebung (Hauptstudie) gibt Auskünfte über die persönlichen Sichtweisen Jugendlicher auf die Angebote der evangelischen Kinder- und Jugendarbeit. An der als eigenständiges Teilprojekt konzipierten, auf den Forschungsansatz bezogenen *Praxisentwicklung* beteiligten sich 35 Praxisentwicklungsprojekte der Evangelischen Jugend, die in 7 regionalen Arbeitskreisen zur gegenseitigen Beratung und Qualifizierung zusammenarbeiteten. Wesentliches Instrument der Projekte war ein aus der Hauptstudie abgeleiteter Fragebogen, der – sehr unterschiedlich – 7.058 Mal eingesetzt wurde. Die konkreten Projekte fielen sehr heterogen aus und reichten von der Gewinnung ehrenamtlicher MitarbeiterInnen, Modellentwicklungen für die Jugendarbeit auf Kirchenkreisebene, der Entwicklung von Qualitätsmaßstäben, dem Ausbau basisdemokratischer Strukturen bis zur Gewinnung neuer Zielgruppen (vgl. Corsa 2007).

Der Impuls, systematisch die Sichtweisen von jungen Menschen auf die Bedingungen und Gestaltungsmöglichkeiten für die Entwicklung von jugendverbandlicher Zukunft heranzuziehen, soll zu einer kontinuierlichen Auseinandersetzung mit den Grundlagen, den Bedingungen und den zeitbedingten zielgruppenbezogenen Herausforderungen der Evangelischen Jugend führen. Wenn die Kinder- und Jugendarbeit mehr über die Sichtweisen junger Menschen weiß und der Praxis Instrumente zur Verfügung stellt, um kontinuierlich die subjektiven Sichtweisen von Jugendlichen einbeziehen zu können, kann dies wesentlich zur Senkung der Fehlplanungsquote führen. Im Verlauf des komplexen Projektprozesses zeichnete sich sehr deutlich ab: die systematische Berücksichtung jugendlicher Sichtweisen macht die Gestaltung der Praxis komplexer und konfliktiver. Sie können irritieren – genau das ist aber ein notwendiger Impuls für die Weiterentwicklung der Kinder- und Jugendarbeit in ihren unterschiedlichen sozialräumlichen Bedingungen.

3. Ausgewählte Ergebnisse und Einsichten

Die vielfältigen Ergebnisse der Studie und der Praxisentwicklung können hier nicht ausführlich dargestellt werden (vgl. hierzu: Fauser/ Fischer/ Münchmeier 2006, Corsa/ Freitag 2006 u. Corsa 2007). Deshalb konzentriere ich mich nachfolgend auf zentrale Erkenntnisse und erste Betrachtungen zum Umgang mit den Ergebnissen:

3.1 Trotz anderer Behauptungen: die Gruppe – Basis von Kinder- und Jugendarbeit

Die Studie zeigt deutlich, dass die Gleichaltrigengruppe für junge Menschen ein wichtiges Vehikel zum Selbständigwerden ist. Junge Menschen nutzen sie als Kommunikationsrahmen, als Experimentierfeld und als Hilfe zum schrittweisen Umstieg in die Selbständigkeit. Die Gruppe ist aus Sicht Jugendlicher auch der Kern von Kinder- und Jugendarbeit. Nach wie vor scheint sich die Gruppe weit überwiegend in der Form der „klassischen" konventionellen Gruppenarbeit zu realisieren mit festen Zeiten, regelmäßigen Treffen, einem festen und überschaubaren Teilnehmendenkern. Die Gesamtzahl von 86% der Befragten, gibt an, ziemlich regelmäßig ihre Jugendgruppe zu besuchen (7% jeden Tag, 62% einmal pro Woche, weitere 17% alle zwei Wochen). Nahezu alle der Befragten (96%) geben an, dass ihre Gruppe eine(n) LeiterIn hat. Das scheint zunächst den Ausführungen zur Selbsttätigkeit junger Menschen als Kern von Kinder- und Jugendarbeit zu widersprechen. Doch berücksichtigt man weitere Aussagen der Befragten, entsteht ein ganz anderes Bild, das die Praxis der Kinder- und Jugendarbeit herausfordern dürfte: 40% der Jugendlichen bejahen die Frage, ob es in den Gruppen auch Konflikte („Streit") geben kann. Die Auswertung der Konfliktfelder ergibt, dass in der Evangelischen Jugend die allermeisten Auseinandersetzungen über die Inhalte stattfinden – und zwar unter den Jugendlichen selbst und nicht so sehr zwischen ihnen und den LeiterInnen. Das lässt darauf schließen, dass Jugendliche in hohem Maße selbst bestimmen, was geschieht und dass sie für ihre Vorstellungen streiten. GruppenleiterInnen werden demnach mehr als ModeratorInnen gesehen, die Optionen eröffnen und entsprechende Ressourcen zur Verfügung stellen können, denn als ImpulsgeberInnen und ProgrammgestalterInnen.

Die These, dass die „klassische" Jugendgruppe in der Kinder- und Jugendarbeit von anderen, unverbindlicheren und diskontinuierlicheren Formen abgelöst worden ist, lässt sich nicht halten – trotz vieler Versuche aus der Jugendpolitik, mit argumentativer Unterstützung aus der Wissenschaft Ressourcen umzusteuern in Events und Kurzzeitprojekte. Auch der von einigen FachautorInnen (vgl. Krafeld 2005, S. 189) gebetsmühlenartig vorgetragene Unterschied zwischen verbandlicher und offener Kinder- und Jugendarbeit erweist sich bei seriöser Analyse und angesichts der Ergebnisse der Studie als unsinnig. Jugendliche nutzen in erster Linie wegen der anderen Jugendlichen die Gruppen, angeregt durch ein Setting, das passen muss. In dieser Hinsicht unterscheidet sich verbandliche und offene Jugendarbeit mitnichten.

3.2 Gemeinschaft – zentrale Voraussetzung für die Bildung von Gruppen

Die Bedeutung von Gruppe lenkt den Blick auf das Zustandekommen: nicht das thematische Angebot bzw. das Programm haben für jugendliche Gruppenmitglieder primären und zentralen Stellenwert, sondern die in der Gruppe der Gleichaltrigen erlebte Gemeinschaft. Die Gemeinschaft als Selbstzweck ist für Jugendliche offenbar von großer Wichtigkeit. Die Entwicklung von subjektiv erlebter Gemeinschaft und eines Gemeinschaftsgefühls sind damit erste Voraussetzung für die Evangelische Jugend – und wohl auch für die Kinder- und Jugendarbeit überhaupt. Die Mehrzahl der jungen Menschen nutzt die Angebote der Evangelischen Jugend nicht nur und möglicherweise auch nicht vorrangig in dem von den Anbietern intendierten Sinne, sondern zunächst und vorrangig, um Gleichaltrigengeselligkeit zu erleben: Um in einem Beziehungsnetz Gleichaltriger dazuzugehören und eingebunden zu sein, um Freundschaften aufzubauen und zu leben und Vertrauen zu entwickeln und ernst genommen zu werden, unter Gleichaltrigen zu kommunizieren, Unterstützung in Gleichaltrigengruppen zu erfahren und Verlässlichkeit in der Gruppe zu spüren, alltägliche Formen des Miteinanderlebens zu praktizieren sowie um soziale und personale Orientierungen in der Gleichaltrigengruppe zu erleben. In der Evangelischen Jugend (und der Kinder- und Jugendarbeit) geht es eben primär um das Leben, nicht in erster Linie um das Programm.

Die Bedeutung der Gruppe und des Gemeinschaftsgefühls erfordert eine neue, ausreichend vertiefende Auseinandersetzung mit den heutigen Bedingungen von Gruppen. Erste Auswertungen der Forschungsbefunde im Kreise von PraktikerInnen zeigen dies; denn wenn wir heute von Gruppenarbeit sprechen, unterscheidet sich diese vielfach von den Ausprägungen und Konzepten von Gruppenarbeit im letzten Jahrhundert. Die Beschreibungen junger Menschen führen zu diesen Folgerungen:

- Konzepte, die den/ die LeiterIn als zentralen Kristallisationsfaktor des Zustandekommens der Gruppe und als Garanten ihres Vollzugs kannten, sind heute einem Bild von Gruppe gewichen, das die Jugendlichen selbst als zentralen Faktor der Konstitution und der Funktion von Gruppen ernst nimmt. Kommunikation, Aktivitäten, Inhalte und Gruppenkultur werden wesentlich durch die Gruppenmitglieder selbst bestimmt.
- Die aufmerksame Wahrnehmung jugendlicher Wirklichkeiten und die gemeinsame Suche mit den interessierten jungen Menschen, was denn das jeweils Ihre, was ihre Interessen in der Gruppe sein könnten und was somit das besondere (formenbezogene und inhaltliche) Merkmal der Gruppe ist, stehen am Beginn von Gruppen.
- Mitarbeitende und Leitende machen selbstverständlich Vorgaben: Sie dürfen Intentionen und Ziele haben und verfolgen und sie müssen vorbereitet sein. Ihre Kompetenz besteht aber vor allem darin, mit einer hohen Offenheit und Flexibilität auf die Bedarfslagen Jugendlicher zu reagieren und ihnen den Raum zur Umgestaltung als Notwendigkeit für gelingende Gruppenarbeit anzuerkennen. Eine Überbetonung des Programms als Vorgabe und jugendfremde Formen der Durchsetzung entsprechen nicht den jugendlichen Aneignungs- und Lebensprozessen – und werden eine Gruppenentwicklung behindern, wahrscheinlich verhindern.
- Gruppe ist der wichtigste Zugang und Ausdruck von Kinder- und Jugendarbeit. Gruppenarbeit hat unterschiedliche Ausprägungen: Kontinuierliche Gruppen-

arbeit (die nach den Ergebnissen der Studie einen sehr hohen Stellenwert besitzt), zeitlich begrenzte Gruppenarbeit (wie Projektarbeit), Gruppen die sich selbst konstituieren bzw. schon als Gruppe in Kinder- und Jugendarbeit auftauchen (Cliquen).

Diese Ergebnisse sind ein wichtiger Beitrag in der Diskussion über eine angemessene Förderung junger Menschen auf dem Weg ins Erwachsenenalter. Jungen Menschen sind selbstbestimmte Gruppen sehr wichtig, begleitet von LeiterInnen, die Impulse von Jugendlichen aufnehmen und sie bei ihren Gestaltungswünschen unterstützen. Dieses spezifische Setting der Kinder- und Jugendarbeit setzt eine leistungsfähige Infrastruktur voraus, die Ressourcen für die Gestaltung vorhält, damit sich Gruppen entfalten können.

Die durch die Ergebnisse der Studie untermauerten Erkenntnisse stellen eine einseitig auf Events und kurzfristige Projekte ausgerichtete Konzeption von Kinder- und Jugendarbeit in Frage. Sie braucht, um für Jugendliche relevant sein zu können, „eine Grundfinanzierung, die sie nicht an von außen vorgegebene Programmziele bindet und ihren Freiraum nicht gefährdet, Wege und Formen zu entwickeln, durch die intentionale Bildungsziele und Selbstbildungsprozesse miteinander vermittelt werden können" (Fauser/ Fischer/ Münchmeier 2006, S. 293).

3.3 Kinder- und Jugendarbeit – ein Ort der Selbstbildung

Die Ergebnisse der Studie lassen Kinder- und Jugendarbeit zu allererst als Ort erscheinen, an denen vielfältige Bildungsprozesse und Bildungserfahrungen initiiert und möglich werden. Unter den Teilnahmemotiven finden sich neben aller Nützlichkeits- und Gebrauchswerthaltung „Bildungsziele":

- „für sich selber etwas tun können",
- „selber viel lernen können",
- „an sich wachsen können",
- aber auch lernen „Verantwortung für andere zu übernehmen",
- „etwas Sinnvolles für andere tun".

Kinder- und Jugendarbeit lässt sich nicht einfach reduzieren auf Zerstreuung oder Konsum von Freizeitangeboten. In der Liste der Aktivitäten dessen, was gemacht wird findet sich eine große Zahl von Erfahrungs-, Ausprobier- und Gestaltungsmöglichkeiten, die auf Selbsttätigkeit und Zugang zu vielfältigen Lerngelegenheiten und Gestaltungsfeldern angelegt sind. Die Freunde in der Gruppe, der Rückhalt in der Gemeinschaft sind einerseits ein Zweck für sich, andererseits aber eine grundlegende Ressource für die eigene Entwicklung, das Tätigwerden und die alltägliche Lebensbewältigung. Auch aus der subjektiven Sichtweise der jungen Menschen stellt sich Kinder- und Jugendarbeit als „Bildungsort" dar.

Zu ergänzen ist, dass aus den beschriebenen Bildungsprozessen Angebote der nonformalen Bildung erwachsen, also Bildungsangebote, die kommunizierte Bildungsziele verfolgen, die sich aber aus dem Lebensvollzug Jugendlicher in Jugendarbeitsrahmung ergeben. Die Ergebnisse des Projekts zeigen, dass die Bildungsprozesse in der Jugendarbeit entscheidend davon abhängen, ob und wie durch die Jugendlichen selbst Fragen aufgeworfen, Erfahrungen angeeignet, Auseinandersetzungen mit sich selbst und mit anderen geführt, Kompetenzen entwickelt und Engagement praktiziert werden. Bildung im Bereich von Kinder- und Jugendarbeit muss in erster Linie als ein Prozess von Selbstbildung beschrieben und verstanden werden.

3.4 Mitglieder – ein Begriff der nur noch begrenzt aussagefähig ist

Die Studie stellt einmal mehr den Begriff der Mitgliedschaft im Zusammenhang mit Jugendverbänden in Frage. Er ist nur noch für wenige Bereiche aussagekräftig – eben dort, wo noch formale Mitgliedschaften mit den dazugehörigen Ritualen und Statusbelegen existieren. Weniger als die Hälfte der Jugendlichen, die angeben, in irgendeiner Weise mit den Angeboten der Evangelischen Jugend in Kontakt zu stehen, bezeichnen sich als Mitglied oder auch nur als „angemeldet". Auf die Frage „Hast Du da einen Mitgliedsausweis oder eine Mitgliedskarte?" antworteten nur 17% der Jugendlichen mit „Ja".

Dies alles sind eindeutige Belege dafür, dass der Mitgliederbegriff die Realität von Jugendverbandsarbeit in ihrer Vielfalt nicht mehr abbilden kann. Deshalb sollten sich politisch Verantwortliche und ihre ausführenden Behörden baldmöglichst von einer auf Mitglieder basierenden Bewertung jugendverbandlicher Arbeit verabschieden. Um die Vielschichtigkeit jugendverbandlichen Handelns in den komplexen gesellschaftlichen Zusammenhängen besser erfassen zu können, sind Bewertungsbündel zielführender. Sie sollten sich zusammensetzen aus Daten über die Infrastruktur des jeweiligen Verbandes (Verbreitung, hauptberufliche Fachkräfte, ehrenamtliche MitarbeiterInnen, Haushaltsvolumen), über TeilnehmerInnentage und über erreichte Jugendliche. Das erfordert aber auch die Bereitschaft von Jugendverbänden, verbandliches Leben datenuntermauert zu dokumentieren und Einblick in die ebenen-übergreifenden Datenerhebungsinstrumente zu geben.

3.5 Gelingende Kinder- und Jugendarbeit braucht Fachkräfte

Die Ergebnisse der Studie weisen hauptberuflichen MitarbeiterInnen Funktionen zu, die betroffene Personen in ihrem beruflichen Selbstbild irritieren. Jugendliche sehen in Ihnen nicht die erste (auch nicht die zweite und dritte) Anlaufstelle zur Bewältigung individueller Probleme, sie sind nicht die Voraussetzung für das Zustandekommen der Gruppe und ihrer Beziehungsgeflechte, ihre Kompetenz als PädagogInnen und AnbieterInnen von Jugendfreizeitangeboten wird wenig abgefragt. Dies ist übrigens nicht neu. Schon Hermann Giesecke hat in seinem Standardwerk „Die Jugendarbeit" (Giesecke 1980, S. 153) auf diese Problemkonstellation hingewiesen.

Ein angemessenes Anforderungsprofil für hauptberufliche Fachkräfte muss demnach berücksichtigen:

- Sie nutzen kontinuierlich Grundwissen der Erziehungswissenschaften und Theologie. Sie eignen sich aktuelle wissenschaftliche Erkenntnisse zu Fragen der Lebenslagen von jungen Menschen, zu handlungsfeldbezogen Fragen, zu Methoden und zu Fragen einer zeitgemäßen Verkündigung an.
- Sie sind vertraut mit den Grundbedingungen von gelingender Kinder- und Jugendarbeit. Sie internalisieren ihren besonderen Status als *ErmöglicherInnen* und (nur) Co-Produzenten von Kinder- und Jugendarbeit und als *FörderInnen)* der Umsetzung von Impulsen, die von jungen Menschen kommen.
- Sie erschließen als Informations- und RessourcenmanagerInnen) für und mit jungen Menschen „fördernde Umwelten" und schaffen institutionell, finanziell und örtlich Gestaltungsräume für junge Menschen. Dabei bauen sie mit und für junge Menschen ein Netzwerk von Informationen und Kontakten.
- Sie regen zur Reflexion an – eine Voraussetzung für erfolgreiche Bildungsprozesse, denn „Aneignung geschieht erst dort, wo man sich Erfahrungen, Möglichkeiten bewusst macht, sie reflexiv einholt, aus ihnen lernt, sich anhand ihrer neu orientiert" (Fauser/ Fischer/ Münchmeier, 2006, S. 291).

Ein solches Profil fordert eine grundlegende Auseinandersetzung mit derzeitigen Ausbildungskonzepten und ergänzenden Fortbildungsangeboten heraus.

Subjektorientierte, die Sichtweisen von jungen Menschen einbeziehende, Praxisentwicklung ist eine Herausforderung für die Kinder- und Jugendarbeit. Ergänzt werden muss sie durch andere Instrumente für die Gewinnung von validem Wissen über die Wirklichkeit der gesamten Kinder- und Jugendarbeit. Dazu zählen die Erweiterung und notwendige Qualifizierung statistischer Erhebungsinstrumente wie die Kinder- und Jugendhilfestatistik. Darüber hinaus braucht es eine wissenschaftliche Dauerbeobachtung des gesamten Feldes der Kinder- und Jugendarbeit, die Daten für eine realitätsnahe Beschreibung von Rahmenbedingungen, Arbeitsweisen und Wirkungen generiert. Dass die Evangelische Jugend mit ihren Angeboten 10,1% der jungen Menschen im Alter von 10 bis 20 Jahren erreicht ist ein Hinweis auf die große Reichweite von Kinder- und Jugendarbeit insgesamt. Dieses Ergebnis ermutigt zur Aussage, dass der überwiegende Anteil von jungen Menschen in Deutschland Kinder- und Jugendarbeit als einen für ihr Leben sehr bedeutungsvollen Ort betrachten und nutzen. Damit steht Kinder- und Jugendarbeit keinesfalls in der Defensive, wie es manche Beobachter formulieren. Wichtig ist nur, dass die Protagonisten der Kinder- und Jugendarbeit dies erkennen und vertreten.

Literatur

Bundesministerium für Familien, Senioren, Frauen und Jugend (2005): Zwölfter Kinder- und Jugendbericht. Bildung, Betreuung und Erziehung vor und neben der Schule. Berlin
Corsa, M. (2005): Kinder- und Jugendarbeit an Kirchlichen Hochschulen. In: Thole, W./ Wegener, C./ Küster, E.-U. (2005) (Hrsg.): Professionalisierung und Studium. Die hochschulische Qualifikation für die Kinder- und Jugendarbeit. Befunde und Reflexionen. Wiesbaden, S. 153–181.
Corsa, M./ Freitag, M. (2006): „Jugendliche als Akteure im Verband". Hinweise und Einschätzungen aus Sicht der Evangelischen Jugend zu den Ergebnissen der Studie. Hannover
Corsa, M. (2007) (Hrsg.): Praxisentwicklung im Verband. Jugend im Verband Band 3. Opladen
Deutscher Bundestag (2007): Antwort der Bundesregierung auf die Große Anfrage der Abgeordneten Kai Boris Gehring, Marieluise Beck (Bremen), weiterer Abgeordneter und der Fraktion BÜNDNIS90/ DIE GRÜNEN. Drucksache 16 / 4818. Berlin
Fauser, K./ Fischer, A./ Münchmeier, R. (2006): Jugendliche als Akteure im Verband. Ergebnisse einer empirischen Untersuchung der Evangelischen Jugend. Jugend im Verband Band 1. Opladen
Fauser, K./ Fischer, A./ Münchmeier, R. (Hrsg.) (2006): „Man muss es selbst erlebt haben…" Ergebnisse einer empirischen Untersuchung der Evangelischen Jugend. Jugend im Verband Band 2. Opladen
Giesecke, H. (1980): Die Jugendarbeit. 5. völlig neu bearbeitete Auflage. München
Krafeld, F. J. (2005): Cliquenorientiertes Muster. In: Deinet, U./ Sturzenhecker, B. (Hrsg.): Handbuch Offene Kinder- und Jugendarbeit. Wiesbaden, S. 189-197
Merchel, J. (2006): Zum Umgang mit „Wirkung" in Qualitätsentwicklungsvereinbarungen zur Erziehungshilfe (§ 78b SGB VIII). Münster
Otto, H.-U. (2007): Zum aktuellen Diskurs um Ergebnisse und Wirkungen im Feld der Sozialpädagogik und Sozialarbeit. Literaturvergleich nationaler und internationaler Diskussion. Expertise im Auftrag der Arbeitsgemeinschaft für Kinder- und Jugendhilfe (AGJ). Bielefeld
Wiesner, R./ Mörsberger, T./ Oberloskamp, H./ Struck, J. (2006) (Hrsg.): SGB VIII. Kinder- und Jugendhilfe. 3.Auflage. München

Thomas Kreher

Jugendverbände, Kompetenzentwicklung und biografische Nachhaltigkeit

Ausgehend von der Grundfrage nach den Wirkungen von Kinder- und Jugendarbeit skizziert der folgende Beitrag einige Hauptergebnisse einer Studie zu den Wirkungen von Jugendverbandsarbeit. Diese wurde vom Institut für Regionale Innovation und Sozialforschung e.v. Dresden in Zusammenarbeit mit dem Institut für Sozialpädagogik, Sozialarbeit und Wohlfahrtswissenschaften der TU Dresden sowie dem Kinder- und Jugendring Sachsen e.v. von April 2004 – März 2006 durchgeführt und von der Stiftung Jugendmarke sowie aus Mitteln des BMWA und des ESF gefördert. Beteiligt waren die Landesjugendringe Niedersachsen, Bayern, Hessen und Mecklenburg-Vorpommern (vgl. Kreher/ Lehmann/ Seyfarth 2006). Im Mittelpunkt der Untersuchung standen der Lernort Jugendverband sowie die biografischen Wirkungen einer Jugendverbandsmitgliedschaft aus der Perspektive von Jugendlichen bzw. jungen Erwachsenen.

1. Entgrenzung und Lebensbewältigung junger Erwachsener

Die Frage nach der biografischen Wirksamkeit von Jugendverbandsmitgliedschaften entwickelte sich aus der Beobachtung der gegenwärtigen gesellschaftlichen Veränderungen mit ihren Auswirkungen auf die Lebensbedingungen und Bewältigungsherausforderungen von Jugendlichen und jungen Erwachsenen. Vor dem Hintergrund massiver wirtschaftlicher, technologischer und organisatorischer Veränderungs- und Rationalisierungsprozesse im Zuge verschärfter ökonomischer Konkurrenz werden weitreichende Entgrenzungen bezogen auf Jugend und Arbeit deutlich. Entgrenzung wird dabei verstanden „als Prozess, in dem unter bestimmten historischen Bedingungen entstandene gesellschaftliche Strukturen der regulierenden Begrenzung von sozialen Vorgängen ganz oder partiell erodieren" (Gottschall/ Voß 2003, S.18). Während sich Prozesse der Entgrenzung der Arbeit in der Erosion des Normalarbeitsverhältnisses bündeln, schlägt sich die Entgrenzung der Jugend in Erosionsprozessen der zeitlichen und sozioökonomischen Markierungspunkten der sozialen Gestalt Jugend und ihres Moratoriumscharakters nieder (vgl. Schröer 2004). Die damit in Verbindung stehenden Entgrenzungen der Bildungswege, der Übergänge in Arbeit sowie des Lernens sind für den in der Studie untersuchten Zusammenhang von Jugendverbänden, Kompetenzentwicklung und biografischer Nachhaltigkeit von zentraler Bedeutung.

Bildungswege und Übergänge in Arbeit sind zunehmend von Offenheit, aber auch von Ungewissheit gekennzeichnet. Zum Beispiel werden Ausbildungszeiten immer länger oder mehrere Ausbildungen, unterbrochen von Zeiten der Beschäftigung, der Arbeitslosigkeit, der Orientierung folgen aufeinander. Gleichermaßen verändern, pluralisieren und privatisieren sich die Ausbildungsformen (Praktika, vollzeitschulische Formen, duale Ausbildung, keine Ausbildung). Der Strukturwandel und die Schnelllebigkeit der Arbeitswelt bedingen rasche Veränderungen von nötigen Qualifikationen und Kompetenzen und die Anforderung ständigen Lernens. Die Lernorte, Lernformen und Lernzeiten sind z.B. dergestalt von Veränderungen betroffen, dass neben die traditionellen und oftmals noch linear strukturierten institutionalisierten Formen und Orte des Bildungssystems andere Lern- und Bildungsorte sowie Lernformen, etwa informelle und freizeitbezogene Konstellationen an Bedeutung gewinnen (vgl. z.B. Wahler/ Tully/ Preiß 2004, Kirchhöfer 2005).

Die hier angedeuteten sozialstrukturellen Veränderungen führen zu neuen Anforderungen im Sinne alltäglicher Lebensbewältigung, da die traditionellen Gewissheiten, Modelle des Übergangs, Bildungswege und Lernformen an Verlässlichkeit verlieren. Biografische Offenheit, biografische Verläufe, biografisches Lernen und Kompetenzentwicklung rücken in den Fokus der subjektiven Orientierung und damit auch in das Zentrum unserer Studie. Dieser empirische Blick auf die Sichtweise der Jugendlichen und jungen Erwachsenen ist auch die Basis weiterer aktueller Untersuchungen, etwa zur Evangelischen Jugend (vgl. Fauser/ Fischer/ Münchmeier 2006; vgl. Corsa in diesem Band) oder zum Lernen im freiwilligen Engagement (vgl. Düx 2006, Sass 2006; vgl. Sass in diesem Band).

Kompetenzen beschreiben im Rahmen der hier vorgestellten Untersuchungsergebnisse so etwas wie übergreifende und dynamische personengebundene Fähigkeiten, Stärken und Dispositionen. Verbunden mit den veränderten Übergängen von Jugendlichen und jungen Erwachsenen in Arbeit und ins Erwachsenenalter gewinnt die Perspektive der Kompetenzentwicklung gegenüber starren Qualifikationen an Bedeutung, aber nicht nur funktional aus der Arbeitswelt oder aus bestimmten institutionellen Bedingungen des Bildungssystems heraus, sondern vielmehr aus den Erfordernissen der biografischen Lebensbewältigung.

Vor dem Hintergrund der massiven gesellschaftlichen Veränderungen und der veränderten Lebenslagen von Jugendlichen und jungen Erwachsenen ist dabei neben der allgemeinen Lebensbewältigung das Themenfeld der Übergänge in Arbeit von besonderem Interesse, wie es beispielsweise die Ergebnisse der aktuellen Shell-Jugendstudie erneut zeigen (vgl. Shell 2006). Diese verkündet als ein Hauptergebnis, dass die noch 2002 als pragmatische Generation bezeichnete Jugend mittlerweile *unter Druck* geraten sei und „Jugendliche deutlich stärker besorgt sind, ihren Arbeitsplatz zu verlieren bzw. keine adäquate Beschäftigung finden zu können" (Shell 2006, S. 15). Diese Befunde decken sich mit dem bereits in der 12. Shell-Studie 1997 herausgestellten Ergebnis, nachdem die Krise der Arbeitsgesellschaft die Jugend erreicht habe (vgl. Shell 1997). Gleichzeitig wird in diesen Generationsbeschreibungen der hohe Stellenwert von erwerbsarbeitlicher Integration für soziale Integration und biografische Integrität deutlich. Auch andere Studien unterstreichen, „dass der Erwerbsarbeit und der beruflichen Orientierung bei der Identitätsentwicklung im Jugendalter nach wie vor eine zentrale Bedeutung zukommt" (Mansel/ Kahlert 2007, S. 31).

2. Jugendverbände und Kompetenzentwicklung

Bezogen auf Kompetenzentwicklung und Lebensbewältigung im Jugend- und jungen Erwachsenenalter und im Rahmen der gegenwärtigen Diskussionen um ein neues Bildungsverständnis, die insbesondere auf Lern- und Bildungsprozesse außerhalb der traditionellen Institutionen des Bildungssystems verweisen (vgl. z.B. Rauschenbach u.a. 2004, BMFSFJ 2005), verstärkt sich der Blick auf die Jugendverbände als spezifische Lebens- und Bildungsorte von Jugendlichen und jungen Erwachsenen. Gleichzeitig stehen die Jugendverbände in Deutschland derzeit vor der Herausforderung, ihre Bildungsqualität belegen und ihr besonderes Bildungsprofil für die zukünftige soziale und pädagogische Infrastruktur der Gesellschaft verdeutlichen zu müssen, was parallel unter dem Signum Auslaufmodell oder Zukunftsmodell diskutiert wird (vgl. Faulde 2003, Gängler 2004). Denn einerseits machen die sich wandelnden gesellschaftlichen Rahmenbedingungen mit den daraus resultierenden veränderten Lebenslagen für Jugendliche und junge Erwachsene nicht vor der Jugendverbandsarbeit halt. Andererseits verstärkt sich für die Jugendverbände der Legitimationsdruck im Rahmen des sozialstaatlichen Umbaus, wie es etwa am Beispiel der erheblichen Kürzungen der Mittel für die überregionale Jugend- und Jugendverbandsarbeit in Sachsen im Jahre 2006 deutlich wurde (vgl. AGJF-Presseinfo 2006, auch Linder in diesem Band).
 Dabei wurde im Vorfeld der Studie davon ausgegangen, dass die Jugendverbandsarbeit Möglichkeiten hat, Jugendlichen und jungen Erwachsenen biografie-

orientierte Lernarrangements und offene Räume anzubieten. Denn die gegenwärtige Entgrenzung von Jugend erfordert in verstärktem Maße einen Ort für Jugendliche und junge Erwachsene, in dem Offenheit und Halt sowie Experimentiermöglichkeiten gegeben sind. Augenscheinlich eines der stärksten Argumente der Jugendverbände sollte die Betonung der eigenen spezifischen Bildungslogik, eines eigenen Lernklimas sein, demzufolge „Jugendverbände außerschulische politische, soziale und kulturelle Bildungsorte mit genuin eigenständigen Bildungseinflüssen (sind), die zu biografischen Grunderfahrungen von Kindern und Jugendlichen werden können, wenn inter- und intragenerationale Bildungsprozesse ermöglicht und -welten gestaltet werden" (Hafeneger 2004, S.11). Es wurde davon ausgegangen, dass die Jugendverbände als Nahtstellen zwischen Jugendkultur und Erwachsenengesellschaft und Orte des Gruppenlernens sowie des intergenerationellen Lernens eine spezifische Bildungsqualität haben, die Kompetenzentwicklungsprozesse unterstützt.

Auf der Basis dieser Überlegungen nahm die Studie das Potenzial von Jugendverbandsarbeit bezüglich einer erfolgreichen biografischen Entwicklung von Jugendverbandsmitgliedern unter die Lupe, insbesondere mit Blick auf die Dimensionen der Kompetenzentwicklung und den Lernort „Jugendverband" als Faktor beim Übergang in Ausbildung und Arbeit.

3. Untersuchungsschwerpunkte und Anlage der Studie

Vor dem Hintergrund der bisher skizzierten Zusammenhänge von Lebensbewältigung, veränderten Übergängen in Arbeit und Kompetenzentwicklung Jugendlicher und junger Erwachsener unter den Bedingungen einer sich entgrenzenden Arbeitsgesellschaft bildeten die Aspekte der individuellen Kompetenzentwicklung und der biografischen Nachhaltigkeit die zentralen Untersuchungsschwerpunkte der Studie. In diesem Zusammenhang wurde der ‚Lernort Jugendverband' aus der subjektiven (und retrospektiven) Sicht der Jugendlichen und jungen Erwachsenen erschlossen. Forschungsleitend waren die beiden zentralen Punkte:

- Kompetenzentwicklung Jugendlicher und junger Erwachsener und der Lebens- und Lernort Jugendverband mit seinen spezifischen Bedingungen/ Qualitäten sowie
- biografische Nachhaltigkeit der im Jugendverband erworbenen Kompetenzen, insbesondere bezogen auf Übergänge in Arbeit und alltägliche Lebensbewältigung.

Jugendverbände, Kompetenzentwicklung und biografische Nachhaltigkeit

Bezogen auf den ersten Schwerpunkt standen Fragen wie: „Welche Kompetenzen werden wann, wie und wo im Rahmen einer Jugendverbandsmitgliedschaft erworben bzw. weiterentwickelt?"; bezogen auf den zweiten Schwerpunkt ging es um Fragen wie: „Können Zusammenhänge zwischen Kompetenzentwicklung im Jugendverband und den nachschulischen biografischen Gestaltungsoptionen der Jugendlichen und jungen Erwachsenen hergestellt werden?"

Die Durchführung des Forschungsprojekts baute auf einem Methodenset aus einer Fragebogenerhebung und biografischen Interviews auf. Zielgruppe waren junge Erwachsene, die über einen längeren Zeitraum in einem Jugendverband waren oder sind. Der Zugang erfolgte mit Hilfe der jeweiligen Landesjugendringe verbandsübergreifend und in regionaler Verteilung in fünf Bundesländern (Bayern, Hessen, Mecklenburg-Vorpommern, Niedersachsen und Sachsen)[1].

Mit dem Fragebogen wurden 550 Jugendverbandsmitglieder erreicht, verteilt über ein heterogenes Verbandsspektrum. Die Stichprobe ist bezüglich der Verteilung nach den Geschlechtern (männlich 54,3 % und weiblich 45,7 %) annähernd ausgeglichen, der Großteil der Fragebögen wurde von Jugendlichen und jungen Erwachsenen zwischen 18 und 26 Jahren beantwortet. Die große Mehrheit unserer Befragten (78 %) gab an, dass sie in ihrer Zeit im Jugendverband ein Amt oder eine Funktion inne habe oder hatte. Im Fragebogen war die Frage als offene Frage konzipiert, so dass die Befragten selbst entscheiden konnten, was sie unter Funktion bzw. Amt im Jugendverband verstehen. Entsprechend vielfältig gestalteten sich auch die Antworten. Die Antworten ordneten wir schließlich vier Kategorien zu:

- verbandsorganisatorische Funktionen (Vorsitz, Schatzmeister, Öffentlichkeitsarbeit, Schriftführung, verbandsspezifische Funktionen wie z.B. Verantwortlicher für Einsatzkleidung);
- Gruppenleitung;
- regionale/überregionale Verbandsfunktionen;
- Sonstiges.

Nach dieser inhaltlichen Differenzierung zeigen unsere Ergebnisse, dass unter dem Engagement der Mitglieder die Übernahme einer Gruppenleitung dominiert.

Mit 21 Jugendlichen bzw. jungen Erwachsenen (18-31 Jahre alt) haben wir ausführliche biografische leitfadengestützte Interviews geführt, ebenfalls regional und verbandlich unterschiedlich verteilt sowie nach Geschlecht differenziert (11 Männer, 10 Frauen). Der Zugang zu den InterviewteilnehmerInnen erfolgte auf der Basis einer Bereitschaftserklärung im Rahmen der Fragebogenerhebung. Auf die-

---

1 Die Darstellung der Ergebnisse verzichtet aus Platzgründen auf Grafiken und Tabellen (zur ausführlichen Darstellung der Studie vgl. Kreher/ Lehmann/ Seyfahrth 2006)

sem Weg hat eine große Anzahl junger Erwachsener mit langjähriger Jugendverbandserfahrung die Bereitschaft für ein Interview signalisiert. Bei den InterviewpartnerInnen handelte es sich überwiegend um eher stark im Jugendverband engagierte junge Erwachsene mit langjährigen Verbandsmitgliedschaften, was mit dem von uns gewählten Zugang zusammenhängt. Dabei verweist die hohe Bereitschaft der Interviewten zu den Interviews und die unkomplizierte Durchführung der Interviews schon auf Kompetenzen im sozialkommunikativen Bereich wie auch auf ein ausgeprägtes Selbstbewusstsein bei vielen Befragten.

4. Ausgewählte Ergebnisse

Einige ausgewählte Ergebnisse der Untersuchung sind im Folgenden in vier Blökken zusammengefasst.

4.1 In Jugendverbänden finden Lernen und Kompetenzerwerb statt, wobei unterschiedliche Bereiche berührt werden.

Die Ergebnisse verweisen darauf, dass Kompetenzerwerb vor allem im Bereich sozialer und personaler sowie verbandsspezifischer Kompetenzen stattfindet. Kompetenzen, die in den Fragebögen und in den Interviews immer wieder genannt werden sind: Organisations- und Strukturierungsfähigkeiten, Teamfähigkeit, Umgang mit Menschen, aber auch subjektiv bedeutsame „Ergebnisse" wie Selbstbewusstsein. Zwei wichtige Einflussfaktoren bei der Kompetenzentwicklung sind dabei die Übernahme eines Amtes oder einer Funktion sowie die Dauer der Mitgliedschaft. Weniger Einfluss auf das Lernen und den Kompetenzerwerb im Jugendverband haben Faktoren wie das Bildungsniveau, das Geschlecht der Jugendlichen und jungen Erwachsenen oder die inhaltliche Ausrichtung des Verbandes.

In den biografischen Interviews zeigte sich, dass sich Kompetenzentwicklungsprozesse nicht explizit und unterscheidbar benennen lassen. Vielfach geht es auch darum, viel gelernt zu haben oder die Erfahrung, etwas zu können, Erfolg gehabt zu haben, eine gelungene Veranstaltung organisiert zu haben etc. Dieser Aspekt wird in vielen Interviews mit ganz ähnlichen Äußerungen zum Ausdruck gebracht wie z.B. „viele Sachen hab ich gelernt, die ich gar nicht weiß" (Fall 5) oder „direkt nicht, indirekt schon" (Fall 18) oder „ich könnte jetzt nicht nachvollziehen, dass ich das dort gelernt habe, aber ich denke, dass ich es daher habe" (Fall 13).

Bestimmte Aspekte im Sinne von Kompetenzprofilen zeigen sich dennoch über alle Fälle hinweg. Betrachtet man die folgenden Bündel, dann wird deutlich, dass die einzelnen Kompetenzdimensionen und Fähigkeitsbereiche sich in vielen Fällen überlappen. Bestimmte Kompetenzen, die sich im Rahmen der Jugendverbandsarbeit entwickelt haben, wurden fallübergreifend, in unterschiedlichen (aber im Kern ähnlichen) Formulierungen und Begriffen, immer wieder genannt, z.B.:

- *kommunikative Kompetenzen* („Sprechen", „Argumentieren", „Ausdiskutieren", „vor Leuten sprechen"),
- *soziale Kompetenzen* („Sozialverhalten", „Hilfsbereitschaft", „der Blick und Verantwortung für Andere", „soziale Gerechtigkeit", „soziales Gewissen"),
- *gruppenbezogene Kompetenzen* („Gruppenprozesse händeln", „ohne Scheu vor Leuten stehen", „mit Leuten umgehen", „in und mit Gruppen arbeiten", „Erfahrungen über Gruppendynamik", „Zusammenarbeit mit anderen"; aber auch „Teamfähigkeit" ebenso wie „Führungsqualitäten" oder „die Fähigkeit, Menschen zu führen"),
- *methodische Kompetenzen* („Organisieren und Strukturieren", „Zeit einteilen", „methodisches KnowHow", „Präsentationsfähigkeiten", „Projektentwicklung (Anträge etc.)", „Moderationstechniken", „Kooperationsmethoden", „demokratische Spielregeln", „wirtschaftliches Knowhow", „Abrechnung") sowie
- *verbandsspezifische Kompetenzen* (je nach der Ausrichtung des Verbandes und vielfach mit einer praktischen und handgreiflichen Ausrichtung).

Auf einer anderen Ebene wird in fast allen Fällen die Wichtigkeit selbstständigen Arbeitens sowie die *Entwicklung von Selbstbewusstsein* („Selbstvertrauen", „Selbstwertgefühl" oder „Persönlichkeitsförderung") genannt, vielfach explizit, aber auch in impliziter Form in Formulierungen wie „dass ich etwas kann". Zudem wird in diesem Zusammenhang mehrfach auf so etwas wie *Reflexionsvermögen* als wichtige Erfahrung aus der Jugendverbandsarbeit verwiesen.

4.2 Jugendverbände bieten verschiedene Lernorte und Lerngelegenheiten

Die Antworten der befragten Jugendlichen und jungen Erwachsenen zeigten ganz verschiedene Lernorte und Lerngelegenheiten im Rahmen der Jugendverbände. Bei mehreren der im Fragebogen vorgegebenen Gelegenheiten lag die Zustimmung bei über 80 %. Lernen im Jugendverband ist also keine eindimensionale Angelegenheit in einem engen Rahmen, sondern geschieht in unterschiedlichen Bereichen und Settings. Die höchste Zustimmung erhielt das Item *Verantwortung für eine Aufgabe.* Zwei Drittel der Befragten schätzten dies voll und ganz als Lerngelegenheit ein und 97 % gaben an, dass dies voll und ganz bzw. eher zutrifft. Diese starke Zustimmung der Befragten verdeutlicht das Potenzial der Jugendverbandsarbeit im Bereich der Partizipation und Mitgestaltung der Jugendlichen und jungen Erwachsenen und dem daraus resultierenden Kompetenzzugewinn.

Ebenfalls über 80 % der Befragten gaben an, bei den folgenden organisierten Lerngelegenheiten im Jugendverband etwas gelernt zu haben. Diese hohe Zustimmung gab es sowohl zu den *regelmäßigen Gruppentreffen,* zu *Seminaren und Lehrgängen des Jugendverbandes* sowie zu *Exkursionen und Ausflügen.* Ebenfalls werden mit hoher Zustimmung die folgenden, weniger formal organisierten Settings als wichtige Lerngelegenheiten eingeschätzt: die *Gespräche mit den Gruppenleitern* (85,7 %), die *Gespräche mit anderen Jugendlichen* (87,9 %) sowie die *Zusammenarbeit mit älteren Jugendlichen* (82,3 %).

Verbandsübergreifend zeigt sich die Jugendverbandsgruppe (in ihren unterschiedlichen verbandsspezifischen Formen) als Ort der Gleichaltrigenkultur und die regelmäßigen Gruppentreffen als der zentrale Lernort sowie die stärker formalisierten Gruppenleiterschulungen als eine zentrale Lerngelegenheit. Zudem erwiesen sich der Kontakt zu anderen meist älteren Bezugspersonen und Verantwortungsübernahme als wichtige Lernbedingungen. In der biografischen Bilanz wurde bei vielen der von uns Befragten deutlich, dass die Lernprozesse vielfach informell und implizit stattfinden und erst im Laufe der biografischen Entwicklung reflektiert werden.

4.3 Die Mitgliedschaft im Jugendverband hat Folgen für berufsbiografische Entwicklungen, auch wenn die Arbeit der Verbände das Thema der Übergänge in Arbeit nur selten explizit berührt.

Die Jugendverbandsmitglieder wurden befragt, welche Personen und Institutionen aus ihrem persönlichen Umfeld sie beim Übergang in Ausbildung und Arbeit in welchem Maße unterstützt haben. 92 % der befragten Jugendverbandsmitglieder gaben an, stark von ihrer *Familie* während des Übergangsprozesses unterstützt worden zu sein. Die exponierte Stellung der Familie ist dabei kein überraschendes Ergebnis. Eine starke Bedeutung der Familie im Übergangsprozess wurde etwa auch im 12. Kinder- und Jugendbericht konstatiert (vgl. BMFSFJ 2005, S.29). Unterstützung vom *Freundeskreis* erhalten zu haben, gaben über 72 % der Jugendlichen und jungen Erwachsenen an. Auch dieser Befund korrespondiert mit der Bedeutung der peer groups im Übergangssystem bzw. für die berufliche Sozialisation überhaupt. Auf der Skala der „Institutionen", die den Übergang in Arbeit oder Ausbildung unterstützt haben, steht der Jugendverband nach Familie und Freundeskreis an dritter Stelle, weit vor anderen Instanzen wie Schule oder Agentur für Arbeit.

Bezogen auf die unterstützende Wirkung von Jugendverbänden beim Übergang in Ausbildung oder Arbeit wurden an erster Stelle *Zertifikate* über das Engagement im Jugendverband, die *Gespräche mit anderen Mitgliedern* und der *Nachweis von Qualifikationen* genannt; kaum eine Rolle spielen solche Dinge wie *Hilfe bei Bewerbungsunterlagen* oder *Bewerbungstrainings*. Die Jugendverbandsmitglieder sollten im Fragebogen konkret aufzählen, welche Nachweise, Zertifikate oder auch erworbene Kompetenzen sie in ihren Bewerbungen mit angegeben haben. Am häufigsten wurde dabei die *JuLeiCa* genannt. Dies gaben ca. 31 % der Befragten an. Es folgen die Angaben über *verbandsspezifische Qualifikationen* und *Bescheinigungen über ehrenamtliches Engagement*. Weiterhin wurden verschiedene Referenzen und Zeugnisse, spezifische Kenntnisse und Kompetenzen oder absolvierte Praktika angeführt.

Die Mitgliedschaft im Jugendverband und dort erworbene Kenntnisse und Zertifikate spielen eine wichtige Rolle bei Bewerbungen und in Bewerbungsgesprächen. Die Interviews unterstreichen, dass die Interviewten dieses „Faustpfand" immer wieder geschickt und strategisch einsetzen, es aber auch von Ausbildungs- und Anstellungsträgern nachgefragt wird. Von allen Jugendlichen und jungen Erwachsenen, welche sich bereits mindestens einmal für einen Ausbildungs- bzw. Arbeitsplatz beworben hatten, gaben 73 % ihre Mitgliedschaft in der Bewerbung an.

Bei der Differenzierung nach verschiedenen Merkmalen der Stichprobe zeigen sich folgende Unterschiede: Männliche wie weibliche Jugendverbandsmitglieder gaben ihre Mitgliedschaft fast gleich häufig in ihren Bewerbungen mit an, mit einem leichten Plus bei den Frauen. Jugendliche und junge Erwachsenen aus den neuen Bundesländern gaben ihre Mitgliedschaft etwas seltener an als ihre Altersgenossen in den alten Bundesländern. Deutlichere Unterschiede gab es dagegen bei der Differenzierung nach *Schulabschluss* und *Amt/ Funktion* im Jugendverband. Während nur 64 % der Jugendverbandsmitglieder mit Hauptschul- und Mittelbzw. Realschulabschluss Angaben über ihre Mitgliedschaft in ihrer Bewerbung machten, waren es hingegen ca. 80 % der Jugendverbandsmitglieder mit (Fach-)-Abitur. Während 77 % der Jugendlichen und jungen Erwachsenen mit einem Amt/ einer Funktion im Jugendverband ihre Mitgliedschaft bei Bewerbungen mit angeben, machen dies die Verbandsmitglieder ohne Amt/ ohne Funktion nur zu 60 %.

Von den Jugendlichen und jungen Erwachsenen, welche bereits ein Bewerbungsgespräch hatten, wurden ca. 60 % auf ihre Zeit im Jugendverband angesprochen. Es wurden 90 % der Jugendverbandsmitglieder angesprochen, die die Zeit im Jugendverband in ihrer Bewerbung angegeben hatten. Es wurden allerdings nur 10 % derjenigen daraufhin angesprochen, die es nicht in der Bewerbung erwähnt hatten. Die Angabe einer Jugendverbandsmitgliedschaft führt somit zumindest zu einer stärkeren Thematisierung der Zeit bzw. der erworbenen Kompetenzen im Jugendverband. Die Mitgliedschaft im Jugendverband, die erworbenen Kompetenzen, die erhaltenen Referenzen und Zertifikate, all dies wird von vielen Jugendlichen und jungen Erwachsenen gezielt bei ihren Bewerbungen bzw. in ihren Bewerbungssituationen genutzt. Für das Jugendverbandsmitglied entsteht somit ein (berufs-)biografisches Potenzial, welches in den meisten Fällen nicht die ursprüngliche Motivation für die Mitgliedschaft bzw. das Engagement im Jugendverband war, das aber im Laufe der biografischen Entwicklung von den Jugendlichen und jungen Erwachsenen erkannt und eingebracht wird.

Zudem wird in diesem Zusammenhang vielfach auf solche Dinge verwiesen wie die Art des Auftretens und dass man sich präsentieren kann, etwa im Studium, in Bewerbungssituationen oder im beruflichen Alltag. Übergreifend und nicht nur berufsspezifisch sind vor allem das im Laufe der Jugendverbandsmitgliedschaft entwickelte Selbstbewusstsein oder die bereits erwähnten biografischen Lernerfahrungen, die sich in der Formel „dass ich etwas kann" ausdrücken, von zentraler Bedeutung. Insgesamt machen die Interviews die implizite Qualität von Jugendverbänden als Kompetenzentwicklungsmilieu mit positiven Folgen für Übergänge in Arbeit deutlich, ohne dass das Engagement oder die Mitgliedschaft in den Verbänden dadurch motiviert gewesen wäre. Eine Verbindung mit Ausbildungs- und Beschäftigungsperspektiven ergab sich vielfach erst aus dem Engagement heraus oder in der biografischen Reflexion, etwa wie im Fall 17: „Im Nachhinein sieht man auch, dass man das auch wirklich alles braucht".

4.4 *Die Mitgliedschaft im Jugendverband wirkt biografisch nachhaltig im Sinne beruflicher Kompetenzentwicklung, aber auch im Sinne von anderen biografischen Dimensionen wie der Lebensbewältigung oder der Freizeitgestaltung*

In den Interviews kam klar zum Ausdruck, dass berufliche Kompetenzentwicklung nicht im Vordergrund für die aktive Mitgliedschaft im Jugendverband steht, aber ein durchaus willkommenes „Nebenprodukt" ist. In anderen Fällen zeigten sich direkte Linien zwischen der Mitgliedschaft im Verband und der beruflichen Tätigkeit, in weiteren Fällen fand ein Überdenken berufsbiografischer Entscheidungen durch die Verbandsmitgliedschaft statt.

Für einen Teil der von uns befragten jungen Erwachsenen (etwa Fall 17) ist der Jugendverband dezidert Lebens- und Lernort neben Ausbildung oder Beschäftigung und hat ausdrücklich wenig (direkt) mit dem Ausbildungs- oder Berufsfeld zu tun, auch wenn sich implizit, d.h. bezogen auf bestimmte Kompetenzbereiche oder Tätigkeiten, Verbindungen rekonstruieren lassen. Diesbezüglich wird der Jugendverband beispielsweise als Hobby bezeichnet. Ausdrücklich wurde keine Hauptamtlichkeit oder eine Funktionstätigkeit im Verband angestrebt, auch wenn viel Zeit im Verbandszusammenhang verbracht wurde. In einigen Fällen gewinnt der Verband eine wichtige Entspannungs- und Kompensationsfunktion als Ausgleich zum Ausbildungs- oder Berufsalltag.

Über die biografischen Nachhaltigkeiten bezogen auf Jugendverbände, Kompetenzentwicklung und Übergänge in Arbeit hinaus wirkte die Verbandsmitgliedschaft in einigen Fällen biografisch nachhaltig im Sinne der Lebensbewältigung in kritischen Lebenssituationen, besonders in der Jugendzeit oder auch als Flucht aus häuslichen Widrigkeiten (z.B. Fall 17 und Fall 13). Hier erhielt der Verband eine Bedeutung im Sinne biografischer Geborgenheit und als wichtiges Setting zur Stärkung der Persönlichkeit und der Ausbildung von Selbstbewusstsein.

In anderen Fällen verbinden sich mit der Verbandsmitgliedschaft die Zugehörigkeit zu einem ganz bestimmten Milieu und die Ausprägung eines bestimmten Lebensstils, der über ein Hobby hinausgeht. Hier wirkt sich die Mitgliedschaft im Verband auf Planungen von Lebensentwürfen aus, beeinflusst tägliches Denken und vielfach auch Handeln. Oftmals gibt es in diesem Zusammenhang langjährige Verbindungen des familiären Herkunftsmilieus mit dem Verband, oft bei sport- und erlebnisorientierten oder bei religiös orientierten Verbänden. Und nicht zuletzt resultieren Partnerbeziehungen aus der Verbandsmitgliedschaft und den Verbandsaktivitäten, ebenso wie nachhaltige Freundschafts- und Beziehungsnetzwerke. Im Zentrum stehen hier das Zusammengehörigkeitsgefühl aufgrund der gemeinsamen Erlebnisse oder auch lang anhaltende inhaltliche Interessen und Aktivitäten (ohne beruflichen Bezug).

5. Fazit

Wie in der Einführung bereits angedeutet, provozieren die grundlegenden Veränderungen der Arbeitsgesellschaft und die damit verbundenen Prozesse der Entgrenzung eine Debatte um Kompetenzentwicklung, neue Lernformen, Lernorte und

Bildungsmöglichkeiten – im vorliegenden Fall mit Blick auf Jugendverbände und ihre Mitglieder. Im Mittelpunkt der Betrachtung stehen dabei die Lebensläufe und die Bildungsbiografien der Jugendlichen und jungen Erwachsenen. „Nicht die Erfordernisse und Interessen der einzelnen Bildungs-, Betreuungs- und Erziehungssysteme sind zentrale Ausgangspunkte bei den Überlegungen zu einer Um- und Neugestaltung des Bildungs-, Betreuungs- und Erziehungssystems, sondern die Wirkungen, die sie unter der Zielsetzung erreichen, die Heranwachsenden bei der Entwicklung zu handlungsfähigen, kompetenten, sozialen und verantwortlichen Personen zu unterstützen" heißt es zum Beispiel im 12. Kinder- und Jugendbericht (BMFSFJ 2005, S. 38).

Blickt man auf den Lernort Jugendverband aus der Sicht von Jugendlichen und jungen Erwachsenen, dann zeigt sich verbandsübergreifend die Jugendverbandsgruppe (in ihren verbandsspezifischen Formen) als Ort der Gleichaltrigenkultur und die regelmäßigen Gruppentreffen als ein zentraler Lernort sowie die Gruppenleiterschulungen als eine wichtige Lerngelegenheit. Zudem erweisen sich das Vorhandensein meist älterer Bezugspersonen und Verantwortungsübernahme als wichtige Lernbedingungen. In der biografischen Bilanz wird bei vielen der von uns Befragten deutlich, dass die Lernprozesse vielfach informell und implizit stattfinden und erst im Laufe der biografischen Entwicklung reflektiert werden. Mit Blick auf Kompetenzentwicklung zeichnen sich Jugendverbände gerade dadurch aus, dass sie Orte informellen Lernens wie auch formaler Gelegenheiten sind und es gerade diese Mischung unterschiedlicher Lernformen ist, die zu Kompetenzentwicklungsprozessen führt. Dabei sind Jugendverbände mit ihrem spezifischen Bildungsklima und Lernsettings ein günstiges Umfeld für junge Leute, die auf der Suche nach Möglichkeiten sind, sich zu engagieren. Die Ergebnisse verweisen einerseits auf wichtige biografische Wirksamkeiten infolge von Verbandsmitgliedschaften. Andererseits wird auch die große Bedeutung der Übergänge in Arbeit für Jugendliche und junge Erwachsene sichtbar, aus der sich die Notwendigkeit der Thematisierung des Zusammenhangs von Jugend und Arbeit im Rahmen von Jugendverbandsarbeit ergibt.

Sind die Verbände gerade ein Schon- und Experimentierfeld der Emanzipation und der persönlichkeitsbezogenen Bildung jenseits einer Kompetenz- und Verwertungsorientierung in Richtung Arbeitswelt? Diese Frage stand vielfach im Mittelpunkt der verschiedenen Diskussionen im Zusammenhang mit der Studie. Die Ergebnisse sind m. E. ein Argument dafür, dass Ausbildungs- und Beschäftigungsfragen, die bisher überwiegend als Themen der Benachteiligtenförderung diskutiert werden, stärker ein Thema für die Jugendverbände sein oder zumindest mehr Beachtung finden sollten, auch wenn viele nachhaltige Kompetenzentwicklungsprozesse informell und implizit stattfinden. Wenn man die Bewältigungsherausforderungen, die sich für Jugendliche und junge Erwachsene aus den gesellschaftlichen Entgrenzungsprozessen ergeben, als Ausgangspunkt nimmt, dann treten neben die traditionelle Ausrichtung der Verbände als Experimentier- und Emanzipationsfeld mit dem Ziel persönlichkeitsbezogener Bildung neue Themen wie eben der enge Zusammenhang von Jugend und Arbeit. Das heißt jedoch nicht, dass die Jugendverbände die besseren Maßnahmen der Arbeitsmarktpolitik oder die besseren Bildungseinrichtungen sein oder alle Aktivitäten zertifizieren sollen, aber der Aspekt der Kompetenzentwicklung für den Übergang in Arbeit sollte stärker als bisher thematisiert werden, ohne dass die Verbände ihre Funktion bzw. ihre traditionelle Ausrichtung aufgeben. Mit Blick auf die skizzierten Entwicklungen und Ergebnisse kann man davon ausgehen, dass die Jugendverbandsarbeit heute nicht mehr vom traditionellen Modell der Jugendphase als Moratorium und des institutionalisierten Lebenslaufes, orientiert an übergreifenden Entwicklungsaufgaben, ausgehen kann, sondern die veränderten gesellschaftlichen Rahmenbedingungen und die veränderte Gestalt der Jugend in Betracht ziehen muss.

Notwendig ist ein stärkeres Anknüpfen an dem, was die Jugendlichen und jungen Erwachsenen tun und an deren Lebensbewältigungsaufgaben bzw. Herausforderungen, die sich mit der veränderten Arbeitsgesellschaft ergeben. Hier haben Jugendarbeit und Jugendverbandsarbeit ihren Platz und ihre Legitimation. Kompetenzentwicklung richtet sich dabei nicht nur auf den Übergang in Arbeit, sondern allumfassend auf das gesamte Leben. Kompetenzentwicklung beschreibt in diesem Zusammenhang so etwas wie die Entwicklung übergreifender und dynamisch verfügbarer Stärken oder Dispositionen, um die komplexen beruflichen wie alltäglichen Anforderungen zu bewältigen. Insofern kann die Jugendverbandsarbeit, wie die Ergebnisse zeigen, ein Lebens- und Lernort sein, der solche Kompetenzentwicklungsprozesse unterstützt. Dabei wird deutlich, dass es angesichts der vielfältigen Entgrenzungsprozesse um Kompetenzentwicklung mit dem Ziel der Erweiterung biografischer Handlungsoptionen und nicht nur um arbeitsmarktverwertbare Kompetenzentwicklung gehen muss.

Darüber hinaus bedarf es auch weiterer empirischer Untersuchungen zu jungen Erwachsenen im Lebens- und Lernort Jugendverband mit Blick auf Übergänge in Arbeit, etwa aus der Sicht der Verbände selbst sowie aus der Sicht anderer institutioneller Akteure. Bezogen auf den Umstand, dass wir mit unserem Zugang mehrheitlich engagierte Jugendliche und junge Erwachsene mit meist mehrjährigen Verbandsmitgliedschaften und vergleichsweise hohem Bildungsniveau erreicht haben, stellt sich die Frage, ob auch Jugendliche und junge Erwachsene mit anderen Bildungsvoraussetzungen und anderer Herkunft, etwa mit Migrationshintergrund oder aus sozial benachteiligten Verhältnissen, Zugang haben zu den offensichtlich kompetenzwirksamen Jugendverbandsstrukturen oder ob sich im Feld der Jugendverbandsarbeit bildungsbezogene Segmentierungen und Ungleichheiten verstärken. Öffnungen und neue Zugänge sind etwa über die Thematisierung von ausbildungs- und beschäftigungsbezogenen Themen möglich. Zudem geben unsere Ergebnisse Hinweise auf unterschiedliche Zugänge, Beteiligungen und Kompetenzentwicklungsprozesse von jungen Frauen und Männern, die es weiter zu verfolgen lohnt.

Nicht zuletzt ist eine stärkere Verknüpfung und Vermittlung von Forschungsergebnissen mit der Praxis notwendig. Theorie, Forschung und Praxis sollten stärker eine Verbindung eingehen und miteinander ins Gespräch kommen, so dass die Verbände mit empirischen Ergebnissen nach außen argumentieren und sich legitimieren wie auch ihre Arbeit nach innen reflektieren bzw. sich ihrer Arbeit vergewissern und diese profilieren können.

Literatur

AGJF-Presseinfo (2006): Aktuelle Kürzungen landesweiter Träger. www.agjf-sachsen.de/presse

BMFSFJ, Bundesministerium für Familie, Senioren, Frauen und Jugend (2005) (Hrsg.): Zwölfter Kinder- und Jugendbericht. Bericht über die Lebenssituation junger Menschen und die Leistungen der Kinder- und Jugendhilfe in Deutschland. Bildung, Betreuung und Erziehung vor und neben der Schule. Berlin

Düx, W. (2006): „Aber so richtig für das Leben lernt man eher bei der freiwilligen Arbeit". Zum Kompetenzgewinn Jugendlicher im freiwilligen Engagement. In: Rauschenbach, T./ Düx, W./ Sass, E. (Hrsg.): Informelles Lernen im Jugendalter. Vernachlässigte Dimensionen der Jugenddebatte. Weinheim und München, S. 205-240

Faulde, J. (2003): Jugendverbände: Auslauf- oder Zukunftsmodell? Verbandliche Jugendarbeit zwischen Tradition und Moderne. In: neue Praxis, Heft 5, S. 422-446

Fauser, K./ Fischer, A./ Münchmeier, R. (2006): Jugendliche als Akteure im Verband. Ergebnisse einer empirischen Untersuchung der evangelischen Jugend. Band 1. Opladen und Farmington Hills

Gängler, H. (2004): Bildung, Ganztagsschule und Bürgergesellschaft. Jugendverbände – ein Zukunftsmodell?! Entdeckungen beim Betrachten von Dinosauriern. In: Sozial Extra, Heft 7/8, S. 6-8

Gottschall, K./ Voß, G. G. (2003): Entgrenzung von Arbeit und Leben. Zur Einleitung. In: Dies. (Hrsg.): Entgrenzung von Arbeit und Leben. Zum Wandel der Beziehung von Erwerbstätigkeit und Privatsphäre im Alltag. München, S. 11-33

Hafeneger, B. (2004): „Die beschwerliche Reise" – Jugendverbände im Spannungsfeld von Tradition, erster und zweiter Moderne. In: Sozial Extra, Heft 7/8, S. 9-12

Kirchhöfer, D. (2005): Grenzen der Entgrenzung. Lernkultur in der Veränderung. Frankfurt/ Main

Kreher, Th./ Lehmann, T. /Seyfahrt, P. (2006): Jugendverbände, Kompetenzentwicklung und biografische Nachhaltigkeit. Endbericht. Dresden

Mansel, J./ Kahlert, H. (2007): Arbeit und Identität im Jugendalter vor dem Hintergrund der Strukturkrise. Ein Überblick zum Stand der Forschung. In: Mansel, J./ Kahlert, H. (Hrsg.): Arbeit und Identität im Jugendalter. Die Auswirkungen der gesellschaftlichen Strukturkrise auf Sozialisation. Weinheim und München; S. 7-32

Rauschenbach, Th. u.a. (2004): Non-formale und informelle Bildung im Kindes- und Jugendalter. Konzeptionelle Grundlagen für einen Nationalen Bildungsbericht. Berlin

Sass, E. (2006): „Schule ist ja mehr Theorie ...". Lernen im freiwilligen Engagement und in der Schule aus der Sicht freiwillig engagierter Jugendlicher. In: Rauschenbach, T./ Düx, W./ Sass, E.: Informelles Lernen im Jugendalter. Vernachlässigte Dimensionen der Jugenddebatte. Weinheim und München, S. 241-270.

Schröer, W. (2004): Befreiung aus dem Moratorium? Zur Entgrenzung von Jugend. In: Lenz, K./ Schefold, W./ Schröer, W.: Entgrenzte Lebensbewältigung. Jugend, Geschlecht und Jugendhilfe. Weinheim und München, S. 19-74.

Shell Deutschland Holding (2006) (Hrsg.): Jugend 2006. Eine pragmatische Generation unter Druck. Frankfurt/ Main

Wahler, P./ Tully, C./ Preiß, Chr. (2004): Jugendliche in neuen Lernwelten. Selbstorganisierte Bildung jenseits institutioneller Qualifizierung. Wiesbaden.

Ulrich Deinet

Qualität durch Dialog – Kommunale Qualitäts- und Wirksamkeitsdialoge in der Offenen Kinder- und Jugendarbeit am Beispiel Nordrhein-Westfalens

Im ersten Teil des Beitrags wird zunächst der Wirksamkeitsdialog für die Offene Kinder- und Jugendarbeit aus Nordrhein-Westfalen mit seinen wichtigsten Rahmenbedingungen und Bausteinen vorgestellt. Ein möglicher Transfer der Erfahrungen und Ergebnisse des Wirksamkeitsdialoges bietet sich vor allen Dingen auf der kommunalen Ebene an. Auf dem Hintergrund einer abgeschlossenen Studie zum Wirksamkeitsdialog in NRW beschreibt der zweite Teil die wichtigsten Ebenen und Bausteine am Beispiel von Mittelstädten.

Die Wirkungen des Wirksamkeitsdialoges werden in einer deutlich ambivalenten Einschätzung im dritten Teil thematisiert, anhand von kommunalen Beispielen werden durch den Wirksamkeitsdialog erzielte Veränderungen und Entwicklungen thematisiert.

1. Der Wirksamkeitsdialog für die Offene Kinder- und Jugendarbeit in Nordrhein-Westfalen

Die Grundidee des vom Land Nordrhein-Westfalen (NRW) initiierten Wirksamkeitsdialoges in der Offenen Kinder- und Jugendarbeit (OKJA) besteht darin, gemeinsam mit den Einrichtungen, Trägern und Kommunen einen Dialog über Effekte und Wirkungen der OKJA zu führen, um einerseits den wirksamen Einsatz insbesondere der Landesmittel in diesem Feld zu überprüfen und andererseits dieses Feld weiterzuentwickeln und zu qualifizieren.

Ein solcher Wirksamkeits-/Qualitätsdialog geht über die Qualitätsentwicklung der einzelnen Einrichtungen hinaus und verbindet alle Einrichtungen und Projekte (sowohl in kommunaler als auch in freier Trägerschaft) in einem kommunalen Rahmen, so dass eine trägerübergreifende Kommunikation über Leistungen und Wirkungen möglich wird. Dies ist ein entscheidender Schritt, der über die schon geführten Qualitätsdebatten innerhalb der Trägergruppen und beim öffentlichen Träger hinausgeht. Insofern ist ein Wirksamkeits- und Qualitätsdialog, der trägerübergreifend geführt wird, auch ein Motor der Zusammenarbeit unterschiedlichster Einrichtungen und Projekte in einer Kommune.

Mit dem Wirksamkeitsdialog verbunden sind grundsätzliche Anforderungen hinsichtlich der Dialogbereitschaft und Transparenz, die eigentlich nur erfüllt werden können, wenn Einrichtungen und Projekte bereits auf ihrer Ebene Schritte zur Qualitätsentwicklung vollzogen haben. Um dies zu unterstützen haben zahlreiche Kommunen ein kommunales Berichtswesen eingeführt, dessen Nutzung ein weiterer Schritt der Entwicklung eines Dialogs auf kommunaler Ebene darstellt. So verfügen 2004 über 80 % der Jugendämter in Nordrhein-Westfalen über ein kommunales Berichtswesen zum Bereich der Offenen Kinder- und Jugendarbeit oder planen die Einführung eines solchen Instrumentariums (Liebig 2005, S. 93). Ein Spezifikum der Qualitäts- und Wirksamkeitsdialoge ist, dass sie auf unterschiedlichen Ebenen geführt werden:

- zwischen Einrichtungen in einzelnen Kommunen bzw. Sozialräumen (etwa in Großstädten, wo die Zahl der Einrichtungen so groß ist, dass ein Dialog sozialräumlich gegliedert werden muss),
- zwischen Vertretern der Träger und des Jugendamtes,
- zwischen Politik und Fachebene.

Diese Dialoge müssen gut organisiert sein, d.h. die Organisation und die Entwicklung von Qualitäts- und Wirksamkeitsdialogen sind eine herausragende Aufgabe insbesondere für den öffentlichen Träger als planungsverantwortlicher Organisation.

Ein weiteres Element von Qualitäts- und Wirksamkeitsdialogen ist die Integration von Prozessen, die man als „top down" bzw. „bottom up" gesteuert bezeichnen kann. Sowohl von den Einrichtungen und der Praxis als auch von der Politik ausgehend werden auf den unterschiedlichen Ebenen Dialoge geführt, die aber nicht einseitig sind, sondern in alle Richtungen, d. h. insbesondere in Richtung Politik und auf die Einrichtungsebene zurückgeführt werden müssen. Dies erzeugt nicht selten Spannungen, wenn etwa die Einrichtungen von der politischen Ebene die Formulierung langfristiger Zielsetzungen erwarten, die auch fachlich umgesetzt werden können, oder Planungssicherheit und die damit verbundene finanzielle Absicherung von Einrichtungen über einen längeren Zeitraum erwarten.

Eine gewisse Spannung im Qualitäts- und Wirksamkeitsdialog entsteht auch dann, wenn eine wirksame Steuerung dieses Feldes und das gleichzeitig hohe Maß an Beteiligung von Einrichtungen und Trägern in einen Widerspruch geraten. So haben Wirksamkeitsdialoge zum Teil einen leicht strukturkonservativen Anstrich, wenn sie zwar Transparenz in das Feld bringen, die gewonnen Daten und Informationen aber sehr stark legitimatorisch genutzt werden und weniger zu Steuerungs- und Planungsprozessen. Demgegenüber stehen Wirksamkeits- und Qualitätsdialoge, die (in der Regel vom öffentlichen Träger ausgehend) Planungs- und Steuerungsaspekte eher betonen und deshalb auch eher zur Steuerung des Feldes geeignet sind.

Insbesondere dann, wenn der Steuerungsaspekt auch die Ressourcensteuerung beinhaltet, werden weitere Spannungen erzeugt. Das Land und die Kommunen haben daher zunächst auf eine finanzielle Steuerung durch den Wirksamkeitsdialog verzichtet und durch die Herstellung finanzieller Sicherheit über mehrere Jahre (z.B. durch die Schaffung eines Moratoriums, d.h. die Garantie des bisherigen Fördervolumens für die freien Träger) dafür gesorgt, dass sich die fachlichen Grundlagen im Hinblick auf Struktur und Transparenz des Feldes entwickeln konnten.

2. Transfer der Ergebnisse in andere Bundesländer?

Der Wirksamkeitsdialog in NRW wurde bundesweit mit großem Interesse verfolgt. Damit ist die Offene Kinder- und Jugendarbeit in NRW nicht nur in der fachpolitischen Diskussion aus einer gewissen Talsohle gekommen, sie findet damit auch Anschluss an Qualitätsentwicklungsprozesse wie sie in anderen Feldern der sozialen Arbeit schon länger eingeführt sind.

Allerdings ist es in NRW nur begrenzt gelungen, die Ergebnisse des Wirksamkeitsdialoges auf Landesebene für die politische Steuerung des Feldes nutzbar zu machen. Deshalb werden in den folgenden Ausführungen landespolitische und landesweite Perspektiven des Wirksamkeitsdialoges keine wesentliche Rolle spielen, zumal dieser zur Zeit auf Landesebene eher stagniert bzw. nicht erkennbar weitergeführt wird.

Da die Einführung der Wirksamkeitsdialoge in NRW im Zusammenhang mit der dort praktizierten Förderung der Offenen Kinder- und Jugendarbeit durch das Land steht – die es in dieser Weise in anderen Bundesländern so nicht gibt – erscheint der Transfer zunächst schwierig. Für den Transfer ist die kommunale Ebene deshalb von größerem Interesse. Zahlreiche Kommunen und Kreise in NRW haben unabhängig von der Landespolitik kommunale Wirksamkeitsdialoge eingeführt und werden diese auch unabhängig von der Entwicklung der Landesförderung bzw. der Landespolitik in diesem Bereich weiterführen, weil sie das Feld der Offenen Kinder- und Jugendarbeit nachhaltig positiv beeinflusst haben.

Im Folgenden werden Wirksamkeits- und Qualitätsdialoge am Beispiel von mittleren Städten in NRW beschrieben. Auf kommunaler Ebene besteht eine gute

Transfermöglichkeit für Kommunen in Deutschland, die sich ebenfalls auf den Weg machen, das Feld der Offenen Kinder- und Jugendarbeit weiter zu entwickkeln.

3. Hintergrund: Studie zum Stand kommunaler Wirksamkeitsdialoge in Nordrhein Westfalen

Die diesem Beitrag zugrunde liegende Studie zu kommunalen Wirksamkeitsdialogen entstand in den Jahren 2003 bis 2005 im Rahmen der wissenschaftlichen Begleitung des Wirksamkeitsdialogs in NRW. Grundlage der Studie bilden 16 leitfadengestützte qualitative Interviews mit Verantwortlichen aus kommunalen Qualitäts- und Wirksamkeitsdialogen in NRW sowie zahlreiche Dokumente.

Die Studie versteht sich als qualitative Handlungsforschung. Ziel ist eine Prozess- und Bedingungsanalyse zielgerichteter Praxisentwicklung im kommunalen Zusammenhang. Die erforschten Zusammenhänge werden nicht zu einfachen Ziel-Mittel-Relationen verkürzt, sondern es geht darum, Prozesse, die zirkulär funktionieren, zu erfassen. Da bei diesen Wirksamkeitsdialogen, die immer wieder neue Erkenntnisse bringen, Ziele und Mittel immer wieder nachgesteuert werden müssen, bedarf es einer revisionären Planung, die in diesem Modell berücksichtigt werden soll.

Es geht darum, die Unterschiedlichkeiten vor Ort möglichst weitgehend aufzunehmen und auch darzustellen, ohne zu vereinheitlichen und Typen zu bilden. Um aber dennoch sinnvolle Kategorien bilden zu können, die auch einen Vergleich der Wirksamkeitsdialoge ermöglichen, haben wir uns an den Kriterien für die Bildung der vier Dialogforen orientiert, die auch für die Strukturdatenerhebung zur Offenen Kinder- und Jugendarbeit (OKJA) des Forschungsverbundes Deutsches Jugendinstitut/ Universität Dortmund verwendet werden. Grundlage ist die Größe der Kommune nach Einwohnerzahl:

- Kleine Kommunen bis ca. 60.000 Einwohner/innen,
- Mittelstädte bis ca. 250.000 Einwohner/innen,
- Großstädte ab ca. 250.000 Einwohner/innen,
- Landkreise.

Die Qualitäts- und Wirksamkeitsdialoge werden in den Kommunen vielfach in einem Kreislaufmodell beschrieben. Ausgehend von Einrichtungen und Projekten, ihrem Berichtswesen, den sich anschließenden Diskussionsprozessen bis hin zur politischen Steuerungsebene vollzieht sich der Dialog idealerweise als wiederkeh-

Kommunale Qualitäts- und Wirksamkeitsdialoge in der Offenen Kinder- und Jugendarbeit   129

render Prozess, wobei die Rückmeldungen die Einrichtungen wieder erreichen und zu Veränderungen führen. Diesem Modell folgend werden die jeweiligen Wirksamkeitsdialoge auf folgenden Ebenen beschrieben:

- der Ebene der Einrichtungen und Projekte mit den Elementen: Berichtswesen, Selbstevaluation, Zielbeschreibung;
- der Dialogebene mit den Elementen: Rückmeldungen an Einrichtungen und Träger; Moderation bzw. Steuerung des Gesamtprozesses, Rolle und Funktion der Jugendhilfeplanung/Fachabteilung;
- der kommunalen Ebene mit den Elementen: Gesamtbericht, Rolle des Jugendhilfeausschusses und der AG §78, politische Steuerung.

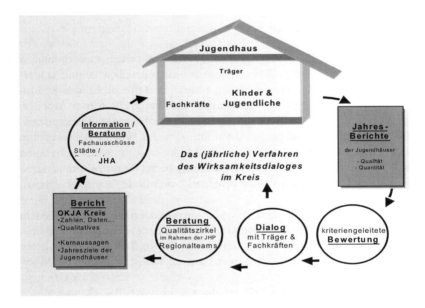

4. Kommunale Wirksamkeits- und Qualitätsdialoge in der Praxis am Beispiel von Mittelstädten

4.1 Dynamische Qualitäts- und Wirksamkeitsdialoge

Städte mittlerer Größe erscheinen besonders geeignet, dynamische Qualitäts- und Wirksamkeitsdialoge zu entwickeln. Anders als in kleinen Kommunen gibt es für einen Dialog und einen Vergleich der Einrichtungen untereinander eine ausreichend große Zahl von Einrichtungen, die aber auch nicht – wie in den Großstädten – zu groß und damit nicht mehr überschaubar bzw. handhabbar ist. Auch wenn es gerade in den Mittelstädten große Unterschiede in Bezug auf Trägerlandschaften und jugendpolitische Rahmenbedingungen gibt, liegen in den mittelgroßen Städten auch deshalb die meisten Erfahrungen mit kommunalen Qualitäts- und Wirksamkeitsdialogen vor, weil dafür Personalressourcen vorhanden sind. So gibt es überall eigene Abteilungen für Jugendarbeit bzw. Jugendförderung, die freien Träger verfügen über entsprechende Strukturen und außerdem ist eine Jugendhilfeplanung in der Regel vorhanden und oft fachlich gut ausgebaut.

4.2 Dynamik durch Vergleiche

In einer der untersuchten Städte ist der Baustein der Selbstevaluation besonders entwickelt, sicher auch auf Grund einer ausgewogenen und gemischten Trägerlandschaft zwischen kommunalen und freien Trägern der Offenen Kinder- und Jugendarbeit. Die Einrichtungen vergleichen sich und die Qualität ihrer Arbeit in Selbstevaluationsgruppen, die durch die regelmäßig stattfindenden Rückmeldungen in die Moderationsgruppe in den Gesamtprozess des Wirksamkeitsdialoges eingebunden sind. Dadurch entsteht auch der Effekt, dass die MitarbeiterInnen erkennen, dass die Moderationsgruppe kein abgehobenes Gremium ist, sondern sich auch mit ihren praktischen Fragen beschäftigt und diese Teil des Wirksamkeitsdialoges sind.

Ein weiterer Effekt besteht darin, dass die Themensammlung der Projekte in der Moderationsgruppe zu einem besseren Überblick über Praxisthemen und Probleme in den Einrichtungen führt und sich daraus Fortbildungsbedarfe ableiten lassen, die z. B. in zentralen Veranstaltungen bearbeitet werden können. Auch andere Themen, die mit Rahmenbedingungen wie Öffnungszeiten etc. zusammenhängen können als Ergebnisse der Selbstevaluationsprojekte in die Moderationsgruppe eingebracht werden und damit insgesamt in den Wirksamkeitsdialog.

4.3 Dynamik durch Rückmelde- und Planungsgespräche mit den Einrichtungen:

In allen Mittelstädten sind Rückmelde- oder Planungsgespräche mit den Einrichtungen ein entscheidender Baustein des kommunalen Qualitäts- bzw. Wirksamkeitsdialoges. Auf der Grundlage eines entwickelten Berichtswesens (quantitativ und qualitativ) werden zum Teil schon mehrere Jahre lang Gespräche mit den Einrichtungen geführt, die das Ziel haben, sowohl einen zurückliegenden Zeitraum zu reflektieren, als auch Schwerpunkte und Ziele für das nächste Jahr zu planen. Diese Gespräche werden zum großen Teil durch den öffentlichen Träger, aber auch wie in der Stadt B durch Mitglieder der Moderationsgruppe geführt. Die Gespräche sind oft Teil eines Kontraktmanagements und die Ergebnisse werden als Zielvereinbarungen festgehalten. Je nach Gesamtausrichtung des Dialoges sind diese Gespräche eher einrichtungs- und qualitätsorientiert oder eher steuerungsorientiert (s. u.).

Nach gewissen Anlaufschwierigkeiten und einer ersten Phase des Misstrauens sind diese Gespräche heute zentraler Bestandteil der Wirksamkeitsdialoge in den mittelgroßen Kommunen. Erst wenn das Berichtswesen im Sinne des Dialoges an die Einrichtungen zurückgekoppelt wird, kann man überhaupt von einem dynamischen Gesamtprozess sprechen. Die Fachkräfte der Einrichtungen sprechen in der Regel davon, dass diese Rückmeldegespräche ausgesprochen wichtig sind, auch für die Wahrnehmung der Einrichtung durch die höheren Ebenen. Der früher weit verbreitete Effekt, dass mit der Abgabe von Jahresberichten keine weitere Wirkung verbunden war, hat sich durch die Einführung von Wirksamkeitsdialogen überholt, weil das Berichtswesen direkt gekoppelt ist mit einem Rückmeldegespräch durch den öffentlichen Träger bzw. die Moderationsgruppe.

Damit verbunden sind notwendige Entwicklungen auf Einrichtungsebene, insbesondere in Bezug auf die Zielformulierung, d.h. die Formulierung von Jahreszielen und Schwerpunkten. Dass es insbesondere in der Formulierung von operationalisierbaren Zielen nach wie vor Schwierigkeiten gibt, berichten ebenfalls viele Kommunen; hier existiert ein großer Fortbildungsbedarf, der entsprechend bearbeitet werden muss.

4.4 Dynamik mit der Politik

Die Zahl von Einrichtungen und deren Überschaubarkeit in Städten mittlerer Größe ermöglicht es, die Gesamtheit der Offenen Kinder- und Jugendarbeit auch einrichtungsbezogen in einem Gesamtbericht an den Jugendhilfeausschuss transparent zu machen und zu würdigen. Die Zahl der Einrichtungen ist noch nicht unüberschaubar, andererseits können und sollen im Jugendhilfeausschuss keine Details zu einzelnen Einrichtungen besprochen werden. Dazu dient in Einzelfällen ein Unterausschuss des Jugendhilfeausschusses, der sich wie in der Stadt B. mit den einzelnen Einrichtungen beschäftigt, wo fachlich diskutiert wird und oberhalb der Bezirksebene die Steuerungsinteressen in Bezug auf die Gesamtstadt erhalten bleiben. Diese Perspektive zu erhalten ist eine große Chance der Städte dieser Größe. Im Vergleich dazu ist es in Großstädten kaum möglich, eine Übersicht bei der großen Zahl der Einrichtungen zu behalten.

In Kommunen dieser Größe gibt es zusätzlich Stadtbezirke mit Bezirksversammlungen und BezirksvorsteherInnen und damit eine weitere, wenngleich weniger eigenständige kommunalpolitische Ebene, die für die Gestaltung von Qualitäts- und Wirksamkeitsdialogen von Bedeutung ist. Während der gesamtstädtische Jugendhilfeausschuss die große Richtung der Jugendhilfe bestimmt, liegt die Chance der Bezirke darin, eine noch direktere Verbindung zwischen Kommunalpolitik und Einrichtung herzustellen. So ist in der Stadt B die Bezirksvertretung an der Stadtteilkonferenz beteiligt; und in der Kommune C gibt es bezirksbezogene Teilberichte des Jahresberichts OKJA, die auch in der Bezirksvertretung diskutiert werden. Hier werden die Einrichtungen im Stadtbezirk auch regelmäßig von der Bezirksvertretung besucht.

5. Zwischen steuerungs- oder qualitätssichernder Orientierung des Wirksamkeitsdialoges

Der Vergleich der Städte zeigt große Unterschiede in Bezug auf die jeweilige Grundorientierung. Der Wirksamkeitsdialog in einer Kommune ist geprägt durch eine hohe Beteiligung freier Träger und Fachkräfte auf allen Ebenen bis hin zur Besetzung und Funktion der Moderationsgruppe. In keinem Wirksamkeitsdialog geht die Beteiligung so weit wie dort, wo z. B. Rückmeldegespräche für städtische Einrichtungen durch Mitglieder der Moderationsgruppe, also auch Vertreter der freien Träger, vorgenommen werden. Dadurch ist dieser Wirksamkeitsdialog stark einrichtungsbezogen, Qualität sichernd und in gewisser Weise strukturkonservativ, weil der Fokus stark auf Weiterentwicklung der bestehenden Einrichtungen liegt. So ist es schwieriger, diese in Frage zu stellen; und neue Bedarfe und Entwicklungen etwa durch die Jugendhilfeplanung können nur sehr zaghaft eingebracht werden. Der Vorteil eines so orientierten Wirksamkeitsdialoges liegt in der großen Akzeptanz durch die Einrichtungen und in der motivierenden Funktion für die Fachkräfte. Er basiert auf jugendpolitischen Rahmenbedingungen, die so gestaltet sind, dass der Bestand der Einrichtungen nicht gefährdet ist, diese entwickelt werden sollen und es einen Konsens in der Politik über den Bestand der Einrichtungen gibt.

Eine schon stärker steuernde Orientierung hat der Wirksamkeitsdialog in einer anderen Kommune. Ein Strukturkonservatismus im Sinne einer reinen Qualitätssicherung des Bestehenden ist hier nicht zu unterstellen, weil eine deutliche Trennung zwischen den Aufgaben der Moderationsgruppe und den Aufgaben des Jugendamtes existiert. Zwar hat die Moderationsgruppe hier auch eine zentrale Stellung im Wirksamkeitsdialog, der öffentliche Träger nimmt jedoch seine Planungsverantwortung anders als in B deutlicher wahr; und so werden hier die Bewertungen des Berichtswesens der Einrichtungen vom öffentlichen Träger vorgenommen und nicht in der Moderationsgruppe. Ebenso führt dieser die Rückmeldegespräche mit den Einrichtungen durch und hat so mehr Möglichkeiten, Aspekte neuer Bedarfe u. ä. einzubringen.

Im Vergleich dazu wird in einer weiteren Kommune die Planungsverantwortung des öffentlichen Trägers stark betont und nicht zufällig wird der Dialog dort Planungs- und Wirksamkeitsdialog genannt. Ein wichtiger Unterschied besteht darin, dass es in A keine vergleichbare Moderationsgruppe gibt, in der etwa die Berichte aus Einrichtungen diskutiert werden. Die Abteilung Jugendförderung ist hier ganz eindeutig die Herrin des Verfahrens. Die Steuerung der Einrichtungen über Fachleistungsstunden, Kontrakte, grund- und sozialraumbezogene Leistungen wird hier stringent planungsorientiert vorgenommen. Neue Bedarfe können über Jahresgespräche an die Einrichtungen vermittelt werden und deren Ergebnisse sind Bestandteile der Kontrakte mit den Einrichtungen. Gleichzeitig wird den freien Trägern ein hohes Maß an Autonomie zugesprochen, z. B. in dem Anteil der Fachleistungsstunden, die nicht Teil des Wirksamkeitsdialoges sind, sondern für trägerspezifische Aufgaben verwendet werden können.

Welche Orientierung eher vorherrscht bzw. wie der Wirksamkeitsdialog ausgerichtet ist, hängt u. a. mit der Verteilung der Zuständigkeiten auf Stadt- bzw. Stadtbezirksebene zusammen. Die grundsätzlich positiv beschriebene Möglichkeit der Diskussion auf der kommunalen Bezirksebene muss unter Steuerungsaspekten auch kritisch interpretiert werden. Der Wirksamkeitsdialog in einer Kommune zeigt deutlich, dass die Bezirksebene zu stark und die gesamtstädtische Ebene zu schwach im Wirksamkeitsdialog vertreten ist. Für das Jugendamt und für den Jugendhilfeausschuss ergeben sich kaum Steuerungsmöglichkeiten, weil die Ergebnisse und Themen zu kleinteilig bezirksorientiert diskutiert werden. Es entsteht hier auch keine Transparenz über die Bezirke hinaus, gesamtstädtische Veränderungsnotwendigkeiten durch veränderte Bedarfe können in diesem System kaum nicht berücksichtigt werden.

Je mehr in den Bezirken diskutiert wird, desto geringer ist die Bedeutung der gesamtstädtischen Ebene. In der Gestaltung von Qualitäts- und Wirksamkeitsdialogen in Kommunen dieser Größe liegt eine „Kunst" darin, die bezirkliche und die gesamtstädtische Ebene in geeigneter Weise und ausgewogen miteinander zu verbinden. Für eine eher steuerungs- und bedarforientierte Ausrichtung des Wirksamkeitsdialogs scheint die Mitwirkung der Jugendhilfeplanung ein wichtiger Faktor zu sein. Das Fehlen der Jugendhilfeplanung in dieser Kommune führt z. B. auch zu einer Überforderung der Fachabteilung, die nicht gleichzeitig (auch weil sie selbst Anbieterin ist) den Steuerungsaspekt in den Wirksamkeitsdialog hineinbringen kann. Dafür fehlt ihr die fachliche Grundlage und die erforderlichen Daten, mit denen (objektiv) gezeigt werden könnte, welche Bedarfe es gibt und inwieweit diese noch nicht beantwortet werden. Die Abteilung versteht sich eher als Managerin des Gesamtprozesses des Wirksamkeitsdialoges; der Steuerungsaspekt müsste in einer anderen Rolle, also in Form und Person der Jugendhilfeplanung eingebracht werden.

Der Zusammenhang von Wirksamkeitsdialoge und Fachdebatte in der Offenen Kinder- und Jugendarbeit zeigt sich dort, wo die Einführung der Wirksamkeitsdialoge die inhaltlichen Debatten anregen kann und diese nicht nur als formales Verfahren beschrieben werden. Aus den Wirksamkeitsdialogen ergibt sich so etwas wie eine Prozessqualität, wenn z. B. wie in einer Kommune die Auswertung der Qualitätsberichte und die Rückmeldegespräche mit den Einrichtungen zur Planung und Durchführung von Fachtagungen und Fortbildungsangeboten führen, die mit den Themen zu tun haben, die in den Gesprächen und Berichten angesprochen werden. So ging es beispielsweise um das Thema der verstärkten Abgrenzung von Jugendgruppen und -gruppierungen entlang religiöser oder ethnischer Orientierungen und Merkmale. Ein weiteres Thema ist die beobachtete Abwertung der Gruppen untereinander und ihre gegenseitige Verdrängung. Die Auswertung zeigte, dass in unterschiedlichen Varianten immer wieder die gleichen Probleme und Themen in den Einrichtungen auftreten, unabhängig davon, ob sie in kommunaler oder in freier Trägerschaft geführt werden.

Die in der Folge durchgeführten Fachtage wurden nicht nur vom Jugendamt durchgeführt, sondern von einer Moderatorengruppe als entscheidendem Gremium verantwortet. Damit zeigt sich auch eine deutliche Verbindung der Entwicklung der fachlichen Inhalte mit dem Wirksamkeitsdialog.

6. Wirkungen des Wirksamkeitsdialogs in NRW: eine ambivalente Einschätzung

Das *Wirkungsverständnis* des Wirksamkeitsdialogs in NRW war eher eingeschränkt: Es ging nicht um die Frage, mit welchen finanziellen Mitteln (des Landes und der Kommunen) welche Wirkungen in der Offenen Kinder- und Jugendarbeit erreicht wurden und auch nicht um die sicher sehr wichtige Frage, welche Wirkungen bei Kindern und Jugendlichen erreicht werden, sondern es ging um einen landesweiten Überblick über die Gestaltung des Feldes.

Der Hintergrund für dieses schwache Wirkungsverständnis war das Vorhandensein einer „Black Box" vor Einführung des WD, in der es keine landesweit relevanten Daten und Informationen über die Offene Kinder- und Jugendarbeit gab. Deshalb ging es beim WD zunächst um die Frage, wie sich die Kinder- und Jugendarbeit in den Kommunen in NRW entwickelt hat, welche Ausformungen, Konzepte, Zielgruppen etc. sie anspricht, erreicht usw. Da man diese Informationen landesweit nicht besaß, war es ein wichtiges Ziel des WD, insbesondere durch die Strukturdatenerhebung Transparenz für das gesamte Feld auf Landesebene zu erreichen. Dies ist mit den bisher drei Strukturdatenerhebungen auch gelungen, so das heute eine exakte Datengrundlage der Offenen Kinder- und Jugendarbeit in NRW besteht. Diese ist auf die Jugendamtstypen (kleine, mittlere, große Kommunen und Landkreise) bezogen und kann entsprechende Aussagen liefern (vgl. dazu: Liebig 2004).

Nachdem diese Grundlage nun hergestellt worden ist, könnte man das Wirkungsverständnis etwas enger fassen und z. B. nach den Wirkungen für einzelne Zielgruppen, bestimmten konzeptionellen Ausprägungen, Themen, Problemen etc. fragen.

Die im Jahr 2003 durchgeführten Dialogforen (Veranstaltungen für die einzelnen Jugendamtstypen) zeigten ein deutliches Interesse der Kommunen, nun auch in einen Austausch (sicher nicht in ein Ranking) mit vergleichbaren Kommunen einzutreten und spezifischen Fragestellungen nachzugehen. Im Rahmen der Strukturdatenerhebung gab es immer schon einen besonderen Frageschwerpunkt, der nun ausgebaut werden sollte.

Auch das vorhandene Vertrauensklima zwischen Land und Kommunen, das nur durch diese eher vorsichtige Anfangsphase erreicht wurde, könnte nun eine wichtige Grundlage dafür sein, auch spezifischeren Fragestellungen nachzugehen, um so die Wirksamkeit der Offenen Kinder- und Jugendarbeit genauer unter die Lupe zu nehmen.

Die neue Landesregierung NRW zeigt jedoch leider kein intensives Interesse daran, die Möglichkeiten des Wirksamkeitsdialoges zu nutzen, sondern setzt eher auf andere Instrumente. *Strukturveränderungen* sind auf Grund dieser Entwicklungen deshalb auf kommunaler Ebene zu registrieren:

- Verbesserte Zusammenarbeit zwischen dem öffentlichen und den freien Trägern: In zahlreichen Kommunen hat der Wirksamkeitsdialog zur Einsetzung so genannter Steuerungsgruppen geführt, die sich trägerübergreifend auf das gesamte Feld der Offenen Kinder- und Jugendarbeit beziehen. Damit wurden durch den Wirksamkeitsdialog vorhandene und überkommene träger- und jugendamtspezifische Distanzierungen und mangelnde Formen der Zusammenarbeit überwunden, so dass das Feld insgesamt besser aufgestellt ist.
- Es gibt kommunale Beispiele dafür, wie die durch den Wirksamkeitsdialog geschaffene Transparenz und Legitimation des Feldes zu nachhaltigerer Unterstützung durch Politik führt, die bis hin zur besseren finanziellen Ausstattung in einzelnen Kommunen reicht.
- Insbesondere dann, wenn es im kommunalen Bereich gelingt, die vorhandenen Daten in den Fachdiskurs von Einrichtungen und Trägern einzuspeisen, konnten vorhandene Gremien aktiviert und eine deutlich verbesserte fachliche Reflexion und Entwicklung des Feldes erreicht werden.
- Es geht für viele Kommunen nicht darum, mit den erhobenen Daten nur das Landesberichtswesen zu bedienen, sondern Vergleiche zwischen Einrichtungen und Sozialräumen herstellen zu können, die gewonnenen Daten fachlich zu interpretieren und sowohl mit Einrichtungen (Rückmeldegespräche), mit Trägergruppen und stadtweit zu diskutieren, bis hin zu Workshops mit Jugendhilfeausschussmitgliedern etc.

Man besitzt heute also nicht nur Daten, die vorher so nicht vorlagen, sondern die Qualität der Daten ist auch geeignet für eine fachliche Weiterentwicklung. Beispiel: In einer Kommune hat der Wirksamkeitsdialog dazu geführt, dass auf der Grundlage der Berichterstattung und der vorliegenden Daten nun für jede Einrichtung ein spezieller Schwerpunkt gesucht wurde.

Der Qualitätsgewinn durch den WD liegt in zahlreichen Kommunen darin, dass das gesamte Feld der Offenen Kinder- und Jugendarbeit in den Blick genommen wird und es eine fachliche Kommunikation zwischen Einrichtungen, sozialraumbezogen, trägerübergreifend und stadtweit gibt bis hin zur Diskussion mit der Kommunalpolitik. Das Feld der Offene Kinder- und Jugendarbeit kann so als ein wichtiges Feld der Förderung von Kindern und Jugendlichen darstellt und diskutiert werden, das mit dem WD auch an Qualitätsentwicklung anderer Felder der Kinder- und Jugendhilfe Anschluss gewonnen hat.

- Beispiel: Die Ergebnisse der Strukturdatenerhebung in einer Kommune werden nicht nur ans Land weitergegeben, sondern in zwei Vorlagen in die kommunale Debatte eingespeist: Eine Kurzfassung wird regelmäßig dem Jugendhilfeausschuss vorgestellt um transparent das gesamte Feld der Kinder- und Jugendarbeit darzustellen. Eine Langfassung wird in die Fachdebatte der Offenen Kinder- und Jugendarbeit eingespeist, um an unterschiedlichen Stellen (z. B. Arbeit mit Kindern, geschlechtsspezifische Aspekte etc.) auf der Grundlage der gewonnenen Daten qualifiziert diskutieren und entwickeln zu können.
- Beispiel: Dynamisierung des Feldes: In vielen Kommunen beschreiben die Einrichtungen Jahresschwerpunktziele, die über das Berichtswesen transparent gemacht werden und entsprechend evaluiert werden.

7. Gesamteinschätzung

Die Wirkungen des Wirksamkeitsdialoges in NRW müssen unterm Strich zwiespältig betrachtet werden.

Unter den besonderen Bedingungen Nordrhein-Westfalens mit einer Landesförderung der Offenen Kinder- und Jugendarbeit und daran gebundenen Erwartungen und Verfahren ist eine Übertragung auf andere Bundesländer einerseits so nicht denkbar, weil sie eben keine Förderung durch das Land vorsehen, andererseits aber sind die Ergebnisse des WD interessant in Bezug auf die Frage, wie kommunale und landesweite Qualitätsentwicklungsprozesse entwickelt werden können.

Entscheidend dafür ist die jeweilige kommunale Grundlage, d. h. die „Stimmung" bei Einrichtungen, Trägern und Jugendämtern, die Situation des Feldes der Offenen Kinder- und Jugendarbeit im Vergleich zu anderen Feldern, die Organisationskultur insbesondere in Jugendämtern, aber besonders auch die Kultur der Kooperation und Kommunikation zwischen freiem Träger und öffentlichem Träger. Auf dieser in NRW 180 mal unterschiedlichen jugendpolitischen Ausgangslage wirkte der Wirksamkeitsdialog eben auch hier sehr unterschiedlich:

Wo es aus kommunal unterschiedlichen Gründen keine wirkliche Initiative zur Entwicklung des Feldes gab, wurden die Landesauflagen als lästige zusätzliche Belastung angesehen, etwa in der Notwendigkeit bloßer Daten-Zulieferung für das Berichtswesen. Diese wurden jedoch nicht auf kommunaler Ebene genutzt; und es wurde insgesamt nur so viel für den Wirksamkeitsdialog getan wie eben notwendig. In solchen Kommunen wird der Wirksamkeitsdialog als das rein quantitative „Bedienen" der Strukturdatenerhebung des Landes gesehen. Andererseits – und dafür gibt es viele positive Beispiele – konnten mit dem Wirksamkeitsdialog des Landes vorhandene kommunale Prozesse deutlich angeschoben und qualifiziert werden. Es gibt Belege dafür, wie sich Organisationskulturen verändern und das Feld der Offenen Kinder- und Jugendarbeit in solchen Kommunen besser aufgestellt ist als vor der Einführung des Wirksamkeitsdialoges bis hin zu finanziellen Absicherungen oder sogar Erhöhungen der Zuschüsse in diesen Kommunen. Hier wurden nicht nur Verfahren eingeführt, sondern insbesondere durch die gemeinsamen Prozesse zwischen freien und öffentlichen Trägern eine Kultur entwickelt, die man unter dem Stichwort „Qualität durch Dialog" bezeichnen kann.

Literatur

Deinet, U./ Szlapka, M./Witte, W. (2007): Qualität durch Dialog. Qualitätsentwicklung, Berichtswesen und Wirksamkeitsdialoge in der Kinder- und Jugendarbeit. Wiesbaden
Deinet, U./ Krisch, R. (2002): Der sozialräumliche Blick der Jugendarbeit. Methoden und Bausteine zur Konzeptentwicklung und Qualifizierung. Opladen
Deinet U. (2005) (Hrsg.): Sozialräumliche Jugendarbeit. Grundlagen, Methoden, Praxiskonzepte, völlig überarbeitete und erweiterte Auflage. Wiesbaden
Liebig, R. (2004): Strukturdaten zur Offenen Kinder- und Jugendarbeit. Befunde einer Jugendamtsbefragung in Nordrhein-Westfalen. In: deutsche jugend, Heft 7/8, S. 315-323.
Liebig, R. (2005): Dialogstrukturen, Selbstreflexion und Fördergelder. Das Instrument des „Wirksamkeitsdialogs" in NRW – am Beispiel der Offenen Kinder- und Jugendarbeit. In: Zentralblatt für Jugendrecht, Heft 10, S. 379-389
Ministerium für Frauen, Jugend, Familie und Gesundheit des Landes Nordrhein-Westfalen (2002): Offene Kinder- und Jugendarbeit. Der Wirksamkeitsdialog. Düsseldorf
Ministerium für Schule, Jugend und Kinder des Landes Nordrhein-Westfalen (2003): Strukturdaten der Offenen Kinder- und Jugendarbeit in Nordrhein-Westfalen 2001. Befunde der ersten NRW-Strukturdatenerhebung im Rahmen des landesweiten Berichtswesens zur Offenen Kinder- und Jugendarbeit. Düsseldorf
Ministerium für Schule, Jugend und Kinder des Landes Nordrhein-Westfalen (2004): Die Offene Kinder- und Jugendarbeit in Nordrhein-Westfalen. Befunde der zweiten Strukturdatenerhebung zum Berichtsjahr 2002. Düsseldorf
Projektgruppe WANJA (2000) (Hrsg.):Handbuch zum Wirksamkeitsdialog in der Offenen Kinder- und Jugendarbeit. Qualität sichern, entwickeln und verhandeln. Münster
Sturzenhecker, B./ Deinet, U. (2007) (Hrsg.): Konzeptentwicklung in der Kinder und Jugendarbeit. Reflexionen und Arbeitshilfen für die Praxis. Weinheim

Barbara Klöver/Sonja Moser/Florian Straus

Was bewirken (Jugend-)Freizeitstätten? – ein empirisches Praxisprojekt

Fragen der Attraktivität von (Jugend-)Freizeitstätten werden heute vor allem durch die Kostenträger gestellt. Nicht zuletzt durch die Entwicklung zur Ganztagesschule und durch die knappen öffentlichen Kassen geraten Freizeitstätten immer stärker unter Rechtfertigungszwang. Fragen der Attraktivität sind jedoch stets auch Nutzerfragen. Uns hat deshalb interessiert, was die Jugendlichen selbst denken:

- Stimmt aus ihrer Sicht das Verhältnis von Angebot und Nachfrage? Sind die Angebote der Freizeitstätten attraktiv genug und werden sie von Jugendlichen ausreichend in Anspruch genommen? Wen erreichen die Angebote und was bewirken sie? Und: Was müsste man tun, um das Angebot-Nutzungsverhältnis weiter zu verbessern?
- Wie können Jugendliche ihre Interessen in Freizeitstätten einbringen? Welchen Standard hat die Umsetzung des Partizipationsgedankens in Freizeitstätten gefunden? Und: Wie kann man den Partizipationsgedanken in der Offenen Kinder- und Jugendarbeit weiter stärken?
- Was bringt der Besuch im Jugendzentrum außer dem momentanen Spaß, wie wirkt er fort, was bewirkt er im Leben derjenigen, die solche Orte regelmäßig aufsuchen? Was kann man an einem Ort lernen, den man völlig freiwillig und auch nur bei „Lust und Laune" aufsucht?

Diesen komplexen Satz von Fragen sollte eine Evaluationsstudie zu Münchens Freizeitstätten klären, aber der Grundidee dieses Projektes entsprechend nicht einfach dadurch, dass ExpertInnen eine weitere Evaluationsstudie im Bereich der Offenen Kinder- und Jugendarbeit durchführen. Deshalb gab es durchgehend zwei methodische Zugänge:

Auf der einen Seite standen 20 Projekte, in denen mit NutzerInnen und Nicht-NutzerInnen oder/ und MitarbeiterInnen aus den Freizeitstätten an unterschiedlichen Themen und Fragen und mit vielfältigen Beteiligungsmethoden gearbeitet wurde.

Dazu haben wir klassische Methoden der Sozialforschung eingesetzt, über 2000 Jugendliche schriftlich befragt, eine Reihe von ihnen auch qualitativ interviewt und bestimmte Fragen/ Themen mit den gleichen Instrumenten (Befragungen und

Interviews) bei den MitarbeiterInnen der Freizeitstätten ergänzend untersucht. (Klöver/ Straus 2005)

In den Projekten haben die Jugendlichen beispielsweise ein Fest für ihre Nachbarn initiiert, den „Mädchentest" durchgeführt, nach eigener Checkliste den „Erstbesuch" in ihnen unbekannten Jugendzentren bewertet, ihre Einschätzung zur Beteiligungskultur in der Einrichtung für eine Videobox auf den Punkt gebracht und sich als junge Erwachsene nach Jahren an ihre Zeit im Jugendzentrum erinnert und vieles mehr. Sie haben sich oft stundenlang Zeit genommen, um die „Zutaten" für eine ideale Freizeitstätte auf dem Fußbodenmetaplan zu identifizieren und genau nachzudenken, ob man so ein Jugendzentrum auch tatsächlich vorfinden kann. Und sie haben sich interviewen lassen, Fragebögen ausgefüllt und sind mit uns durch München gereist. Die MitarbeiterInnen in den Münchner Freizeitstätten haben ebenfalls in einer Befragung und der Videobox die Beteiligungskultur ihrer Einrichtung dargestellt, haben Projekte mitgetragen, eigene Ideen eingebracht und sich selbst evaluiert.

Insgesamt haben wir eine lebendige Jugendarbeit vorgefunden, mit viel Altbewährtem aber auch neuen Ideen, mit hohen Ansprüchen an sich selbst und auch von Außen – und mit einem Thema, das es so wohl in jeder Kommune gibt: das Geld für die Offene Jugendarbeit wurde knapper und knapper. Trotz schwindender Mittel wird von Offener Jugendarbeit viel erwartet: von den PolitikerInnen, der Öffentlichkeit, dem Jugendamt, den Trägern und MitarbeiterInnen und natürlich nicht zuletzt von den Jugendlichen selbst.

Einige Antworten auf diese Fragen waren selbst für die langjährigen „Profis" der Offenen Jugendarbeit eine kleine Überraschung.

1. Zum ambivalenten Image von Jugendzentren

In zwei Projekten haben wir uns mit dem Wissen von Jugendlichen, die keine Freizeitstätten nutzen und den Gründen befasst, die ihrer Meinung nach gegen einen Besuch sprechen. Wir wollten uns auch aus dieser Sicht ein Bild von Image und Profil Offener Kinder- und Jugendarbeit im Jugendzentrum machen.

In einem 5-stündigen Workshop mit 10 Jugendlichen im Alter zwischen 16 und 20 Jahren eines Beratungs- und Informationstelefons von Jugendlichen für Jugendliche wurde die Perspektive „besonderer" Nicht-Nutzender und deren Veränderungsvorschläge anhand einer gerade für den deutschen Markt adaptierten Partizipationsmethode, der ‚Technology of Participation' (ToP) erarbeitet. Das Beratungstelefon wurde gemeinsam mit Jugendlichen aufgebaut und Partizipation ist dort nach wie vor Arbeitsprinzip. Der Workshop wurde in Kooperation mit dem CAP-Centrum für angewandte Politikforschung durchgeführt.

Das zweite Projekt fand in Kooperation mit StreetworkerInnen des Münchener Stadtjugendamtes statt. Wir haben Jugendliche, die sich regelmäßig in einer kommerziellen Billardhalle treffen, über deren Erfahrungen mit Freizeitstätten befragt. Keine Überraschung war das Image von Jugendzentren. Beide Gruppen zeichneten, wenn auch aus unterschiedlichen Gründen, kein sonderlich gutes Bild von den Jugendzentren.

Freizeitstätte – Nein danke. Dieser negative Eindruck bei den jugendlichen BeraterInnen kam vor allem durch den Eindruck zustande, dass die Häuser keineswegs für alle offen, sondern eher durch einzelne Gruppen besetzt und damit für andere geschlossen wirkten. Sie wussten durch die Erzählungen anderer, dass dort hauptsächlich „Prolls und Schwörer" ihre Zeit verbringen („Proll" ist ein bayrischer Umgangsausdruck für Prolet und „Schwörer" sind meist männliche Jugendliche, die jedem Satz, den sie sagen, folgen lassen, dass sie das eben Gesagte auch schwören würden ...). Außerdem meinten sie, es weniger mit Freizeit-, als eher mit „Konfliktstätten" zu tun zu haben. Besonders auffällig war außerdem, dass von den partizipationserfahrenen Jugendlichen des Beratungstelefons die Jugendzentren gerade nicht als Orte von Partizipation bezeichnet wurden.

Positiv sahen sie die Angebote für Kinder in Freizeitstätten. Diese kannten sie aus einigen Einrichtungsflyern, die ihnen zugestellt wurden. Vieles davon bewerteten sie als attraktive Angebote für Kinder bis zu 12 Jahren. Doch auch dieses positive Image färbte für sie nicht auf die Arbeit mit Jugendlichen ab. Aufgrund dessen, was sie über Freizeitstätten bisher gehört hatten, gaben sie an, Jugendliche, die bei ihnen anrufen, eher nicht in eine solche zu schicken.

Ich bin zu alt für dieses Haus. Ein weiterer Nichtbesuchsgrund zeigte sich bei der anderen Gruppe, den Jugendlichen, die sich regelmäßig in einem Billardsalon trafen. Von ihnen wollten wir wissen, warum sie sich dort treffen und nicht in Jugendzentren, die Getränke und Billardspielen meist viel günstiger anbieten und außerdem weitere Möglichkeiten zu Aktivitäten eröffnen. In den Gesprächen mit diesen Jugendlichen wurde deutlich, dass sie fast alle früher Freizeitstätten besucht hatten, sich aber mit 16 bis 18 Jahren als viel zu alt für diese Orte empfanden und meinten, dort nicht mehr willkommen zu sein. Außerdem beschrieben sie den Übergang in diese anderen, nicht mehr jugendspezifischen Orte als „Entwicklung": Wer in ihrem Alter immer noch in die Freizeitstätte geht, ist „hängengeblieben", da eine neue Generation nachgewachsen ist, die die Älteren verdrängt hat, verdrängen muss. Ab ca. 16 Jahren kann es ihrer Meinung nach höchstens noch gelegent-

liche Besuche geben, die etwa mit einer speziellen Verbundenheit zu einem Mitarbeiter oder einer Mitarbeiterin zusammenhängen.
Freunde treffen. Insgesamt bestätigten diese Befunde auch eine schriftliche Befragung der Zielgruppe. Die Schulbefragung, die wir zum Ende des Projektes in 23 Hauptschulen, 11 Realschulen, 4 Gymnasien und 2 Berufsschulen und somit bei insgesamt 2092 Münchner Jugendlichen zwischen 12 und 20 Jahren durchgeführt haben zeigte: die genannten Gründe für den Besuch bzw. den Nicht-Besuch von Freizeitstätten lagen stark im Imagebereich und fußten – das ist bemerkenswert – oft nicht auf eigenen Erfahrungen. Häufige Gründe, kein Jugendzentrum zu besuchen, waren: „Meine Freunde gehen nicht hin, da gehe ich auch nicht hin" und „die Besucher gefallen mir nicht" (jeweils insgesamt 40 Prozent). Eigene schlechte Erfahrungen als Grund für den Nicht-Besuch gab dagegen nur eine/r von 10 Jugendlichen an („Viele sagen aber, dass sie jemand kennen, der schlechte Erfahrungen gemacht hat.").

Diese Befunde verweisen auf ein „Hören-Sagen"-Problem. Der Gruppen-, Cliquen- und Freundesgeschmack entscheidet maßgeblich darüber, ob eine solche Einrichtung besucht oder abgelehnt wird. Dabei sind es weniger die Häuser selbst mit ihren Angeboten und Möglichkeiten bzw. PädagogInnen als vielmehr Einschätzungen aus der Distanz und vom Hören-Sagen. Nur regelmäßiger persönlicher Besuch führt zu einem positiven Bild.

Es zeigten sich aber auch einige interessante Unterschiede, sofern man ein wenig genauer auf die Gründe einzelner Gruppen sieht: Allgemeine Ablehnung der Häuser und ihrer BesucherInnen ist häufiger bei RealschülerInnen und GymnasiastInnen zu finden, außerdem lehnen deutsche Jugendliche die Einrichtungen stärker pauschal ab. Mädchen mit Migrationshintergrund zeigen die geringsten Pauschalurteile; sie aber sind es, die am häufigsten angeben, von ihren Eltern an einem Besuch der Freizeitstätten gehindert zu werden.

Jugendzentren wirklich kennen lernen. Gerade für die Politik sind Jugendzentren „Allheilmittel". Sie sollen möglichst für alle Jugendlichen „sorgen". Das entspricht aber, wie wir belegen konnten, nicht der Realität. Den Zugang zur niedrigschwelligen Arbeit im Jugendzentrum müssen sich die NutzerInnen meist erst erarbeiten. Strukturierte Angebote sind hierfür vielfach Türöffner. Aber die beste Möglichkeit, mehr Jugendlichen die Häuser zu öffnen, ist *Imagearbeit*. Eine wirksame Strategie hierfür ist ein lokales Netzwerk: Wenn die LehrerInnen der nächstgelegenen Schulen, die Nachbarn und auch die Eltern einen eigenen positiven Eindruck von den Freizeitstätten bekommen können oder sogar eingebunden sind, stehen sie den Häusern ganz anders gegenüber. Und dort, wo diese Strategie schon angewendet wurde, stiegen meist auch die BesucherInnen-Zahlen. Mehr BesucherInnen sind aber nicht unbedingt und auch nicht notwendigerweise immer das Ziel. Viele Einrichtungen sehen ihre Aufgabe gerade darin, mit der Gruppe von Jugendlichen, die ihren Weg ins Jugendzentrum verhältnismäßig leicht findet, zu arbeiten. In der Großstadt sind dies überwiegend männliche Besucher mit Migrationshintergrund, die die Hauptschule besuchen. Für diese Einrichtungen steht in Zeiten knapper werdender Budgets die Arbeit mit solchen „Benachteiligten" im Zentrum, denn für sie gibt es nur eingeschränkte Alternativen zu den meist extrem kostengünstigen Freizeitangeboten der Jugendzentren.

Die Arbeit an Image und Profil lohnt sich nach unserer Einschätzung immer. Denn nur wenn die Offene Arbeit auch einen guten Ruf hat, können die jugendlichen BesucherInnen angemessen von ihr profitieren, etwa weil sie sich dann mit den dort erworbenen Qualifikationen (siehe dazu auch den nächsten Abschnitt) profilieren können.

Was geschieht nun tatsächlich in den Jugendzentren? Gibt es dort nur viele Konflikte, oder doch auch etwas mitzubestimmen?

2. Jugendzentren sind informelle Lernorte

Überraschender als die Ergebnisse zum Image waren die Erkenntnisse einer Ehemaligenbefragung darüber, was sie aus ihrer Zeit in der Freizeitstätte mitgenommen haben. Im Rückblick wird der Besuch im Jugendzentrum als „gute Zeit" gesehen, aber beileibe nicht nur wegen der Partys, die gefeiert wurden. Vielmehr herrschen Aussagen nach diesem Muster vor:

> „Man war nicht allein, hatte viele Freunde und hat Leute kennen gelernt. Man hat Selbstbewusstsein bekommen. Man wird für das spätere Leben vorbereitet."

> „Es war mein zweites Zuhause. Im richtigen Zuhause habe ich nur geschlafen. Hier war ich sicher und gut aufgehoben."

> „Geborgenheit. Manches mit anderen Augen zu sehen."

> „Es hat viel Spaß gemacht. Die Zeit hat meinem Lebensweg viel Kraft und Mut gegeben."

> „Es hat mir den richtigen Weg gezeigt (bez. Drogen). Ich hab' gelernt, mir ein Ziel zu setzen. Mir wurde beigebracht, wie ich meine Interessen vertreten kann."

> „Manchmal hat man von dem einen oder anderen irgendeine Sache gehört und wenn man dann näher mit ihm in Kontakt kam, habe ich herausgefunden, dass er gar nicht so war."

> „Es war mein zweites Zuhause. Dass man irgendwo hingehört. Da gelte ich was. Da übergibt man mir Verantwortung."

Es sind die Lernräume, an die sich die jetzt jungen Erwachsenen erinnern. Hier konnten sie durch die offenen Angebote, die Werkstätten, die Workshops ohne Druck und Versagensängste Neues ausprobieren; hier haben sie sinnvolle Freizeitgestaltung und auch eigene Stärken kennen gelernt.

Am Wichtigsten zu werten aber war der Befund, dass die Zeit im Jugendzentrum in der Einschätzung der Ehemaligen wesentlich dazu beigetragen hat, ihr *Selbstvertrauen* und ihre *Konfliktfähigkeit* zu stärken sowie ihre *Kommunikationsfähigkeiten* zu verbessern. Dies führten sie weitgehend darauf zurück, dass sie ständig mit den PädagogInnen kommunizieren mussten, was auch damals schon etwas „uncool" war, jedoch zu einem *Abbau von Vorurteilen* (gegenüber Erwachsenen sowie anderen Nationalitäten) beitrug. Sie haben die aufgeführten, schon vorhandenen Schlüsselkompetenzen gestärkt, zum Teil aber auch erst hier entwickelt.

Dies sind Kompetenzen, die die Jugendlichen dringend brauchen. Einmal, um über ihr eigenes Leben bestimmen zu können und das Gefühl zu entwickeln, Herr über die eigenen Chancen zu sein. Diese Erfahrung ist notwendig, um ein aktives Mitglied der Gemeinschaft zu sein, sich einzubringen und abzustimmen über gesellschaftliche Entwicklungen. Sie sind zudem Voraussetzung für die Gesundheit und sicher nicht zuletzt wichtige Kompetenzen, deren Fehlen deutliche Nachteile in der Arbeitswelt bedeuten.

Erleben und lernen das auch die heutigen BesucherInnen in den Freizeitstätten? Was die Jugendlichen heute tun und wollen, scheint auf den allerersten Blick wenig mit dem zu tun zu haben, was die Ehemaligen retrospektiv so gut fanden. In der Befragung gaben die heutigen Jugendlichen an, dass sie sich treffen, um mit den Freunden Partys zu feiern, Billard, Fußball, Basketball zu spielen, usw. Die Rolle von Workshops, Werkstätten, Lernmöglichkeiten und Mitbestimmungsgremien wurden weitaus weniger intensiv und gern genutzt. Auch für die Zukunft wünschten sich die Jugendlichen, dass Freizeitstätten als Treffpunkte weiter ausgebaut werden sollen.

Bedeuten diese Ergebnisse, dass die Jugendlichen, die heute Freizeitstätten besuchen, wirklich andere Angebote wertschätzen, als diejenigen, die vor fünf bis zehn Jahren in den Einrichtungen waren? Anders formuliert: Sind die, aus Sicht der Freizeitstätten doch erfreulichen, Ergebnisse der Ehemaligenbefragung heute gar nicht mehr reproduzierbar; haben die Einen gelernt und die Anderen „hängen nur noch ab"? Wir denken, dass zwei Erklärungsansätze zutreffen:

- Druck und Leistungsstress auf Jugendliche und die Anforderungen der Informationsgesellschaft erhöhen die Notwendigkeit, zum Ausgleich „abzuhängen". Zudem führen Individualisierungsprozesse zu einem erhöhten Bedürfnis nach einfachen Kommunikations- und Aushandlungsprozessen im Peer-Bereich.

- Wenn in Freizeitstätten eine Vielfalt an Angeboten existiert, nutzen auch Jugendliche, die sich in Freizeitstätten vorrangig nur treffen wollen, immer wieder auch strukturierte Angebote und profitieren von den darin enthaltenen Lerneffekten. Generell gilt heute, dass informelle Lernformen und -orte immer wichtiger werden.

Die Leiterin der Einrichtung, aus der die befragten ehemaligen BesucherInnen stammten, versicherte uns, auch diese Jugendlichen hätten ihre Zeit mehr mit Partys und dem Treffen der Freunde verbracht, als dies in den Interviews den Anschein macht. Sie war äußerst beeindruckt und auch überrascht, welchen Eindruck die Zeit im Jugendzentrum bei den mittlerweile jungen Erwachsenen hinterlassen hat und hätte den Einfluss des Jugendzentrums nicht so hoch eingeschätzt. Die befragten Ehemaligen sehen ihre Zeit heute mit den Augen der Erwachsenen und mit den Erfahrungen, die ihnen später tatsächlich auch genutzt haben – und daran hatte die Offene Jugendarbeit zweifellos ihren Anteil.

Die Liste dessen, was die Jugendlichen aus ihrer Sicht in den Freizeitstätten gelernt haben, ist beeindruckend. Hier zeigt sich, was für ein herausragender Lernort das Jugendzentrum sein kann. Nicht nur, aber gerade auch für die oben beschriebene Zielgruppe (jung, männlich, mit Migrationshintergrund).

Durch den Aufforderungscharakter, der aus einer Mischung aus offenem Bereich und strukturierten Angeboten einer Freizeitstätte entsteht, ergibt sich ein ganz besonderer informeller Lernort für Jugendliche und Kinder; er ist wichtig und es gilt, ihn zu erhalten. Für die Offene Kinder- und Jugendarbeit gilt deshalb: *Die Vielfalt bei den Angeboten ist notwendig, auch wenn der Aufwand oft hoch erscheint – die Wertschätzung erfolgt manchmal erst im Rückblick.*

3. Spannungsfelder in der Offenen Jugendarbeit erkennen

Die zuvor beschriebenen Wirkungen, die in der Offenen Jugendarbeit zweifellos erreicht werden, auch als solche darzustellen, ist nicht leicht. (Jugend-) Freizeitstätten arbeiten in einem Bereich, in dem offene und latente Spannungsfelder den Alltag bestimmen und das Handlungsfeld der Freizeitstätten ist zudem von teilweise widersprüchlichen Anforderungen geprägt, die einfache Wege in der Praxis verhindern. Deshalb gilt hier: *Der Spagat ist Arbeitsprinzip.* Acht Beispiele sollen dies illustrieren:

1. *Beispiel Zielgruppe*: Der Anspruch der Offenheit („Wir sind für alle da") steht der Tatsache gegenüber, dass nur bestimmte Jugendliche und jugendliche Cliquen

die Treffs nutzen. Der Spagat besteht in dem Versuch, mit den vorhandenen Gruppen zu arbeiten, und doch auch über andere Angebote (beispielsweise über unterschiedliche Öffnungszeiten, mobile Angebote, Projektarbeit und Selbstöffnungen) für andere Jugendlichen offen zu bleiben.

2. Beispiel Angebote: Es gibt nicht *die* Jugendlichen oder *den* Jugendlichen. Individualisierung und Pluralisierungstendenzen haben zu einer sehr breiten Ausprägung von Interessen, Wünschen und Vorlieben geführt. Selbst innerhalb der Gruppe der StammbesucherInnen finden sich unterschiedliche Präferenzen – und sei es nur bei Mädchen und Jungen. Es gibt nur wenige Angebote, die alle erreichen und von allen akzeptiert werden. Der Spagat besteht in der gleichzeitig anzubietenden Mischung aus solchen offenen, breit akzeptierten Angeboten mit einer Angebotsvielfalt für Teilinteressen, in der wiederum aber für alle etwas dabei sein sollte. Voraussetzung hierfür ist eine Partizipationskultur, die immer wieder neue Angebote ermöglicht.

3. Beispiel Zeiteinsatz: Intensive Einzelarbeit (als Antwort auf die Probleme der benachteiligten Jugendlichen) steht heute nicht selten in einem Spannungsverhältnis zu jener Zeit, die man für die eher breit angelegte offene Arbeit, für die vernetzungsintensive mobile Arbeit und zunehmende Verwaltungsprozesse benötigt. Immer mehr Jugendliche brauchen Unterstützung bei schulischen oder familiären Problemen. Die Freizeitstätte ist durch ihre Niedrigschwelligkeit ein guter Ort, um sich Unterstützung und Hilfe zu suchen.

4. Beispiel Bildungsanspruch: Jugendliche kommen in Freizeitstätten, um dort nach der Schule/ Lehre ihre Freizeit zu verbringen. Zugleich erweisen unsere Analysen, dass Freizeitstätten ebenso wie es meist in den Konzepten der Offenen Kinder- und Jugendarbeit schon verankert ist, wichtige informelle Bildungsorte sind. Die Kunst ist nun, sowohl die Möglichkeit zu unverbindlichen Treffs als auch unterschiedliche Angebote mit durchaus geplanten Lernfeldern so zu gestalten, dass Jugendliche hier ebenso „abhängen", wie auch Schlüsselqualifikationen und Kulturtechniken erlernen können. Die besondere pädagogische Herausforderung liegt sicherlich darin, die Jugendlichen, die zunächst nur einen Treffpunkt und Entspannung suchen, zu einer aktiveren Freizeitgestaltung zu motivieren.

5. Beispiel Sozialraumorientierung: Die Sozialraumorientierung erfordert einen stadtteilorientierten Fokus auf die Bedürfnisse und Anliegen der dort lebenden Kinder und Jugendlichen. Gleichzeitig gilt es, den Blick auf die ganze Stadt zu richten, da bei guter Erreichbarkeit und interessanten Angeboten Freizeitstätten durchaus auch überregional genutzt werden. So wichtig es ist, ein möglichst breites Angebotsspektrum zu haben, so wenig sinnvoll ist es, auf alle Bedarfe von Jugendlichen reagieren zu wollen. Deshalb ist es gerade dann, wenn verschiedene Einrichtungen vorhanden sind, sinnvoll, Spezialisierungen im Programmangebot vorzunehmen.

6. Beispiel geschlechtsspezifische Arbeit. Diese ist nach wie vor notwendig, wird als fruchtbar erlebt und ist zugleich in der Zielgruppe oft hoch umstritten. Mädchen wollen, dass auch die Jungs am Mädchentag in die Räume dürfen, oder Jungen nutzen ihren Raum nur selten. Geschützte Räume werden ebenso geschätzt wie bekämpft. Auf jeden Fall bieten sie einen Ansatzpunkt, über Geschlechterfragen zu diskutieren. Insgesamt wird immer noch weit weniger Jungen- als Mädchenarbeit angeboten.

7. Beispiel Partizipation. Bei Jugendlichen steht der Anspruch hoch im Kurs, ausreichende Möglichkeiten zu haben, sich einzubringen und beteiligen zu können. Doch auch Partizipation muss erlernt werden. Viele BesucherInnen von Freizeitstätten haben bisher noch kaum Erfahrungen mit Beteiligung gemacht und können deshalb Angebote, bei denen sie sich einbringen sollen, nicht nutzen. Dies wird häufig als mangelndes Interesse interpretiert. Partizipation, auch wenn sie darauf abzielt, Kinder und Jugendliche zu beteiligen, ist zunächst personalintensiv und durch ihre Prozesshaftigkeit stets eine pädagogische Herausforderung.

8. Beispiel Personalabbau: Wenn das Jugendzentrum als der eine Ort für alle Jugendliche zunehmend zur Fiktion geworden ist und neue Herausforderungen von der sozialräumlichen Jugendarbeit bis hin zur interkulturellen Jugendsozialarbeit die Arbeit der PädagogInnen in den Freizeitstätten kennzeichnet, bedeutet Personalabbau auch weniger Möglichkeiten, mit den sich differenzierenden Anforderungen der Jugendlichen umgehen zu können. In der täglichen Arbeit bedeutet dies, den Spagat zwischen zunehmenden Anforderungen von Seiten der Jugendlichen, der Verwaltung und der Politik und den geringer werdenden Ressourcen zu meistern.

Diese Hintergründe zu sehen und auch deutlich zu machen ist wichtig, um die Arbeit und auch die Möglichkeiten von Offener Jugendarbeit in den richtigen Zusammenhang zu setzen. Die offene Arbeit muss sich konsequent weiterentwickeln und verbessern, vor allem aber muss sie lernen, sich besser darzustellen.

4. Standards selbst entwickeln

In Freiheit für die Freiheit lernen, das ist das Besondere und auch Einzigartige der Offenen Kinder- und Jugendarbeit. Kinder und Jugendliche können am besten lernen und am meisten von ihrer Zeit im Jugendzentrum profitieren, wenn sie viele und immer wieder neue Anregungen bekommen, wie sie selbst etwas in die Hand nehmen können. Neben der Frage nach der Attraktivität der Freizeitstätten, war zweiter zentraler Untersuchungsgegenstand des Projektes die Entwicklung des in den 1990er Jahren neu angestoßenen Partizipationsgedankens. In der Studie wurde sehr deutlich, dass die Jugendlichen sich einbringen wollen, oft aber nur bedingt klar äußern können, wobei und wofür, und sie außerdem in sehr unterschiedlichem Maße Voraussetzungen und Handwerkszeug hierfür mitbringen.

Obwohl uns in der anfänglichen Einrichtungsbefragung eine beeindruckende Zahl von Mitbestimmungsprojekten und Beteiligungsgremien – vom Mitbestimmungstag über die Planung der Ferienfahrt ins Ausland bis hin zur perfekt eingepassten, selbstgebauten DJ-Kanzel – in den Einrichtungen beschrieben wurde, macht dieses Thema auf Seiten der PädagogInnen/ MitarbeiterInnen oft Angst oder ein „schlechtes Gewissen". Was Partizipation ist und wie sie in Freizeitstätten umgesetzt werden kann, wo ihre Grenzen sind und wie man diese den Jugendlichen vermittelt, ist in den Einrichtungen z.T. (immer noch) unklar. Dies führt oftmals zu unnötigen Rechtfertigungen und mancherorts sogar zu Abwehrreaktionen. Typische Aussagen wie: „Wir haben ja eine Hausversammlung, nur momentan klappt das nicht so", oder „die Jugendlichen haben kein Interesse, da mitzureden", sind uns hier begegnet. Eindeutig besteht jedoch der gesetzliche Auftrag für die Offene Kinder- und Jugendarbeit, Kinder und Jugendliche zu beteiligen. Welche Möglichkeiten sich aber durch Partizipation in der täglichen Arbeit im offenen Betrieb ergeben können, ist keineswegs überall bekannt. Hier sind zunächst Diskussionen im Team, dann aber auch mit den BesucherInnen notwendig, um Chancen, aber auch Grenzen von Beteiligung klar zu machen.

Um für die Teams in den Jugendzentren diese Diskussion zu vereinfachen, war die Entwicklung einer Methode der Selbstevaluation Teil dieser Studie. Sie sollte helfen, sich gemeinsam über Partizipation in der Einrichtung bewusst zu werden und gleichzeitig Perspektiven für die Arbeit in diesem Bereich zu entwickeln. Die Diskussion von Standards sollte aus der Teamperspektive die Reflexion (Was machen wir wie?) und die Orientierung (Wo stehen wir im Vergleich zu anderen bzw. zur Zielperspektive?) fördern, denn wir haben festgestellt:

Was bewirken (Jugend-)Freizeitstätten? 149

- Verbindliche Standards im Bereich der Partizipation für alle Jugendfreizeitstätten zu entwickeln, ist nicht möglich. Partizipation lebt davon, dass sie passgenau zu den jeweiligen BesucherInnen und den Rahmenbedingungen ist, sie muss gelebt und von allen Seiten getragen werden.
- Partizipation muss ständig weiterentwickelt und angepasst werden, die Selbstevaluation dient zur Überprüfung der eigenen Standards.
- Sie bietet die Möglichkeit, sich zielgerichtet mit einzelnen Aspekten der Partizipation auseinander zu setzen.

Wir haben die Beteiligungsmöglichkeiten von Jugendlichen in der Offenen Jugendarbeit in sechs Dimensionen unterteilt:

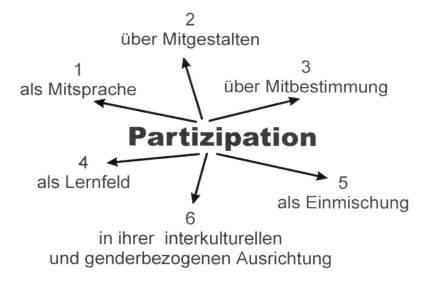

Jede dieser Dimensionen kann in drei Schritten erfasst werden, indem man sich die Arbeit der Gegenwart, aber auch der vergangenen Jahre anhand von verschiedenen Kriterien betrachtet (1. Reflexion), den momentanen Stand ehrlich bewertet (2. Bewertung), und als letzten Schritt Konsequenzen daraus entwickelt, die zeitlich auch überschaubar sind (3. Konsequenzen). In mehr als 15 Freizeitstätten haben wir diese Methode eingesetzt. Dabei zeigten sich folgenden Ergebnisse:

- Die eigene Leistung wird oft eher unter- als überschätzt, wenn Zieldefinitionen und Kriterien zur Bewertung fehlen. Oft waren die MitarbeiterInnen selbst über-

rascht, wenn wir gemeinsam eine Liste der partizipativen Projekte/ Beteiligungsmöglichkeiten des letzten Jahres zusammenstellten. Sie hatten Umfang und Art der Beteiligungsmöglichkeiten der Kinder und Jugendlichen noch nicht systematisch zusammengetragen.
- Die Einschätzung der einzelnen Teammitglieder ist zum Teil sehr unterschiedlich. Dies wird aber in Teamgesprächen selten zum Thema.
- Es ist nicht in allen Häusern klar, dass Partizipation in der Jugendarbeit Grundlage des Denkens und Handelns sein sollte. Oft werden Arbeiten und Aufgaben, aber auch Entscheidungen allein vom Team erledigt, bzw. getroffen, weil dies als effektiver eingeschätzt wird, z.T. auch sicher schneller geht. Die für die Jugendlichen wichtigen Erfahrungs- und Lernmöglichkeiten werden dann gar nicht gesehen.

5. Jugendzentren müssen „permanente Baustellen" sein

Um den oben beschriebenen Aufforderungscharakter hinsichtlich Angeboten und Beteiligungsmöglichkeiten zu entsprechen, wären nachfolgende Punkte zu bedenken:
Räume gestalten lassen. In unseren Projekten haben wir Jugendliche ihre Freizeitstätte entwerfen lassen. Von den 80 Kriterien, die Jugendliche beispielsweise in einem Projekt zur Bewertung von Freizeitstätten entwickelt haben, betreffen annähernd die Hälfte räumliche Aspekte (Ob bestimmte Räume vorhanden sind, wie diese gestaltet sind, Fragen zur Innenarchitektur oder nach dem Gesamteindruck eines Hauses sind ebenso relevant, wie jene nach den Außenanlagen). Raum zu haben, ihn als „eigenen" zu erfahren, spielt ebenso eine große Rolle, wie Einfluss auf seine Gestaltung nehmen zu können. Das ist natürlich nicht neu. Trotzdem fiel uns auf, dass die Einschätzung „Aber das können wir sowieso vergessen, das machen die ja nie" eine schnell geäußerte Vermutung war. Hintergrund waren nicht die Ideen der Jugendlichen; diese waren wenig utopisch und deswegen fast ausnahmslos realisierbar. Hintergrund war ein diffuses Gefühl, wenig Einfluss zu haben. Hinzu kam die Erfahrung, selbst an Umgestaltungsprozessen wenig beteiligt gewesen zu sein. Die programmatisch immer wieder geäußerte Feststellung, „ein lebendiges Jugendzentrum ist nie fertig eingerichtet, sondern wird ständig umgeräumt und neu eingerichtet, und die Umgestaltung wird von den Jugendlichen getragen", trifft nicht ausreichend auf die tatsächliche Erfahrung der Jugendlichen zu. Dies gilt es zu verbessern.
Angebote machen. Der offene, ungebundene Treffpunkt ist den Jugendlichen zwar augenscheinlich erst einmal wichtiger als geplante Aktivitäten – andererseits

gehören auch strukturierte Angebote zu dem bunten Patchwork eines Jugendtreffs. Gerade in Zeiten der Individualisierung und Optionenvielfalt ist es nicht immer nur eine Frage der großen Zahl an NutzerInnen, ob Angebote wichtig sind. Wie kommen Mädchen sonst zu günstigen Selbstverteidigungskursen, und Jungen zu gut besuchten Turnieren, bei denen sie sich mit Anderen messen können, ohne vielleicht einem Verein beitreten zu müssen? Vor allem Ausflüge und Ferienmaßnahmen sind für jene Jugendlichen wichtig, die (wie die Interviews deutlich gemacht haben) diese Möglichkeiten in ihrem oft belasteten familiären Umfeld nicht bekommen.

Als BetreuerIn da sein. Mit BetreuerInnen reden finden die meisten Jugendlichen nicht sonderlich spannend. In der Befragung fand sich dieses Item nur an letzter Stelle dessen, was sie in der Freizeitstätte am liebsten tun, jedoch auf Platz eins dessen, was sie tatsächlich regelmäßig tun. Ein Widerspruch? Wir denken nein. Hier spiegelt sich ein Spannungsfeld der Offenen Kinder- und Jugendarbeit wider: viele Jugendliche wollen sich in den Freizeitstätten mit anderen Jugendlichen treffen; und nicht wenige von ihnen finden, dass erwachsene PädagogInnen oft stören. Andererseits wissen sie, dass vieles ohne das Fachpersonal nicht möglich wäre und auch nicht so reibungslos ablaufen würde. Mehr noch aber gibt es viele Jugendliche, die die erwachsenen PädagogInnen in der Rolle der Beratenden und Unterstützenden benötigen. In einem Projekt mit HauptschülerInnen wurden im Bewertungsprofil für die Betreuenden folgende Kriterien notiert: *Betreuende sollten freundlich, hilfsbereit, humorvoll, nicht zu alt, keine Spielverderber (bei Regeln gerecht und konsequent und schon mal kleine Ausnahmen zulassen), kreativ (=haben „coole" Ideen), für Jugendliche da und verschwiegen sein.*

Gerade die beiden letzten Kriterien verdeutlichen, dass die PadagogInnen in den Freizeitstätten eine wichtige Integrationsfunktion haben, insbesondere für jene Jugendliche, die in schwierigen Familienverhältnissen aufwachsen, oder auch bei Jugendlichen mit Migrationshintergrund, mit Elternhäusern, die ihren Kindern im Umgang mit dem Leben in Deutschland nicht so viele Hilfestellungen geben können. Interviews mit Jugendlichen machen deutlich: Die PädagogInnen sind immer da, helfen kurzfristig, beraten und vermitteln. Auch „wenn es nicht cool wirkt", so sind viele dieser Jugendlichen unglaublich froh, dass es diese PädagogInnen gibt. Und entsprechend positiv fällt auch dann die Bewertung der pädagogisch Betreuenden aus.

Lernen durch Partizipation. Das Abfragen von und Eingehen auf die Bedürfnisse von Jugendlichen ist „tägliches Geschäft" in einem Jugendzentrum. Die Jugendlichen verbringen hier freiwillig die Freizeit und stimmen über Programme oft schon „mit den Füßen" ab. Beteiligungsformen unterschiedlichster Art sollen verhindern, dass Angebote an den Bedürfnissen und Interessen Jugendlicher vorbei geplant werden. Diese umfassen die in den Alltag eingebettete tagtägliche Mitsprache etwa bei der Planung eines Tages in der Freizeitstätte genauso wie Projekte, bei denen Jugendliche an der Planung, der Durchführung und der Auswertung unterstützt und/ oder beteiligt werden können, wie auch Versammlungen, auf denen gemeinsam über Regeln und weitergehende Planungen für die Freizeitstätte demokratisch bestimmt wird.

Mitsprache, Mitgestaltung, Mitbestimmung. So haben wir diese drei Formen der Partizipation kurzerhand genannt und alle drei sollten vorhanden sein und ineinander greifen, sollten als Basis und Übung füreinander begriffen werden; und sie sollten sowohl unter den MitarbeiterInnen als auch gemeinsam mit den Jugendlichen ausgewertet und reflektiert werden. Die unterschiedlichen Ebenen zu partizipieren haben ihre ganz bestimmten Vorteile, aber jeweils auch Schwächen, sodass nur der Mix aus allen drei Formen umfassende Partizipationserfahrungen für die BesucherInnen von Freizeitstätten bereithalten kann.

Wichtig ist die Intensivierung des Einbezugs der Jugendlichen in allen Bereichen der Freizeitstätte – bei der Angebotsplanung genauso wie bei (Um-) Gestaltungsprozessen, der Aufstellung von Regeln des Miteinander-Umgehens, der Darstellung nach Außen, der Namensgebung, etc: *Freizeitstätten sollten permanente Baustellen sein*, die durch nachfolgende Generationen immer wieder verändert werden. Die aktive Aneignung einer Freizeitstätte über Mitplanung und -gestaltung kann in den Häusern intensiviert werden. Dort wo Jugendliche scheinbar zu wenig Interesse daran haben, muss mit neuen Formen der Beteiligung experimentiert bzw. auf bewährte Beispiele aus anderen Häusern zurückgegriffen werden. Die Reihe der „Good-practice-Beispiele" für Partizipation in München ist lang, sie muss der Öffentlichkeit, den Trägern und der Politik immer wieder präsentiert werden. Dann wird deutlich: Offene Kinder- und Jugendarbeit macht den Spagat – und sie wirkt!

Literatur

Klöver, B./ Straus, F. (2005): Wie attraktiv und partizipativ sind Münchens Freizeitstätten – Zusammenfassende Ergebnisse einer (etwas anderen) Evaluationsstudie. München

Achim Schröder

Politische Bildung im Kinder- und Jugendplan des Bundes. Evaluation von Profil, Maßnahmen und Wirkungen

In den Jahren 2001 bis 2003 haben wir von der Fachhochschule Darmstadt im Auftrag des BMFSFJ (Bundesministerium für Familie, Senioren, Frauen und Jugend) eine Evaluation des Förderprogramms *Politische Bildung* durchgeführt.[1] Dabei handelt es sich um ein Programm mit einer jährlichen Zuschusshöhe von ca. 11 Mio. Euro, die für Veranstaltungs- und Personalkosten an bundesweit tätige Träger und Dachverbände zur Verfügung gestellt werden. Die Politische Bildung war das erste Förderprogramm, das einer systematischen Evaluierung unterzogen wurde.

Anlass und Hintergründe waren förderungspolitischer Natur. Bereits seit Jahren gab es Auseinandersetzungen um die Frage, wie die Bundeszentralität von Maßnahmen zu definieren sei. Von Seiten des Bundesrechnungshofes kamen Bedenken ins Spiel, dass eine laufende Finanzierung von Maßnahmen und Personal der bundesweiten Träger einer institutionellen Förderung gleichkomme. Die Rede war zudem von einem „Closed shop", der neu hinzukommenden Trägern kaum eine Chance biete. Allerdings spielten auch marktliberale Vorstellungen eine Rolle, als man den KJP (Kinder- und Jugendplan) umformulierte und die Förderung vorrangig als Maßnahmenförderung konzipierte. Die Personalkostenförderung sollte weitgehend abgeschafft werden. Das rief die bundesweiten Dachverbände und Träger auf den Plan und in Verhandlungen mit dem Ministerium konnte ein Moratorium bis Ende des Jahre 2003 verabredet werden, in dessen Zeitraum weiterhin nach den alten Modalitäten abzurechnen war und eine Evaluation die gesamte Thematik durchleuchten sollte.

Das Ministerium versprach eine *ergebnisoffene* Haltung gegenüber der Evaluation; eine diesbezügliche Skepsis der Träger und vor allem der betroffenen JugendbildungsreferentInnen war jedoch unübersehbar und legte uns als Forschern in den ersten Monaten der Evaluation erhebliche Vertrauensbarrieren in den Weg. Und es war in der Tat schwer vorstellbar, wie eine Korrektur der bereits in Richtli-

---

1 Nadine Balzter, eine der wissenschaftlichen MitarbeiterInnen der Evaluation, hat an diesem Artikel mitgewirkt.

nien gegossenen Tendenz erfolgen könnte, weil deren erneute Veränderung nicht in Aussicht stand. Dennoch wurde nach Abschluss der Evaluation eine Lösung gefunden, der alle Beteiligten im Einvernehmen zustimmen konnten. (Der komplette Evaluationsbericht ist veröffentlicht; eine Zusammenfassung ist ebenfalls nachzulesen (vgl. Schröder u.a. 2004a; Schröder u.a. 2004b).

1. Konzept und Durchführung der Evaluation

Der Auftrag des Ministeriums an die Evaluation sah eine systematische Bestandsaufnahme vor. Einen summativen Überblick über die Zielgruppen und deren Zugänge zur Politischen Bildung, über die besonderen Ausprägungen von Didaktik und Methodik und über die Tätigkeitsprofile des pädagogischen Personals verschafften wir uns mittels einer Fragebogenerhebung, die sich an die 172 bezuschussten Träger (Mantelfragebogen) und an die über das Programm beschäftigten 125 BildungsreferentInnen richtete. Aufgrund der vorliegenden Daten des Ministeriums war eine Gesamterfassung der betroffenen Einrichtungen und Personen möglich. Der Rücklauf war mit 70% so hoch, dass die Ergebnisse als repräsentativ für die Grundgesamtheit stehen.

Für einen differenzierten Einblick in die Aufgaben, Probleme und Arbeitsstrukturen der JugendbildungsreferentInnen setzten wir qualitative Erhebungsinstrumente ein und ergänzten die summative Evaluation durch eine formative. Dazu dienten Einzelinterviews mit einer „problemzentrierten" Ausrichtung nach Witzel (2000); fünf von diesen Interviews wählten wir aus, um sie zu Portraits über Professionalität und Selbstverständnis der pädagogisch Tätigen im Kontext ihrer jeweiligen Rahmenbedingungen zu verarbeiten (Schröder u.a. 2004a; S.50-103). Zudem nutzten wir das Instrument der Gruppendiskussion, das andere Erfahrungen durch die Stimulation im wechselseitigen Dialog zur Sprache bringt und bisweilen verdeckte Erinnerungen mobilisiert. Nicht zuletzt diente eine Fachtagung nach dem ersten Jahr der Evaluation, in der sich zunächst die Konflikte zwischen den an der Evaluation Beteiligten zeigten, dem Vorhaben, weil sie zu einer „kommunikativen Validierung" beitrug. Von der qualitativen Sozialforschung werden solche „responsiven" Verfahren befürwortet, weil die Beforschten auf diese Weise die Daten nicht nur liefern als vielmehr daran mitwirken, sie zu interpretieren (Kardorff 2000).

Die Evaluation wurde von einem Beirat begleitet, den das Ministerium einberufen und bereits in das Ausschreibungsverfahren einbezogen hatte. Diesem Beirat gehörten VertreterInnen aus der Wissenschaft und der geförderten Träger sowie aus dem Ministerium selbst und der Bundeszentrale für Politische Bildung an. Der

Vorsitzende des Bundesausschusses Politische Bildung und selbst Beiratsmitglied Theo W. Länge (2004; S.269) hat die Personen in einer Nachlese zur Evaluation namentlich aufgelistet.

2. Vom Dreischritt der Politischen Bildung und ihrem aktuellen Profil

Im KJP sind die Ziele für die Politische Bildung präzise formuliert: „Politische Bildung soll jungen Menschen Kenntnisse über Gesellschaft und Staat, europäische und internationale Politik einschließlich der politisch und sozial bedeutsamen Entwicklungen in Kultur, Wirtschaft, Technik und Wissenschaft vermitteln. Sie soll die Urteilsbildung über gesellschaftliche und politische Vorgänge und Konflikte ermöglichen, zur Wahrnehmung eigener Rechte und Interessen ebenso wie der Pflichten und Verantwortlichkeiten gegenüber Mitmenschen, Gesellschaft und Umwelt befähigen sowie zur Mitwirkung an der Gestaltung einer freiheitlich-demokratischen Gesellschafts- und Staatsordnung anregen" (BMI 2001; S. 20). Aus dieser Definition kann man drei Teilziele herauslesen, die ich als *Dreischritt der Politischen Bildung* bezeichnen möchte: Wissen vermitteln, Urteilsbildung ermöglichen und zur Mitwirkung anregen. Politische Bildung entfaltet erst dann ihre volle Wirkung, wenn sich mit Hilfe des neu erworbenen Wissens auf der Basis bereits vorhandener Kompetenzen Meinungen und Urteile heraus kristallisieren bzw. weiter entwickeln und verändern. Eine Positionierung zu ausgewählten Fragen des Politischen kann dann in einem dritten Schritt dazu führen, in die Handlung einzutreten und sich im politischen, also öffentlichen Raum einzumischen, sofern man über einen Zugang zu den entsprechenden Instrumenten verfügt.

Eine wesentliche Veränderung im Selbstverständnis von politischer Bildung liegt in der Erweiterung dessen, was unter dem Politischen zu verstehen ist. In deutlicher Abgrenzung zu einer Institutionenkunde und somit einer Wissensanhäufung über die institutionellen Rahmenbedingungen von Politik hat sich ein erfahrungs- und damit subjektbezogener Politikbegriff entwickelt und in der Jugendbildung weitgehend durchgesetzt; es werden die konkreten und für die Teilnehmenden unmittelbar nachvollziehbaren Berührungspunkte zwischen Subjekt und politischen Entscheidungen in den Veranstaltungen angestrebt. Durch diese weite Perspektive konzentriert sich die politische Jugendbildung nicht mehr nur und zentral auf die Inhalte, sondern beschäftigt sich damit, wie die Individuen erreichbar sind.[2]

---

[2] Manche in der Profession sehen darin eine Sozialpädagogisierung der politischen Bildung, die ihre Inhalte und Ziele zu verlieren drohe (vgl. Fachtagung zur Evaluation der Erwachsenenbildung in Berlin, auf die sich Schillo (2005; S.205) bezieht).

Diese *subjektorientierte Begründung* (Hafeneger 2005; S.119) betrifft damit nicht nur das erste Teilziel, sondern auch die Fähigkeit bzw. Bereitschaft, sich ein Urteil zu bilden und daraus möglicherweise handlungsorientierte Konsequenzen zu ziehen.

In modernen Gesellschaften geraten die Menschen mehr und mehr in die Lage, Urteile über Praktiken fällen zu müssen, die ihnen fremd sind, und sie sind häufiger bei alltäglichen Entscheidungen gezwungen, ihre Urteilskraft einzusetzen. Die individuelle Herausbildung von Urteilskraft und die Chancen, diese auch wirksam einzusetzen, unterliegen veränderten Bedingungen – der Bedarf an Entscheidungen und Urteilen hat zugenommen und zugleich ist die Einbindung in Milieus mit ihren unterstützenden Funktionen fragiler. Dadurch werden jene Prozesse bedeutsamer, die ich *bezogene Urteilsbildung* nenne (Schröder 2006), nämlich das Angewiesensein auf Andere, die Positionen vertreten, an denen man sich reiben kann. Werturteilsbildung hat die Tendenz, zu einer intersubjektiven Werturteilsbildung zu werden.

Eine zweite Neu-Akzentuierung von politischer Bildung plädiert für eine Fokussierung auf *Demokratiepädagogik*, weil sie das tätige Handeln einschließt und – so könnten wir mit dem KJP sagen – den ganzen Dreischritt im Auge hat. Die wachsende Kluft zwischen Bürgern und der organisierten Politik bedroht das demokratische Gemeinwesen, weil ein Nichtengagement einer wachsenden Zahl von Menschen neuen Formen des Autoritarismus in die Hände spielt (Fauser 2004; S.46). Eine demokratiepädagogisch ausgerichtete politische Bildung hebt die aktive Einmischung deutlicher hervor, macht sie zu einem Element der Veranstaltungen und überlässt die Teilnehmenden auch in dieser Frage nicht sich selbst.

Diese Begründung erinnert an den Ursprung der spezifisch deutschen Variante der politischen Bildung, die als Reeducation der Alliierten nach dem 2. Weltkrieg den Übergang in die Demokratie bereiten sollte. Und sie schlägt einen Bogen zu den auf europäischer Ebene verwendeten Begriffen „Active Citizenship" und „Education for Democratic Citizenship", die auf zivilgesellschaftliche bzw. demokratische Aktivitäten und eine diesbezügliche Bildung zielen (Becker 2007).

3. Zielgruppen der Veranstaltungen und Zugänge zu den Teilnehmenden

Der Fragebogen hat viele Erkenntnisse über die insgesamt mit Hilfe der KJP-Mittel erreichten ca. 100.000 Teilnehmenden pro Jahr und deren Zusammensetzung im Hinblick auf Alter, Ausbildungsstatus, Geschlecht und kulturelle Herkunft sowie im Hinblick auf ihre Zugänge zur politischen Bildung hervorgebracht. Einige Ergebnisse seien hier kurz benannt.

Von den Teilnehmenden im Bezugsjahr 2001 waren knapp 45% im Alter von 14 bis 18 Jahren. Es ist nahe liegend, dass Jugendliche als originäre Zielgruppe der politischen Jugendbildung die größte Teilgruppe bildeten. Die nächste Altersstufe, die Gruppe der jungen Erwachsenen zwischen 19 und 27 Jahren, machten 34% von allen aus und schließlich waren 21% von allen über 27 Jahre alt. Im Hinblick auf das Geschlecht waren die Unterschiede geringfügig; es haben etwas mehr Mädchen und Frauen als Jungen und Männer an den Veranstaltungen teilgenommen.

Offensichtlich ist der Politischen Bildung eine verstärkte Einbeziehung von „sozial benachteiligten", eher bildungsfernen Jugendlichen gelungen; das zeigen die vergleichsweise hohen Anteile an SchülerInnen aus Hauptschulen und Realschulen mit zusammen 35%. Auch Auszubildende (14%), Berufstätige (15%) und Arbeitslose (4%) sind vergleichsweise stark vertreten, sodass die Gymnasiasten mit 24% und die Studenten mit 8% die Veranstaltungen nicht zu dominieren scheinen (Schröder u.a. 2004a; S.108ff.).

Einen Zugang zu den Veranstaltungen fanden gut 22% der Teilnehmenden im Klassenverband, was zum einen Hinweise auf die verbreitete Kooperation mit Schulen und zum anderen auf eine Einschränkung des Kriteriums „Freiwilligkeit" gibt.

Darüber hinaus haben wir uns die Zugänge zum Subjekt in der unmittelbaren pädagogischen Arbeit beschreiben lassen, um zu erfahren, wie die Teilnehmenden in den Veranstaltungen erreicht werden. Der folgende Auszug aus einem Einzelinterview mit einem Jugendbildungsreferenten verdeutlicht, wie er sich an die Subjekte in der Bildungsarbeit herantastet, um sie aktiv am Lernprozess zu beteiligen. Im vorliegenden Beispiel geht es um eher bildungsferne Jugendliche, die gemäß dem Konzept der Einrichtung an eine geschlechtsspezifische Auseinandersetzung herangeführt werden:

> „Was wir dann machen, ist zu gucken, welche Idee es von einer Gruppe gibt, wie man anknüpft. Wir arbeiten hier sehr stark mit einem am Prozess orientierten Ansatz, es gibt in der Regel kein festes Programm vorher, sondern es wird versucht, etwas mit der Gruppe zu entwickeln. Häufig gibt es im Seminar so Kipppunkte. Besonders bei den Jungen erleben wir häufig so eine Entwicklung, dass sie nicht glauben können, dass sie wirklich mit ihren Themen gefragt sind und nicht mit erwarteten Pädagogenthemen oder irgendwelchen heimlichen Lehrplänen, sondern dass es wirklich darum geht, für sie sozusagen diese Woche nutzbar zu machen und der Kipppunkt ist dann, wenn sie es wirklich erkennen und es ausprobieren und wenn sie es austesten, ob sie mit ihren Themen wirklich ankommen. Wenn sie selbst sozusagen einen Fahrplan schreiben können und wenn sie dabei unterstützt werden und dabei Spaß kriegen, das ist so der Kipppunkt. Wenn das passiert, entwickelt sich das vom Seminarverlauf einfach noch mal anders. Das ist auch eine Form der Partizipation, die wir wirklich versuchen im Sinne von: Wir schreiben unser eigenes Drehbuch."

4. Ziele und Themen, Formen und Methoden

Die mit der Bildungsarbeit verfolgten *Ziele* und deren Veränderungstendenzen (Bedeutungsgewinn und Bedeutungsverlust) liefern Hinweise auf das, was die BildnerInnen gegenüber den Teilnehmenden für bedeutsam halten. In der Reihe von elf im Fragebogen vorgegebenen Zielen, beziehen sich zwei Antwortvorgaben auf die Persönlichkeitsbildung: „Entwicklung sozialer Kompetenzen" und „Stärkung der Persönlichkeit beim Übergang in das Erwachsenenleben und Orientierungshilfen". Diese beiden Ziele verzeichnen den höchsten Bedeutungsgewinn mit 20 bzw. 16%. Umgekehrt liegen die folgenden drei Ziele auf der anderen Seite der Skala: „Internationale Solidarität", „Förderung friedenspolitischer Einstellung" und „Erlangung ökologischer Kompetenz". Sie verzeichnen den geringsten Bedeutungsgewinn und zugleich den höchsten Bedeutungsverlust (Schröder u.a. 2004a; S.129).

Insgesamt verdeutlichen die Ergebnisse zum einen die zunehmende Rolle, die die Stärkung des Subjekts bzw. die Persönlichkeitsbildung in der politischen Jugendbildung einnehmen und zum anderen die derzeit abnehmenden globalen Zielsetzungen wie Ökologie, Förderung friedenspolitischer Einstellungen und internationaler Solidarität. Das Mittelfeld zeigt, dass die Kernziele der politischen Bildung wie die „Weiterentwicklung der Demokratie und Erweiterung der Partizipationskompetenz" nicht in den Hintergrund geraten, sondern vielmehr, dass der aktuelle Zeitgeist und die veränderte, gesellschaftliche Situation junger Menschen ein Zusammenspiel verschiedener Dimensionen in der politischen Jugendbildung notwendig machen.

Spitzenreiter bei den *Themen*, die an Bedeutung gewonnen haben, sind: Extremismus/ Fremdenfeindlichkeit, Persönlichkeitsentwicklung und soziales Lernen, Konfliktbearbeitung/ Gewaltprävention. Dies erklärt sich zum Teil aus der Förderpolitik mit Sonderprogrammen und aus der Aktualität der Themen. Es weist aber zudem bei der Persönlichkeitsentwicklung auf gewandelte gesellschaftliche Anforderungen und auf einen veränderten Bildungsbegriff hin, der vermehrt die *Selbst- und Subjektbildung* betont. Das Thema Ökologie hat am stärksten an Bedeutung eingebüßt, auch das Geschlechterthema gehört zu den Verlierern. Allerdings muss diese Bedeutungsabnahme vor dem Hintergrund eines zuvor hohen Niveaus gesehen werden. Partizipation hat als explizit angebotenes Seminarthema nur eine geringe Relevanz, ist aber als strukturelles Element der Bildungsarbeit und insofern als wichtiges Querschnittsthema anzusehen. Partizipation findet vor allem praktisch statt, ihre zentrale Bedeutung zeigt auch die Auswertung der Trägermaterialien. Wenn Sondermaßnahmen einen großen Stellenwert bekommen, wird der thematische Spielraum der Träger eingeschränkt, aktuelle und von Jugendlichen nachgefragte Themen aufzugreifen. Deshalb gilt es hier, auf ein angemessenes Verhältnis zur Grundförderung zu achten.

Die außerschulische politische Bildung nimmt eine *Vorreiterrolle* in der Entwicklung neuer *Lernformen und Methoden* ein. Die von der Schule und anderen pädagogischen Bereichen teilweise übernommenen partizipativen und projektorientierten Methoden sind in der außerschulischen Bildungsarbeit zuvor erprobt, ausgewertet und publiziert worden. Die außerschulische politische Bildung ist laufend von dem Bemühen getragen, die Teilnehmenden zu einem eigenaktiven Lernen anzuregen, sie muss Methoden einsetzen, die Neugier erzeugen und Motivation entfachen. Die Erkundung, die Recherche oder die Arbeit an einer medialen Produktion kann als Selbstläufer wirken. Das ist wichtig für Jugendbildung, weil sie nur dann ihr Ziel erreicht, wenn sie von den Teilnehmenden umgesetzt wird. Diese nehmen nicht nur an einer Veranstaltung teil, sie übernehmen phasenweise selbst die Regie.

Methoden-Innovation ist auch künftig von diesem Arbeitsfeld zu erwarten, zumal sich durch schnelle gesellschaftliche Umbrüche die Mentalitäten der Jugendlichen und deren Erwartungen verändern – Erwartungen an Veranstaltungen, die ihnen von Form und Inhalt her zusagen. Allerdings darf es nicht darum gehen, methodische Vielfalt als solche zum Maßstab zu machen. Eine Anhäufung von Methoden kann auch der Verlegenheit entspringen, die lebensweltliche Nähe zu suchen, aber nicht wirklich in Kontakt zu kommen. Die Methoden sollten weder die inhaltlichen noch personenbezogenen Aufgaben und Erwartungen verdecken; sie sind vielmehr gezielt und angemessen einzusetzen.

5. Wirkungen bei den Teilnehmenden

In den Bildungseinrichtungen werden die Teilnehmenden gegen Ende der Veranstaltungen danach befragt, wie sie die verschiedenen Elemente von Lokalität und Verpflegung bis hin zu Inhalt, Darstellung, Verlauf und Seminarleitung bewerten. Eine Befragung der Teilnehmenden wird von den BildnerInnen im Vergleich zu anderen Auswertungsmethoden wie Selbstevaluation, Qualitätsmanagement oder Intervision für die erfolgreichste und nützlichste gehalten.

Auf diesen Teilnehmer-Rückmeldungen und Selbstevaluationen der Träger sowie auf den subjektiven Erfahrungen der JugendbildungsreferentInnen basieren Einschätzungen zur Wirkung der Bildungsarbeit in dem Fragebogen zur Evaluation des KJP Politische Bildung auf der Datenbasis von 2001 und in den Interviews und Gruppendiskussionen im Jahr 2002 (Schröder u. a. 2004a, S. 18ff.). Außerschulische Bildungsarbeit ist vom Teilnehmerzuspruch abhängig, die Teilnahme an den Veranstaltungen ist in der Regel freiwillig. Die Kenntnisse aus den Rückmeldungen der Teilnehmenden fließen an vielen Stellen in die Ergebnisse der Evaluation ein. Sie zeigt somit Wirkungen auf, auch wenn sie selbst keine direkte Befragung der Teilnehmenden enthält. Im Fragebogen war ein Abschnitt mit insgesamt acht Fragen dem Thema „Motivation und Lernprozesse der Teilnehmenden" gewidmet. Wir haben uns dort den Wirkungen aus verschiedenen Perspektiven genähert.

Auf die Frage, was wohl die *Motivation* der Teilnehmenden sei, an Veranstaltungen – möglicherweise mehrfach – teilzunehmen, verzeichnet die Zustimmung zu den 11 vorgegebenen Antworten ein vergleichsweise deutliches Bild:

- Die als am stärksten eingestufte Motivation ist das „gemeinsame Erleben in der Gruppe", danach kommt die „Begegnung mit Gleichaltrigen" und als dritte Motivation wird der „Freiraum für neue Erfahrungen jenseits des Alltags" genannt, gefolgt von „Hilfe für die eigene Lebensplanung und -gestaltung" sowie „das Gefühl, akzeptiert zu werden".
- Die im mittleren Bereich liegenden Motivationen sind „Aufmerksamkeit zu erfahren, die Auseinandersetzung mit Erwachsenen jenseits von Familie und Schule" sowie „die Auseinandersetzung mit interessanten Persönlichkeiten".
- Als eher mäßig starke bis schwache Motivationen wurden der „Erwerb praktischer Kompetenzen zur politischen Beteiligung", der „Erwerb von Wissen über politische Zusammenhänge" eingestuft, sowie „der Wunsch, politisch aktiv zu sein".

Die Motivation der Jugendlichen zur Teilnahme an Veranstaltungen der politischen Bildung besteht somit in erster Linie darin, dass sie sich ein gemeinsames Erleben in der Gruppe erwarten, Begegnung mit Gleichaltrigen suchen und einen Freiraum für neue Erfahrungen jenseits des Alltags erhoffen. Sie sind an einer Art des Lernens interessiert, das man als „soziales Lernen" bezeichnet. Der Erwerb von spezifischen Kompetenzen und die auf politische Aktivität gerichtete Motivation werden erst auf den hinteren Rängen genannt. Insofern kann man vermuten, dass politische Jugendbildung bei den Jugendlichen zunächst nicht als spezielles, fachliches Programm begriffen und gesucht wird.

Zwischen der Motivation der Teilnehmenden und ihren Lernprozessen besteht ein enger Zusammenhang. Die Motivation entwickelt sich häufig *erst im Verlauf des Seminars*, wenn das Interesse der Jugendlichen geweckt ist. Die politische Jugendbildung zeichnet sich durch eine Verbindung von Inhalten mit Motivation stiftenden Elementen aus, beispielsweise bei Klassenfahrten, internationalen Begegnungen oder in der Kulturpädagogik. Welche Bedeutung das Politische hat, wird den Teilnehmenden oftmals erst während des Seminars bewusst. Eine Jugendbildungsreferentin beschreibt diesen Lernprozess sehr anschaulich:

> „Wir hatten ein Seminar zum Thema Computer, Internet und die Jugendlichen haben selbstständig zu Rechtsextremismus, Männern, Frauen, Geschlechterverhältnis und Pornographie im Netz recherchiert. Fragestellungen waren, was müsste im Internet eigentlich kontrolliert werden, wo sind Problembereiche wie Computer- und Internetsucht, Probleme für das Individuum, für die Gemeinschaft – also Fragen, bei denen für uns klar ist, dass es auch politische Fragestellungen sind. Nach ein paar Tagen ging es dann darum, dass es ein Seminar der politischen Bildung ist. Die Jugendlichen meinten daraufhin, da war doch gar nichts politisch. Dann sind wir das alles noch mal durchgegangen, also Rechtsextremismus – ja, ja, doch schon. Und so ging das dann die ganze Spannbreite durch und am Ende war ihnen klar, das Leben hat etwas mit Politik zu tun."

Die *Wirkungen* ihrer Arbeit schätzen die BildnerInnen überwiegend so ein, dass die Veranstaltungen zu „Orientierungen" verhelfen – was zugleich auf einen zentralen Bedarf an einer Positionsbestimmung unter heutigen Lebensumständen und somit auf Hilfen bei der Urteilsbildung verweist. Auch das Kennenlernen neuer Handlungsweisen und die Eröffnung von neuen persönlichen Perspektiven werden häufig genannt. Eine unmittelbare Auswirkung der Veranstaltungen auf die Handlungsbereitschaft im politischen Raum wird dagegen weniger gesehen.

Die Tendenzen kann man der folgenden Tabelle entnehmen. Die Frage lautete: Wenn Sie die Wirkungen Ihrer politischen Jugendbildungsarbeit einschätzen, wie würden Sie Lernerfolge einordnen?[3]

Hervorzuheben sind noch zwei Items im mittleren Bereich der Rangfolgen: die „Weiterentwicklung interaktiver Kompetenz" auf Rang 4 und „Reflexive und selbstreflexive Kompetenzentwicklung" auf Rang 5. Beide Kategorien weisen auf Lernerfolge hin, die eine Stärkung im Umgang mit sich und anderen, also eine Stärkung der Persönlichkeit, anzeigen. Zu diesem Bereich kann man auch die Items „Positive affektive Veränderungen" und „Stabilisierung im Umfeld" zählen. Affektive und kognitive Veränderungen werden als ähnlich bedeutsam eingeschätzt, wie ein Vergleich dieser beiden Items zeigt.

---

3 Zur Beantwortung konnte man Einstufungen in der folgenden Rangfolge vornehmen: 1 = sehr häufig, 2 = häufig, 3 = gelegentlich, 4 = ausnahmsweise. Die Tabelle gibt den Mittelwert der Einstufungen an; wir haben die Rangfolge invertiert. In 119 der 125 zurückgesandten Fragebögen ist die Frage beantwortet worden.

Tabelle: Einordnung von Lernerfolgen

Lernerfolg	Mittelwert der Einstufungen
Hilfe zur Orientierung	2,40
Kennenlernen neuer Handlungsweisen	2,21
Neue persönliche Perspektiven	2,08
Weiterentwicklung interaktiver Kompetenz	2,05
Reflexive und selbstreflexive Kompetenzentwicklung	1,91
Neue Perspektiven für das politisch-gesellschaftliche Leben	1,84
Positive kognitive Veränderungen	1,81
Positive affektive Veränderungen	1,68
Stabilisierung im Umfeld (Familie, Schule...)	1,56
Veränderung der eigenen Handlungsweisen	1,54
Höhere Beteiligung an politischen Prozessen	1,08

(Schröder u. a. 2004a, S. 118).

Einen Hinweis auf die nachhaltige Wirkung können wir den Antworten zu einer Nachbetreuung der Teilnehmenden entnehmen. Gut zwei Drittel der BildnerInnen geben an, eine Nachbetreuung zu organisieren. Offensichtlich geht es in den meisten Fällen über ein Treffen hinaus, denn der Kontakt bleibt in über 50% der Angaben bis zu einem Jahr und länger erhalten. Das bedeutet zumeist, dass die Teilnehmenden sich an weiteren Veranstaltungen oder an Projekten von längerer Dauer beteiligen. In den Interviews wurde ein größerer finanzieller Spielraum für eine Projektarbeit gewünscht, weil sie für die Aktivierung und Partizipation mehr Chancen bietet als das einzelne Seminar.

6. Nach der Evaluation – Wirkungen im politischen Raum und weitere Ideen

Wie eingangs dargestellt, enthielt die Evaluation einigen politischen Zündstoff. Die Träger blieben in Sorge, ob die Ergebnisse den Zug in Richtung reiner Maßnahmenförderung aufhalten können und ob das Ministerium zu einer „ergebnisoffenen" Haltung stehen würde. Das Ministerium erhoffte sich eine fundierte Datenbasis aus einer trägerunabhängigen Forscher-Perspektive und schien noch nicht festgelegt im Umgang mit der förderpolitischen Frage, war jedoch äußerst skeptisch im Hinblick auf die Vorgaben von Bundesrechnungshof und Finanzministerium.

Als die Ergebnisse der Evaluation vorlagen und bei einer Abschlusstagung in Weimar präsentiert wurden, entwickelte sich ein Optimismus bei allen Beteiligten, der uns von Seiten der Evaluation nach den vorherigen teils schwierigen Erfahrungen überraschte. Es folgte ein Parlamentarischer Abend in Berlin, an dem wir zusammen mit der parallel verlaufenden Evaluation der Politischen Erwachsenenbildung, die Ergebnisse erneut präsentierten und mit Parlamentariern aller im Bundestag vertretenen Parteien diskutierten. Bei diesen und weiteren Veranstaltungen zeigte sich ein ähnliches Interesse von Ministerium und Trägern an einer vermittels Evaluation gelieferten empirischen Legitimationsbasis für eine bundesweit geförderte politische Jugendbildung und einer damit tragfähigen Infrastruktur. Man trug die Daten und Kernaussagen in den politischen Raum und fand Zustimmung.

Zugleich und parallel fanden die Vertreter von Ministerium und bundesweiten Dachverbänden in einer programmspezifischen Arbeitsgruppe des BMFSFJ einen Weg zur Sicherung der Infrastrukturförderung auf Bundesebene über die Mittel des KJP, ohne die Richtlinien erneut ändern zu müssen. Länge (2004) hat diesen Prozess und dessen Ergebnisse ausgiebig in der Fachzeitschrift „Praxis Politische Bildung" dargestellt, in der zuvor das Ministerium (Fricke 2005) und die Beiratsvertreter (Ballhausen/ Hafeneger/ Länge 2004) die Evaluation nach ihrer Fertigstellung aus ihrer jeweiligen Sicht bewertet haben. Die Statements von Vertretern der politischen Parteien im Bundestag zur politischen Bildung sind in Heft 4/2004 nachzulesen. Zwei Jahre nach Abschluss der Evaluation beschreibt der Redakteur der Zeitschrift, Johannes Schillo die mittelfristige Entwicklung folgendermaßen: „Die Ergebnisse der *Evaluation im Kinder- und Jugendplan des Bundes (KJP)* sind in die Arbeit des Jugendministeriums eingeflossen und haben, entsprechend der Zielsetzung, Einfluss auf die Neuorganisation der Förderstruktur genommen" (Schillo 2005; S.208).

Auch wenn die Evaluation somit zu einem ungewöhnlich positiven Exempel für politische Wirksamkeit geworden ist – was sich u.a. aus der besonderen politischen Konfliktkonstellation und notwendigen Weichenstellung für die Fördermodalitäten erklärt – konnte die begonnene Erforschung der pädagogischen Wirkung bislang nicht fortgesetzt werden. Während der Evaluation war in verschiedenen Gesprächen mit Ministerium und Beirat immer wieder davon die Rede, dass die Evaluation im Hinblick auf eine repräsentative Teilnehmendenbefragung zu erweitern ist. Bei verschiedenen Gelegenheiten – wie dem Parlamentarischen Abend oder einem Treffen mit den für Jugend und Bildung zuständigen Parlamentariern der SPD bei der Friedrich-Ebert-Stiftung – wurden konzeptuelle Essentials einer Wirkungsanalyse vorgetragen. Für die Generierung von Erkenntnissen über die tatsächlichen Wirkungen bei den Subjekten gilt es zu unterscheiden zwischen einerseits den unmittelbaren Eindrücken, die Bildungsveranstaltungen bei den Teilnehmenden hinterlassen und andererseits den Wirkungen, die mit einem zeitlichen Abstand festzustellen sind. Besonders in der Arbeit mit Jugendlichen ist zu bedenken, dass das in der Jugendphase Erlebte wenige Jahre später im jungen Erwachsenenalter in einem anderen Licht erscheint. Konflikte und Unwirklichkeiten der Pubertät, die das Abwehr- und Distanzverhalten gegenüber Bildung und gegenüber den als Bildner tätigen Personen beeinflussen, weichen einer biografieorientierten „Bilanzierung". Auf diese biografische Nachhaltigkeit hin ist eine empirische Untersuchung der Wirkungen auszurichten und damit auf die Frage, welchen Niederschlag die Erfahrungen aus den Seminaren und Projekten bei den Teilnehmenden selbst hinterlassen haben und welche Anregungen in den folgenden Jahren aufgegriffen wurden.

Literatur

Ballhausen, U./ Hafeneger, B./ Länge, Th. W. (2004): Aus der Sicht des Beirates. Zur Evaluation des KJP-Programmes „Politische Bildung". In: Praxis Politische Bildung, Heft 1, S. 28-32

Becker, H. (2007): Die Zwillingsaufgabe des Europarats: Von der Human Rights Education zur Education for Demokratic Citizenship. Erscheint in: Schröder, A./ Rademacher, H./ Merkle, A. ((Hrsg.): Handbuch Konflikt- und Gewaltpädagogik. Schwalbach /Ts.

BMI (Bundesministerium des Innern) (2001) (Hrsg.): Gemeinsames Ministerialblatt G 3191 A. Richtlinien v. 19.12.00, Kinder- und Jugendplan des Bundes (KJP). Berlin, den 10. Januar 2001, Nr. 2, S. 17-32

Fauser, P. (2004): Demokratiepädagogik oder politische Bildung? In: kursiv. Journal für Politische Bildung, Heft 1, S. 44-48

Fricke, P. (2005): Fit machen fürs 21. Jahrhundert – Zur Bedeutung der politischen Bildung für die demokratische Entwicklung. In: Praxis Politische Bildung, Heft 1, S. 25-28

Hafeneger, B. (2005): Politische Bildung. Fünf prinzipielle Anmerkungen. In: Praxis Politische Bildung, Heft 2, S. 116-119

Kardorff, E. v. (2000): Qualitative Evaluationsforschung. In: Flick, U./ Kardorff, E. v./ Steinke, I. (Hrsg.): Qualitative Forschung. Ein Handbuch. Reinbek, S.238-250

Länge, Th. W. (2004): Die Evaluation der politischen Jugendbildung. Ein vorläufig letzter Kommentar. In: Praxis Politische Bildung, Heft 4, S. 267-276

Schillo, J. (2005): Kleine Nachlese zur Evaluation. In: Praxis Politische Bildung, Heft 3, S. 203-209

Schröder, A./ Balzter, N./ Schroedter, Th. (2004a): Politische Jugendbildung auf dem Prüfstand. Ergebnisse einer bundesweiten Evaluation. Weinheim und München

Schröder, A./ Balzter, N./ Schroedter, Th. (2004b): Evaluation der politischen Jugendbildung. In: Praxis Politische Bildung, Heft 1, S. 8-23

Schröder, A. (2006): Person, Interaktion und politische Sozialisation. Über den Bedeutungszuwachs von Lernen am Anderen. In: Außerschulische Bildung, Heft 2, S. 158-165

Witzel, A. (2000): Das problemzentrierte Interview. Forum Qualitative Sozialforschung / Forum: Qualitative Social Research (Online Journal), 1(1). Abrufbar über: http://qualitative-research.net/fqs

Werner Lindner

„Ich lerne zu leben" – Bildungswirkungen in der kulturellen Kinder- und Jugendarbeit

Nachdem die bundesdeutsche Bildungsdebatte die Kinder- und Jugendarbeit in einer ersten Welle vornehmlich auf der *programmatisch-konzeptionellen* Ebene ereilt hat, haben sich in der Folge etliche Vorhaben der *empirischen* Validierung gewidmet (vgl. die Beiträge von Kreher, Düx/ Sass; Corsa in diesem Band), die insbesondere den Nachweis von Bildungswirkungen anzielten. Während und teilweise schon bevor der 12. Kinder- und Jugendbericht feststellte, dass „es keine annähernd vergleichbaren Aussagen über die Bildungsleistungen, wie sie etwa die PISA-Untersuchung ermittelt hat, für außerschulische Bildungsangebote (gäbe)" und feststellt, dass es „weitgehend ungeklärt (sei), welche individuellen Effekte die Jugendarbeit als Bildung tatsächlich erzielt" (BMFSFJ 2005, S. 386f bzw. 390), haben sich einige Projekte bereits genau der Bearbeitung dieser Thematik gewidmet, um die Kluft zwischen Bildungsanspruch, Bildungspraxis und Bildungswirkungen (vgl. z. B. Lindner/ Sturzenhecker 2004) zu bearbeiten.

Der Ausgangspunkt lässt sich wie folgt pointieren: Auf der einen Seite wurde die Kinder- und Jugendarbeit in die öffentliche Bildungsdebatte hineingestoßen, um dort ein Bildungsverständnis zu vertreten (und praktisch umzusetzen), dass ihr bisweilen selbst noch nicht ganz klar zu sein schien. Zugleich wurde der Bildungsauftrag der Kinder- und Jugendarbeit in der Praxis eher mit gelindem Widerwillen zur Kenntnis genommen; auf einer dritten Ebene wurde das, was Bildung sein könnte unzulässig überdehnt. („Alles Bildung!") Zwar antwortet etwa v. Hentig auf die Frage „Was bildet den Menschen?" kurz und bündig: „Alles." (Hentig 1996; S. 15) – deswegen ist aber noch nicht alles, was in der Jugendarbeit bzw. Jugendhilfe geschieht – etwa Flippern, Kochen oder Fußballspielen – automatisch schon Bildung.

Die kulturelle Kinder- und Jugendbildung hat auf diese Herausforderung als erste reagiert; der vorliegende Beitrag basiert auf einer Untersuchung für die Landesvereinigung kulturelle Jugendbildung (LKJ NRW), die im Rahmen des Wirksamkeitsdialoges zu erkunden hatte, welche Bildungswirkungen in kulturpädagogischen Angeboten identifizierbar sind. Sofern die auf Freiwilligkeit basierende

Angebotsstruktur von ihren Zielgruppen im Sinne aktiv-erprobender, kreativer Auseinandersetzung mit ästhetischen, künstlerischen oder kulturellen Materialien und Medien genutzt wird, sei davon auszugehen – so die Hypothese –, dass vielfältige subjektbezogene Anregungs- und Bildungsprozesse mit hoher Wahrscheinlichkeit stattfinden. Die durchgeführten Evaluationen dienten mithin nicht primär der Beantwortung der Frage, *ob* sondern: *welche* Bildungseffekte festzustellen wären. Die Analysen ermöglichten vorrangig die Beschreibung, Dokumentation, Darstellung und Präzisierung von Bildungseffekten bzw. Bildungsimpulsen. Da bislang in der Evaluation von Bildungswirkungen der Kinder- und Jugendarbeit kaum Erkenntnisse vorliegen, kommt dem hier dokumentierten Vorhaben durchaus der Charakter einer „experimentierenden" Evaluation (Heiner 1998) zu.

Bereits 2002 wurde in einer Publikation des BMFSFJ zwar gefordert, dass „insbesondere angemessene Dokumentations- und Evaluationsverfahren zu entwickeln und durchzusetzen (sind)", zugleich aber eingeräumt, „dass MitarbeiterInnen sich selbst nicht immer sicher sind über die Wirkungen ihrer Tätigkeit. Diese Schwäche wird allerdings verständlich, da die Kompetenzen und Bildungswirkungen der Jugendhilfe oft nicht leicht zu „messen" sind und eine – etwa qualitativ vorgehende – praktikable Methodologie kaum vorhanden ist." (Bundesministerium für Familie, Senioren, Frauen und Jugend 2002, S. 11; vgl. Gromann 1996, Haubrich/ Lüders 2001)

Für eine dem Bildungsbegriff angemessene evaluative Vorgehensweise war und ist es deshalb entscheidend, die unhintergehbaren Besonderheiten von „Bildung" zu berücksichtigen, wie

- das Faktum der *Nichtplanbarkeit von Bildungsprozessen*;
- das Faktum *lebenslangen Lernens*; und
- das Faktum der *Subjektorientierung*.

Ist davon auszugehen, dass in einem begriffsadäquaten Bildungsverständnis „der Mensch Aufgabe seiner selbst" ist und demzufolge „Bildung ebenso wie das Subjekt nicht verfügbar (sind)" (Liegle/Treptow 2002, S. 14), dann besteht das entscheidende Evaluationsproblem darin, etwas zu untersuchen und dingfest zu machen, was sich einer manifesten Bewertung permanent entzieht. Der 12. Kinder- und Jugendbericht trägt dieser Sichtweise Rechung in der Aussage: „Das Angebots- oder Bildungsprogramm, die behauptete oder zugeschriebene Leistung sind nicht zwangsläufig identisch mit dem individuellen Ertrag (…) Grundsätzlich ist bei einer Bilanzierung der Bildungsleistungen deshalb danach zu fragen, welche Bedeutung die AdressatInnen selbst diesen zumessen, wie sie die Angebote definieren und in ihrem Sinne nutzen. (…) Verallgemeinert kann festgehalten werden, dass sich Bildungsleistungen offenkundig nicht in erster Linie an Programmen und Angeboten festmachen lassen, sondern maßgeblich von der subjektiven Bedeutung und Aneignung bestimmt werden." (BMFSFJ 2005, S. 387f)

Auf der Basis dieser Prämissen ist es nur folgerichtig, für die Evaluation einen deutenden, qualitativen Zugang zu wählen. Versteht man Bildung als nicht plan- und steuerbare Eigenaktivität des sich bildenden Individuums, so wird eine adäquate Evaluation von Bildungsimpulsen oder Bildungseffekten nur über den Einsatz gegenstandsangemessener Methoden zu gewährleisten sein, die interpretativer Natur sind. Denn nur so sind die *subjektiven Einschätzungen und Bildungseffekte überhaupt näherungsweise aus der Sicht der beteiligten Kinder und Jugendlichen zu erschließen*, ohne vorgegebenen Vorstellungsmustern (z. B. eines Bildungskanons oder detaillierten Kompetenz-Taxonomien) zu unterliegen (Hitzler/ Honer 1997a; Bohnsack 1999; Friebertshäuser/ Prengel 1997; vgl. hierzu die Erörterungen innerhalb der kulturellen Jugendarbeit u. a. Fuchs 2002a; 2002b; BKJ 2002a, BKJ 2002b; BKJ-Modellprojekt „Lernziel Lebenskunst").

Dabei ist einzuschränken, dass selbst mit einem solchen Zugang allenfalls tentative und punktuelle Bildungseffekte, besser und vorsichtiger noch: *Indikatoren* für mögliche Bildungsimpulse erschlossen werden können, nicht aber manifeste „Bildungserfolge" – denn jede Bildung bleibt immer und unumgänglich biografisch unstet, damit vorläufig, exemplarisch und ambivalent. Weitere Relativierungen ergeben sich durch die stets mitwirkende Subjektivität des Evaluierenden/ Forschers im Evaluations- bzw. Forschungsprozess sowie durch die Vermitteltheit von Beobachtungen, die eigentlich Interpretationen (des Forschers) von Interpretationen (der befragten Subjekte), also Konstruktionen über Konstruktionen oder sog. „Konstruktionen zweiter Ordnung" (Hitzler/Honer 1997, S.8) sind.

1. Das Evaluationsprojekt

Die Evaluation wurde von der Landesvereinigung Kulturelle Jugendarbeit Nordrhein-Westfalen e.V. im Rahmen des Wirksamkeitsdialoges initiiert. Da ein gegenstandsadäquater Zugang zur Einschätzung von Bildungseffekten qualitativer Natur sein sollte, wurde ein narrativer Zugang (Glinka 1998, Friebertshäuser 1997) gewählt, der mit Rücksicht auf die gesetzten Rahmenbedingungen und dem hiermit verbundenen Zwang zur Ökonomie als Leitfadeninterview durchgeführt wurde. Nach einer Erklärungsphase (Sinn und Zweck des Interviews, Aufzeichnung, Verschriftlichung, Anonymität) begannen die Interviews jeweils mit einer offenen Einstiegsfrage (erzählgenerierender Einstiegsimpuls), die den Darstellungen der

Kinder und Jugendlichen breitesten Raum ermöglichte: „Könntest Du bitte über Deine Eindrücke und Erfahrungen aus dem Projekt X berichten?"

Im Zuge des weiteren Interviews wurden, je nach situativer Angemessenheit im Rahmen einer Nachfrage- und Präzisierungsphase weitere Fragestellungen nachgeschoben:

- „Gab es in dem Projekt X für Dich irgendwelche *neuen Erfahrungen*?" (Bezug: Bildung als „Arbeit an der Differenz")
- „Gab es in dem Projekt etwas, was *schwer* war?" (Bezug: Bewältigung von Anstrengung, Herausforderung, „Arbeit an der Differenz")
- „Gab es etwas in dem Projekt, was *Spaß* gemacht hat?" (Spaß als Motor informellen und freiwilligen Lernens)
- „Wenn Dich jemand fragen würde, ob Du in dem Projekt etwas *gelernt* hast; was würdest Du antworten?" (Reflexionsbezug von Bildungserfahrungen)

Das Interview schloss mit der Möglichkeit, unter dem Motto *Letzte Worte* noch einen abschließenden Eindruck (Bilanzierungsphase) abzugeben.

Insgesamt wurden 51 Interviews durchgeführt. Aus den Antworten der Kinder und Jugendlichen wurden zunächst 8 Kategorien gebildet, die im Zusammenhang mit Bildungseffekten von Belang sind. Die nachfolgend ausgewählten Äußerungen der Kinder- und Jugendlichen ziehen sich in verschiedenen Mischungsverhältnissen zum Teil quer durch unterschiedliche Themenbezüge und Kategorien, so dass einzelne Äußerungen bisweilen in mehreren Kategorien hätten platziert werden können. Am Ende der jeweiligen Textpassagen sind jeweils Geschlecht (m = männlich; w = weiblich) und Alter angegeben. Aus Platzgründen wird im Folgenden jede Kategorie auf nur drei illustrierende Beispiele beschränkt.

2. *Und dann haben wir auch unseren Ideen freien Lauf gelassen* – Bildungseffekte als gefahrloses Testen, als Spielwiese und Erprobung eigener Fähigkeiten

Die hier anschließenden Äußerungen von Kindern und Jugendlichen erweisen die Bedeutung der kulturellen Kinder- und Jugendarbeit als Ort des ungefährdeten Testens, des Ausprobierens eigener Möglichkeiten und der probenden Gestaltung individueller Vorstellungen.

> „Erlebt habe ich das (gemeint: das kulturelle Projekt, W. L.) als eine Zeit, wo man ausprobieren kann, verschiedene künstlerische Sachen und sich selbst auch ein bisschen darstellen kann." (m 16 J.)

> „... das mit der Musik und der Homepage hat Spaß gemacht, weil mit der Homepage, da konnten wir auch Fotos reinstellen und so. Und dann haben wir auch unseren Ideen freien Lauf gelassen, das fand ich gut." (w 12)

3. Weil das war also wirklich happy, zu sehen, was wir da rausgebracht haben als Ergebnis, in Zusammenarbeit mit anderen Leuten – Peerorientierung, Peer-Kooperation und Bildung

Im Kontext von Bildungsimpulsen ist hervorzuheben, dass die Anwesenheit der Peergroup bedeutsam ist, weil Jugendliche nicht nur von PädagogInnen, an Materialien oder Medien lernen, sondern auch voneinander. Auf der Ebene einer freiwilligen, selbstbestimmten und symmetrischen Kommunikation und Kooperation gibt die Peergroup in Bildungsprozessen wichtige Rückmeldungen, verstärkt positive Erfahrungen, wirkt mit bei Entscheidungen, unterstützt bei der Verarbeitung von Misserfolgen, erlaubt Rückhalt, aber formuliert ebenso Anregungen und Anforderungen:

> „ (...) dass sich bei einem Seminar noch Freundschaften gefunden haben. Ich hab halt erlebt, dass es einen ziemlich großen Zusammenhalt hier in der Gruppe gibt, der sich so entwickelt hat." (w 16)

> „Man probiert's aus, man lernt sich nach 'ner Zeit in der Gruppe besser kennen und dann klappt auch alles besser. In der Zeit wurde das Verhältnis zu allen Leuten besser und man ist auch lockerer miteinander umgegangen." (w 17)

4. Das war halt alles uns überlassen, das war ja auch dann gut – Bildungsimpulse als eigenständiges und selbstständiges Handeln

In etlichen Aussagen der Kinder/ Jugendlichen weisen diese explizit daraufhin, dass ihnen ein Handeln jenseits curricularer oder sonstiger Vorgaben wichtig ist. In diesem Zusammenhang, der eng mit den Äußerungen in Punkt 2 korrespondiert, legen die Kinder und Jugendlichen Wert darauf, ihren „Eigensinn" zu kultivieren, ihre eigenen Erfahrungen zu machen und auch ihre eigenen Antworten zu finden.

> „Spaß gemacht hat insbesondere, dass wir diese Homepage selber gemacht haben und nicht, dass wir irgendwie wie in der Schule (....), der Lehrer gesagt hat: „Du machst bitte das" und dann, das wir halt die eigenen Ideen da reinbringen konnten." (w 14)

> „Das war gut, weil wir da Ideen selber machen, also Ideen in die Wirklichkeit umsetzen konnten." (w13)

5. *Weil wir so viel lachen mussten* – die besondere Lern- und Arbeitsatmosphäre für Bildungsimpulse

In Anknüpfung an Punkt 3 wird von vielen Kindern und Jugendlichen eine spezifische Lern- bzw. Arbeitsatmosphäre thematisiert, die für Bildungsimpulse nicht nur hilfreich, sondern notwendig ist: Erst freundliches Aufeinander-Zugehen, Befreiung von fremdbestimmten Leistungsanforderungen, Offenheit, Humor und „Fehlerfreundlichkeit" bewirken ein Klima der Ermutigung, in dem das angstfreie Ausprobieren und Austesten neuer Möglichkeiten gewagt werden kann. Diese Lernatmosphäre wurde mehrfach implizit und explizit in den Gegensatz zu schulischem Lernen gestellt, in dem Leistungspflichten bzw. -druck, Anspannung und Lernkontrollen vorherrschen:

> „Die Leute sind alle furchtbar nett und alle versteh'n sich ziemlich gut." (w 13)

> „Wir haben sehr viel gelacht, sehr viel in der Zeit. Wir haben zu dritt gearbeitet, und ich wollte, dass zwei stehen und eine kommt dazu. Aber dann fand ich, dass sah irgendwie so komisch aus, da haben wir gelacht, weil wir das so witzig fanden, wie das überhaupt aussieht." (w 16)

> „Ja, die Zusammenarbeit. Man hat sich nicht so viel gestritten, wie wenn man im Unterricht sitzt, und so war das alles so eine Gruppe, wo wir auch gelacht haben und auch dabei Spaß gehabt haben. Bei dem Fotomachen, das mussten wir halt öfters noch mal neu machen, weil wir so viel lachen mussten." (w 16)

6. *Irgendwann hat's geklappt* – ‚Arbeit an der Differenz', Anstrengungen und unvermutete Erfolge als Indikatoren für Bildung

Wesentlich für Bildungserfahrungen sind Anstrengungen, die bewältigt werden und zu Erfolgen führen, die zuvor so nicht im individuellen Bewusstseinhorizont der Kinder/ Jugendlichen angesiedelt waren. Diese *Arbeit an der Differenz* erstreckt sich in vielfältigen Facetten auf Lerneffekte und neue Erfahrungen, auf Herausforderungen, sich ins Ungewisse (und damit an die eigenen Grenzen) zu wagen, sich etwas (zu)zutrauen, sich auf Unbekanntes einlassen und darin zu bestehen, Krisen und Phasen der Entmutigung zu durchleben, auf Anerkennung und Selbst-Ermutigung nach bestandenen Prüfungen, auf das Bestehen von Anforderungen nach hochkonzentrierten und disziplinierten Anstrengungen, in die auch Erfahrungen von Erfolg und Misserfolg integriert werden:

> "Ja, das war der Anfang, da erst mal in dieses Ganze reinzukommen, das war erst mal sehr schwer, Ideen zu entwickeln, Also, wenn sobald man drin war, ging's einfach, aber erst mal sich zu befassen mit dem Thema und Ideen da zu entwickeln, wie man das denn jetzt auf'm Plakat alles präsentieren kann, das war halt schon 'n bisschen schwer. Und da wurde uns auch geholfen, da wurden uns Tipps gegeben und dann 'n paar Stichwörter und so ging's dann nach 'ner Zeit, und dann, wenn man einmal drin war, dann wusste man, was man vorhatte und dann ging das." (m 15)

> "Es gab natürlich auch mal Schritte, die gingen nicht sofort in' Kopf, aber dann ist man das noch mal zu Hause durchgegangen, dann kam das dann alles…" (m 11)

> "Am Trapez, das war, ich kann das jetzt nicht so richtig erklären, weil hier ist ja kein Trapez. Das ist so, die Stange, wo man sich dran hoch angelt, die ist dann hier, und das Seil ist dann hier um die Beine gewickelt, um die Oberschenkel, so. Und dann ja, zieh, ich weiß es tut weh, aber zieh, zieh, zieh! Ich hatte keine Kraft mehr, ich konnte nicht ziehen, es tat dann auch weh, aber das war ja klar, dass es also weh tut. Und dann hat's auch nicht geklappt und das fand ich sehr schwer, überhaupt mal so weit zu kommen, dass die Stange erst mal hier ist." (w 9)

7. *Aber ich zieh das meistens auch durch, weil's Spaß macht* – Bildung, Spaß und Leistung

Unter den Bedingungen von Freiwilligkeit funktionieren Spaß und Interesse als „Motoren des Lernens", wie es durch die nachfolgenden Aussagen dargestellt wird:

> "Spaß gemacht hat speziell das Bearbeiten der Fotos, und ich habe auch darauf geachtet, dass verschiedene Nationalitäten fotografiert wurden." (m 15)

> "Das Experimentieren hat Spaß gemacht. Und manchmal ist einem da wieder was eingefallen, was Neues, zum Beispiel dass die dann beide vom Negativbild ins Positiv umwandeln, dass man da auch noch verschiedene Bilder in eins machen kann, und das sah dann auch ganz interessant aus." (w 10)

> "Wenn das hier dann total heiß ist, dann kann man sich nicht so gut konzentrieren und auch das schreiben, wenn man dann in der Redaktion sitzt, aber ich zieh das meistens auch durch, weil's Spaß macht." (w 10)

8. *Der hat uns immer total ermutigt* – Pädagogische MitarbeiterInnen und ihre Funktion in Bildungsprozessen

Bildungsanregungen und Bildungsprozesse sind aufs Engste verbunden mit der persönlichen Beziehung zwischen Kindern/ Jugendlichen und den pädagogischen MitarbeiterInnen. Über diese erfahren Kinder und Jugendliche direkte zwischenmenschliche Wertschätzung und Anerkennung. Diese Erwachsenen schaffen über eine angstfreie, humorvolle und vertrauensvolle Umgebung wichtige Rahmenbedingungen für die Selbstentfaltung von Kindern und Jugendlichen, ebenso aber fordern sie diese bisweilen auch zu neuen Anstrengungen heraus. Es gehört mit zu den elementarsten pädagogischen Kompetenzen, das jeweils passende Anforderungsniveau zwischen Unter- und Überforderung herauszufinden, situationsflexibel zu entscheiden, wann was zu *tun* (und ebenso wichtig: wann etwas zu *lassen*) ist, um die Selbstaktivierungspotenziale der Kinder und Jugendlichen in Gang zu setzen. In Bildungsprozessen wirken PädagogInnen immer auch durch das ganz eigene persönliche Vorbild und den eigenen Habitus, sofern Bildungsanregungen eher von „anregenden" Personen initiiert werden können:

> „…dass das hier schön ist, und alle Leute hier sehr nett sind und der J. (päd. Mitarbeiter; W.L.) gesagt hat, wenn Du hier bist, da macht das immer viel Spaß." (m 12)

> „Und der D., das war unser Lehrer, der hat uns immer total ermutigt, so: Das schafft Ihr! und so. Der hat uns freien Lauf gegeben, also er wollte schon seine Sachen machen, aber wir durften uns auch selber Schritte aussuchen und alles Mögliche machen." (m 11)

> „Spaß gemacht hat auch, wie er (der Päd., W.L) uns das erklärt hat, der war immer so lustig und auch auf unserer Ebene, also mit ‚cool' und ‚krass' und so was. Er hat uns immer aufgemuntert, dass hat Spaß gemacht." (w 11)

9. *Rauszufinden, ob mir das was bringt oder nicht, für später –* Sachkompetenz und Leistungsorientierung

Einige Interviews zeigten, dass Jugendliche die Angebote der kulturellen Jugendarbeit durchaus in Zusammenhang mit einem funktionalen persönlichen oder berufsbezogenen Nutzen sehen. Dies wurde insbesondere dort deutlich, wo sich Bildungserfahrungen mit dem Erwerb von Sachkompetenzen verbinden ließen. Auch wenn eine solche explizit nutzen-, kompetenz-, qualifikations- oder ausbildungsbezogene Funktionalisierung der kulturellen Jugendbildung nicht zu deren vorab gesetzten *Zielen* gehören kann, ist es gleichwohl zu akzeptieren, dass ihre Angebote im Eigensinn ihrer jeweiligen Nutzer/innen – auch gegen pädagogische Absichten – in andere Kontexte gestellt werden:

> „Ich will sowieso in die Werbebranche gehen und irgend so was in so einem Beruf. Für mich war das, also für Leute, die jetzt Abitur machen, ist das jetzt vielleicht nicht so interessant, sondern erst nach dem Abitur interessant. Aber für mich, wenn ich den Beruf weiter ausüben möchte, ist das für mich sehr interessant, weil ich da was Neues gelernt habe, was überhaupt wichtig ist in der Werbebranche. Ich mach ja jetzt das zu Hause, also ich hab

alles jetzt gelernt da, also in diesem Programm. Und ich hab für mich gelernt also, wie das überhaupt dazu kommt, so Farben, dass zum Beispiel auf einem Plakat solche Farben sind, auf dem anderen solche und wie das überhaupt entstanden ist, das hab ich gelernt." (w 16)

„Generell ist es so, dass mein ganzes gewähltes Berufsfeld, mein künftiges hoffentlich, nur auf dieser Arbeit hier beruht. (...) Im Moment überlege ich, ob ich Mediengestalter oder Werbekaufmann mache. Und diese ganze Richtung hat sich dadurch entwickelt; ich hab ursprünglich beim Herrn W. (Päd., W.L.) Ukulele gespielt, dann ein paar andere Instrumente durchgenommen und er hat dann immer gefragt, ob wir nicht mal einen Zeichentrickfilm vertonen wollen. Und dann mussten wir den erst mal schneiden. Das war damals halt auf'm Amiga halt so 'ne ganz simple Animationsgeschichte. Darüber sind wir dann zum Video gekommen und da hab ich mich dann richtig festgesetzt, in diesem Bereich. Und das ich jetzt hier den Zeichenkursus mache, ist nur 'ne Erweiterung, damit ich für mich selber, wollt ich's halt so machen, dass ich dann Storyboards und Designskizzen und so weiter in einer Form präsentieren kann, die nicht lächerlich wirkt. Und deshalb mache ich diesen Zeichenkursus." (m 19)

„Ich hab da irgendwie zum ersten Mal damit gearbeitet (mit dem PC, W.L.). Ich hab das bis jetzt nicht noch mal verwenden können, deshalb weiß ich nicht, ob ich es noch mal verwenden werde. Später vielleicht im Job, wenn ich was im Medienberuf machen werde oder so, dafür hat sich das schon gelohnt." (w 16)

10. Bildungsimpulse

Deuteten die vorangegangenen Äußerungen der Kinder- und Jugendlichen bereits auf eine Vielzahl von inhärenten Bildungsimpulsen, so blieb dabei die selbstreflektierende Dimension noch unterbelichtet. Es ist davon auszugehen, dass bereits die Frage nach bestimmten Erfahrungen im Rahmen der Angebote Anlass gab, diese zu erinnern, zu selektieren, zu formulieren und insofern reflektierende Momente zu aktivieren. Noch einen Schritt weiter in Richtung einer dem Subjekt selbstbewussten Bildung sollte hier die explizite Frage nach den eigenen Lernerfahrungen gehen; und diese ergab die nachfolgend exemplarisch ausgewählten Antworten:

„Ich habe gelernt, mit anderen auch was so irgendwie zu machen, und selber auch was dazu zu sagen und nicht immer nur dabei stehen und sich das von den anderen anhören und dann auch ganz brav mitmachen, sondern sagen: Nein, das gefällt mir nicht, oder: Ja, das ist 'ne gute Idee. Ja in den Klassen, da gibt's welche, die sind so und die sitzen da und lassen sich dann alles gefallen, und das war jetzt da nicht so." (w 11)

„....,dass ich gelernt hab, wie ich mit anderen Kindern auch umgehe, und dass die alle was Besonderes haben. Manche Kinder können mehr Aufwärmungsübungen machen, und manche eben halt nicht. So wie ich früher." (w 11)

„Ich habe gelernt, dass man Geduld haben muss, also Geduld ist schon, also das geht nicht von heute auf morgen, sondern da brauchte man schon Wochen, um ein Plakat herzustellen. Also, das war schon harte Arbeit, die wir da hatten. Ich hab gelernt, dass man Geduld braucht für so eine Arbeit, dass da sehr viel Schweiß hinter steckt." (m 17)

Die Kinder und Jugendlichen berichteten hier über ihre subjektiven Lernerfahrungen. Im Ergebnis aller Interviews haben sie in der kulturellen Jugendarbeit im Sinne subjektiv wahrgenommener Fähigkeits- und Erfahrungszuwächse gelernt:

- dass es Spaß macht, andere zu begeistern
- sich in andere (Rollen) hinein zu versetzen
- aufeinander zu achten
- auf andere offener zugehen
- sich zu konzentrieren
- Reihenfolgen (Ordnungen) zu wahren und einzuhalten
- dass etwas scheinbar „Leichtes" schwer sein kann
- vorhandene Möglichkeiten kreativ zu erweitern
- Neues zu gestalten und ohne Anleitung eigenständig fortzusetzen
- den eigenen Körper zu spüren, zu kennen und einzuschätzen
- die Besonderheit des Anderen anzuerkennen
- Hilfe und Unterstützung anzufordern und zu akzeptieren
- manche Dinge genauer anzusehen
- den Mund aufzumachen und sich zu Wort zu melden
- Geduld aufzubringen
- die eigene Ratlosigkeit zu überwinden
- zu kooperieren/ in Gruppen zu arbeiten
- Gefühlsausdrücke darzustellen/ den eigenen Gefühlen Ausdruck zu geben
- eigene Berührungsängste zu bearbeiten
- eigene Lernfortschritte wahrzunehmen
- eigene Fehler zur Kenntnis nehmen und daraus lernende Konsequenzen ziehen
- neues Wissen und neue Sachkompetenzen handelnd zu erwerben
- vorsichtig und behutsam mit Sachen umzugehen
- etwas selber auszuprobieren
- die eigenen Kräfte einzuteilen/ eine Ökonomie des eigenen Körpers zu entwickeln
- aktiv die eigene Meinung einzubringen
- Streit produktiv bewältigen
- zusammen zu halten
- toleranter mit (fremden) Mitmenschen umzugehen
- auf andere besser einzugehen
- zu improvisieren
- abstrakt zu denken

11. Konkretisierung von Lernerfahrungen und Bildungsimpulsen

Einen noch deutlicheren Eindruck über das vielfach unausgeschöpfte Deutungspotenzial der erhobenen Aussagen kann im vorliegenden Beitrag nur exemplarisch und abgekürzt an einem Beispiel erfolgen. So antwortete ein Jugendlicher (m 17) im Rahmen einer Befragung zu seinen Erfahrungen aus einem Theaterprojekt: *„Ich lerne zu leben."*

Diese Aussage umfasst in ihrer Abstraktheit das aktuelle Bildungsprogramm unter den Bedingungen einer sog. „reflexiven Moderne" und offenbart dabei eine realistisch-zuversichtliche Grundhaltung. Der Jugendliche weiß, dass er etwas gelernt hat und dass er noch weiter lernen muss. Die Tatsache, dass er selber der Auffassung ist, er habe gelernt zu leben, zeigt auf, dass ihm klar sein muss, dass sich das Leben offenbar nicht „von allein" lebt, sondern eben gelernt werden muss. Dabei sieht er sich selbst in seiner Lernbedürftigkeit. Und dies verweist auf die Thematik moderner Biografisierung: Leben und Entscheiden unter den Bedingungen von Ungewissheit. Auf der anderen Ebene verhält er sich reflexiv zu seinen jugendlichen Entwicklungsaufgaben, obwohl anzunehmen ist, dass er höchstwahrscheinlich kaum etwas über die Theorie jugendlicher Entwicklungspsychologie weiß. Seine Aussage wäre zudem auf einer noch anderen Ebene in Beziehung setzen zu dem *Projekt Lebenskunst* und erlaubt auch hier deutende Konnotationen zu dem gleichnamigen BKJ-Projekt und zu Friedrich Schlegel oder der Arbeit von Wilhelm Schmid (Schmidt 1991). Der Jugendliche empfindet und äußert diese lebensphilosophische Programmatik, obwohl er höchstwahrscheinlich weder das BKJ-Projekt kennt, noch Friedrich Schlegel oder Wilhelm Schmid gelesen hat.

12. Fazit

Im Rahmen der durchgeführten Untersuchung hat die kulturelle Kinder- und Jugendarbeit bzw. Kulturpädagogik als „offen-vielfältiges System von Erfahrungsorten, Bildungsinhalten und Beziehungsformen im Umgang mit symbolischen Formen und experimentellen Lebensstilen" (Zacharias 2001; S. 137) den Zugang zu unterschiedlichsten Bildungseffekten eröffnet, die dazu beitragen Ich-Stärke, Erfahrungen der Selbstwirksamkeit, soziale Sensibilität und die Kultivierung der ästhetischen Expressivität zu entwickeln. Mit der vorgelegten Evaluation aus der kulturellen Jugendarbeit ist allenfalls ein erster Schritt in Richtung auf eine Präzisierung und Dokumentation von Bildungswirkungen erfolgt; die Ergebnisse sind eher fotografischen „Schnappschüssen" vergleichbar. Inwiefern diese Bildungseffekte zu einem „in der Person bleibenden Ergebnis führen, mithin eine tiefer gehende Verankerung von Selbsttätigkeit, Verinnerlichung, Aneignung und damit persönlichkeitsbildende Langzeitwirkungen erzielen, oder gar zu einem Moment des jeweiligen Welt- und Selbstverständnisses und des hieraus resultierenden Handelns erwachsen" (Hornstein 2003; S. 15), war nicht zu evaluieren und wird insbesondere im Hinblick auf die Spezifik lebenslangen Lernens auch nicht zu evaluieren sein. Denn überdauernde Effekte eines kulturpädagogischen Angebots sind nur biografisch gebrochen, komplex und nicht-linear vorstellbar; sie können allenfalls durch erneute Teilnahme an unterschiedlichsten Veranstaltungen und Angeboten wiederholt, bestärkt und variiert werden. Gerade dies aber erfordert unabdingbar *vielfältige, kreative und tragfähige Gelegenheitsstrukturen.*

Die vorliegenden Ergebnisse beziehen sich auf Angebote der kulturellen Jugendarbeit, die sich von denen der Offenen Jugendarbeit zunächst hinsichtlich der dominierenden Kurs- und Projektorientierung unterscheiden. Aus diesem Grund ist zu fragen, inwieweit die Ergebnisse für Evaluationen auch für die Offene Jugendarbeit zu nutzen wären, wobei spezifische Schwerpunktsetzungen für die kommunale und verbandliche Jugendarbeit zu berücksichtigen wären.

Zunächst eröffnen Interviews mit Kindern und Jugendlichen den unmittelbarsten Weg zu möglichen Bildungseffekten. Interviews darüber, wie Kinder und Jugendliche Angebote und Aktivitäten der offenen Jugendarbeit erlebt haben, können aber im Weiteren eingebunden und kombiniert werden mit bereits in bzw. für die Jugendarbeit erarbeiteten Qualitätskriterien. (Projektgruppe WANJA 2000, v. Spiegel 2000) Ausgehend von dem Verständnis der informellen und nichtformellen Bildung (vgl. Dohmen 2001; Münchmeier u.a. 2001, Rauschenbach/ Otto 2004), ist zunächst zu berücksichtigen, dass die offene Angebots- und Gelegenheitsstruktur der Jugendarbeit ein prinzipiell unbegrenztes Feld für unterschiedlichste Lernerfahrungen eröffnet, in dem buchstäblich „Alles" zur Bildungsgelegenheit werden kann. Diese pädagogischen Gestaltungschancen aber sind zunächst – auch im Doppelsinn des Wortes – als solche „wahrzunehmen". Hierzu bedarf es nicht zuletzt der ethnographischen Kompetenz von Fachkräften, die in der Lage sind, Kinder- und Jugendliche zu beobachten, deren Themen und Weltdeutungen aus ihren Äußerungen zu erschließen und diese sodann reflektierend wie auch handlungspraktisch in Beziehung zu dem Bildungsauftrag zu setzen. (Lindner 2000)

In einem weiteren, wahlweise zusätzlichen oder begleitenden Schritt wäre die „Bildungsqualität" in der offenen Jugendarbeit über die Zugänge der *Struktur-, Prozess- und Ergebnisqualität* indirekt zu analysieren, um so ihren Charakter als Gelegenheitsstruktur zu erschließen und zu qualifizieren. Hierzu sind gesonderte Praxisforschungen erforderlich, damit „Bildungsanforderungen" nicht als Postulate von außen an die Jugendarbeit herangetragen werden, sondern deren Potenziale ausgehend von dem je konkreten Handlungsfeld erkundet und auf ihre strukturelle Eignung für die Initiierung von Bildungsprozessen hin sondiert werden können.

Literatur

Bohnsack, R. (1999): Rekonstruktive Sozialforschung. Opladen
Bundesvereinigung Kulturelle Jugendbildung (1997) (Hrsg.): Wirkungen der Kinder- und Jugendarbeit. Rahmenbedingungen in der kulturellen Kinder- und Jugendarbeit. Remscheid
Bundesvereinigung Kulturelle Jugendbildung (1994) (Hrsg.): Qualitätssicherung durch Evaluation. Konzepte, Methoden, Ergebnisse – Impulse für die kulturelle Kinder- und Jugendbildung. Remscheid
Bundesvereinigung Kulturelle Jugendbildung (2002a): Projektziel: Schlüsselkompetenzen sichtbar machen. In: http://schluesselkompetenzen. bkj.de/html/projektx03.html
Bundesvereinigung Kulturelle Jugendbildung (2002b): Projekt ‚Schlüsselkompetenzen durch kulturelle Bildung'. Protokoll der zweiten Expertenrunde: Kompetenzermittlung und Kompetenzmessung. In: http://schluesselkompetenzen.bkj-remscheid.de/html/ akutxtexperten2. html
Bundesjugendkuratorium (BJK)/ Sachverständigenkommission für den Elften Kinder- und Jugendbericht/ Arbeitsgemeinschaft für Jugendhilfe (AGJ) (2002): Bildung ist mehr als Schule. Leipziger Thesen zur aktuellen bildungspolitischen Debatte. Bonn/Berlin/Leipzig, 10. Juli 2002
Bundesministerium für Familie, Senioren, Frauen und Jugend (2002) (Hrsg.): Jugendhilfe und die Kultur des Aufwachsens. Der Beitrag der Träger der Kinder- und Jugendhilfe zur Bildung und zur Entwicklung von Lebenskompetenzen. Berlin
Bundesministerium für Familie, Senioren, Frauen und Jugend (2005) (Hrsg.): Zwölfter Kinder- und Jugendbericht: Bildung, Betreuung und Erziehung vor und neben der Schule. Berlin
Dohmen, G. (2001): Das informelle Lernen. Die internationale Erschließung einer bisher vernachlässigten Grundform menschlichen Lernens für das lebenslange Lernen aller. Hrsg. vom Bundesministerium für Bildung und Forschung. Bonn
Friebertshäuser, B. (1997): Interviewtechniken – ein Überblick. In: Friebertshäuser, B./ Prengel, A. (1997) (Hrsg.): Handbuch qualitative Forschungsmethoden in der Erziehungswissenschaft. Opladen, S. 371-396
Fuchs, M.(2002a): Wozu Kunst? Zur sozialen und individuellen Funktion und Wirkung von Kunst. In: Arbeitsmaterialien zum Modellprojekt „Schlüsselkompetenzen erkennen und bewerten" der BKJ. In: www. schluessekompetenzen.bkj.de. 2002
Fuchs, M (2002b): Kulturelle Bildung in der Jugendhilfe. In: Münchmeier u. a., S. 107-118
Glinka, H. J .(1998): Das narrative Interview. Eine Einführung für Sozialpädagogen. Weinheim und München
Grohmann, R. (1996): Das Problem der Evaluation in der Sozialpädagogik. Bezugspunkte zur Erweiterung der evaluationstheoretischen Reflexion. Europäische Hochschulschriften, Reihe 11, Pädagogik. Frankfurt/Main – Berlin
Haubrich, K./ Lüders, Chr.(2001): Evaluation – hohe Erwartungen und ungeklärte Fragen. In: Diskurs 3/2001. DJI-Verlag. München. S. 69-73
Heiner, M. (1998)(Hrsg.): Experimentierende Evaluation. Ansätze zur Entwicklung lernender Organisationen. Weinheim und München
Hentig, H. v.(1992): Bildung. Ein Essay. München
Hitzler, R./ Honer, A. (1997): Einleitung: Hermeneutik in der deutschsprachigen Soziologie heute. In: Dies. (Hrsg.): Sozialwissenschaftliche Hermeneutik. Opladen

Hornstein, W (2003): Bildungsziele und Bildungsaufgaben der Kinder- und Jugendarbeit auf der Grundlage jugendlicher Entwicklungsaufgaben (MS Vortrag v. 6. Jan. 2003)

Liegle, L./Treptow, R. (2002): Was ist neu an der gegenwärtigen Bestimmung von Bildung? In Dies. (Hrsg.): Welten der Bildung in der Pädagogik der frühen Kindheit und in der Sozialpädagogik. Freiburg i. Br., S. 13-27

Lindner, W. (2000) (Hrsg.): Ethnographische Methoden in der Jugendarbeit. Zugänge, Anregungen und Praxisbeispiele. Opladen

Lindner, W./ Thole, W./ Weber, J. (2003) (Hrsg.): Kinder- und Jugendarbeit als Bildungsprojekt. Opladen

Lindner, W./ Sturzenhecker, B. (2004) (Hrsg.): Bildung in der Kinder- und Jugendarbeit. Vom Bildungsanspruch zur Bildungspraxis. Weinheim

Münchmeier, R./ Otto, H.-U./ Rabe-Kleeberg, U. (2002) (Hrsg.): Bildung und Lebenskompetenz. Kinder- und Jugendhilfe vor neuen Aufgaben. Hrsg. im Auftrag des Bundesjugendkuratoriums. Opladen

Otto, H.-U./ Rauschenbach, Th. (Hrsg.): Die andere Seite der Bildung. Zum Verhältnis von formellen und informellen Bildungsprozessen. Wiesbaden

Projektgruppe WANJA (2000): Handbuch zum Wirksamkeitsdialog in der Offenen Kinder- und Jugendarbeit. Münster

Schmid, W. (1991): Philosophie der Lebenskunst. Eine Grundlegung. 6. Aufl. Frankfurt/ Main

Spiegel, H. v. (2000) (Hrsg.): Jugendarbeit mit Erfolg. Arbeitshilfen und Erfahrungsberichte zur Qualitätsentwicklung und Selbstevaluation. Münster

Zacharias, W. (2001): Kulturpädagogik. Kulturelle Jugendbildung. Eine Einführung. Opladen

Erich Schäfer/Stephan Schack

Wirkungen des Projektes „Schule und Ausbildung für Toleranz und Demokratie"

1. Themen, Inhalte und Methoden des Projektes

Zwischen 2002 und 2004 führte die Europäische Jugendbildungs- und Jugendbegegnungsstätte Weimar (EJBW) das XENOS-Projekt „Schule und Ausbildung für Toleranz und Demokratie" (SAfT) durch. Mit diesem Vorhaben wurde zum ersten Mal in Deutschland der Versuch unternommen, mit Seminar- und Trainingsprogrammen zur Demokratie-, Toleranz- und Menschenrechtserziehung der Bertelsmann Stiftung in einem längerfristigen Projekt kontinuierlich mit Schul- und Ausbildungsklassen zu arbeiten. Die Bildungsstätte verfügte bereits über mehrjährige positive Erfahrungen der pädagogischen Arbeit mit diesen Programmen, die am Centrum für angewandte Politikforschung an der Universität München (CAP) adaptiert bzw. entwickelt worden waren: „Miteinander – Erfahrungen mit Betzavta" (Ulrich u.a. 1997) und „Achtung (+) Toleranz" (Ulrich u.a. 2001).

Das Projekt hatte mehrere Bestandteile: Schwerpunkt waren drei fünftägige *Trainingskurse* mit verschiedenen Schul- und Ausbildungsklassen unterschiedlicher Thüringer Schulen, die im Verlauf von etwa zwei Jahren stattfanden. Neben den Seminaren für Jugendliche wurden Fortbildungen für LehrerInnen durchgeführt sowie Seminare für die Eltern der teilnehmenden Jugendlichen angeboten.

Ein wichtiges Anliegen des Projektes war neben dem individuellen Erwerb bzw. der Vertiefung von sozialen Kompetenzen wie Kommunikations-, Kooperations-, Toleranz- und Demokratiefähigkeit, auch die Entwicklung eines demokratischen Klimas an den beteiligten Schulen. Im ersten Projektjahr fand für alle Klassen ein *Einführungsseminar* statt. Mit diesem ersten Kurs wurden die Jugendlichen mit den Methoden und Lernformen im Rahmen der Demokratie- und Toleranzerziehung vertraut gemacht. Inhaltlich fand eine erste Annäherung an die in diesem Kontext wichtigen Begriffe wie Demokratie, Toleranz und Konflikt mit Übungen aus den Demokratietrainingsprogrammen statt.

Im *Toleranzseminar* lag der Schwerpunkt auf der intensiven Vermittlung dieser Schlüsselbegriffe des Projektes. Klare Definitionen dazu sind nötig, um das von der Bertelsmann Forschungsgruppe Politik am CAP entwickelte operationalisierbare Toleranzmodell für die politische Bildung zu verstehen. Zusammen mit der sogenannten ‚Toleranzampel' kann es ein Handwerkzeug zur Selbstüberprüfung in schwierigen zwischenmenschlichen Beziehungen sein und macht den Begriff Toleranz für den Alltag handhabbar (Bertelsmann Forschungsgruppe Politik 2001). Zu einem toleranten Handeln in Konfliktsituationen kann, so die Überzeugung der Autoren und Trainer des Programms „Achtung (+) Toleranz", über Kommunikation und Interaktion erzogen werden. Dabei geht es zunächst um das Kennenlernen von Grundlagen der Kommunikation und das Einüben von Elementen einer sogenannten ‚Partnerschaftlichen Kommunikation'.

Im *Miteinanderseminar* stand die Entwicklung eines qualitativen Demokratieverständnis im Mittelpunkt. Im Rahmen dieses Kurses sollten die Teilnehmenden Demokratie als Lebensform kennen lernen und Optionen entwickeln, diese gemeinsam zu gestalten. Ausgehend von diesen Erfahrungen wurde der Blick zudem auf die Gesellschaft gerichtet und die Jugendlichen motiviert, sich an der Gestaltung der Demokratie als Gesellschaftsform zu beteiligen. Die inhaltliche Klammer zwischen den Kursen war die Entwicklung der Fähigkeit zur Anerkennung des gleichen Rechts auf Freiheit, die sowohl Herzstück des Toleranzmodells, als auch Kern des durch das Programm „Miteinander – Erfahrungen mit Betzavta" vermittelten Demokratieverständnisses ist.

In allen drei Seminaren wurden Methoden aus den Demokratietrainingsprogrammen mit Elementen aus der Erlebnispädagogik bzw. durch gruppendynamisch orientierte Interaktionsübungen ergänzt (vgl. hierzu Schäfer/ Schack/ Rahn/ Uhl 2006; S. 17ff.).

2. Design, Konzept und Methoden der Evaluation

Demokratie-Lernen bedeutet mehr, als das Lernen von demokratischen Strukturen und geht über das übliche Verständnis der Demokratie als Staatsform hinaus. Die Frage nach Demokratie und demokratischen Verhaltensweisen stellt sich somit nicht nur in der Politik, sondern auch in der Schule, in der Familie und in jeder alltäglichen Interaktion. Demokratie als Lebensform zu erlernen, bedeutet somit zu lernen, wie alltägliche Konflikte demokratisch und gleichberechtigt gelöst werden können. Dieser Prozess ist kaum durch Wissen zu vermitteln, sondern vielmehr nur durch Übung zu erfahren.

Zahlreiche praktische Versuche, die Fähigkeiten für tolerantes, gewaltfreies und demokratisches Verhalten durch Bildung zu stärken und zu verbreiten, machen aber auch den dringlichen Bedarf deutlich, besser und präziser über die Wirkungen dieser Bildungsangebote und der dabei eingesetzten Instrumente Bescheid zu wissen. Die Evaluation von Methoden der Erziehung zu Toleranz und Demokratie als Projekt der politischen Bildung stellt erhebliche Anforderungen an das Evaluationskonzept. Zum einen erweist sich die Messung von Toleranz- und Demokratievariablen als komplexe und zum Teil umstrittene Herausforderung (vgl. Ahlheim 2003). Zum anderen begleitete das Projekt der EJBW sowohl Auszubildende wie Schüler in einem mehrjährigen Lernprozess, der den spezifischen politisch-sozialisatorischen Kontext der neuen Bundesländer berücksichtigen musste und zugleich den Auftrag der Projektinitiative der Bundesregierung „XENOS – Leben und Arbeiten in Vielfalt" erfüllen sollte: Toleranz und demokratischen Respekt gegenüber Angehörigen anderer Kulturen und Nationen zu fördern. Eine wissenschaftliche Begleitung, die diese Mehrdimensionalität der Problemlage adäquat abbilden möchte, erfordert einen erheblichen Ressourceneinsatz, der an dieser Stelle aber nur bedingt zur Verfügung stand (vgl. hierzu Schäfer/ Schack/ Rahn/Uhl 2006; S. 37ff.).

3. Die Konzeption der wissenschaftlichen Begleitung

Eine Evaluation von Angeboten der Demokratie- und Toleranzerziehung als politischer Bildung sollte in Kongruenz zu den Bildungszielen stehen, d. h. eine auf demokratischen und partizipativen Prinzipien beruhende Bildungsarbeit, die Menschen zu eigenverantwortlichem Handeln als politische Subjekte befähigen will, darf diese in der Evaluation nicht zu Objekten machen, sondern muss sie auch dort beteiligen. Unser Evaluationsansatz hat den Anspruch an eine partizipative Evaluation (Ulrich/Wenzel 2003) prinzipiell aufrechterhalten, jedoch standen ihm Probleme der praktischen Realisierung entgegen, die vor allem mit der Ressourcenausstattung verbunden waren.

Im Rahmen des Projektes konnte somit keine reine partizipative Evaluation realisiert werden, es fand aber ein kooperativer Evaluationsprozess zwischen dem Projektträger EJBW und dem Fachbereich Sozialwesen der Fachhochschule Jena statt. Kooperation bedeutete in diesem Falle eine Kombination aus Fremd- und Selbstevaluation des Projektes. Dabei wurden die grundsätzlichen Fragestellungen der Erhebungsinstrumente zwischen den Partnern abgesprochen. Damit wurde das Ziel verfolgt, das Evaluierungsinstrumentarium als Hilfsmittel projektbezogener Planungs-, Monitorings-, Evaluierungs- und Selbstlernprozesse in Kooperation mit den Projektverantwortlichen weiterzuentwickeln und ihnen zur weiteren eigenverantwortlichen Nutzung zur Verfügung zu stellen. Damit war neben den summativen Ergebnissen des Evaluationsprozesses gleichzeitig auf der formativen Ebene die Möglichkeit gegeben, regulierend in die Planung der einzelnen Trainingsseminare einzugreifen.

4. Die Ziele der Evaluation

Die Ziele der Evaluation wurden durch die Zielstellung des Projektes vorgegeben. Diese waren in der Projektkonzeption wie folgt formuliert: (a) soziale Schlüsselkompetenzen der Schüler zu befördern, (b) ein demokratisches Miteinander in den Seminaren erlebbar zu machen sowie (c) das demokratische Miteinander an der Schule der Projektteilnehmenden zu stärken. In den Kursen für die Jugendlichen ging es sowohl um einen kognitiven wie emotionalen Erwerb von Kenntnissen und Fähigkeiten sowie ihren Transfer in den Schulalltag. Damit stand die Frage der Wirkung der Seminare im Zentrum der Evaluation.

Wenn hier die Rede von Wirkungen ist, so bedarf dieser Begriff einer Explikation. Mit Wirkung sind nicht objektive Entitäten gemeint, die in einem kausalen Ursache-Wirkungsverhältnis eineindeutig und zweifelsfrei auf bestimmte Bildungsinhalte zurückzuführen sind. Wirkungen haben u. E. vielmehr einen konstruktivistischen Charakter; sie entstehen in kommunikativen Prozessen als eine gemeinsame Konstruktion sozialer Wirklichkeit, die sich zwar wesentlich speist aus inneren Deutungsmustern der Individuen, sich aber gleichzeitig in ihren Handlungen manifestiert. In diesem Sinne ging es um die Untersuchung der realen und potenziellen Wirkungen der Seminare auf unterschiedlichen Ebenen. Wir haben dabei folgende zwei Ebenen besonders in den Blick genommen: die individuelle Ebene der Persönlichkeitsentwicklung der Teilnehmenden, und die institutionelle Ebene, gemeint ist damit vor allem der Kontext der Schule.

Auf einer dritten, für den Anspruch an politische Bildung jedoch bedeutsamen, Ebene, tut sich ein Hiatus auf zwischen dem Anspruch nach verlässlichen Aussagen über die (Miss-)Erfolge politischer Bildungsprogramme in der Gesellschaft und dem, was eine zeitlichen, materiellen und personellen Friktionen unterliegende Evaluationsforschung zu leisten vermag. Allerdings bestehen berechtigte Hoffnungen, dass identifizierte Wirkungen auf individueller und institutioneller nicht ohne Folgen auch auf gesellschaftlicher Ebene bleiben. Um zu verstehen, was sich auf den verschiedenen Ebenen vollzieht, galt es die Impulse der Lernprozesse zu identifizieren. Deshalb wurde mit den Instrumenten der Evaluation der individuelle Lernprozess der Projektteilnehmenden verfolgt.

5. Konflikte als zu untersuchende Wirkungsdimension

Die Wirkungen der Seminare manifestierten sich an ganz unterschiedlichen Orten. Uns ging es darum, sie an einem bestimmten Ereignis der alltäglichen Lebenswelt zu identifizieren, und zwar einem solchen, das in enger Beziehung zu den Bildungszielen der Seminare stand. Eine spezifische Toleranzkompetenz basiert auf persönlicher Bereitschaft, individuellen Fähigkeiten und entsprechender Sachkenntnis, sich in Konfliktsituationen angemessen, d. h. insbesondere gewaltlos zu verhalten. Aus diesem Grund konzentrierten wir uns auf die von den Schülern erlebten Konflikte und deren Umgang damit. Die Konflikte wurden auf drei Ebenen beleuchtet:

- die *emotionale* Ebene (während des Konflikts wahrgenommene Gefühle);
- die *kognitive* Ebene (welche rationalen Schlüsse werden aus dem Konflikt gezogen und welche Einstellungen gewonnen);
- die *handlungsorientierte* Ebene (praktische Verhaltensweisen in Konflikten).

Diese drei Ebenen wurden einerseits in ihrem wechselseitigem Bezug untersucht und andererseits ihre Entwicklungen während des Projektverlaufes aufgezeigt. Die Untersuchung richtete sich zugleich auf Konflikte in der Schule, im familiären Bereich sowie in der peer group als den zentralen Bezugspunkten der Lebenswelt von Auszubildenden und SchülerInnen.

Bezogen auf die Identifikation von Wirkungen des evaluierten Projektes war die uns leitende Überlegung folgende: Wenn wir Wirkungen der Seminare feststellen wollen, ist es sinnvoll zu untersuchen, ob und wie die Jugendlichen sich in Alltagkonflikten verhalten, welche Konfliktregelungsstrategien sie anwenden und inwieweit dabei die Seminarinhalte zum Tragen kommen. Neben der individuellen Betrachtungsebene wurde auf der institutionellen Ebene nach dem Schulklima gefragt. Auch die gesellschaftliche Ebene wurde mit in den Blick genommen, wenngleich hier die Befunde verständlicherweise schwerer zu identifizieren sind.

6. Die Instrumente im Evaluationsprozess

Im Verlauf des Projektes wurden unterschiedliche quantitative und qualitative Erhebungen durchgeführt. Der Schwerpunkt lag dabei auf Befragungen mit standardisierten Fragebögen. Qualitative Fallstudien in Form von studentischen Diplomarbeiten vertieften einzelne Untersuchungsfragen.

Alle Teilnehmenden wurden mit einem standardisierten Fragebogen zu vier Zeitpunkten (Eingangsbefragung unmittelbar vor Beginn des ersten Seminars und damit dem Einstieg in das Projekt; vor Beginn des zweiten und dritten Seminars; Ausgangsbefragung ca. drei Monate nach dem letzten Seminar) befragt. Der Schwerpunkt dieser Befragung lag auf der Konfliktbeurteilung und Konfliktregelungskompetenz der Teilnehmenden.

Nach jedem der drei Trainingsseminare sind die Teilnehmenden zusätzlich mit einem Reflexionsbogen (unmittelbar am Ende des Seminars) nach ihrer Einschätzung des jeweiligen Seminars befragt worden.

In Ergänzung zu diesen beiden Befragungen wurden in zwei Interviewwellen qualitative Methoden eingesetzt. Dabei handelte es sich um leitfadengestützte Interviews mit etwa je zwei Teilnehmenden aus allen beteiligten Gruppen. In diesen Interviews spielten drei Ebenen eine besondere Rolle:

- *Wirkungsarten* (Sinnzusammenhang der Themen der Seminare, aktive Weitergabe des Erlebten und Gelernten, Fähigkeit zum Perspektivenwechsel, aktive Umsetzung des Erlebten und Gelernten);
- *Wirkungsräume* (Klasse; Schule, persönliches Umfeld, gesellschaftliches und politisches Umfeld) sowie
- *Wirkungsweisen* (Konflikte als Chance oder Bedrohung, Empathie oder Abwehr im Konflikt).

Der Gegenstand auf den sich die Fragen zu den Wirkungen bezogen, waren jene Konflikte, an denen die Befragten selbst beteiligt waren. Dabei wurden sowohl die Seminare selbst, als auch das Umfeld der Teilnehmenden (Schule, peer group) in den Blick genommen.

7. Identifizierte Wirkungen der Seminare

Durch das Design und die zum Einsatz kommenden Methoden und Instrumentarien wurde es möglich

- Aussagen zu kurzfristigen, mittelfristigen und – unter Angabe der Unsicherheits-/ Unschärfebereiche – längerfristigen Wirkungen der Seminare bei den Teilnehmenden zu gewinnen,
- Erkenntnisse über die Wirkung der eher impliziten und der eher expliziten Intentionen und Zielsetzungen der Seminare zu gewinnen, nicht zuletzt auch über deren Umsetzung im Umgang der Teilnehmenden miteinander (Selbstbezug, Entsprechung der Mittel und Ziele) sowie

- Hinweise zur Bedeutung (Gewichtung, Relevanz, Selbstbezug, Kontexte) der Themen „Konflikt, Gewalt, Toleranz und Demokratie" für die SchülerInnen in der Vergangenheit, für die Gegenwart und die Zukunft zu geben.

Zusammenfassend lassen sich Wirkungen durch das Projekt SAfT in zwei Richtungen nachweisen: In den qualitativen Untersuchungen berichteten Teilnehmende von (sehr unterschiedlich ausgeprägten, aber bei allen erlebten) persönlichen Bereicherungen durch das Projekt, die aber auf unterschiedliche Weise in den Alltag der Jugendlichen gewirkt haben. In der umfassenden Paneluntersuchung sind (ebenfalls auf unterschiedlichem Niveau) Veränderungen in der Wahrnehmung und der Regelungskompetenz von Konfliktsituationen feststellbar geworden.

8. Individuelle Bereicherungen

In zwei Untersuchungswellen haben wir leitfadengestützte Interviews mit elf Teilnehmenden aus allen am Projekt beteiligten Gruppen durchgeführt (vgl. hierzu Schäfer/ Schack/ Rahn/ Uhl 2006; S. 97ff.).

8.1 Wirkungsarten, Wirkungsweisen, Wirkungsräume

Im ersten Teil der Interviews wurde nach Wirkungsarten der Seminare, also nach unterschiedlichen Dimensionen individueller Wirkungen gefragt. Unter dem Punkt ‚Sinnzusammenhang' wurde dabei der Frage nachgegangen, wie sich bei den SchülerInnen das Verständnis der im Seminar wichtigen Begriffe und Themen wie Demokratie und Toleranz verändert hat. Unter dem Stichwort ‚aktive Weitergabe' wurden sie danach gefragt, ob und was sie anderen zum Beispiel ihrer Familie oder ihrem Freundeskreis von den Seminaren erzählt haben. Unter dem Aspekt ‚Perspektivenwechsel' wurde nach konkreten Veränderungen der Perspektive im Alltag, zum Beispiel auf andere Menschen, Geschehnisse oder die eigene Person gefragt. Bei dem Thema aktive Umsetzung ging es letztendlich darum, ob die SchülerInnen das Erlernte auch im eigenen Alltag anwenden konnten.

Neben den individuellen Wirkungsarten kamen in den Interviews Wirkungsräume zur Geltung. Die Jugendlichen wurden nach Veränderungen in ihren Schulklassen gefragt, beispielsweise in Bezug auf das Klassenklima oder auf das Erleben ihrer MitschülerInnen. Ein weiterer untersuchter Wirkungsraum war die Schule; hier ging es hauptsächlich um die Frage, ob das Projekt zu einem demokratischeren Miteinander führte. Weiterhin wurden Fragen nach der Anwendbarkeit des

Erlernten im persönlichen Lebensraum, zum Beispiel im Freundeskreis oder der Familie, gestellt. Auch die Frage, ob die Teilnehmenden in ihrem politisch-gesellschaftlichen Lebensraum anders agiert haben oder eine andere Perspektive auf Politik oder Gesellschaft gewinnen konnten, wurde in den Blick genommen.

Im dritten Schwerpunkt des Leitfadens, den Wirkungsweisen, wurde der Frage nachgegangen, wie einzelne Übungen aus den Seminaren wirkten. Die Interviewteilnehmenden wurden aufgefordert, Übungen zu schildern, die besonders konfliktreich waren. Ziel war es dabei, individuelle Lernprozesse nachzeichnen zu können. Demokratisches und tolerantes Verhalten läßt sich schwer messen. Es kann jedoch am alltäglichem Ereignis ‚Konflikt' festgemacht werden. Konflikte waren während des Projektverlaufs ein zentrales Thema und häufig Kern- oder sogar Wendepunkte während der Seminare. Es tauchten sowohl Konflikte auf, die durch Übungen herbeigeführt wurden, als auch Konflikte, die in der Freizeit während der Seminare entstanden und nichts mit den Übungen zu tun hatten. Weiterhin haben jene Konflikte während der Seminare eine Rolle gespielt, die die Gruppen aus ihrem Schulalltag mitbrachten.

8.2 Identifizierte Argumentationsfiguren in den Interviews

Vorerst unabhängig von den beantworteten Fragen haben wir versucht, der individuellen Argumentation der Interviewten nachzugehen, um deren Art zu denken und Dinge zu erklären, zu verstehen. Dieser Zugang zum Material eröffnete uns die Möglichkeit, die unterschiedlichen Prioritäten, die die SchülerInnen während des Projektes setzten, zu entschlüsseln und die umfangreichen Zusammenhänge in Bezug auf das alltägliche Erleben und das Projekt darzulegen. Es ergab sich ein weites Feld von sehr individuellen Seminarzugängen. In einem weiteren Auswertungsschritt wurden die Wirkungen, über die die Teilnehmenden in den Interviews sprachen, identifiziert.

Anhand der zentralen Argumentationsfiguren der Interviewteilnehmenden, sowie der weiteren Auswertung der Interviews wurde im Anschluss an die Auseinandersetzung mit den Einzelinterviews eine Typologie gebildet. Es entstanden dabei drei Typen, die im folgenden die *Persönlich-Veränderten*, die *Zusammenhalt-Suchenden* und die *SAfT-Protagonisten* genannt werden. Die jeweiligen Fälle, die den Typen zugeordnet werden, weisen Gemeinsamkeiten in Bezug auf die zentrale Argumentationsfigur auf. Sie ähneln sich sowohl in Bezug auf die Schwerpunkte, die sie bei den Wirkungsräumen setzen, als auch hinsichtlich der Erlebnisse und Erfahrungen, die für sie während des Projektes wichtig gewesen sind. Die drei Typen unterscheiden sich in diesen Punkten voneinander.

Aufgrund der Einzelauswertungen der Interviews ergab sich eine Reihe von Merkmalsräumen, die bei den SchülerInnen unterschiedlich ausgeprägt waren. Dabei geht es zum Beispiel um Aspekte wie die Wirkungsebenen, das individuelle Konfliktverhalten, die Bedeutung des Klassenklima, persönliche Erwartungen an bzw. persönlicher Profit durch das Projekt sowie Einschätzungen der Transfermöglichkeiten und der Nachhaltigkeit der Projektinhalte.

Die drei vorgestellten Typen unterscheiden sich in Bezug auf ihre Erwartungen, die sie mit dem Projekt verbinden, in Bezug auf das Erleben der Seminare und der einzelnen Seminarbestandteile und in Bezug auf die Chancen, die sie für die Anwendung des Erlernten und dessen Nachhaltigkeit sehen.

Diese Gruppe von Jugendlichen, die zum Typus der *Persönlich-Veränderten* gehörten. erlebte das Projekt als eine Bereicherung für sich selbst. Es hat sie teils bewusst, teils unbewusst verändert. Sie haben beschrieben, dass sie ruhiger geworden seien und sich selbst besser kennen gelernt haben; dies ermöglichte ihnen, Konflikten anders zu begegnen. Beeindruckt haben sie die Modelle und Theorien, die sie für sich persönlich als anwendbar bezeichnen; dies geschah nicht zuletzt dadurch, dass die Vermittlungsformen ihnen gefielen und Spaß gemacht haben. Die Übungen erlebten sie dann als sinnvoll, wenn sie diese auf ihr Leben übertragen konnten. Neben den Theorien und Übungen hatte die Stimmung während der Seminare einen entscheidenden Einfluss auf Veränderungen. Gerade das Verhalten der TeamerInnen wurde für sie zu einem Modell für ihr eigenes Handeln. Sie sahen die Anwendungsmöglichkeiten durchaus positiv und haben das Erlernte oft unbewusst angewendet.

Die zu dem Typus die *Zusammenhalt-Suchenden* gehörenden Teilnehmenden hatten ein Ziel, welches sie mit dem Projekt verfolgten: den Zusammenhalt in ihren Klassen zu stärken. Diesen Zusammenhalt suchten sie, ohne sich darüber bewusst zu werden, dass sie selbst etwas dafür tun müssen. Sie fanden ihn zum Teil während der erlebnispädagogischen Interaktionsübungen, in denen sie und ihre Klassen die Erfahrung machten, gemeinsam ein Ziel erreichen zu können. Diese Übungen waren zwar handlungsorientiert; neue Handlungsoptionen konnten die Zusammenhalt-Suchenden jedoch nicht in ihr alltägliches Handeln integrieren, da ihnen die Reflexionsbereitschaft fehlte. Das in den Seminaren entstandene positive Gefühl hielt im Schulalltag nicht lange an. Die Zusammenhalt-Suchenden sind nur von den emotionalen Momenten während der Seminare beeinflusst worden. Auf reflektierender und kognitiver Ebene waren sie nicht bereit, sich auf das Projekt einzulassen. Dies lag zum einen an ihren negativen Lernerfahrungen. Sie konnten sich auch unabhängig vom Projekt nur schwer vorstellen, dass ein theoretisches Modell in der Praxis angewandt werden kann. Zum Anderen haben die in den Klassen schwelenden Konflikte bewirkt, dass dieser Typus auf der persönlichen Ebene nichts aus dem Projekt herausnahm und sich nicht individuell auf das Projekt einlassen konnte.

Unter der Bezeichnung *SAfT-Protagonisten* wurde ein Typus identifiziert, der sich die Inhalte des Projektes sehr stark zu eigen machte. Die Begeisterung für die Seminare war sehr groß, da diesen Jugendlichen vor allem mit den Theorien des Projektes schlüssig scheinende Antworten auf wichtige Fragen ihres Lebens gegeben wurden. Sie beschreiben sich als hoch motiviert, die Projektinhalte in ihren Alltag zu tragen. Hier scheiterten sie jedoch oft, da ihnen die Strukturen, auf die sie stießen, die Anwendung erschwerten. Dieses Scheitern führte dazu, dass die Strukturen verurteilt wurden; je entschlossener sie sich für Demokratie und Toleranz einsetzten. Während des Projektverlaufs wurden die eigenen Ansprüche an ihr Umfeld etwas geringer. Der Schwerpunkt ihrer Erzählungen verlagerte sich auf ihre persönliche Entwicklung.

8.3 Unterschiede in der Erreichung der Projektziele

Interessant ist im Umgang mit dieser Typologie auch ein Blick auf Unterschiede bei der Erreichung der Projektziele:

Kompetenzvermittlung
Ein erstes Projektziel war die *Kompetenzvermittlung und -erweiterung* im Bereich sozialer Schlüsselqualifikationen. Von einem Aufbau dieser Kompetenzen haben die Persönlich-Veränderten sehr deutlich gesprochen. Durch ihr ‚Ruhiger Werden' und durch ihre erhöhte Selbstreflexion veränderte sich ihre Wahrnehmungs-, Kommunikations-, Kooperations-, Konflikt- und Toleranzfähigkeit. Diese Fähigkeiten erweiterten sich auch bei den SAfT-Protagonisten; bei ihnen vor allem über die kognitive Ebene, also im Verständnis der einzelnen Inhalte und der bewussten Anwendung der Modelle im Alltag. Gerade während der ersten Interviews zeigte sich bei ihnen ein Mangel an Ambiguitätstoleranz, der mit den Schwierigkeiten zusammenhing, zu akzeptieren, dass das Verhalten ihrer Mitmenschen ihnen die Anwendung der Seminarinhalte erschwert. Bei den Zusammenhalt-Suchenden gibt es kaum Hinweise darauf, dass eine Kompetenzvermittlung im Bereich sozialer Schlüsselqualifikationen stattgefunden haben könnte. Dies hing damit zusammen, dass sie sich nicht persönlich auf die Seminare einließen und die Inhalte des Projektes nicht verinnerlichten. Die Auseinandersetzung in den Seminaren blieb auf der Ebene der Klasse stehen.

Erfahrungen im demokratischen Miteinander
Das zweite Ziel des Projektes war, die *Grunderfahrungen im demokratischen Miteinander* im Rahmen der Seminare für die Jugendlichen erlebbar zu machen. Diese Erfahrungen sollten Anregungen für die Übertragbarkeit in den Schul- und Ausbildungs- sowie in den privaten Alltag geben. In Bezug auf die Grunderfahrung eines demokratischen Miteinanders während der Seminare haben wir festgestellt, dass dies alle Interviewteilnehmenden erlebten. Von den einzelnen Typen wurde dies jedoch sehr unterschiedlich reflektiert und so waren ihre Transfermöglichkeiten verschieden. Die *Zusammenhalt-Suchenden* nahmen das demokratische Miteinander hauptsächlich während der erlebnispädagogischen Interaktionsübungen wahr. Diese Momente erlebten sie als sehr positiv, sie vermittelten ihnen das für sie sehr angenehme Gefühl des Zusammengehörens. Da sie jedoch nicht in der Lage waren zu reflektieren, warum in diesen Übungen das möglich ist, was sie in ihrem Alltag vermissen, gewannen sie keine neuen Handlungsoptionen und eben dieses positive Gefühl ging ihnen nach kurzer Zeit verloren. Die *SAfT-Protagonisten* nahmen aus dem Projekt vor allem durch die Theorien und Modelle viele Ideen für ein demokratisches Miteinander in ihren Alltag mit. Sie versuchten sehr hartnäckig, diese umzusetzen und stießen dabei immer wieder an die Grenzen des in ihrem privaten Alltag Machbaren. Bei den *Persönlich-Veränderten* war das demokratische Miteinander im Seminar ein wesentlicher Faktor, der ihre persönliche Veränderung auslöste. Sie haben durch die Reflektionsprozesse, welche die Seminare bei ihnen anstiessen, gelernt, sich selbst besser zu verstehen. Diese Erfahrung ermöglichte ihnen auch, andere besser zu verstehen, demokratischer zu agieren und ihren Alltag so ein Stück weit demokratischer zu gestalten.

Demokratisches Schulklima
Das dritte Ziel beinhaltete den Versuch, mit dem Projekt das demokratische Klima an den beteiligten Schulen nachhaltig zu stärken. Hier muss konstatiert werden, dass alle Interviewteilnehmenden die Auswirkung des Projektes auf das Schulklima eher kritisch sahen. Die Zusammenhalt-Suchenden und die Persönlich-Veränderten wunderten sich über die Frage, ob sich im Schulklima etwas verändert hätte. Dies sei schwer möglich gewesen, denn es wären nur wenige Klassen beteiligt, zu wenige hätten davon gewusst; das Interesse seitens der Schulleitung wäre hauptsächlich Profilierung gewesen und es hätte kein wirkliches Interesse bestanden, etwas zu verändern. Durch Äußerungen dieser Art wird klar, wie starr und unveränderbar diese SchülerInnen das Schulklima wahrnehmen. Auch die SAfT-Protagonisten waren sehr kritisch im Hinblick auf die Veränderung des Schulklimas, hielten dies jedoch für ein erstrebenswertes Ziel. Unter ihnen sind solche Jugend-

lichen, die sich für die Weiterführung des Projektes an ihren Schulen erfolgreich engagiert haben. Dies ist durchaus ein kleiner Hinweis auf die Stärkung des demokratischen Miteinanders an den Schulen.

9. Aspekte der Konfliktwahrnehmung und der Regelungskompetenz

Eine Erwartung des Projektes war, dass die Teilnehmenden sich im Projektverlauf bezüglich ihrer Einstellung zu Konflikten entwickeln und differenziertere Sichtweisen entfalten würden. Hierzu wurden zunächst anhand bivariater Korrelationen Zusammenhänge verschiedener Items analysiert. Um die Frage zu klären, ob die dabei entwickelten Variablen zu bestimmten Zeitpunkten die Einschätzung der SchülerInnen, einen Konflikt eher als Chance oder Bedrohung zu begreifen, erklären, wurde ihr Einfluss anhand eines multiplen hierarchischen Regressionsmodells berechnet auf der Grundlage von im Evaluationsprozess aus den Fragebogenitems entwickelten Skalen.

9.1 Clusteranalyse

Eine partitionierende Clusteranalyse diente dem Ziel einer Typenbildung; diese soll in ihren Ergebnissen zusammenfassend vorgestellt werden. In der Clusteranalyse wurden die folgenden Variablen berücksichtigt:

- Konfliktwahrnehmung als Chance oder Bedrohung,
- Streitkompetenz als Selbsteinschätzung der Jugendlichen,
- förderndes Klassenklima,
- tolerantes Klassenklima,
- Konfliktbewältigung als Wissen über den Umgang mit Konflikten.

Darüber hinaus wurden die zuvor entwickelten Skalen ‚Bereicherung', ‚Anwendungsskepsis', ‚Klassendynamik' und ‚Lehrerkritik' mit in die Analyse einbezogen.

Es liegt nahe, dass sich die Heterogenität der Teilnehmenden hinsichtlich Schulart, Alter, Erwartungen et cetera auch im Ergebnis des Projektes niederschlägt. So individuell die Dynamik eines Projektes zu wirken scheint, lassen sich doch Gruppen von Jugendlichen differenzieren, die für sich eine relativ ähnliche Entwicklung beschreiben, die also typisch ist für einen Teil der ProjektteilnehmerInnen. Ein Typus repräsentiert in diesem Zusammenhang eine Gruppe von Jugendlichen, die sich bezüglich ihrer Antworten in bestimmten ausgewählten Bereichen sehr ähneln. Gleichzeitig unterscheiden sie sich bezüglich dieser Aussagen von anderen Gruppen von Jugendlichen in mehreren oder allen ihrer Antworten.

Das Verfahren der partitionierenden Clusteranalyse macht es möglich, einzelne Aspekte, zu denen die Jugendlichen in den vier Wellen der Fragebogenerhebung Angaben gemacht haben, miteinander zu vergleichen, in Beziehung zu setzen und zu gruppieren. Dies geschieht derart, dass die Unterschiede zwischen den Objekten eines Clusters möglichst gering und die Unterschiede zwischen den Clustern möglichst groß sind (Bortz 1999, S. 547ff.).

Die fünf Typen, die mit Hilfe der Clusteranalyse berechnet wurden, haben wir auf Grund ihrer inhaltlichen Merkmale benannt als die *gruppendynamisch Bewegten*, die *bereichert Optimistischen*, die *zufrieden Verhaltenen*, die *coolen Widersprüchlichen* und die *kritisch Profitierenden*.

Die *gruppendynamisch Bewegten* zeichnete vor allem aus, dass sie einen Wissenszuwachs bezüglich der Konfliktbewältigung berichteten, dass sie das fördernde Klassenklima am Ende des Projektes besser als am Anfang empfanden und dass sie ein hohes Maß an Klassendynamik erlebt haben. Zu diesem Typus gehörten viele der jungen SchülerInnen aus den Regelschulen, die zum Projektstart 13 und 14 Jahre alt waren.

Die *bereichert Optimistischen* sahen sich selbst von Anfang an als sehr kompetent, erlebten trotzdem noch einen Wissenszuwachs bezüglich der Konfliktbewältigung und fühlten sich so stark wie keine andere Gruppe von dem Projekt bereichert. Dieser Typus wurde dominiert von der mittleren Altersgruppe, den zum Projektstart 15- und 16-Jährigen. Viele von ihnen besuchten das Gymnasium.

Die *zufrieden Verhaltenen* haben sich zu Projektbeginn als eher nicht kompetent beim Streiten beschrieben. Dies änderte sich im Projektverlauf. Sie fühlten sich durch das Projekt zwar sehr bereichert, in den Daten der Clusteranalyse fanden sich allerdings keine Indizien, woran sie dies festmachten. Diesem Typus gehörten überwiegend Schülerinnen aus allen Altersgruppen und über alle Schularten hinweg an.

Die *coolen Widersprüchlichen* sahen sich von Anfang an als sehr kompetent – obwohl ihr Wissen bezüglich der Konfliktbewältigung im Projektverlauf überraschender Weise zurück ging. Das Klassenklima beschrieben sie im Projektverlauf als sich drastisch verschlechternd. Von der Anwendbarkeit des Gelernten waren sie am stärksten überzeugt und ihren LehrerInnen begegneten sie am wenigsten kritisch. Der kleinen Gruppe gehörten nur GymnasiastInnen an.

Die *kritisch Profitierenden* ließen sich vor allem dadurch beschreiben, dass sie bezüglich der Einschätzung von Konflikten als Chance und in ihrer Streitkompetenz im Projektverlauf einen deutlichen Gewinn verzeichnen konnten. Kritisch waren sie gegenüber dem Klassenklima und gegenüber ihren LehrerInnen. Außerdem waren sie eher skeptisch gegenüber der Anwendbarkeit des Gelernten im Alltag. Zu diesem Typus gehörten eher die jungen SchülerInnen; er wurde dominiert von Jugendlichen, die die Regelschule besuchten.

9.2 Sozialstrukturelle Unterschiede der Typen

Werden die Unterschiede der Typen hinsichtlich ihrer statistischen Bedeutsamkeit bezüglich der sozialstrukturellen Variablen Alter, Geschlecht und Schulart mit einem Chi-Quadrat-Test überprüft, lassen sich signifikante Unterschiede bezüglich Schulart und Alter beschreiben:

Die GymnasiastInnen gehörten besonders oft zu den *bereichert Optimistischen*, wohingegen die am Projekt teilnehmenden Jugendlichen aus berufsbildenden Schulen verhältnismäßig häufig zu den *zufrieden Verhaltenen* gehörten. RegelschülerInnen gehörten besonders häufig zu dem Typus *kritisch Profitierende*. Nahezu parallel drückte sich die Verteilung für das Alter aus. Die Jüngsten – die zu Projektbeginn 13- und 14-Jährigen – waren in den Typen *kritisch Profitierende* und *gruppendynamisch Bewegte* zu finden. Die 15- und 16-Jährigen gehörten besonders oft zum Typus der *bereichert Optimistischen*. Und die Ältesten – 17 Jahre und älter – ließen sich besonders häufig unter den *zufrieden Verhaltenen* finden. Obwohl Schülernnen den Typus der *zufrieden Verhaltenen* in absoluten Zahlen stark dominierten, ließ sich – über die Verteilung über alle Typen hinweg – keine statistische Bedeutsamkeit für eine Verteilung nach Geschlecht nachweisen.

10. Zusammenfassung

Unsere Untersuchung hat Hinweise darauf geliefert, unter welchen Voraussetzungen und Bedingungen die Wahrscheinlichkeit für intendierte Wirkungen der Lernprozesse besonders groß ist: Vor allem durch die qualitativen Interviews wissen wir, dass besonders nachhaltig jene SchülerInnen von den Seminaren profitiert haben, die dazu bereit waren, sich auf die Themen und Inhalte auch persönlich einzulassen. Das Projekt hat bei ihnen Reflexionsprozesse ausgelöst, die dazu führten, dass sie sich selbst besser kennen gelernt haben. Sie verstanden sich selbst und dies ermöglichte es ihnen auch, andere besser zu verstehen. So erweiterte sich ihre Perspektive auf ihre Mitmenschen und ihren Alltag und es wurde ihnen möglich, anders mit Konflikten umzugehen. Dies ist auf der Basis der Aussagen der SchülerInnen-Interviews der größte Erfolg des Projektes.

Die Voraussetzung für dieses persönliche Einlassen bildete erstens eine Offenheit in der Erwartungshaltung. Nicht alle Teilnehmenden besaßen diese Offenheit. Speziell die SchülerInnen einer der beiden Regelschulen traten das Projekt mit der Erwartung an, es möge ihren Zusammenhalt in den Klassen verstärken. Diese Erwartung, die durch das Projekt nur bedingt erfüllt werden konnte, verhinderte, dass die Teilnehmenden für sich persönlich vom Projekt profitierten. Es wäre insofern sinnvoll gewesen, die Erwartungshaltungen im Vorfeld noch spezieller in den Schulen zu kommunizieren.

Eine zweite Voraussetzung für das persönliche Einlassen der einzelnen Teilnehmenden war, dass sie sich in der Gruppe, mit der sie am Projekt teilgenommen hatten, in ihren Klassen, sicher und wohl fühlten. War dies nicht gegeben, konnte keine Wirkung auf individueller Ebene erzielt werden.

Die dritte Voraussetzung für das persönliche Einlassen auf das Projekt bildete das Annehmen der Lernformen des Projekts. Dies fiel den Teilnehmenden leichter, die schon vor Beginn des Projektes eine positive Einstellung zum Lernen hatten, also davon ausgingen, dass sie, wenn sie im Projekt etwas vermittelt bekämen, davon profitieren. Teilnehmenden hingegen, die eine sehr traditionell schulische Perspektive auf das Lernen mitbrachten, fiel dies schwerer.

Nachhaltiges Lernen bedarf eines positiven Umfeldes. Die moderne Hirnforschung lehrt uns, dass Lernen viel mit positiven Emotionen zu tun hat. In einer offen und freundlich wahrgenommenen Atmosphäre kann daher effektiver gelernt werden. Die Neurophysiologie hat uns gezeigt, welche prinzipielle Bedeutung Emotionen für kognitive Prozesse und das Handeln haben; sie wirken als Schleuse: bei negativen Gefühlen ist die Schleuse geschlossen, bei positiven Gefühlen ist sie geöffnet. Nur im letzteren Fall sind die Bedingungen für eine dauerhafte und nachhaltige Speicherung des Gelernten gegeben. Die emotionale Qualität des Lernens lässt sich am besten dadurch erzeugen, dass die Lernenden mit Dingen konfrontiert werden, die unmittelbar mit ihnen zu tun haben (vgl. hierzu Krammer 2004). All dies erklärt, warum die erfahrungs- und erlebnisorientierten Interaktionsübungen mit einer starken affektiv-emotionalen Komponente bei den SchülerInnen des Projektes SAfT so beliebt und damit wahrscheinlich auch erfolgswirksam waren.

Das Projekt trat mit der theoretischen Vermutung an, dass sich neue Handlungsoptionen dann ergäben, wenn Sinnzusammenhänge verstanden, Begriffe wahrgenommen und in ihrer Differenziertheit betrachtet würden. Aus diesem Grund war die kognitive und emotionale Vermittlung von Begriffen und Modellen ein Schwerpunkt in allen drei Seminaren. Diese Vermutung kann aus Sicht der SchülerInnen-Interviews nur bedingt bestätigt werden. Daneben waren aber auch jene

Teilnehmenden in der Lage anders zu handeln, die mit den Begriffen und Modellen des Projektes weniger anfangen konnten. Das Miteinander in den Seminaren, die kooperative Stimmung und die freundliche Atmosphäre im Projekt sowie das Handeln der TeamerInnen beeinflussten die Teilnehmenden im Entwickeln neuer Handlungsoptionen sehr stark.

In den Seminaren konnte ein starkes Bedürfnis nach interpersonalem Lernen festgestellt werden. Dieses Lernen am Modell des Anderen – hier der TeamerInnen – spielt eine sehr bedeutsame Rolle, die in der Theorie noch unzureichend thematisiert wird. In zukünftigen Studien bedarf es einer intensiven Auseinandersetzung mit dem professionellen Charakter einer Bildung von Person zu Person, die zugleich der Tatsache Rechnung trägt, dass Lehren und Lernen nur in der Ganzheit der Person, also einer Integration von fachlichen und persönlichen Aspekten möglich ist (vgl. hierzu auch Schröder/ Balzter/ Schroedter 2004, S. 191f.). In den qualitativen Interviews finden sich hierfür zahlreiche Belege, die sich für separate Studien anbieten.

Die Verinnerlichung der im Projekt vermittelten Begriffe und Modelle kann zudem dazu führen, dass die alltäglichen Verständnisse der Begriffe verworfen werden und die Teilnehmenden, die sich sehr stark mit den Inhalten des Projektes identifizieren, in ihrem Alltag frustriert über die mangelnden Transfermöglichkeiten sind und damit voreingenommen gegenüber anderen Denkweisen. Dies wurde am Beispiel des Demokratieverständnisses sehr deutlich, dessen Verinnerlichung bei einigen Teilnehmenden dazu führte, Demokratie als Staatsform sehr kritisch zu beurteilen. Dieser Effekt lässt sich damit begründen, dass wenige der im Projekt vermittelten und von ihnen geschätzten Aspekte sich dort widerspiegelten und eben nicht zum Alltag in der Gesellschaft gehören. Diese Spannung gilt es im Bereich der Demokratie- und Toleranzerziehung auf- und ernst zu nehmen

Literatur

Ahlheim, K. (2003): Vermessene Bildung? Wirkungsforschung in der politischen Erwachsenenbildung. Schwalbach/Ts.

Bertelsmann Forschungsgruppe Politik (2001) (Hrsg): Toleranz – Grundlage für ein demokratisches Miteinander. Gütersloh.

Bortz, J. (1999): Statistik für Sozialwissenschaftler. 5. Auflage. Berlin, Heidelberg, New York.

Rudolf, K./ Zeller, M. (2000): Der Bürger als Bildungspartner. Chancen und Möglichkeiten der Evaluation politischer Bildungsarbeit. In: kursiv – Journal für politische Bildung, 1/2000, S. 39-42

Schäfer, E./ Schack, St./ Rahn, P./ Uhl, S. (2006): „Wer sich selbst versteht, versteht auch andere besser". Eine Längsschnittstudie zu Wirkungen eines Projektes der politischen Jugendbildung zum Demokratie-Lernen. Jena.

Schröder, A./ Balzter, N./ Schroedter, Th. (2004): Politische Jugendbildung auf dem Prüfstand. Ergebnisse einer bundesweiten Evaluation. Weinheim und München.

Ulrich, S./ Wenzel, M. (2003). Partizipative Evaluation. Ein Konzept für die politische Bildung. Gütersloh

Ulrich, S. (1997): Miteinander – Erfahrungen mit Betzavta. Ein Praxishandbuch auf der Grundlage des Werks „Miteinander" von Uki Maroshek-Klarman, Adam Institut, Jerusalem in der Adaption von Susanne Ulrich, Thomas R. Henschel und Eva Oswald. Gütersloh

Ulrich, S./ Heckel, J. u. a. (2001): Achtung (+) Toleranz. Wege demokratischer Konfliktregelung. Gütersloh

Wiebken Düx/Erich Sass

Lernen im freiwilligen Engagement – Ein Prozess der Kapitalakkumulation

Vor allem die VertreterInnen der Jugendorganisationen und Verbände, hin und wieder aber auch die der Politik, führen das freiwillige Engagement gerne als einen außerschulischen, informellen Bereich an, in dem Lern- und Bildungsprozesse, insbesondere sozialer Art, stattfinden. Ihren Aussagen zufolge werden in den verschiedenen Settings freiwilliger Tätigkeit das Hineinwachsen in die Demokratie gefördert, Lern- und Bildungserfahrungen gemacht und Kompetenzen erworben, die von eigener und besonderer Qualität sind (vgl. Thole/ Hoppe 2003; Corsa 1998, 2003; Enquete-Kommission 2002, insbesondere S. 552-563). Allerdings fehlte diesen Annahmen bisher weitgehend die empirische Fundierung.

1. Das Forschungsprojekt

Um diesem Forschungsdefizit zu begegnen, wurde von 2003 bis 2007 in einer Kooperation der Universität Dortmund mit dem Deutschen Jugendinstitut das Forschungsprojekt „Informelle Lernprozesse im Jugendalter in Settings des freiwilligen Engagements" durchgeführt. Im Zentrum des Forschungsinteresses dieses Projektes stand die Frage, welche Lern- und Bildungserfahrungen Jugendliche durch Verantwortungsübernahme für Personen, Inhalte oder Dinge in unterschiedlichen Organisationen, Tätigkeitsfeldern, Funktionen und Positionen des freiwilligen Engagements machen.

Im qualitativen Zugang der Studie wurden mittels leitfadengestützter Face-To-Face-Interviews 74 engagierte Jugendliche und 13 ehemals engagierte Erwachsene aus den Bundesländern NRW, Bayern und Sachsen zu ihren (Lern-) Erfahrungen in drei unterschiedlichen Settings des freiwilligen Engagements (Jugendverbände, Initiativen, politische Interessenvertretung/Schülervertretung) befragt. Außerdem wurden in einer bundesweiten standardisierten Telefonerhebung bei 1.500 ehemals engagierten sowie einer Vergleichsgruppe von 552 in ihrer Jugend nicht engagierten Personen zwischen 25 und 40 Jahren Daten zu früheren Lernerfahrungen im Engagement und an anderen Lernorten, zu vorhandenen Kompetenzen sowie zum Grad der aktuellen politischen und sozialen Beteiligung erhoben.

2. Kapitaltheorie

Wenn im Folgenden einige Ergebnisse dieses Forschungsprojektes vorgestellt werden, dann wird gleichzeitig der Versuch unternommen, dies aus einer spezifischen Perspektive, nämlich aus der Bourdieu'schen Kapitaltheorie zu tun. Dabei stellt dieser Zugang sicher nicht den einzig möglichen dar. Im Projekt sind ebenso handlungs-, anerkennungs- oder auch individualisierungstheoretische Folien auf das vielfältige Material der Interviews und der retrospektiven Telefonbefragung gelegt worden. Die Ergebnisse dieser Vorgehensweisen werden an anderer Stelle publiziert. Um Aussagen zu den (Lern-)Wirkungen von freiwilligen Tätigkeiten in den (informellen) Kontexten des freiwilligen Engagements treffen zu können, erscheint die Zuhilfenahme der Kapitaltheorie Pierre Bourdieus aber als besonders tragfähig.

Versteht man Lernen als einen ständigen Austauschprozess des Individuums mit seiner Umwelt, und geht außerdem davon aus, dass neues Wissen immer nur an bereits vorhandenes anknüpfen kann, wird klar, dass die Frage, ob das Vorhandensein von Wissen und Können Voraussetzung oder Ergebnis freiwilligen Engagements ist, nicht eindeutig zu beantworten ist. Ohne Vorkenntnisse und Prägungen aus Familie, Schule, peer-group und anderen Sozialisationsfeldern ist freiwilliges Engagement unmöglich, genau so, wie z.B. schulisches Lernen ohne vorherigen Spracherwerb nur schwer vorstellbar ist. Geht man weiterhin davon aus, dass die Settings des freiwilligen Engagements besondere Lernchancen bieten, dann stellt sich weniger die Frage, ob ein Engagement die abhängige oder unabhängige Variable im Lernprozess ist, sondern eher die, wie sich dieser Akkumulationsprozess gestaltet, welche Voraussetzungen zur Aufnahme eines Engagements vorhanden sein müssen und welche Funktion das Engagement im weiteren Entwicklungsprozess einnimmt.

Mit seiner Kapitaltheorie hat der französische Soziologe Pierre Bourdieu (1930-2002) einen theoretischen Zugang entwickelt, der es ermöglicht, derartige Akkumulationsprozesse zu beschreiben. In Erweiterung des Marxschen Kapitalbegriffs begreift er Kapital als eine (ungleich verteilte) Ressource, die mehr als das ökonomische Kapital umfasst und soziales, kulturelles und symbolisches Kapital integriert: „*Kapital ist akkumulierte Arbeit, entweder in Form von Materie oder in verinnerlichter, ‚inkorporierter' Form*" (Bourdieu 1983, S. 183). In seinem Hauptwerk zur Kapitaltheorie „Die feinen Unterschiede. Kritik der gesellschaftlichen

Urteilskraft" (Bourdieu 1982) zeigt er, wie bei der Kapitalakkumulation die ökonomischen, sozialen und kulturellen Voraussetzungen des Elternhauses und der Umgebung sich wechselseitig beeinflussen und zusammenspielen. Auf dieser Folie lassen sich auch die Voraussetzungen für ein Engagement und die durch freiwillige Tätigkeiten ausgelösten Lern- und Bildungsprozesse der Individuen beschreiben.

Als Teil einer politischen Ökonomie des immateriellen Reichtums ist Bourdieus Kapitaltheorie eine Theorie der sozialen Ungleichheit. Aus den jeweils unterschiedlichen Möglichkeiten über ökonomisches, soziales und kulturelles Kapital zu verfügen, ergeben sich die Positionen der Individuen im sozialen Raum, ihre Klassenlagen, aber auch ihre Möglichkeiten, sich in bürgerschaftlichen Vereinigungen zu engagieren. *„Wer von Bürgergesellschaft ernsthaft redet, darf über Ausgrenzung und Ungleichheit nicht schweigen"* (Stolterfoht 2005, S.3).

Für den hier untersuchten Zusammenhang sind die von Bourdieu identifizierten Kapitalarten kulturelles Kapital und soziales Kapital von besonderer Bedeutung.

Abb. 1: Kapitalarten (nach Bourdieu)

Ökonomisches Kapital (Geld, Besitz)	**Kulturelles Kapital** (Wissen / Können, kulturelle Güter, Titel, Zertifikate)	**Soziales Kapital** (Beziehungen, Kontakte)	Symbolisches Kapital (Wahrnehmung, Stil, Distinktion)

Unter kulturellem Kapital wird das Wissen und Können über welches ein Mensch verfügt verstanden, aber auch die kulturellen Güter (Bücher, Maschinen, ...), die er besitzt sowie sein, wie Bourdieu sagt, institutionalisiertes Kulturkapital, also Titel, Zeugnisse und Zertifikate.

Der Begriff „soziales Kapital" wird in den Sozialwissenschaften in verschiedenen Definitionsweisen verwandt. Anders als bei Bourdieu, wird in der us-amerikanischen Tradition – vor allem bei Coleman (1988) und Putnam (2000) – soziales Kapital als ein gesellschaftliches Gut verstanden, welches nicht an Individuen geknüpft ist. In dieser Definitionsweise besteht es aus gesellschaftlichen Normen, Vertrauensverhältnissen und Institutionen, die den sozialen Kitt einer Gesellschaft bilden. Insbesondere in der Diskussion um die Zivilgesellschaft und das bürgerschaftliche Engagement wird diese Definition gerne benutzt, z.B. um, wie Putnam, das Verschwinden dieses Sozialkapitals zu beklagen (Bowling Alone) (vgl. Putnam 2000). Wir verwenden den Begriff „soziales Kapital" hier in der französischen Tradition Pierre Bourdieus. Es ist somit an Personen geknüpft und meint die Beziehungen und Kontakte, die eine konkrete Person aktuell aktivieren und nutzen kann. Es geht also um das, was man unter „Vitamin B" verstehen könnte oder, positiver ausgedrückt, als „Einbindung in soziale Netzwerke".

3. Voraussetzungen für ein Engagement

In der vorliegenden Studie kann der Zusammenhang zwischen bereits vorhandenem Kulturkapital (Schulbildung) und Engagementbereitschaft nachgewiesen werden. Die in der retrospektiven Telefonbefragung befragten ehemals Engagierten gaben mit ca. 39 % das Abitur als höchsten Schulabschluss an, während in der nicht engagierten Vergleichsgruppe nur 20,5 % die Hochschulreife besitzen. Beim Hauptschulabschluss kehrt sich dieses Verhältnis um. Ein weiterer Indikator für die soziale Lage ist der Migrationshintergrund. Auch hier zeigen sich deutliche Unterschiede (vgl. Tab. 1).

Tab. 1: Einfluss von Schulabschluss und Migrationshintergrund auf die Engagementbereitschaft

	früher Engagierte (n=1500)	nicht Engagierte (n=552)
ohne Schulabschluss	0,2%	2,9%
Hauptschulabschluss	19,7%	32,8%
Realschulabschluss/POS	34,5%	38,6%
Fachhochschulreife	6,7%	5,2%
Abitur	38,8%	20,5%
Migrationshintergrund	12,9%	24,6%

Bemerkenswert erscheint hier, dass auch im Sport, von dem wir aus anderen Untersuchungen wissen, dass der Migrantenanteil unter den TeilnehmerInnen relativ hoch ist, bei den Engagierten nur durchschnittlich ausfällt. Scheinbar gelingt es den Sportorganisationen nicht besser, Personen mit Migrationshintergrund in freiwillige Tätigkeiten einzubinden, als anderen Organisationen.

Es zeigt sich also, dass bereits der Einstieg in eine Organisation, vor allem aber auch die Verantwortungsübernahme im freiwilligen Engagement durch den familiären und sozialen Hintergrund geprägt sind. Dies wurde auch in den qualitativen

Interviews bestätigt, in denen Jugendliche über ihre Einstiegsphase berichten. Hier ist die Familie, bzw. die Clique von vorrangiger Bedeutung:

> Mein Vater war damals der erste, der mich gefragt hat, ob ich nicht Lust hab, ihm zu helfen bei der Schwimmgruppe, ein bisschen ihm zur Seite zu stehen, das war, glaub ich, so mit 13, 14, war das, dass ich halt den Sechsjährigen das Schwimmen beibring. Also ich schätz, der hat mich schon da so ein bisschen rein gebracht, aber das Selbstengagement war dann der Ausschlag. (w. 24, DLRG)

> Der Bruder meiner besten Freundin, der war da drin und der meinte: „Ja, wir können auch ein paar Mädchen gebrauchen." (w. 18, THW)

Wenn Jugendliche den Schritt in die Organisationen, bzw. die Verantwortungsübernahme getan haben, erschließt sich ihnen ein Lernfeld, welches von ihnen selbst als grundsätzlich verschieden von der Schule beschrieben wird. Insbesondere die Freiwilligkeit der Teilnahme wird in nahezu allen Interviews als wesentliches Unterscheidungsmerkmal benannt, aber auch andere Strukturcharakteristika der Freiwilligenorganisationen wie Offenheit und Diskursivität (vgl. Sturzenhecker 2004), werden in den Interviews als positive Voraussetzungen für Lernprozesse angesprochen.

4. Lernprozesse im Engagement

Der grundlegenden Frage des Forschungsprojektes, ob unter den besonderen strukturellen Bedingungen des freiwilligen Engagements Lern- und Bildungserfahrungen gemacht werden, die Nicht-Engagierten verschlossen bleiben, wurde in erster Linie nachgegangen, indem die beiden Untersuchungsgruppen der standardisierten Telefonbefragung verglichen wurden. Auch wenn die Ergebnisse dieses Vergleichs nicht mit letzter Sicherheit nachweisen, dass der tendenzielle Wissensvorsprung der Engagierten Ergebnis (und nicht nur Ursache) des Engagements ist, geben die Auskünfte der Befragten Anlass zur Vermutung, dass im Engagement Akkumulation von sozialem und kulturellem Kapital stattfindet. So gehen die früher engagierten Befragten zu mehr als 80 % davon aus, dass der freiwillige Einsatz einen starken oder sogar sehr starken Einfluss auf ihr Leben hat (vgl. Tab. 2).

Tab. 2: Genereller Einfluss des freiwilligen Engagements, Selbsteinschätzung

War Ihr ehrenamtliches oder freiwilliges Engagement insgesamt für Sie persönlich ein wichtiger Teil Ihres Lebens oder spielte das in Ihrem Leben keine so wichtige Rolle? Wie haben die dort gemachten Erfahrungen Ihr Leben beeinflusst? Haben Sie diese...	
(1) Sehr stark,	37,8%
(2) stark,	42,7%
(3) weniger stark oder	16,9%
(4) gar nicht beeinflusst?	2,6%
Anzahl absolut	1495

Diese Bedeutung nimmt mit der Dauer des Engagements zu; allerdings gibt auch über die Hälfte der relativ kurzzeitig Engagierten (1-2 Jahre) an, nachhaltig beeinflusst worden zu sein. Einen weiteren Hinweis auf die vermutete Nachhaltigkeit von im Engagement erworbenem Wissen und Können gibt die Frage nach dem Umfang der dort erworbenen Fähigkeiten. So geben in der Telefonbefragung fast 70 % der Befragten an, durch die freiwillige Tätigkeit „in sehr hohem Umfang" oder „in hohem Umfang" für sie wichtige Fähigkeiten erworben zu haben (vgl. Tab. 3)

Tab. 3: Erwerb wichtiger Fähigkeiten im Engagement, Selbsteinschätzung

In welchem Umfang haben Sie, insgesamt gesehen, durch Ihre Tätigkeit im freiwilligen Engagement Fähigkeiten erworben, die für Sie wichtig sind?	
(1) In sehr hohem Umfang,	28,7%
(2) in hohem Umfang,	39,9%
(3) in gewissem Umfang oder	29,4%
(4) gar nicht?	1,9%
Anzahl absolut	1491

Zur Beantwortung der Kernfrage, ob die ehemals Engagierten tatsächlich mehr Kompetenzen erworben haben, als die nicht Engagierten, wurde für die standardisierte Telefonbefragung eine Fragestellung entwickelt, die mit 17 Items zunächst erfragt, ob bestimmte Tätigkeiten schon einmal ausgeführt wurden. Die entsprechenden Fragen beziehen sich sowohl auf Alltagstätigkeiten als auch auf Tätigkeiten, die eher auf ein freiwilliges Engagement bezogen sind. Alle Fragen wurden sowohl den Engagierten, als auch den Nicht-Engagierten vorgelegt.

Insgesamt gesehen haben die Engagierten alle abgefragten Tätigkeiten häufiger ausgeführt. Es lässt sich zeigen, dass mit zunehmender Orientierung der Tätigkeiten auf den öffentlichen Raum auch die Unterschiede zwischen den beiden Gruppen zunehmen. Während es bei Alltagstätigkeiten aus dem häuslichen Bereich oder dem Freundeskreis (z.b. technisches Gerät reparieren, in Beziehungskonflikten beraten) nur marginale Unterschiede gibt, nehmen diese bei Tätigkeiten, die über den privaten Rahmen hinausgehen können, wie z. B. „Musik machen", zu. Bei stark auf die Öffentlichkeit gerichteten, engagementbezogenen Tätigkeiten, wie z.B. Veranstaltungen organisieren, Gremienarbeit oder eine Rede halten, zeigen sich bemerkenswerte Unterschiede (vgl. Tab. 4).

Tab. 4: Sehr häufig oder mehrfach ausgeübte Tätigkeiten / Vergleich Engagierte – Nicht-Engagierte (in %)

Haben Sie schon sehr häufig oder mehrfach …	Engagierte (n=1500)	Nicht-Engagierte (n=552)	Differenz E/NE Prozentpunkte
(1) ein technisches Gerät oder ein Fahrzeug repariert?	75,7	67,4	8,3
(2) eine größere Aufgabe im Team bearbeitet?	87,7	69,5	18,2
(3) selbstständig in einer völlig fremden Umgebung, zum Beispiel im Ausland, zurechtgefunden?	69,4	53,6	15,8
(4) andere in Beziehungskonflikten beraten?	68,9	65,9	3
(5) größere Veranstaltungen, Projekte oder Aktionen außerhalb Ihres Privatbereichs organisiert?	56	26,8	29,2
(6) Theater gespielt?	31,3	19,1	12,2
(7) ein längeres Gespräch in einer fremden Sprache geführt?	54,2	38,5	15,7
(8) eine Leitungsaufgabe übernommen?	69,5	47,8	21,7
(9) andere Personen ausgebildet, unterrichtet oder trainiert?	77,2	52,6	24,6
(10) einen Text geschrieben, der veröffentlicht wurde?	34,9	12,1	22,8
(11) eine Rede vor mehr als 30 Personen gehalten?	54,9	27,1	27,8

Haben Sie schon sehr häufig oder mehrfach …	Engagierte (n=1500)	Nicht-Engagierte (n=552)	Differenz E/NE (Prozentpunkte)
(12) Erste Hilfe geleistet?	38,4	21,4	17
(13) eine Finanzabrechnung außerhalb des privaten Bereichs erstellt?	35,7	22,2	13,5
(14) in Ausschüssen oder Gremien mitgearbeitet?	40,8	11,7	29,1
(15) Musik gemacht?	53,9	37	16,9
(16) alte oder kranke Menschen betreut?	44,4	39,3	5,1
(17) nicht eigene Kinder länger als eine Stunde beaufsichtigt?	91,4	84,4	7

Lässt man die Befragten zusätzlich die Qualität ihrer Fähigkeiten bewerten (*Wie gut können Sie das?*), so zeigt sich, dass es hier kaum Unterschiede zwischen Engagierten und nicht Engagierten gibt. Die eigenen Fähigkeiten werden immer dann als „*gut*" oder „*sehr gut*" eingeschätzt, wenn sie häufig ausgeführt werden. Demnach spielt der Ort des Handelns keine entscheidende Rolle.

Diese Ergebnisse lassen einen eindeutigen Trend erkennen: Freiwilliges Engagement bietet Gelegenheiten, im öffentlichen Raum zu agieren. Je stärker die abgefragten Tätigkeiten sich auf ein solches Agieren in der Öffentlichkeit beziehen, desto größere Differenzen zwischen Engagierten und nicht Engagierten lassen sich feststellen. Die Organisationen des freiwilligen Engagements wirken demnach als Gelegenheitsstrukturen, in denen Fähigkeiten erworben werden können, zu deren Erwerb in anderen Feldern kaum die Möglichkeit besteht. Genau dies macht die besondere Qualität der Lernmöglichkeiten im freiwilligen Engagement aus.

Die früher Engagierten wurden außerdem gefragt, ob sie glauben, dass bestimmte persönliche Eigenschaften durch ihr Engagement gefördert wurden. Hier sagen z.B. 71 %, dass die Fähigkeit, auf andere Menschen zuzugehen „sehr stark" oder „stark" durch das Engagement gefördert wurde. Selbstbewusstsein (64 %), Toleranz gegenüber Andersdenkenden, (59 %) Konfliktfähigkeit (56 %), Kompromissbereitschaft und Empathie (je 54 %) sowie Umgang mit Unsicherheit (52 %) sind weitere persönliche Eigenschaften, auf die sich ein freiwilliges Engagement positiv auszuwirken scheint. Dazu zwei Statements aus den leitfadengestützten Interviews:

> Ich hab gemerkt, dass ich selbstbewusster geworden bin. Ich kann besser einstecken, wenn einer nicht meiner Meinung ist und irgendwie was anderes möchte. Das konnte ich früher nicht besonders gut. Da wollte ich eigentlich immer meine Meinung durchsetzen. (…) Das hat mir schon geholfen hier. (w. 16, ev. Jugend)

> Da habe ich versucht, nicht nur meine persönliche Meinung zu vertreten, sondern man muss auch lernen andere Meinungen vertreten zu können, selbst wenn man nicht der gleichen Meinung ist, das ist ein Prozess der ein bisschen länger gedauert hat, bis man anderer Leute Meinung vertreten kann, genau als wäre es meine eigene Meinung, obwohl ich manchmal total dagegen war oder nicht der gleichen Meinung bin. Das ist eine Sache die man in den Gremien lernen muss. (m. 19, Sportjugend)

5. Kompetenztransfer: Beruf

Im Sinne der Bourdieu'schen Kapitaltheorie wäre nun zu fragen, ob sich die in der Jugendzeit getätigten Investitionen in das soziale und kulturelle Kapital später auch auszahlen, ob die im Engagement gemachten Erfahrungen auch hinsichtlich der beruflichen Karriere und der gesellschaftlichen Integration wirksam werden.

Die Ergebnisse der qualitativen Interviews zeigen, welche große Rolle das Engagement bei der beruflichen Orientierung und der Berufseinmündung spielt. Die Jugendlichen berichten, wie ihre Engagementerfahrungen Berufsentscheidungen prägen oder diese Entscheidungen – häufig in der Auseinandersetzung mit in den Organisationen tätigen Erwachsenen – auch revidiert werden.

> Ja, ich habe mir halt überlegt, dass ich auf jeden Fall irgendwas machen will, was irgendwem, ganz egal wem, irgendwas bringt. Irgendwie merke ich das auch hier, dass es Spaß macht, wenn man sieht, dass es wenigstens ein bisschen was in der Welt bewirken kann, was man tut. Ich wollte früher, also da hatte ich auch ein Praktikum im Museum gemacht, da wollte ich Kunsthistorikerin werden, aber ich habe festgestellt, dass das eigentlich, ich will nicht sagen überflüssig ist, aber das es nicht so viel bringt, glaube ich. (w. 15, Greenpeace)

In Bewerbungsverfahren wird das Engagement sehr bewusst eingesetzt, um sich von Mitbewerbern abzusetzen. Nahezu alle Befragten geben an, ihre Erfahrungen in Bewerbungsgesprächen bereits angesprochen zu haben oder dies gegebenenfalls tun zu wollen. Jugendliche mit entsprechenden Vorerfahrungen berichten von positiver Resonanz bei den Personalverantwortlichen. In Einzelfällen ist das Engagement sogar ausschlaggebendes Kriterium für die Einstellung.

Kritischer wird die Anlage zertifizierter Nachweise an die Bewerbungsunterlagen gesehen. So wird ein Beiblatt zum Zeugnis (soweit überhaupt bekannt) sogar von jungen Freiwilligen zwiespältig beurteilt, die selbst als SchülervertreterInnen an dessen Einführung beteiligt waren. Auch wo Zertifikate positiv beurteilt werden, wird betont, dass deren Einführung keinen Einfluss auf den Charakter der freiwilligen Tätigkeit haben und nicht zur Hauptmotivation eines Engagements werden darf.

Die Annahme, dass früher Engagierte eher in Berufen des Gesundheits-, Bildungs-, und Sozialbereichs tätig werden als Nicht-Engagierte, wurde durch die Untersuchung bestätigt. Fast 25 % der ehemals Engagierten haben einen Beruf im Gesundheitswesen, im Bildungswesen oder im sozialen Bereich gewählt. In der Vergleichsgruppe sind nur 15 % in diesen Bereichen tätig geworden. Hier erscheint bemerkenswert, dass in der Gruppe der praktischen Helfer fast 30 % einen Beruf ergreifen, der mit früheren Engagementerfahrungen in Zusammenhang zu stehen scheint. Auch dieses Ergebnis der standardisierten Befragung ist als Hinweis darauf zu werten, dass das Engagement berufsorientierende Funktion, besonders für diese Berufsfelder, hat. Anscheinend können in den Settings des freiwilligen Engagements Erfahrungen der Verantwortungsübernahme, der Selbstwirksamkeit und des praktischen Handelns gemacht werden, die in anderen Lernfeldern, insbesondere der Schule, so nicht gemacht werden können.

Ein weiterer Effekt des Engagements ist feststellbar: Auch unter Ausschluss anderer Variablen, wie Geschlecht, Herkunft und Schulbildung, zeigt sich, dass früher Engagierte höhere Berufsabschlüsse erreichen als andere. Befragte, die maximal einen Hauptschulabschluss aufweisen, haben zu 16,7 % keinen Berufsabschluss, wenn sie sich nicht in ihrer Jugend engagiert hatten. Bei ehemals engagierten Befragten dieser Gruppe hatten jedoch lediglich 9,5 % keine Berufsausbildung abgeschlossen. Nicht-Engagierte mit Hauptschulabschluss erreichten lediglich zu 13,7 % einen Berufsabschluss als Meister, Techniker oder Fachschüler, mit einem jugendlichen Engagement stieg dieser Wert auf 17,4 %. Ehemals engagierte Abiturienten erreichen zu 14,9 % eine abgeschlossene Fachhochschulausbildung und zu 57,1 % einen Universitätsabschluss. Diese Abschlüsse erreichen dagegen nur 9,2 bzw. 54,8 % Abiturientinnen und Abiturienten, die sich in ihrer Jugend nicht engagiert hatten. Insgesamt kann damit ein durchgehender Einfluss des Engagements auf den Berufsabschluss festgestellt werden, auch wenn dieser Einfluss nicht ausreicht, um eine niedrige Schulbildung vollständig zu kompensieren.

Allerdings konnte nur ein sehr schwacher Effekt auf den erreichten beruflichen Status ermittelt werden. Lediglich früher als Leiter tätige Personen erreichten unter Kontrolle der anderen Variablen ein signifikant höheres Berufsprestige als Nicht-Engagierte. Dies kann bedeuten, dass ein früheres Engagement nicht unbedingt zu besser bezahlten Positionen führt.

6. Kompetenztransfer: Gesellschaftliche Beteiligung

Auch den Fragen, ob in ihrer Jugend Engagierte sich stärker gesellschaftlich integrieren als Nicht-Engagierte, ob sie sich weiterhin gesellschaftlich betätigen, an politischen Prozessen und Aktionen partizipieren und häufiger in den zivilgesellschaftlichen Organisationen vertreten sind als andere, wurde in der repräsentativen Telefonbefragung nachgegangen.

Während sich über die Hälfte (52,2 %) der in der Jugendzeit Engagierten auch im Erwachsenenalter weiter freiwillig betätigt, haben nur etwa 15 % der früher nicht Engagierten nach dem 22. Lebensjahr ein Engagement aufgenommen. Verglichen mit den Daten des Freiwilligensurvey liegt die Engagementbereitschaft in den entsprechenden Altersgruppen damit bei den früher Engagierten auch deutlich höher als der Durchschnittswert in der Gesamtbevölkerung, der insgesamt bei ca. 36 % liegt (vgl. Picot 2006, S. 184).

Nach dem allgemeinen politischen und gesellschaftlichen Interesse befragt, zeigt sich bei den in der Jugendzeit Engagierten eine Tendenz zu mehr Interesse an gesellschaftspolitischen Fragen. Während über 50 % dieser Gruppe ein starkes Interesse bekunden, sind es in der Vergleichsgruppe weniger als 40 %. Hier fällt allerdings auf, dass sich die als praktische Helfer Engagierten in ihrem politischen Interesse kaum von den Nicht-Engagierten unterscheiden. Die größten Unterschiede ergeben sich naturgemäß bei den ehemaligen Funktionären und Politikern.

Um diese Fragestellung zu spezifizieren, wurde außerdem nach unterschiedlichen Formen gesellschaftlicher und politischer Beteiligung in den letzten fünf Jahren gefragt. Auch hier zeigt sich in allen Items eine mehr oder minder starke Tendenz der ehemals Engagierten zu mehr gesellschaftlicher Teilhabe. Dies gilt selbst für sehr niedrigschwellige Aktionsformen, wie der Beteiligung an Unterschriftenaktionen, besonders aber für die Mitarbeit in Parteien und Bürgerinitiativen sowie für die Übernahme von politischen Ämtern. Auch hier zeigen sich bei differenzierterer Betrachtung in vielen Bereichen kaum Unterschiede zwischen Nicht-Engagierten und Personen, die in ihrer Jugendzeit als praktische Helfer tätig waren. Eine Ausnahme ist die Teilnahme an Aktionen des Umwelt- und Katastrophenschutzes.

Die Ergebnisse der qualitativen Interviews legen außerdem nahe, dass neben Bildungseffekten vor allem das in den Organisationen generierte soziale Kapital eine wichtige Rolle für eine spätere gesellschaftliche oder politische Partizipation spielt. So berichten mehrere Befragte in den qualitativen Interviews von guten Kontakten zur Politik und über eigene politische Aktivitäten:

> Wir haben uns gedacht, zur letzten Kommunalwahl im Juli bieten wir eine Wählerinitiative an, bin ich dort mit angetreten. Aber wir haben es geschafft, einen Mandatsträger in den Stadtrat zu bekommen, was für uns sehr gut ist. Das wäre die eine Schiene und ich bin dann, wenn man hier arbeitet, kriegt man viele Kontakte zu verschiedenen Leuten ob Politik, Kultur bin ich dann aus meiner Sicht den nächsten logischen Schritt gegangen und habe mich angefangen parteipolitisch zu engagieren. Ich bin Mitglied der Grünen und auch der grünen Jugend. Sitze da zurzeit bei der grünen Jugend im Landesvorstand. Ich habe neben Zivilcourage noch ein zweites Ehrenamt. Das hat sich daraus entwickelt.
>
> I: Das wäre sonst nicht passiert?
>
> Höchstwahrscheinlich, sonst hätte ich die Leute nicht kennen gelernt.
> (m. 20, Aktion Zivilcourage)

Auch in anderen Interviews wird deutlich, wie wichtig im Engagement geknüpfte persönliche Kontakte für den weiteren Lebensweg sein können. Die Freiwilligenorganisationen wirken als intermediärer Raum zwischen dem eher unpolitischen, privaten Raum und dem öffentlichen, politischen Raum und bieten Möglichkeiten, kommunikative Barrieren zu überwinden und konkrete Kontakte zu Personen des öffentlichen Lebens zu knüpfen. Diese Möglichkeiten bestehen in privaten Familien- oder Freundschaftsbeziehungen nur in Ausnahmefällen.

7. Fazit

Insgesamt gesehen ergibt sich aus kapitaltheoretischer Perspektive ein recht eindeutiges Bild: Das freiwillige Engagement ist ein Lebensbereich, in dem kulturelles und soziales Kapital akkumuliert wird. Wenn auch die Frage nach Ursache und Wirkung schwer zu beantworten bleibt, wird durch die Studie erstmals auch mit quantitativen Daten die Annahme bestätigt, dass Jugendliche, welche den Zugang zu diesem Lernfeld bekommen und dort Verantwortung übernehmen, für sie wichtige und nachhaltige Lebenserfahrungen machen. Diese unterscheiden sich in Art und Form grundlegend von schulischen Lernerfahrungen und können erhebliche Auswirkungen auf die berufliche Orientierung, die Berufskarriere und die Bereitschaft zur gesellschaftlichen Partizipation im Erwachsenenalter haben. Eine junge Engagierte aus der Evangelischen Jugend drückt das so aus:

> „Es ist letztendlich ein Kreislauf. Man kommt da ja nicht rein, wenn man nicht von vorneherein sich irgendwie ein bisschen interessiert. Wenn man dann da reinkommt, dann lernt man noch sehr viel mehr, das kann man dann wieder aufs normale Leben zurück beziehen"
> (w.19, ev. Jugend).

Das derartige Akkumulationsprozesse auch Ausschlüsse produzieren, liegt auf der Hand. Hier stellt sich die Frage, ob sich die Organisationen des freiwilligen Engagements der Herausforderung stellen wollen (und können) und auch solchen Kindern und Jugendlichen Zugang in das Lernfeld Engagement ermöglichen, denen seitens der Familie und des sozialen Umfeldes nicht über ihre Schwelle geholfen wird. Dass hier Handlungsbedarf besteht, erscheint offensichtlich, wobei vorsichtiges Agieren angebracht scheint. Eine sozialpädagogische Vereinnahmung der Organisationen könnte mehr schaden als nützen, nämlich dann, wenn sie mit den Interessen von Jugendlichen eher bürgerlicher Herkunft kollidiert. Auch deren Rechte auf Orte selbstbestimmten Lernens jenseits der Schule sind zu berücksichtigen.

Literatur

Bourdieu, P. (1982): Die feinen Unterschiede. Kritik der gesellschaftlichen Urteilskraft. Frankfurt/ Main

Bourdieu, P. (1983): Ökonomisches Kapital, kulturelles Kapital, soziales Kapital. In: Kreckel, R. (Hrsg.): Soziale Ungleichheiten, Reihe Soziale Welt, Sonderband 2. Göttingen, S. 183-220

Coleman, James D.(1988): Social Capital and the Creation of Human Capital, in: American Journal of Sociology, Vol. 94 (Supplement), S. 95-120.

Corsa, M. (1998): Jugendliche, das Ehrenamt und die gesellschaftspolitische Dimension. In: Recht der Jugend und des Bildungswesens, 46. Jg., S. 322-334.

Corsa, M. (2003): Jugendarbeit und das Thema „Jugendarbeit und Schule" – aufgezwungen, nebensächlich oder existenziell. In: deutsche jugend, 51. Jg., H. 9, S. 369-379.

Enquete-Kommission (2002): „Zukunft des bürgerschaftlichen Engagements". Deutscher Bundestag, Bericht „Bürgerschaftliches Engagement: auf dem Weg in eine zukunftsfähige Bürgergesellschaft". Schriftenreihe, Bd. 4. Opladen.

Picot, S. (2006): Freiwilliges Engagement Jugendlicher im Zeitvergleich 1999-2004. In: Gensicke, Th. /Picot, S./ Geiss, S.: Freiwilliges Engagement in Deutschland 1999-2004. Ergebnisse der repräsentativen Trenderhebung zu Ehrenamt, Freiwilligenarbeit und bürgerschaftlichem Engagement. Wiesbaden, S. 177-223

Putnam, R. D. (2000): Bowling Alone. The Collapse and Revival of American Community. New York u. a.

Stolterfoht, B. (2005): Die soziale Bedingtheit bürgerschaftlicher Teilhabe. In: Friedrich Ebert Stiftung (Hrsg.): betrifft: Bürgergesellschaft 19. Bonn, S. 1-9

Sturzenhecker, B. (2004): Strukturbedingungen von Jugendarbeit und ihre Funktionalität für die Bildung. In: neue praxis, 34. Jg., H. 5, S. 444-454

Thole, W./ Hoppe, J.: (2003): Freiwilliges Engagement – ein Bildungsfaktor. Berichte und Reflexionen zur ehrenamtlichen Tätigkeit von Jugendlichen in Schule und Jugendarbeit. Frankfurt/ Main

Nanine Delmas

„... da bin ich langsam, wie soll ich sagen, klüger geworden" – Qualität und Wirkungen Mobiler Jugendarbeit

1. Einleitung

Im Jahr 2001 veranstalteten die LAG Mobile Jugendarbeit/ Streetwork Baden-Württemberg gemeinsam mit den Landesjugendämtern Baden und Württemberg (heute fusioniert als Landesjugendamt Baden-Württemberg beim Kommunalverband für Jugend und Soziales) eine Tagung zum Thema Qualitätsentwicklung in der Mobilen Jugendarbeit (MJA). Diese Tagung hatte den Effekt, dass sich der überwiegende Teil der teilnehmenden PraktikerInnen mit diesem Thema anschließend nicht mehr beschäftigen wollte und dies aus unterschiedlichen Gründen:

- Die Qualitätsdiskussion war begleitet von einer Einsparungsdebatte, die die PraktikerInnen aufforderte, ihre Arbeit zu legitimieren.
- Die Qualitätsdebatte war an die Neue Steuerung angelehnt. In Baden-Württemberg versuchte man so durch die Einführung des kommunalen Produktplans die Arbeit in Zahlen auszudrücken, ohne irgendwelche Aussagen über die strukturellen Bedingungen der Arbeit zu tätigen, die in manchen Projekten durchaus nicht zufriedenstellend waren und schon gar nicht den Standards der LAG entsprachen. (LAG Mobile Jugendarbeit 2001) Das Produkt der Mobilen Jugendarbeit sollte die Anzahl der Beratungsgespräche und Kontakte festlegen und per Strichliste erfolgen. Dies erboste die PraktikerInnen zu Recht, weil die Qualität der Arbeit keine Berücksichtigung fand und nur Quantifizierung der sozialen Arbeit im Vordergrund stand: sie empfanden es als schlichte Abwertung ihrer Arbeit.
- Eine Inkongruenz der theoretischen Debatte und alltäglicher Arbeitsrealisierung wurde deutlich. Lambach (2004, S.2) kommentiert dies wie folgt. „Ob dies an der Verstiegenheit der theoretischen Debatte liegt, die vom Praktiker zurecht mit einem lässigen Achselzucken abgetan wird, oder an dessen mangelnder Neigung, Theoretisches und Konzeptorientiertes zu verarbeiten, mag dahingestellt bleiben."

- Zuletzt gab es damals eine Grunddebatte darüber, ob Soziale Arbeit überhaupt in einen Qualitätsentwicklungsprozess eingebettet werden könnte, weil die Einwirkung auf einen Jugendlichen nicht garantiert mit der pädagogischen Handlung zu tun haben müsse, da das Verhalten und Handeln eines Menschen von vielen sozialen Faktoren abhängig wäre und somit die Vorhersagbarkeit von Wirksamkeit einer Intervention in Frage gestellt würde.

Diese und sicher auch andere Punkte führten auf der Tagung zur allgemeinen Ablehnung des Themas. Zugleich hatte sich auch niemand Gedanken darüber gemacht, wie das Arbeitsfeld methodische Unterstützung bekommen könnte, um künftig dessen pädagogische Prozesse beschreiben und belegen zu können. So war das Thema Qualitätsentwicklung in der Mobilen Jugendarbeit ein stetig wiederkehrendes Diskussionsthema, ohne dass es tatsächlich angepackt wurde. Die Evangelische Gesellschaft Stuttgart nahm sich des Themas in Baden-Württemberg als erster Träger an und entwickelte ein umfassendes Qualitätsmanagement Handbuch (Evangelische Gesellschaft 2006) als Instrument, um die Qualität der eigenen Arbeit zu verbessern – doch Ergebnisse einer Evaluation dieser Instrumente sind bis heute noch nicht auf dem Markt.

Im Jahr 2005 erschien eine Broschüre mit dem Titel „Was leistet Mobile Jugendarbeit?", die zunächst deshalb geschrieben wurde, weil das Sozialministerium Baden-Württemberg eine Legitimation benötigte, um einzelne Projekte der Mobilen Jugendarbeit in Baden-Württemberg finanziell zu unterstützen und man nie sicher war, ob die Gelder – trotz aller Vermutungen einer durchaus sinnvollen Sozialen Arbeit – weiterhin fließen würden. So taten sich VertreterInnen des Landesjugendamtes, der LAG Mobile Jugendarbeit und einer Trägervertreter Arbeitsgruppe (LAK MJA) zusammen, um eine entsprechende Broschüre zu verfassen: Hierzu wurden landesweit alle MitarbeiterInnen aus dem Arbeitsfeld aufgefordert, Wirkungen aus ihrem pädagogischen Alltag zu beschreiben und Interviews sowie Beobachtungen an die Autorgruppe zu senden, damit die Broschüre vor allem bei PolitikerInnen und anderen Entscheidungsträgern über die Fördergelder, Beachtung fände. Dies war durchaus der Fall: Im Landesjugendamt (bei dem die Verfasserin damals beschäftigt war) riefen LandespolitikerInnen wie auch Bürgermeister an und fragten nach, weshalb es in ihrem Wahlkreis oder ihrer Gemeinde diesen Ansatz nicht gäbe. Gleichzeitig erfuhr der Begriff „Streetwork" durch eine Fernsehsendung („Die Streetworker", Pro Sieben) eine gewisse öffentliche Aufmerksamkeit.

Die Mobile Jugendarbeit hatte in den letzten Jahre nur wenig unter Abbau zu leiden; sie wurde als Seismograph für soziale und gesellschaftliche Entwicklungen genutzt – und dies nicht zuletzt, weil die MitarbeiterInnen nie aufgehört hatten, politisch zu denken und zu handeln, parteilich zu ihren AdressatInnen zu stehen und auf die strukturellen Defizite der Gesellschaft laut aufmerksam zu machen. Auch Buchholz/ Stotz (2006, S.40ff) zeigen diesen besonderen adressatenorientierten, parteilichen Ansatz in ihrem Beitrag, indem sie aus ihren Beratungserfahrungen bei Hartz-IV-Fällen Unterstützungskonzepte für junge Menschen entwickelten, um diesen zu Geld zu verhelfen und zu verhindern, dass diese aus persönlichem Unwissen und „falschen Angaben" gänzlich ohne Geld da stehen.

Im folgenden Beitrag werden die Wirkungen der Mobilen Jugendarbeit aus unterschiedlichen Quellen dargestellt. Es werden Beispiele aus dem Buch „Was leistet Mobile Jugendarbeit?" herausgegriffen, ebenso wird auf qualitative Interviews mit Jugendlichen aus dem Arbeitsfeld zurückgegriffen, die von Sascha Meißner (damals Praktikant im Landesjugendamt Baden-Württemberg) an verschiedenen Standorten durchgeführt wurden. (Meißner 2006) Hier wurde allerdings nach Bewältigungsstrategien von Jugendlichen in schwierigen Lebenslagen gefragt und nicht explizit nach den Wirkungen der MJA. Doch zum Teil erklären die Jugendlichen sehr klar und deutlich, worin sie Unterstützung bei den MitarbeiterInnen fanden. Des Weiteren wurden die Erkenntnisse einer Evaluationsstudie der MJA Berlin genutzt (vgl. auch Tossmann et. al. 2007). Da bisher nur sehr wenig Material zur Verfügung steht, können aktuell nur einige denkbare Ansatzpunkte für Wirksamkeitsanalysen der Arbeit vorgestellt werden.

2. Auf die Haltung kommt es an – die Basis jeglichen Arbeitens

Mobile Jugendarbeit gliedert ihre Tätigkeitsfelder in vier Bereiche. Diese werden je nach Bedarf der AdressatInnen in unterschiedlicher prozentualer Verteilung von den MitarbeiterInnen angeboten.

- Aufsuchende Jugendarbeit/ Streetwork
- Cliquenarbeit
- Einzelfallunterstützung
- Gemeinwesenarbeit/ sozialräumliche Orientierung

Die Gewichtung dieser Anteile ist unterschiedlich, weil in verschiedenen Sozialräumen unterschiedliche Bedarfe entstehen: Der/die SozialarbeiterIn muss sich z.B. zunächst bekannt machen; anderswo entstehen neue Cliquen; mancherorts ergeben sich mit der Einführung von Hartz-IV oder der Zunahme der Jugendarbeitslosigkeit spezifische Einzelunterstützungsbedarfe; in einem Stadtteil gibt es Konflikte zwischen Nachbarn und Cliquen, die Ansätze der Gemeinwesenarbeit erfordert etc. Auch wenn Mobile Jugendarbeit bisher nur wenig Wirkungsforschung betrieben hat oder selten Forschungsobjekt war, so wird ihr Ansatz allgemein nur sehr selten von den Auftraggebern angezweifelt. Die Jugendämter, Gemeinden und Jugendhilfeausschüsse wissen, dass die MitarbeiterInnen einen großen Wissensfundus bezüglich der Lage junger Menschen in den Stadtteilen und Gemeinden haben: Verliert eine Fachkraft auf der Straße den Bezug und den Kontakt zu Cliquen, so wird er/sie nicht mehr glaubwürdig über die Entwicklungen im Stadtteil berichten können. Ist er/sie von den Jugendlichen nicht mehr akzeptiert, so werden diese sich von ihm/ihr nicht mehr aufsuchen lassen; und auch die Einzelfallgespräche werden dann so nicht mehr stattfinden.

Kein Jugendlicher ist verpflichtet, eine/n dieser MitarbeiterInnen aufzusuchen; dies ist ein nicht zu unterschätzendes Qualitätsmerkmal dieses Arbeitsansatzes. Ein weiteres liegt in der Grundstruktur des Ansatzes: Unterstützungen der Mobilen Jugendarbeit sind passgenau und werden an das Anliegen der AdressatInnen geknüpft, so dass diese nicht in ein bestehendes Hilfesystem eingepasst werden. Diese Art der Unterstützung ist eigentlich grundsätzlicher Gedanke des SGB VIII gewesen, um flexibel auf die Bedürfnisse der Adressaten einzugehen – was häufig bei den Angeboten der §§ 27 ff in der Praxis Jugendämter nicht mehr geschieht. „Nicht das „Vorhalten" von einzelnen Hilfeformen, denen dann Kinder und Jugendliche zugewiesen werden, ist strukturell sicherzustellen, sondern die Einrichtungen der Jugendhilfe sind so lern- und wandlungsfähig zu organisieren, dass sie ad hoc in der Lage sind, für jeden Jugendlichen und für jedes Kind eine Betreuungsform zu organisieren" (Klatetzki 1995, S. 7). Diese Anmerkung wurde bezüglich der Hilfen zur Erziehung verfasst, doch gerade weil diese häufig sehr versäult angewandt werden und nicht im gewünschten Aushandlungsprozess mit den Jugendlichen stattfinden, suchen die Jugendlichen Hilfe bei der Mobilen Jugendarbeit, weil ihre MitarbeiterInnen keine Hilfepläne festlegen und die Lösungen in den Ressourcen der jungen Menschen suchen – auch wenn diese zunächst Wege des Scheiterns gehen oder nur sehr langsam andere Überlebensstrategien entwickeln, als die bisherigen auf der Straße. „Aktuelle Situationen sollten so aufgegriffen werden, dass es möglich ist, die Kinder und Jugendlichen auf ihrem Weg weiter zu begleiten. Das geht nur, wenn dabei ausdrücklich die Möglichkeit besteht, Umwege und Sackgassen auszuprobieren, Fehler zu machen, Veränderungen zu akzeptieren und Neuanfänge zu wagen".(Boomgaarden 2001, S. 23).

Landesweites Netzwerk kollegialer Beratung am Beispiel Baden-Württembergs
In Baden-Württemberg werden nahezu alle im Arbeitsfeld tätigen MitarbeiterInnnen von der Landesarbeitsgemeinschaft MJA und dem Landesjugendamt erreicht.

Da viele dieser Fachkräfte EinzelkämpferInnen sind, melden sie sich früher oder später bei der LAG oder dem Landesjugendamt, weil sie fachliche Unterstützung brauchen. Sie erhalten fachliche Anbindung durch Tagungen, landesweite Arbeitstreffen und Einführungskurse. Die Adresslisten sind nahezu vollständig, die MitarbeiterInnen unterstützen ihren bisher ehrenamtlichen Vorstand mit sehr viel ehrenamtlicher Arbeit; und falls Materialien benötigt werden, so wird schnell und unkompliziert zugearbeitet. Die Solidarität der MitarbeiterInnen ist groß, eine gegenseitige Unterstützung in Krisensituationen greift und stärkt einzelne Fachkräfte. Dieses kollegiale Informations- und Unterstützungsnetzwerk pflegt einen kritischen Diskurs und entwickelt sich auch durch eine gesunde Konfliktkultur weiter. Ihre Haltung, ihre Erfahrungen und ihr Wissen geben sie an jüngere Kollegen weiter.

Auf die Haltung kommt es an
Die Handlungsmaximen Mobiler Jugendarbeit sind nahezu allen MitarbeiterInnen bekannt:

- Ganzheitlichkeit
- Beziehungsarbeit
- Ressourcenorientierung
- Bedürfnisorientierung und Partizipation
- Freiwilligkeit
- Niedrigschwelligkeit und Flexibilität
- Akzeptanz
- Vertrauensschutz
- Geschlechterdifferenzierung
- Interkulturelles Arbeiten

Diese Begrifflichkeiten könnten auch aus einem „Förderprogrammantragsleitfaden" stammen und schnell als leere Worthülsen gelten; wer arbeitet schon nicht nach diesen Grundsätzen? Auch in stationären Hilfen wird man diese Grundsätze gerne unterschreiben und es positiv werten, dass die Jugendhilfe in den letzten 20 Jahren Abstand von Bevormundung und fürsorgender Hilfe genommen hat und stattdessen das Individuum mit seinen Potentialen und Ressourcen in den Mittelpunkt stellt. Viele dieser Grundmaximen sind Voraussetzungen für die Mobile Jugendarbeit, da sich kein/e MitarbeiterIn ernsthaft auf die Straße wagen kann, ohne diese zu erfüllen. Kein Jugendlicher lässt sich ohne Beziehung in einem losen Setting beraten, schon gar nicht belehren. Wenn ein/e MitarbeiterIn einen Jugendlichen „verpetzt", dann bekommt er/ sie die Folgen im Stadtteil sofort zu spüren; dies spricht sich schneller rum als jedwede Unterstützung. Dennoch ist es für SozialarbeiterInnen nicht selbstverständlich täglich hinter dem Tempo der AdressatInnen her zu gehen, nicht die Lösungen für ihn/sie parat zu haben, sondern diese gemeinsam mit ihm/ihr zu entwickeln; nicht die eigene oder gesellschaftlich gewollte Idee über den jungen Menschen zu stülpen.

Die Ziele zur Unterstützung werden in jedem Kontakt neu ausgehandelt und es gibt gerade im Umgang mit Jugendlichen in Multiproblem-Situationen viele Möglichkeiten, weshalb ein gemeinsam verabredetes Ziel nicht eingehalten wird. Jede Verabredung kann täglich kippen und erfordert von den MitarbeiterInnen Frustrationstoleranz und die Fähigkeit, die eigene Enttäuschung nicht als Schuldzuweisung über den Jugendlichen auszuleeren, sondern noch mal gemeinsam anzufangen, aufzufangen und weiter zu denken. Lebensweltorientierung nach Thiersch wird hier konsequent in der Sozialen Arbeit umgesetzt: „Sie (die Lebensweltorientierung) bezieht sich darauf, Menschen in ihren Selbstverständlichkeiten in den räumlichen, sozialen und zeitlichen Strukturen und in den kulturellen Möglichkeiten. Lebensweltorientierung bezieht sich darauf, wie man in diesen Verhältnisse übersteht, wie man pragmatisch mit den sich hier stellenden Aufgaben zu Rande kommt, wie man sich mit ihnen arrangiert" (Thiersch 1997, S. 18).

3. Wer will denn welche Wirkung? Und warum scheinen die Anforderungen oft unvereinbar?

Die MitarbeiterInnen lernen diese Haltung der Unterstützung zur Lebensbewältigung schnell. Das Problem liegt oftmals seltener in der Beziehung zwischen den jungen Menschen und den PädagogInnen, als in den Erwartungen von Geldgebern für diese Arbeit. Dieses Doppelmandat wird in der täglichen Praxis als ein Hindernis erlebt, denn die Fachkräfte können ihre Arbeit nur sinnvoll durchführen, wenn sie das Mandat ihrer AdressatInnen als erste Priorität setzen und sodann in weiteren Schritten strategisch überlegen, wie sie die häufig an sie gerichteten Feuerwehraufträge abarbeiten. So sind die MitarbeiterInnen immer wieder in wellenförmigen Zeitzyklen mit dem unduldsamen „Nicht-Verstehen-Wollen" ihres spezifischen fachlichen Arbeitsansatzes konfrontiert. Die Fachkräfte „verstehen sich nicht als „Feuerwehr", die bei Beschwerden über Jugendliche heranrückt, um diese durch pädagogisches Geschick wieder zur Ruhe zu bewegen, sondern sehen ihre Aufgabe langfristig darin, die Perspektiven von Jugendlichen zu verbessern." (Tossmann et. al. 2007, S.31)

Der besondere Vertrauensschutz der MitarbeiterInnen, wird von außen oft als unkooperativ erlebt. Soll es etwa zu Kooperationen mit anderen Ämtern kommen, so wird zunächst automatisch der/ die Jugendliche nach seinem/ihrem Einverständnis gefragt – eine Vorgehensweise, die in Kooperationen mit den Schulen und auch anderen Institutionen der Jugendhilfe als kontraproduktiv bewertet wird. Besonders hinderlich sind Aufträge, die durch die Politik einzelnen MitarbeiterInnen erteilt werden, sofern eher ordnungspolitische Motive dominieren: „Sorgen Sie mal für Ordnung und bringen Sie die Jugendlichen da weg."

Weitere Verkennungen des Arbeitsauftrages liegen in der Präventionsfalle. Die meisten Jugendlichen, die bei der Mobilen Jugendarbeit auftauchen, hatten bereits Kontakt mit anderen Institutionen wegen ihres „abweichenden Verhaltens", sei es wegen einer Anzeige, wegen Drogengebrauches, bisheriger Jugendamtskontakte, Heimunterbringungen u.a.m. Somit kann der Arbeitsansatz der Mobilen Jugendarbeit eigentlich eher als „post-" denn präventiv" bezeichnet werden. Wenn die Probleme zu groß werden, gehen die Jugendlichen eher zur Mobilen Jugendarbeit, weil sie über Freunde gehört haben, dass die MitarbeiterInnen „o.k." sind und ihnen helfen, auch wenn bereits eine breite „Aktenkundigkeit" vorliegt.

Mobile Jugendarbeit wird auch von anderen Behörden oft als Kontrahent erlebt, z.B. weil sie sich für Wohnungen für ihre Adressaten einsetzt, die Jugendlichen über ihre Rechte aufklärt, ihnen hilft, Unterstützungen über Hartz IV oder Sozialhilfe in Anspruch zu nehmen und auch Jugendämter dazu anregt, eine Hilfe für junge Volljährige nach § 41 SGB VIII/ KJHG zu unterstützen. Die Mobile Jugendarbeit setzt sich offensiv für die Benachteiligten ein – und das kostet Geld, eine sehr unangenehme Begleiterscheinung: Da werden Menschen eingestellt und die verursachen Kosten; das ist heute nicht salonfähig, nonkonform; die MitarbeiterInnen sind zudem noch unbequem und parteilich für ihre jugendlichen AdressatInnen. Dabei ist gerade dies ist ein Erfolgskriterium für Soziale Arbeit: Die meisten MitarbeiterInnen sind mutig und weisen auf sozialstrukturelle Defizite hin; sie trauen sich gegen Sicherheitswahn und Stigmatisierung aufzubegehren und nehmen die Chancenungleichheit nicht einfach hin. Sie erfahren selbst das Stigma „ausgegrenzt mit den Ausgegrenzten" zu sein, ein manchmal hoher Preis für ihre Soziale Arbeit.

4. Wirkungen der Mobilen Jugendarbeit

Es gibt mehrere Wirkungsbereiche der Mobilen Jugendarbeit. Eine Evaluation der Mobilen Jugendarbeit in Berlin (Tossmann et al 2007) untersuchte die Wirkungen der Arbeit aus Sicht der Jugendlichen, aus Sicht der MitarbeiterInnen, aus Sicht der Kooperationspartner und der Behörden. Die Arbeit könnte ebenso einen Effekt auf die Familien haben und Auswirkungen auf die soziale Infrastruktur. Letztere sind bisher nur wenig untersucht. Die Jugendlichen, die in Kontakt zur Mobilen Jugendarbeit stehen, weisen Teilindizes von Benachteiligung auf. In Interviews mit Jugendlichen konnte Meißner (2006) feststellen, dass AdressatInnen der MJA mindestens eines der folgenden Risikoparameter aufweisen:

- Sprache
- Keinen Schulabschluss
- Prekäre berufliche Ausbildungssituation
- Verschuldung
- Delinquenz, Gewalt
- Drogen und Alkoholkonsum
- Schwierige Situationen im Elternhaus
- Ärger mit der Schule
- Depressionen

Als Arbeitsziele der Mobilen Jugendarbeit, abgeleitet aus den Arbeitsformen und den Lebenslagen, könnten folgende beschrieben werden (vgl. Tossmann, S. 2007, 64 ff):

- Stabilisierung in der jeweiligen Lebenslage
- Schaffen von Perspektiven bezüglich der Lebensbedingungen und Partizipation, um der sozialen Benachteiligung entgegen zuwirken
- Chancen für ein selbstbestimmtes Leben herstellen
- Integration in die Wirklichkeit
- Sozialer Umgang fördern, Kommunikationsfähigkeit verbessern, Reflexion anregen
- Toleranz gegenüber anderen Lebensformen schaffen
- Individuelle Probleme in den Griff bekommen „Hilfe zur Selbsthilfe"
- Räume schaffen für strukturell benachteiligte Jugendliche

Wirkungen aus Sicht der Ämter/ Auftraggeber
Nach wie vor wird dann nach Mobiler Jugendarbeit gerufen, wenn „Störfälle" auftreten: Lärmbelästigung, Sachbeschädigung, Protestbriefe und Anrufe von Nachbarn. Bürger fordern, dass diese Störfaktoren beseitigt werden sollen, die Jugendlichen zur Einsicht getrieben werden, damit die Harmonie in einem Sozialraum wieder hergestellt ist. Die Soziale Arbeit hat eine andere Zugehensweise:„*Zu klären ist im Einzelfall jedoch immer, ob der Bedarf aus der Situation der Jugendlichen resultiert oder ob die Umwelt da ein Problem hat.*" Die Jugendämter und der Senat in Berlin betrachten Mobile Jugendarbeit dann als notwendig, wenn aus Sicht

der unterschiedlichen Akteure in einem Sozialraum ein (dringender) Bedarf besteht. (Tossmann et al S. 26): *„Mobile Jugendarbeit ist eine Art Seismograph. Das heißt, aus dem, was die Mitarbeiter auf der Straße oder auf den Plätzen sehen und erleben und uns berichten, bekommen wir im Jugendamt bestimmte Entwicklungen besser mit". Jugendamt in Berlin (ebd., S.27)* Ein Mitarbeiter aus der Senatsverwaltung beschreibt die Mobile Jugendarbeit wie folgt: *„Wir brauchen die mobile Arbeit, weil es Jugendliche gibt, die die vorhandenen Angebote von sich aus nicht aufsuchen, sondern ihre Gesellungsformen auf der Straße haben. Um mit diesen Jugendlichen in Kontakt zu kommen, um mit ihnen entsprechende Strategien zu entwickeln, brauchen wir diese mobilen Instrumente"* (Tossmann et. al., S. 27)

Mobile Jugendarbeit agiert dort, wo im öffentlichen Raum Störungen artikuliert werden. Auf der einen Seite würde durch sozialräumliche Bedarfserhebungen, die eigentlich Teil jeder vernünftigen Jugendhilfeplanung (§ 80 SGB VIII) sein sollten, mehr über die konkreten Bedarfslagen vor Ort deutlich werden. Werden diese Bedarfe – auf der anderen Seite – von Mobilen JugendarbeiterInnen erhoben und beschrieben (was Teil der Tätigkeit durch Streetwork, Cliquenarbeit und Gemeinwesenarbeit ist), so wird schnell deutlich, dass hier ein ganz anderer Blick auf die jungen Menschen gilt: Sie sind keine Störfaktoren, sondern haben eigene Bedürfnisse, Themen und Probleme. Die Ressourcenorientierung der Mobilen Jugendarbeit erfordert dann von Politik und Öffentlichkeit einen Paradigmenwechsel. Die vorherrschenden Indikatoren für persönliche Sicherheit wären auszutauschen gegen solche der Anerkennung eines jeden einzelnen in der Gesellschaft; ein Würdigungsindex mithin, der das Sozialklima eines Ortes auf ganz andere Weise feststellt. Dies ist jedoch in naher Zukunft kaum sichtbar; und so dürfte die Defizit- und Vermeidungsstrategie nach wie vor in den Köpfen herumgeistern und nach Prävention verlangen.

MitarbeiterInnenperspektive
In der Untersuchung von Tossmann et al 2007 erklären die MitarbeiterInnen ihre Arbeit als Pädagogik der kleinen Schritte. „Man muss sich auf Rückschläge gefasst machen" (ebd., S. 95). Der Erfolg der Arbeit wird an der Beziehung zum Adressaten gemessen; hier muss zunächst ein stabiles Vertrauensverhältnis entstehen. Der Erfolg der Arbeit wird dann von den Berliner Streetworker als positiv bewertet, wenn:

- „Jugendliche von sich aus auf die Streetworker zugehen und das Gespräch suchen
- sie Respekt entwickeln gegenüber anderen

- sie auch mal Hilfe annehmen
- sie kritikfähiger werden und andere Denkweisen entwickeln
- sie auch mal Verantwortung für andere übernehmen."

Die Arbeit verläuft so gut wie nie linear. Der/ die MitarbeiterIn muss auf der Straße anwesend sein und sich flexibel an den Bedürfnissen der Jugendlichen orientierten: „Streetwork ist Arbeit ohne Vorbedingungen – alles kann, nichts muss." (ebd.: 98). Dies unterstreicht nochmals die Schwierigkeit, Ziele der Arbeit einzuhalten, ohne sie aufzuzwingen. Es gibt in diesem Arbeitsfeld auch keine Hilfeplanung; die Jugendlichen, die Unterstützung suchen, oder nur Kontakt zur Mobilen Jugendarbeit aufnehmen, sind geprägt von Brüchen, die nicht einfach zu heilen sind. Druck auf die Einhaltung von Zielen kann sofortigen Kontaktverlust bedeuten; hier müssen die MitarbeiterInnen höchst sensibel vorgehen. Eine mögliche Perspektiventwicklung für Jugendliche wird durch Netzwerke im Sozialraum unterstützt.

Unterstützung der Adressaten
Im Sommer 2006 führte Sascha Meißner im Rahmen eines Praktikums im KVJS Baden-Württemberg eine Befragung mit Jugendlichen durch, die im Laufe ihrer Biographie schwierige Lebenssituationen erlebt haben. (Meißner 2006) Ziel der Untersuchung war, die Bewältigungsstrategien der Jugendlichen beschreibbar zu machen. Es wurde nicht direkt nach der Unterstützung durch die Mobile Jugendarbeit gefragt, diese konnte von den Jugendlichen selbst genannt werden, was stellenweise auch geschah. Die meisten Jugendlichen wurden von der Mobilen Jugendarbeit zum Interview vermittelt, wenige von der Offenen Jugendarbeit.

Die Jugendlichen empfinden eine deutliche Unterstützung durch die MitarbeiterInnen im Bereich der *Alltagsbewältigung in der Einzelfallunterstützung*. Die MitarbeiterInnen werden vor allem dann angefragt, wenn es um individuelle Sorgen geht z.B. bei Depressionen oder Stress mit dem Elternhaus: *„Zur Zeit also (bin ich) sehr gelangweilt, deprimiert. Ich lag auch oft im Krankenhaus. Ich habe sehr viele Probleme gehabt und mir hat einfach die Mobile Jugendarbeit geholfen. Die R. (Sozialarbeiterin), die hilft mir sehr gerne und sie hat mir auch eine psychologische Therapie gefunden. Ja und ansonsten geht's mir im Leben gerade nicht gut. Ich sitz nur vom dem PC, MSN-Quick und das wars. Ich stumpfe nur so ab." (Mädchen 18 Jahre türkischer Herkunft).*

In solchen Krisensituationen wird häufig versucht die Jugendlichen an andere Stellen zu übermitteln. Es gelingt jedoch selten, denn die Erfahrungen mit den eigenen Eltern und auch mit Ämtern sind meist negativ besetzt, so dass die Jugendlichen nur sehr schwer Vertrauen fassen können. Einige Mitarbeiterinnen hatten im Rahmen von Fachberatungen immer wieder berichtet, dass sie Mädchen in Notstationen vermitteln wollten und das zuständige Jugendamt nicht reagierte, so dass sie die Mädchen zunächst zu sich mit nach Hause genommen hatten. Die Jugendlichen an die Polizei zu übergeben, die dann eine Notunterbringung herbeiführen könnte, ist schwierig, weil viele AdressatInnen bereits negative Erfahrungen mit der Polizei erlebt haben:

> „Dann bin ich weinend raus (aus dem Elternhaus) und dann bin ich zur F. gekommen. Zur F. und sie hat mir echt geholfen. Wohnungen zu suchen halt, Heime, WGs und ich bin dann zweieinhalb Wochen weg gewesen, wo die F. mir dann auch geholfen hat und zweieinhalb Wochen haben mich meine Eltern terrorisiert, auf mein Handy gemailt, SMS geschickt. Ich bin dann zurück wegen meiner Mutter. (…) Ich habe nur geweint, ich hatte keinen Schlaf gehabt und dann plötzlich bin ich auch in so ein Heim geflohen. Das war ein Heim, Notaufnahmehaus war das. Da bin ich rein und das waren nur Leute, die gekifft haben, dann bin ich in die Scheiße rein gekommen. Da haben die gesagt, komm das vergisst Du alles. Rauch mit und so. Da habe ich angefangen zu rauchen."

Manchmal scheitern die Weitervermittlungen auch. Im ungünstigen Fall tauchen die Jugendlichen dann unter. Dieses Mädchen floh aus dem Heim, weil es dort von anderen Jugendlichen zur Prostitution genötigt wurde. Zu Hause wie in der Türkei wartete die Zwangsheirat, so dass sie letztlich wieder bei der Mitarbeiterin der Mobilen Jugendarbeit um Unterstützung bat. So wird die Mobile Jugendarbeit teilweise auch als Auffangbecken genutzt, wenn Jugendliche nicht mehr wissen, wo sie hin können und mit der Jugendhilfe bisher schlechte Erfahrungen gesammelt haben. Eine Kooperation wäre hier wünschenswert und hilfreich, damit weitere Hilfen vermittelt werden können. Hier sollte ein Konzept flexibler Hilfen aus einer Hand dringend angedacht werden, damit die Jugendlichen nicht ständig unter Kontaktunterbrechungen leiden – um ihr Beziehungsvertrauen steht es ohnehin nicht zum Besten.

Am häufigsten würdigen die Jugendlichen die Begleitung auf Ämter oder Beratung bei begangenen Straftaten:

> „Herr A. hat mir viel geholfen. Ich würde sagen, er hat es in Griff bekommen. Also, ich habe ihm viel zu verdanken. Er hat sich viel um mich gekümmert, hat auch mit mir Wohnungen angeschaut... Schulden abbezahlt, da kommt man mir auch entgegen.". (Junge, 17 Jahre)

> „Ich habe da mitbekommen (bei der Mobilen Jugendarbeit, N.D.) wie die Sache ist mit der Polizei und dem Gericht. Wir haben gleich gefragt, was da los ist und was passieren kann". (Junge 23 Jahre)

> „Bei vielen Problemen hat der G., der Sozialarbeiter mit viel geholfen. Er hat viel von mir mitbekommen. Also, ich habe ihm viel zu verdanken. Er hat sich viel um mich gekümmert, hat auch mit mir Wohnungen angeschaut, auch im Asylantenheim, dort hatte ich noch

> Mietschulden. Die konnte ich abbezahlen, man kam mir entgegen, weil ich hier beim Aufbau vom Jugendcafé mitgeholfen habe". (Junge 24 Jahre).

Auch die Wirkungen von Einzelfallunterstützungen können exemplarisch nachgewiesen werden:

> „Ich habe mit 16 versucht aus dem Fenster zu springen. Meine Mutter war dagegen, sie hat mich gepackt, dass ich nicht springen soll. Sie hat mit mir geredet, sie hat mich zur F. (Sozialarbeiterin) gebracht. Ich hab mit F. geredet. F. hat mir immer Wege gebracht. Also F. hat mir gezeigt, wo es lang geht, wo die richtigen Wege sind und durch F. bin ich langsam, wie soll ich sagen, klüger geworden." (Mädchen 18 Jahre)

Wie jedoch Streetwork oder Cliquenarbeit genau wirken, bleibt einstweilen hier noch zu vermuten. Weil die Jugendlichen eine Vertrauensperson suchen und sich auf die MitarbeiterInnen in der Praxis einlassen, diese auch an andere Jugendliche empfehlen, kann man davon ausgehen, dass die niedrigschwellige und unverbindliche Kontaktaufnahme auf der Straße als Beziehungsangebot betrachtet wird, das der/die Jugendliche je nach Bedarf vertiefen kann. Die Angebote für Cliquen wurden von keiner befragten Person angesprochen. Die Cliquen waren für alle Jugendliche wichtig, wenngleich hier auch der Gruppenzwang als besonders stark empfunden wurde und der/die SozialarbeiterIn eher angesprochen wurde, wenn der/die Jugendliche eine Clique verlassen wollte.

> „Mein Bruder war immer stärker als ich. Er konnte immer nein sagen. Aber ich konnte das nicht...Von der Mode her immer gestylt, geschminkt und solche Sachen. Das hat dann denen gefallen und eigentlich ist man dann immer bei denen. Aber sobald ich das nicht gemacht habe, was die machen, war ich Außenseiterin". (Mädchen 18 Jahre)

Die Clique wird von den Jugendlichen als eigener Unterstützungsfaktor zur Lebensbewältigung betrachtet, wenngleich hier Bewältigungsstrategien eingeübt werden, die nicht gerade als normkonform betrachtet werden können. Spannungsbewältigung wird vornehmlich über Drogen- und Alkoholkonsum realisiert, ein Mädchen und zwei Jungen reagieren in schwierigen Lebenssituationen mit Aggression und Gewalt.

> „Ich lasse mir keine hauen, lass mich nicht schubsen wenn einer meiner Freunde da noch dabei ist, das lass ich mir das nicht gefallen, da kann ich auch nicht weglaufen, so ist es halt." (Junge 18 Jahre)

Der Einfluss auf die alltägliche Problembewältigung könnte somit eher als gering eingestuft werden. Die Jugendlichen suchen die SozialarbeiterInnen, die sie von der Straße kennen und die auch Cliquen kontaktieren, dann auf, wenn sie in Notsituationen stecken.

5. Resümee

Es ist äußerst bedauerlich, dass nur wenige Untersuchungen über das Arbeitsfeld der Mobilen Jugendarbeit vorliegen. Meines Erachtens kann das Arbeitsfeld seine Erfolge durchaus auch messen lassen: die gelebten Grundsätze der Arbeit sind für Jugendliche akzeptierbar und sie fühlen sich bei den MitarbeiterInnen aufgehoben. Dies liegt m.E. an der Haltung der Fachkräfte und an den dazugehörenden Methoden, die manche Fallen der Sozialen Arbeit vermeiden, wie z.b. das Bestimmen einer Hilfe über den Kopf der Jugendlichen hinweg.

Abschließend sollen an dieser Stelle die Grundsätze und deren Wirksamkeitsindikatoren kurz aufgeführt werden; sie müssten allerdings in weiteren Untersuchungen noch präzisiert werden:

Die *Kontaktaufnahme* erfolgt auf der Straße, im Territorium der Jugendlichen. Kontaktaufnahme und Beratung setzen an den Bedürfnissen der Jugendlichen an. Die MitarbeiterInnen betreten daher eine andere, fremde Welt. Sie sind dort zu Gast; und wer sich als Gast nicht benimmt, fliegt automatisch raus aus dieser Welt. Der Kontakt zu den Fachkräften ist völlig freiwillig wählbar und jederzeit auch wieder negierbar. Wer keinen Kontakt bekommt, kann den Job aufgeben.

Beziehungsarbeit ist das nächste Kernelement der Arbeit, denn die Jugendlichen hatten in aller Regel bisher nicht die besten Erfahrungen mit Erwachsenen. Die Arbeit braucht daher Zeit und Kontinuität, sie erfordert Geduld und Fingerspitzengefühl. Erst wenn die Beziehung hergestellt ist, können Ziele geplant werden. Besonders wichtig ist dabei, dass keine Vorbedingungen gestellt werden und junge Menschen nicht unter Druck geraten. Egal was ein Jugendlicher getan hat, es geht darum, zwischen Taten und dem Menschen zu trennen.

Mobile Jugendarbeit lebt vom Vertrauen der Jugendlichen. Daher muss sie den *Vertrauensschutz* genießen und *parteilich für die Jugendlichen* sein können. Die Jugendlichen werden zu Ämtern begleitet und erfahren Beratung, mit dem Ziel, dass sie künftig für sich selbst sorgen können; sie erfahren *Hilfe zur Selbsthilfe*.

Die Jugendlichen sollen ihren *Platz im Gemeinwesen* finden, einen Raum, den sie sich aneignen können. Der Sozialisationsmittelpunkt der Jugendlichen ist die Straße. Auch hierfür müssen sie Verantwortungsübernahme erlernen. Mit den Jugendlichen gemeinsam werden diese Plätze erobert, nicht für sie.

Die Mobile Jugendarbeit hat auch bei den Jugendlichen den Ruf einer Feuerwehr, aber in einem anderen Verständnis. Hier ist sie eine Feuerwehr, die den persönlichen Brand gemeinsam mit den Jugendlichen löscht, nicht die Jugendlichen von Plätzen beseitigt und zunächst das Problem der Erwachsenen bearbeitet. Dabei wollen alle Jugendlichen durchaus „erwachsen" werden und irgendwie in der

Gesellschaft „ankommen" – aber die biographischen Diskrepanzen zu diesen Zielen hin sind erheblich. Meißner befragte alle Jugendlichen, wo sie sich in 10 Jahren sehen (Meißner 2006); und alle hatten ähnliche Visionen: Eine Arbeit, ein Auto, Familie mit Kindern. Trotz einschneidender Erfahrungen träumen sie von einer „Normalbiographie", die jedoch Bindungsfähigkeit erfordert. Die Wünsche nach Beruf und Statussymbolen verweisen auf die Notwendigkeit von Schulabschlüssen – die viele nicht schaffen. Manche Jugendlichen sind vorbestraft und haben durch diese Stigmatisierung noch weniger Chancen auf eine Normalbiographie. Die Anforderung besteht darin, Verantwortung für ihr Leben zu übernehmen, um ein Kind großzuziehen. Aktuell werden viele Mädchen schwanger und erfahren so erstmals in ihrem Leben Anerkennung. Und weil sie wissen, dass sie dennoch Unterstützung brauchen, bringen sie ihre Kinder einfach mit zur Mobilen Jugendarbeit.

Literatur

Boomgarden, TH. (2001): Flexible Erziehungshilfen im Sozialraum – mehr als nur ein neues Konzept. (S. 10-65) In: Ders. (Hrsg.): Flexible Erziehungshilfen im Sozialraum. Münster

Buchholz, U./ Stotz, P. (2006): Hartz IV – Zu Risiken und Nebenwirkungen fragen Sie… Erste Erfahrungen im Umgang mit dem Vierten Gesetzt für moderne Dienstleistungen am Arbeitsmarkt. S. 40-54. In Stefan Gillich (Hrsg.): Professionelles Handeln auf der Straße . Praxisbuch Streetwork und Mobile Jugendarbeit. Gelnhausen , S. 40-55

Evangelische Gesellschaft e.V. (2006): Handbuch der Mobilen Jugendarbeit. Stuttgart. http://www.mobile-jugendarbeit-stuttgart.de/qualit-tsmanagement.html

Klatetzki, Th. (1995): Eine kurze Einführung in die Diskussion über flexible Erziehungshilfen. In.: Ders. (Hrsg.): Flexible Erziehungshilfen. 2. Auflage. Münster

Lambach, R. (2004): Qualitätsmanagement in der Praxis – Erfahrungen aus einer Einrichtung. In: SGB VIII – Online Handbuch. (Hrsg.) Ingeborg Becker-Textor und Martin R. Textor Download:http://www.sgbviii.de/S148.html

Landesarbeitsgemeinschaft Mobile Jugendarbeit/ Streetwork Baden-Württemberg (2001): Standards. Stuttgart. In: http://www.lag-mobil.de/download/standards.pdf

Landesarbeitsgemeinschaft Mobile Jugendarbeit/ Streetwork Baden-Württemberg (2005): Was leistet Mobile Jugendarbeit? Ein Portrait Mobiler Jugendarbeit in Baden-Württemberg, Download: www.lag-mobil.de

Meißner, S. (2006): Bildung und Lebensbewältigung sozial benachteiligter Jugendlicher. Interviews mit jugendlichen AdressatInnen der Mobilen Jugendarbeit. Kommunalverband für Jugend und Soziales Baden-Württemberg. Unveröff. Manuskript.

Thiersch, H. (1997): Lebensweltorientierung konkret – Jugendhilfe auf dem Weg zu einer veränderten Praxis. (S. 14-28) In: Wolff, M./ Schröer, W./ Möser, S. (Hrsg.): Lebensweltorientierung konkret – Jugendhilfe auf dem Weg zu einer veränderten Praxis. Frankfurt (Main)

Tossmann P./ Tensil, M.-D./ Jonas, B. (2007): Evaluation der Streetwork und der mobilen Jugendarbeit in Berlin – Ergebnisbericht. Berlin

Peter-Ulrich Wendt

Übergang ins Gemeinwesen als Prozesswirkung selbstorganisationsfördernder Jugendarbeit

„Mit einem Tanzkurs fing alles an" titelt die Hessisch-Niedersächsische Allgemeine im August 2007 im Lokalteil, um über die Feier aus Anlass des 40jährigen Bestehens des Jugendraums in Echte, unweit von Göttingen gelegen, zu berichten: Im Bild zum Artikel sind (auch) die Gründer von einst, die jetzt (in Amt und Würden) ihre Hand über den Raum halten, dessen wechselvolle Geschichte sie über die Jahrzehnte mit zwar wachsender Distanz, nicht aber ohne eigenes biografisches Verstricktsein begleitet haben. Als Jugendliche von damals nehmen sie heute vor Ort „Funktionen" wahr, sind jetzt Ortsbürgermeister, Rats- und Kreistagsmitglieder und sozial in das lokale Gemeinwesen eines mittelgroßen Dorfes integriert. Sie verhehlen nicht, dass „der Jugendraum" (mit heutigen Begriffen: *selbstorganisiert*), „die Jugendarbeit" (als *Selbstorganisation* im ländlichen Raum), eine wichtige Passage ihrer Entwicklung gewesen ist, mit der sich zu identifizieren auch noch 40 Jahre später Freude mache, obgleich es seinerzeit nicht ohne Konflikte gegangen sei. Die Rede kommt auch auf die damaligen „Jugendbeauftragten", die eher im Hintergrund wirkten.

Der kleine Beitrag verweist (unspektakulär und *kein* Einzelfall) auf eine *Wirkung* von Jugendarbeit (nämlich: Integration im Gemeinwesen) und zugleich eine (noch) ungeschriebene Erfolgsgeschichte dieses Handlungsfeldes, dessen Protagonisten ihren gesellschaftlichen wie beruflichen Integrationserfolg eben ihrer (zunächst ehrenamtlichen, oft aber auch beruflichen) Mitwirkung in dieser Jugendarbeit (wohl durchaus zu maßgeblichen Teilen) verdanken: Im Hessischen ist wenigstens von einem Landrat zu berichten, der vordem als „Jugendpfleger" beruflich tätig war, der Bürgermeister der Stadt, in der diese Überlegungen entstehen, arbeitete im Jugendhaus, der amtierende Bundesumweltminister war „schwer" im Jugendverband aktiv und zahlreiche (namenlose) Kommunalpolitiker, Vereinsvorsitzende oder Abgeordnete gelangten über die Jugendarbeit in die Nähe von Amt und Würden. Eine Liste der so durch Jugendarbeit Integrierten (würde sich jemand auf diese Geschichte der Jugendarbeit verstehen und ihren Integrationsertrag katalogisieren wollen) wäre lang.

Allgemeiner formuliert stellt der *selbstorganisierte Jugendraum* einen wichtigen und nach*wirkenden* Ausgangspunkt von Gemeinwesenzugang und -integration dar und illustriert (verborgen) auch eine Wirkung von Jugendarbeit. „Wirkung" stellt die Frage danach, was Jugendarbeit *be*wirkt. Im hier diskutierten Zusammenhang ist Antwort hierauf Gelingen gesellschaftlicher Integration über den Weg der Selbstorganisation.

Bei der Förderung solcher Selbstorganisationsprozesse handelt es sich (seit der emanzipatorischen, antikapitalistischen, bedürfnis- oder lebensweltorientierten Formulierung der Jugendarbeit seit den 1960er Jahren) um eine zentrale Handlungsform auch beruflich praktizierter Jugendarbeit. Integration als zentrale Aufgabe der Kinder- und Jugendhilfe äußert sich eben auch darin, dass junge Menschen an gesellschaftliche (politische, soziale, kulturelle) Teilhabe herangeführt bzw. in ihren Versuchen einer Selbstorganisation unterstützt werden. Insofern kann von Wirkung gesprochen werden, wenn Jugendliche den *Zugang zum* örtlichen und die *Integration in das lokale Gemeinwesen* vollziehen. Damit ist *kollektiv* die Mitwirkung in politischen bzw. gesellschaftlichen Strukturen und Prozessen und *individuell* das Anreichern von Konflikt-, Aushandlungs- und Mobilisierungsfähigkeit bzw. Kommunikationskompetenz gemeint: *organisatorisch* in Vereinen, Verbänden oder sozialen Bewegungen (v. a. durch Mitgliedschaft und aktive Unterstützung), *funktional* als Akteur (z. B. in der Lokalpolitik) oder durch Aktionsformen des Gemeinwesens (z. B. als zivilgesellschaftliches bzw. bürgerschaftliches Engagement vor Ort). Ein solcher Zugang zum Gemeinwesen und die Integration hierein stellt sich dann als erfolgreiche biografische Bewältigungsleistung und Befähigung zur Teilnahme am Gemeinwesen mit dem ihm eigenen Prozessen, Interessenartikulation und -realisierung und politisch-gesellschaftlicher Mitwirkung dar, die auf eine Selbstorganisationsprozesse fördernde Jugendarbeit zurückzuführen ist.

Wie bewirkt Jugendarbeit folglich diesen Zugang? Die nachfolgenden Anmerkungen versuchen nachzuzeichnen, welche Randbedingungen für den Erfolg (die Wirkung) von Jugendarbeit in diesem Zusammenhang relevant sind. Empirische Grundlage bilden die Ergebnisse – und das „Material" (bzw. die in den Interviews enthaltenen Daten) – einer qualitativen Untersuchung, in deren Rahmen 112 Fachkräfte der kommunalen Kinder- und Jugendarbeit zu ihren Erfahrungen mit selbstorganisierten Prozessen Jugendlicher befragt wurden (Wendt 2005)[1].

---

[1] Auf Fundstellenangaben und weitere Angaben wird hier im Interesse einer besseren Lesbarkeit verzichtet; die aus selben Grund i. d. R. gewählte männliche Form schließt immer und uneingeschränkt auch die weibliche mit ein.

1. Wirkung am Beispiel selbstorganisationsfördernder Jugendarbeit

Nehmen wir hierzu ein Beispiel aus der Praxis einer Selbstorganisation Jugendlicher fördernder Jugendarbeit: Angela berichtet über ihre Erfahrungen aus einer mittleren Gemeinde im ländlichen Raum Baden-Württembergs. 1988 finden sich dort Jugendliche zusammen, die nach einem Treffpunkt fragen; etwas später beginnt sie, sich um die Gruppe zu kümmern: „Es gab dann einen jour fixe, wöchentlich einmal Mittwoch abends, um 19:30 Uhr, wenn alle da waren. Im Sommer war es ja nicht schlecht, aber im Winter war es bitterkalt. Wir haben am Buswartehäuschen eine Dreiviertelstunde, eine Stunde Gespräch gemacht. Dass wir alle gefroren haben hat natürlich selbstverständlich eine besondere Beziehung geschaffen". Die Gruppe umfasst anfangs 12, 13 Jugendliche aus der achten und neunten Hauptschulklasse mit Freunden von außerhalb; und es werden allmählich mehr, nachdem „klar geworden ist, da tut sich was". Sie trifft sich mit der Gruppe zwei Jahre im Buswartehäuschen. 1991 „haben die Jugendlichen am Rathaus ein Transparent aufgehängt: Wo bleibt unser Jugendhaus? Uns ist kalt! –". Angela hält Kontakt mit dem Bürgermeister; es werden dort und in der Gruppe Lösungen ausgedacht, die sie wechselseitig (wie eine Botin) kommuniziert. Der Zeitverlauf und ihre regelmäßigen Kontakte, dazu erlebnispädagogische ausgerichtete Wochenenden, die sie organisiert, um die Gruppe zum „Funktionieren" zu bringen und sie *gemeinsam* handlungsfähig zu machen, sowie Seminare, die sich mit konzeptionellen Fragen des Betriebes eines selbstorganisierten Jugendhauses befassen, vertiefen die Beziehungen zwischen den Jugendlichen, sorgen für ein hohes Maß an Verlässlichkeit untereinander.

Dabei geht es Angela auch darum, den Jugendlichen die Situation und die Probleme der Gemeinde sichtbar zu machen. Ihr liegt daran, die Jugendlichen nicht nur in ihrer Forderung nach einem Jugendhaus zu unterstützen, sondern ihnen ebenso vor Augen zu führen, dass der Weg zur Entscheidung und die Umsetzung der Entscheidung jeweils ein (womöglich schwieriger, langer und v. a. konfliktträchtiger) Prozess ist. Sie schildert, dass sie sich in einer „Mittlerfunktion zwischen Verwaltungsdenken und -handeln und Jugendlichen" gesehen hat: „(die Jugendlichen:) jetzt will ich was, haben wir's morgen schon zur Verfügung? –, und auch Rückkoppelung an die Gemeinde, dass die Jugendlichen eigentlich so unzufrieden sind". Es ist ihr darum gegangen, auch bei den Jugendlichen „ein Gespür dafür zu entwickeln: es ist nicht gegen Euch, wenn eine Gemeinde sagt, wir müssen erst das und jenes formal abhandeln –, es muss erst eine Baugenehmigung da sein, wenn die fragen: warum geht das so langsam? –, wenn man einfach klarmacht, es gibt bestimmte Zeiten und Fristen einzuhalten, weil es nun mal so läuft, und dass das nichts Persönliches ist".

Die Jugendlichen üben durch ihr beharrliches „Offen-Stehen" mitten in der Gemeinde Druck auf deren informelle Öffentlichkeit („das Gemeindeblättle") aus und beeinflussen Schritt um Schritt mehr die Meinung zu Gunsten ihres Anliegens. Dies, das Ansprechen von Bündnispartnern, die Bewältigung von Konflikten, die das Ansinnen, einen Jugendraum einzurichten, mit sich bringt, und ihr beharrliches Nachfragen beim Bürgermeister, wie der „Stand der Dinge" denn sei, führen schließlich dazu, dass die Gemeinde den Beschluss fasst, am Rande der Gemarkung ein Jugendhaus einzurichten – immerhin auf der einzigen Fläche, die die Gemeinde überhaupt zur Verfügung stellen kann.

Innerhalb von zwei Jahren und unter der Beteiligung von 30 Jugendlichen, die zusammen über 1.000 Arbeitsstunden einbringen, wird das Jugendhaus errichtet. Die Jugendlichen akquirieren auch die Unterstützung von ortsansässigen Handwerkern und klären die Trägerschaftsfrage. Schließlich leitet ein engerer Kreis das Jugendhaus. *Angela* verweist darauf, dass ein solches Jugendhaus nach ihrer Erfahrung nur funktioniert, wenn sich eine solche „feste Gruppe" findet. Bleibt es bloß bei einem losen Zusammenhang, dann ist die Gefahr groß, dass sich die Gruppe auflöst und engagierte Jugendliche frustriert, die deshalb später kaum noch für ein vergleichbares Engagement zu gewinnen sein werden. Deshalb legt sie großen Wert darauf, die Gruppe auch persönlich zusammen zu bringen, „aus dieser Gruppe eine feste Gruppe zu schweißen".

Im Fall dieses Jugendhauses ist dies gelungen; die Gründer engagieren sich, machen im Jugendhaus-Programm und für ein besonders erfolgreiches Medienprojekt erhält das Jugendhaus sogar in den späten 1990er Jahren einen landesweiten Preis. Das Jugendhaus organisiert Ferienaktionen, führt Fahrten und Veranstaltungen durch, an denen auch das Dorf teil hat, was vor allem auch erklärt, dass die ehedem noch 15, 16 Jahre alten Jugendlichen älter geworden sind und nun als Anfang- und Mittzwanziger ihren Platz im Gemeinwesen finden bzw. schon gefunden haben. Sie mögen noch keine Gemeinderatsmitglieder sein (und wollen dies vielleicht auch nicht werden), aber ihre Integration hat sich auch und gerade über das selbstorganisierte Jugendhaus – und die spezifische Art der Unterstützung durch Angela – vollzogen. Es mag gut sein, dass die örtliche Zeitung in 30, 40 Jahren einen ähnlichen Beitrag bringen wird, wie 2007 im Fall des Jugendraums in Echte.

2. Randbedingungen für Wirkung

Worauf verweist das Beispiel? Es ist einerseits ein für die Praxis ermutigendes Beispiel dafür, dass Selbstorganisationsförderung in der kommunalen Jugendarbeit gelingen kann. Andererseits illustriert es eine Wirkung: die Integration Jugendlicher in das Gemeinwesen, in dem sie eine Funktion annehmen und aktiv im Dorf mitarbeiten – als Folge ihrer Selbstorganisation. Dieser Prozess kann als *gemeinwesenbezogener Übergang* gekennzeichnet werden, als „Hinübergleiten" aus der Selbstorganisation in die Teilhabe am Gemeinwesen. Worin sind nun die Faktoren des Gelingens von Selbstorganisation *und* des Übergangs als Wirkung der Jugendarbeit zu sehen? Das vorliegende Material bezeichnet in diesem Zusammenhang fünf relevante Aspekte:

2.1 Interesse, Gruppenidentität und „Führungspersonen"

Selbstorganisation gelingt (naheliegenderweise) nur, wenn es um das *Interesse der Jugendlichen* geht, es wirklich „ihr Ding" ist, das heißt nichts von außen (z. B. von Erwachsenen) vorgegeben und insofern fremdbestimmt wird und sie daran ganz persönlich mitarbeiten, *weil* es ihr gemeinsames Interesse widerspiegelt. Motivation, Betroffenheit und Bedürfnis der Jugendlichen müssen (dies zeigt *auch* dieses Beispiel) vorhanden sein. Vorausgesetzt wird, dass die Jugendlichen eigene Ideen einbringen, Bedürfnisse entwickeln und formulieren können. Dieses Interesse manifestiert sich auch an der praktischen Mitwirkung, wenn sie selbst Hand anlegen (und nicht nur sporadisch mitwirken) und so ihre Identifikation mit dem Projekt dokumentieren. Sie müssen sich auseinandersetzen wollen, wenn es um ihre Interessen geht. Erforderlich wird an diesem Punkt, dass sich die Jugendlichen öffentlich bemerkbar machen, um für ihre Sache einzutreten.

Ein solcher Selbstorganisationsprozess wird zugleich aber nur dann erfolgreich sein, wenn das so bestimmte Ziel erreicht werden kann, ohne dass es den Jugendlichen „zufällt" (weil es etwa von Erwachsenen organisiert und „übergeben", d. h. „geschenkt", wird), mithin von ihnen ein ganz persönliches Engagement (auch in der Öffentlichkeit) aufgrund unmittelbarer Betroffenheit und eigenem Antrieb abverlangt wird. Sie müssen dabei auch ganz persönlich und aus sich heraus Verantwortung übernehmen *wollen*, also „Lust verspüren, Verantwortung zu übernehmen". Diese Identifikation zeigt sich z. B. auch im „positiven Erinnern" an die „Zeit in der Jugendarbeit", wie es in der eingangs geschilderten Berichterstattung der Lokalpresse durchscheint.

Das Gelingen wird den Hinweisen aus dem Material nach weiter begünstigt, wenn sich über den Prozess eine Art Kollektividentität herausbilden kann, d. h. die Gruppe solide (tragfähige, zuverlässige) Muster der Kooperation entwickelt und eine hohe Gruppenstärke erkennbar wird, es also unter den Jugendlichen persönlich „klappt" und sie gemeinsame und aufeinander bezogene Aktivitäten entwickeln (d. h., in den Worten des Beispiels, die Gruppe so „zum Funktionieren" kommt). Begünstigt wird dieser Prozess, wenn sich ein fester Kern eines ansonsten durchlässigen (d. h. für neue Mitglieder durchaus offenen) Kollektivs herauskristallisiert und „Führungspersonen" in Erscheinung treten: Es handelt sich um „graue Eminenzen" und „Leitwölfe", „die den Laden schmeißen, quasi managen, sich selber ihre Strategien auswählen, je nachdem, was sie können, was sie zusammenbringen". Eine solche Rolle kann auch ein Älterer annehmen, z. B. ein jüngerer Erwachsener, der ehedem noch selbst im Jugendraum aktiv war. Förderlich wird auch sein, wenn sich die Jugendlichen selbst dauerhaftere Strukturen geben, wenn z. B. ein Vorstand amtiert, sie vereinsähnliche Strukturen entwickeln oder tatsächlich einen Verein gründen. Im Ergebnis lassen sich die Jugendlichen also ein Stück auf das Denken in der Organisationslogik des Gemeinwesens ein. Zugleich erproben sich die Köpfe in dieser Struktur, lernen das Spiel des Aushandelns zu beherrschen; womöglich werden sie künftig selbst Funktionsträger sein, die diese Techniken anwenden.

2.2   Anbindung und Akzeptanz

Günstig wirkt sich also aus, wenn eine Form der Anbindung der Jugendlichen an die lokale Umwelt gegeben ist. Dieser Zusammenhang von Selbstorganisation und lokaler Grundverankerung zeigt sich, wenn sich die Jugendlichen mit *diesem* Dorf identifizieren und sich dort einbringen *wollen*; er zeigt sich genauso, wenn sich solche Aktivitäten tradieren und sich auch so das Selbstorganisationsprojekt über die Protagonisten, die ursprünglich die Initiative ergriffen haben, hinaus und über Generationen hinweg fortentwickelt.

Zwei Faktoren spielen dabei eine besondere Rolle:

- Gelingende Selbstorganisationsprozesse stellen sich eher ein, wenn das lokale Setting für die Jugendlichen überschaubar bleibt und sie Anerkennung für ihren Selbstorganisationsversuch durch diese Umwelt spüren (können). Dies wird erleichtert, wenn die Jugendlichen in den Traditionen des Dorfes aufwachsen, „ob das jetzt in einem Kirchenchor war, in der Ministrantengruppe, es sind immer die Jüngeren immer schon einbezogen worden". Begünstigend wirkt weiter, wenn eine Grundform gegenseitiger Akzeptanz gegeben ist (was sich z. B. darin äußert, dass die Dorfgemeinschaft die Jugendlichen bei der Bewältigung anstehender Aufgaben unterstützt, etwa bei der Einrichtung eines Jugend-

raumes Hand anlegt), also den Jugendlichen grundsätzlich auch *ein eigener Platz* im dörflichen Gemeinwesen eingeräumt wird.
- Insofern handelt es sich auch, worauf das Beispiel verweist, um eine Form der Akzeptanz der lokalen Umwelt, wenn es eine defensive Unterstützung durch Erwachsene gibt und sich z. B. eine Erwachsenenlobby stark macht, ohne dominierenden Einfluss auszuüben. „Gebraucht" werden vielmehr Menschen, die solche Prozesse unterstützen, ohne daran Gegenleistungen oder ein erwartetes Verhalten zu knüpfen. Hilfreich ist es, wenn ältere „Ehemalige", die Jugendlichen unterstützen, dabei „schon mal nach dem Rechten" sehen, und, „wenn es wirklich mal Ärger gibt, dann schreiten die halt auch ein: so, passt mal auf –". Nützlich ist es, wenn frühere Nutzer heute politische Funktionen innehaben, also die Tradition durch (einflussreiche) Akteure des (lokalen) politischen Systems weitergereicht und begleitet werden kann (worauf der Zeitungsbeitrag ja verweist), wenn der Jugendraum vom Bürgermeister besucht wird, der „da selber schon als Jugendlicher hingegangen ist".

2.3 Gemeinwesen als Arena übergangsfördernder Auseinandersetzungen

Die Einrichtung eines selbstorganisierten Jugendraumes kommt gleichwohl in der Regel ohne einen Prozess des Erkämpfens durch das Kollektiv nicht aus. Das Gemeinwesen gestaltet sich (auch in dem von Angela geschilderten Fall) dann als Arena von Konflikten zwischen jugendlicher Selbstorganisation und Nachbarn, bzw. zwischen Jugendlichen und Erwachsenen: Jugendliche (so die besonders nachhaltigen Hinweise auch im Material) werden häufig als störend erlebt und das Verhältnis zwischen Jugendlichen und Erwachsenen nur selten als reibungsfrei wahrgenommen. Überdeutlich wird die Festlegung auf Ordnung, Sauberkeit und den Zwang, der auf die Jugendlichen ausgeübt wird, den damit verbundenen informellen Regeln zu entsprechen, sich den Erwartungen (z. B. der Nachbarn) unterzuordnen oder den Forderungen der Kommunalpolitik als dem Träger oder Sprachrohr dieser Interessen zu unterwerfen. Zugleich kommt zum Ausdruck, dass die Auseinandersetzung mit den Jugendlichen nur selten gesucht wird; stattdessen übt das Gemeinwesen (konkrete, spürbare, aber eben indirekte) Macht aus (wenn z. B. die Gemeindeverwaltung den Jugendraum schließt oder dessen Schließung androht).

Es sind solche abstrakten Konflikte, die den Erfolg jedweder Jugendarbeit nahezu verunmöglichen (können). Werden sie dagegen „heiß" ausgetragen, ist die Chance auf Gelingen und Wirkung ungleich größer. Dabei scheint der Zwang, sich im Gemeinwesen zu behaupten, im ländlichen Raum nachdrücklicher zu sein. Sehr groß ist jedenfalls gerade dort die Wahrscheinlichkeit, dass Jugendliche (Selbstorganisation, Jugendraum) und Gemeinwesen (Nachbarn, Kommunalpolitik) angesichts der sehr differenten Erwartungen (in der Regel in der Frage der Einhaltung von Ruheerwartungen) und der sich hieraus ergebenden „Reibungspunkte" in Konflikt miteinander geraten werden. Dabei begründen jugendfeindliche Bilder (Hafeneger 1995) Verhaltensformen ausgewiesener (bzw. verdeckter) Behinderung bzw. Verunmöglichung jugendlicher Selbstorganisationsversuche. Der Konflikt – der Kampf um den (Jugend-) Raum – wird damit zum Regelfall einer die Selbstorganisation Jugendlicher fördernden Jugendarbeit. Und dies erweist sich im Blick auf die Wirkmöglichkeit von Jugendarbeit grundsätzlich als sehr gut so. Ganz offenbar wird die Erinnerung „an damals" nicht durch den „Kampf um Raum" geschmälert, denn der (aufgegriffene, bearbeitete und insoweit – auch unabhängig vom Resultat – positiv) bewältigte Konflikt führt zur Identifikation mit dem gemeinsamen Projekt und zu einer Akzeptanz und Inbesitznahme des kollektiv Erreichten – sofern die Interessen Jugendlicher nicht gänzlich ausgeblendet und ausgegrenzt bleiben. In der Auseinandersetzung können Techniken der Konfliktbearbeitung ebenso kultiviert wie Strategien erprobt werden, Bündnispartner zu gewinnen und (informelle) Öffentlichkeit zu beeinflussen.

2.4 Lokale Öffentlichkeit und „Schlüsselpersonen"

Erkennbar kommt bei der positiven Bewältigung solcher Konflikte unterschiedlichen Formen informeller Kommunikation eine die lokale Öffentlichkeit stark beeinflussende Bedeutung zu: Im „Dorftratsch" (dem „Gemeindeblättle") geht es um die Jugendlichen, die sich nicht anpassen wollen. Es wird darüber berichtet, dass sich ein Polizeieinsatz in einem Jugendhaus wie ein Lauffeuer in der Gemeinde verbreitet habe; das Dorfgespräch ist dann wie eine Zeitung. Nachhaltig kann das Image des Jugendraums, der Jugendlichen oder ihrer Selbstorganisationsprozesse durch solchen Tratsch nachteilig beeinflusst werden. Dies geschieht etwa, wenn z. B. die Putzfrau, die den Jugendraum reinigt, oder den Hausmeister, der die Schlüsselgewalt hat, über „den Jugendraum" berichten; beide haben Zutritt und werden die Dorfmeinung sowohl in die eine, wie die andere, Richtung gestalten durch die Art und Weise, wie sie über den Treff reden, wie es da aussieht oder wie es da so zugeht.

In diesem Zusammenhang werden auch Schlüsselpersonen thematisiert, die als Korrektiv und Unterstützer beschrieben werden. Es sind „vertrauenswürdige Erwachsene", „die zwar politisch zunächst mal auf den ersten Blick betrachtet keine

Funktion ausüben, aber informell vor Ort wichtige Positionen einnehmen, Informationspositionen haben, Kooperationsfunktionen haben könnten, ja, die Türen aufmachen". Es handelt sich um Unterstützer (als „Gegenmacht" zu den behindernden Faktoren der Umwelt), „die Fürsprecher sind und sich für die Jugendlichen einsetzen, für die Sache". Auf den ersten Blick bekleiden sie keine formelle politische Funktion ein, nehmen aber im Gemeinwesen informell wichtige Positionen ein, deren Meinung zählt. Sie üben eine „Drehpunktfunktion" aus (von der auch Müller/Rosenow/Wagner 1994 sprechen) „in verschiedene Richtungen, weil sie halt bekannt sind im Ort, weil sie vielleicht früher selbst im Jugendraum, wo auch immer aktiv waren, eine Vorstandsfunktion übernommen hatten, von daher auch von der Bevölkerung akzeptiert werden, die weiß, wovon er oder sie spricht, er oder sie hat das ja selbst mal gemacht". Es sind Erwachsene im Dorf, „die den Jugendlichen positiv gegenüberstehen, die auch einfach mal vorbeischauen, mal sich mit hinsetzen, klönen", und gemeinsam mit den Jugendlichen Hand anlegen, und zugleich in der örtlichen Gemeinschaft selbst einen „guten Stand" haben. Als Erwachsene stellen sie für die Jugendlichen Anker im Gemeinwesen dar; ihre Stellung im Gemeinwesen erlaubt es ihnen, wie ein Türöffner zu fungieren und dafür zu sorgen, dass eine Kooperation mit den politischen Akteuren möglich oder ein Thema positiv in die informelle Öffentlichkeit eingespeist wird. Als Schlüsselpersonen werden z. B. der Grundschulrektor, die Kita-Erzieherinnen, der Dorfpolizist und der Pfarrer benannt „oder die Vereinsleute, in so kleinen Dörfern sind auch viele Menschen wichtig, die in Vereinen sitzen, im Fußball-, Schützenverein, Rot-Kreuz oder was es da so alles gibt, Kaninchenzüchterverein". Ihr Dasein ist im Regelfall eine *Voraussetzung* gelingender Selbstorganisation (weil sie in Konflikten positiven Einfluss ausüben können); sie *wirken* in der Regel aber nur, wenn sie dafür aufgeschlossen und in den Prozess der Selbstorganisation eingebunden werden.

Im Ergebnis lässt sich bilanzieren, dass der Übergang Jugendlicher in das Gemeinwesen dann gelingend sein wird, wenn (v. a. durch Hinzuziehung von Schlüsselpersonen) eine positive Auseinandersetzung (als Gegenteil einer auf jugendfeindliche Bilder gestützten Aus- und Eingrenzung Jugendlicher) möglich ist. Insofern ist ein Übergang als Wirkung von Jugendarbeit *ohne* Konfrontation im (und auch mit dem) Gemeinwesen *nicht* möglich.

2.5 Unterstützung durch Jugendarbeiter

Dass dies freilich in der Praxis längst nicht der Regelfall ist (auch dies hilft das Material zu verstehen), mag an konkreten Jugendlichen liegen, die jeden Prozess der positiven Konfliktbearbeitung desavouieren; zum maßgeblichen Teil freilich an einer kaum auf Wirkung angelegten Jugendarbeit, die den vorangestellten Randbedingungen Rechnung trägt. Solche Prozesse gelingen nicht (bzw. nicht „automatisch" und immer) aus sich selbst heraus: Jugendliche benötigen dabei Unterstützung, Beratung, Motivation, Verstärkung etc. An diesem Punkt wird professionell (d. h. beruflich) organisierte Jugendarbeit erforderlich. Sie wird dabei Wirkung (auch im Übergang Jugendlicher ins Gemeinwesen) entfalten, wenn sie gemeinwesenbezogen ausgestaltet ist. Ihr „Ort" ist nicht allein der Jugendraum, sondern (im übertragenen wie wörtlichen Sinne) der Dorfplatz, der örtliche Supermarkt, das Kita-Büro und der Stammtisch des Sportvereins.

Insgesamt ist freilich zu konstatieren, dass solche und vergleichbare *gemeinwesenbezogenen* Strategien, das soziale Handeln auf die Vielzahl der im Gemeinwesen tätigen Akteure und Prozesse einzueichen, um die Selbstorganisationsversuche zu fördern (oder durch lokale Akteure und Netze unterstützen zu lassen), unter Jugendarbeitern nicht wirklich verbreitet sind. Ein Jugendarbeiter schildert z. B. ausdrücklich, es sei ihm erst im Laufe eines von ihm begleiteten Prozesses deutlich geworden sei, dass auch die Nachbarn von dem Selbstorganisationsprozess beeinflusst gewesen seien – eine, wie er es selbst einschätzt, zwar „banale" Angelegenheit, aber eben doch ein Sachverhalt, den „man nur mit Erfahrung weiß. Vor drei Jahren habe ich die noch nicht gewusst, und die Jugendlichen können das auch nicht wissen". Ein reflektiertes Denken in den Bedingungen des Gemeinwesens ist im Material nur ausnahmsweise ausgeprägt. Entsprechend selten ist die Einsicht, das Gemeinwesen als notwendige Bühne für die ebenso erforderlichen Konfrontationen Jugendlicher (und ihrer Selbstorganisation) mit ihrer Umwelt zu akzeptieren. Dies verweist auf Defizite im professionellen Rollenverständnis und illustriert die relativ geringe Bedeutung, die diese Diskussion über Wirkung im Kontext von Selbstorganisationsförderung in diesem Bereich von Jugendarbeit derzeit hat.

Nachhaltig wirksam wird professionelle Jugendarbeit in diesem Zusammenhang also, wenn sich Jugendarbeiter funktional als Navigatoren im Gemeinwesen begreifen. *Navigieren* stellt damit eine Selbstorganisationsprozesse fördernde Leistung von Jugendarbeitern dar, Jugendliche z. B. im Jugendraum und in ihrer Auseinandersetzung mit der Umwelt durch situationsangemessene Strategien und Interventionen zu unterstützen. Dieser Prozess beschreibt

1. die Einschätzung der Verhältnisse und Kräfte im Gemeinwesen (z. B. die Identifizierung dominierender Interessen und der Mechanismen der informellen Öffentlichkeit),

2. die Konzeption des Handelns als Entwicklung von Kräften im Gemeinwesen (z. B. durch die Einbindung einflussstarker Schlüsselpersonen, die Einflussnahme auf lokale Akteure, als Mediation zwischen den Konfliktparteien) und
3. das direkte Handeln im Gemeinwesen (z. B. die Beratung der Jugendlichen und der Anlieger eines Jugendraumes) verbunden mit der Bewertung der durch das Handeln eingetretenen Veränderung des Feldes, was in der Regel zu einer Neuaufnahme des Navigationsprozesses führen wird (ausf. Wendt 2005, S. 164ff).

Gegenüber Jugendlichen stellen sich Jugendarbeiter vor diesem Hintergrund dann zwar durchaus noch „klassisch" (im Sinne von „Beziehungsarbeit") als Modell bereit und sind Gegenüber und Opponent; sie bringen Ideen, ein und handeln sehr praktisch. Sie fungieren freilich nur noch als Geburts*helfer*, wenn Jugendliche z. B. ihre Interessen formulieren. Sie müssen dabei (insb. im Blick auf ihre eigenen Vorstellungen und Ansprüche) Zurückhaltung üben, damit Jugendliche überhaupt die Chance haben (können), sich den Raum zu nehmen für ihre Selbstorganisationsversuche, und diesen Prozess aus eigenen Kräften gelingen zu lassen. Ihr Handeln ist defensiv; es lässt Lernprozesse zu, Jugendarbeiter nehmen sich zurück.

Vollzieht sich der Konflikt um den Jugendraum im geschilderten Sinne abstrakt, dann wird von ihnen die Initiative dazu ausgehen, das Gespräch zwischen den Opponenten anzuregen und für ein Konfliktmanagement zwischen den Lagern mit der Intention zu sorgen. Insbesondere moderieren, mediieren, orientieren und beraten sie. Sie werden den Nachbarn helfen, mit der Existenz des Jugendraumes zu leben, zugleich aber den Jugendlichen die Legitimität der Interessen der Umwelt (z. B. an der Einhaltung der Mittags- und Nachtruhe) zu vermitteln. Sie hören dann auf, parteilich „für Jugendliche" zu sein. Und wenn die Reinigungskraft das Bild vom Jugendraum negativ beeinflusst, dann werden Jugendarbeiter Einfluss auf die (informellen) Netzwerke nehmen, die im Gemeinwesen bestehen und so für die Selbstorganisation der Jugendlichen von Relevanz sind. In dieser Mittlerfunktion muss es ihnen stattdessen darum gehen, dass eine öffentliche Auseinandersetzung mit den Ansprüchen und Bedürfnissen Jugendlicher stattfindet und hierüber eine Art Bewusstseinsbildung im Gemeinwesen und bei den Jugendlichen erfolgt, Konflikte als produktiv anzusehen. So ermöglichen sie Lernprozesse, die Jugendlichen einen Zugang zum Gemeinwesen erst ermöglichen. In dieser Funktion werden Jugendarbeiter – und damit Jugendarbeit – wirksam.

3. Wirkung durch selbstorganisationsfördernde Jugendarbeit

Zusammenfassend bleibt festzuhalten, dass

1. selbstorganisationsfördernde Jugendarbeit dann Wirkung entfaltet, wenn Konflikte als Lern- und Erprobungsfeld im lokalen Gemeinwesen *möglich* sind, was bei den Selbstorganisationsversuchen freilich geradezu „vorprogrammiert" zu sein scheint. Dazu müssen Erwachsene zum einen als Gegenüber und Opponenten „greifbar" und zum anderen als Schlüsselpersonen für Jugendliche mobilisierbar sein. Selbstorganisation ist nicht Konfliktlosigkeit, sondern vielmehr Auseinandersetzung, mehr noch: Konfrontation (z. B. über die jugendfeindlichen Erwartungen an Jugendliche, sich einzupassen). Diese Konfrontationen müssen (eingewoben in lokale Traditionen) bearbeitet und (aus der Sicht beider Konfliktparteien) „durchgestanden" werden.
2. Nur scheinbar paradoxerweise besteht im Konflikt der eigentliche Integrationsmechanismus. Ein Übergang als Wirkung von Jugendarbeit *ohne* Konfrontation im und mit dem Gemeinwesen ist in der Regel *nicht* möglich. Jugendarbeit wirkt dann, wenn sie bereit ist, Konflikte einzugehen und Konfrontationen im Gemeinwesen auszuhalten, diese durchaus zielführend „sucht", um so Lernräume für Jugendliche zu schaffen, und sich nicht vor dem Druck von Politik und Öffentlichkeit „wegduckt".
3. Damit selbstorganisationsfördernde Jugendarbeit Wirkung im Prozess des Lernens im Konflikt entfalten kann, ist eine Mixtur aus Selbstlernen (Jugendliche) und Lernhelferschaft (Jugendarbeit) erforderlich. Hierbei müssen beruflich tätige Jugendarbeiter als Navigatoren agieren, die Jugendliche aktiv begleiten und zugleich in den Netzwerken des Gemeinwesens die relevanten (Entscheidungs-) Prozesse (mit-) beeinflussen können.
4. Wenn selbstorganisationsfördernde Jugendarbeit in der Konfrontation mit dem Gemeinwesen wirksam wird, dann werden Versuche der Konfliktvermeidung (wie sie die Praxis von kommunaler Jugendarbeit oft und aus nachvollziehbaren Gründen kennzeichnen) tatsächlich kontraproduktiv sein und einen gemeinwesenbezogenen Übergang als Wirkung von Jugendarbeit eher verhindern. Darin erklärt sich auch die geringe Wirkung de facto eingrenzender, im Gemeinwesen verinselter Jugend*zentrum*sarbeit. Jugendzentren, die die Konsequenzen dieser (an sich ja simplen) Einsicht durch eine Form selbst gewählter Isolation zu umgehen suchen und *ihre* „Einrichtung" als feste Burg begreifen (eingerichtet und abgesetzt von einer als feindlich erlebten Umwelt), werden deshalb immer wieder scheitern müssen; und dies, obgleich über diesen und die Entwicklung

einer Wagenburgmentalität viel gesagt worden ist. Nicht nur die oft gestellte Frage der sozialräumlichen Verortung eines Jugendhauses, sondern auch der Aspekt der (ausbleibenden) Wirkung von Jugendarbeit legt daher in vielen Fällen eine Neupositionierung nahe.

5. Zweifellos ist trotz des (aufgrund der Schilderungen der Jugendarbeiter rekonstruierbaren) Wirkmechanismus unübersehbar, dass eine substanzielle Analyse des Wirkzusammenhangs aus biografischer Perspektive der Jugendlichen selbst noch aussteht und das Bild erst so vollkommen werden wird. Es liegt nahe, dies am Beispiel einzelner Fälle und aus einem teilnehmend-beobachtenden Blickwinkel nachzuzeichnen. Es böte sich damit für eine an Wirkung von Jugendarbeit interessierten Forschung die Chance, dies in Kooperation mit der Praxis selbst zu gestalten. Jugendarbeitern wäre die Möglichkeit gegeben, den durch sie selbst oft hinterfragten Wirkzusammenhang aufgrund reflektierten Begleitens der Übergangsverläufe Jugendlicher herauszuarbeiten, das eigene Handeln im Gemeinwesen hierzu ins Verhältnis zu setzen und so zugleich die eigene Praxis anzureichern. Ein solches Forschungsdesign zu entwickeln wäre wohl beiderseits lohnend.

Literatur

Hafeneger, B. (1995): Jugendbilder. Zwischen Hoffnung, Kontrolle, Erziehung und Dialog. Opladen
Müller, B. K./ Rosenow, R./ Wagner, M. (1994): Dorfjugend Ost – Dorfjugend West. Jugend und Gemeinde in der Geschichte von zwei Jugendclubs. Freiburg/ Br.
Wendt, P.-U. (2005): Selbstorganisation Jugendlicher und ihre Förderung durch kommunale Jugendarbeit. Zur Rekonstruktion professionellen Handelns. Hamburg

Thomas Coelen/Ingrid Wahner-Liesecke

Jugendarbeit kann auch mit (Ganztags-)Schulen wirken

1. Anlässe und Beispielauswahl

Seit ca. vier Jahren, d. h. seit Beginn der Einführung von Ganztagsschulen, wird die Jugendarbeit generell in Frage gestellt – was mittels eines Zitats dreier bekannter GanztagsschulforscherInnen illustriert sein mag: „Ganztägige Schulen stellen zunächst einen gesellschaftlichen Beitrag zur Sicherstellung und zur Qualitätssteigerung der soziokulturellen Infrastruktur (z. B. Jugendarbeit) dar" (Höhmann/ Holtappels/ Schnetzer 2005, S. 170). Die hiermit lancierte, durchaus provokative These lautet: Neben Verbesserungen der Lernleistungen sowie der Vereinbarkeit von Familie und Beruf sichere und verbessere die Ganztagsschule auch die Institution der (bisher) außerschulischen Jugendbildung.

Aus sozialpädagogischen Kreisen wird dieser These zumeist spontan und empört widersprochen. Hingegen ist eine selbstbewusste Position selten anzutreffen, die auf dem Wissen basiert, dass es ohne Sozialpädagogik in Deutschland (und auch international) kaum eine einzige Ganztagsschule gäbe: Das, was die neue Organisationsform überhaupt ‚ganz'-tägig macht, ist bisher zum größten Teil außerschulisch gewesen und daher konstitutiv auf – zumeist – Jugendarbeit angewiesen. Allerdings – und insofern ist der spontane Widerspruch verständlich – geschieht dies oft in Form einer Funktionalisierung oder Inkorporation außerunterrichtlicher Pädagogik. Diese sieht sich mancherorts mit der Frage konfrontiert, was sie denn eigentlich bewirke: im Verhältnis zur Schule oder eigenständig und überhaupt. Sie könne eben nur noch gesichert und dann auch gleich verbessert werden, wenn sie sich mit Schulen zusammentäte, so lautet das ambivalente ‚Angebot' aus Kommunal- und Landespolitik oder der Schulpädagogik (s. o.).

Für Kooperationen zwischen Jugendarbeit und Schule gibt es eine nahezu unendliche Vielfalt an Beispielen aus Vergangenheit und Gegenwart. Angesichts dieser Entwicklung haben wir uns – zum einen – für aktuelle Beispiele entschieden; und – zum anderen – für die Ebene der Bundesländerprogramme, weil hier gegenwärtig die einflussreichsten schul- und sozialpolitischen Entscheidungen getroffen werden. Zunächst stellen wir etwas ausführlicher das Präventions- und Integrationsprogramm (PRINT) des Landes Niedersachsen vor (2), anschließend in Kurzform drei ähnliche Programme anderer Bundesländer (Baden-Württemberg und Bayern), einen bundesweiten Wettbewerb (der Deutschen Kinder- und Jugendstiftung) und die schließlich größte bundesweite Studie (StEG) zu diesem Thema (3). Auf der Basis dieser Beispiele werden dann die verschiedenen Ebenen der Wirkung von Jugendarbeit im Kontext mit Schule destilliert und erläutert (4). Abschließend werden praktische Beispiele und theoretische Ebenen in den Forschungsstand zur sozialpädagogischen Ganztagsschulforschung eingeordnet (5).

2. Niedersachsen: Präventions- und Integrationsprogramm (PRINT)

Auf Grundlage eines Landtagsbeschlusses im Jahr 1998 wurde ab Ende 2000 in Niedersachsen das komplexe und viel beachtete Präventions- und Integrationsprogramm (PRINT) aufgelegt. Das gemeinsam vom Niedersächsischen Ministerium für Soziales, Frauen, Familie und Gesundheit und dem Niedersächsischen Kultusministerium verantwortete PRINT-Programm zielte ab auf eine Verbesserung der Zusammenarbeit von Jugendhilfe und Schule sowie die Integration von zugewanderten Kindern und Jugendlichen. Mit insgesamt 77 Einzelprojekten wurde der Aufbau eines in diese Zielrichtungen wirkenden Präventionsnetzwerkes angestrebt.

2.1 Programmüberblick

Das PRINT-Programm trat Ende 2000 mit einer Laufzeit bis zum 31.12.2006 und der Bewilligung von „Grundbausteinen" in Kraft. Die Vergabe von „Schwerpunktbausteinen" erfolgte ab Mitte 2002:

47 dieser „Grundbausteine" wurden in ausgewählten Sozialräumen bewilligt, um zentrale Koordinierungsfunktionen bei der Entwicklung lokaler Präventionsund Integrationskonzepte zu übernehmen. Diese Projekte bildeten die zentralen Knotenpunkte auf örtlicher Ebene, aus denen ein komplexer werdendes Netzwerk institutioneller Zusammenarbeit erwachsen sollte. Eine weitere Aufgabenstellung bestand darin, an den beteiligten Schulen Nachmittagsangebote für die SchülerInnen unter Beteiligung von Jugendhilfe (inklusive Vereinen und Verbänden) und Schule einzurichten.

30 so genannte „Schwerpunktbausteine" wurden in die Förderung mit der Zielsetzung aufgenommen, neue Handlungsansätze für gezielte Integrationsstrategien

in Vereine, beim Übergang von der Schule in den Beruf und zur gesellschaftlichen Teilhabe/ Partizipation zu entwickeln.

Für die im PRINT-Programm tätigen Fachkräfte der Sozialen Arbeit entwickelte und finanzierte das Land Niedersachsen eine berufsbegleitende Weiterbildungsmaßnahme zur „Präventionsfachkraft". Diese erfolgte im Tandemmodell und richtete sich an schul- bzw. sozialpädagogische Fachleute, die an einer verstärkten Kooperation von Jugendhilfe und Schule interessiert waren. In Ergänzung zu den Grund- und Schwerpunktbausteinen bildete diese Tandemweiterbildung eine weitere bedeutende Programmkomponente. Hier wurden in Zusammenarbeit mit dem Präventionsprojekt NetzwerG der Universität Lüneburg im Zeitraum von 2001 bis 2006 neun Tandemkurse ausgeschrieben und durchgeführt. Mit dieser sehr praxisorientierten Weiterbildungsmaßnahme konnten zusätzlich zu den PRINT-Fachkräften weitere etwa 225 Personen in Niedersachsen zur Präventionsfachkraft ausgebildet werden.

2.2 Ziele

Die allgemeine Zielstellung des Programms beinhaltete die strukturelle Verbesserungen der Zusammenarbeit der auf lokaler Ebene tätigen Institutionen, insbesondere von Jugendhilfe und Schule und die Förderung der Kinder- und Jugendlichen in ausgewählten Sozialräumen.

Unter Berücksichtigung der zugrunde gelegten Förderrichtlinie ergaben sich folgende Zielsetzungen für das PRINT-Programm:

- Verbesserung der Entwicklungsmöglichkeiten aller junger Menschen
- Abbau von Benachteiligung und Schaffung positiver Lebensbedingungen
- Wirken gegen abweichendes Verhalten, Schulversagen und Absentismus
- Förderung der Persönlichkeitsentwicklung
- Förderung der Integrations-, Ausbildungs- und Beschäftigungsfähigkeit
- Beitrag zur besseren Vereinbarkeit von Familie und Beruf
- Partizipation junger Menschen an der Planung und Durchführung von Angeboten
- Berücksichtigung der Lebenslagen beider Geschlechter

2.3 Wirkungen

Ende des Jahres 2002 wurde die Gesellschaft für Innovationsforschung und Beratung mbh (GIB) mit der wissenschaftlichen Begleitung des Landesprogramms beauftragt. Als Evaluationsdesign wurde eine formative Evaluation gewählt, die zum Programm-Ende zunehmend Elemente einer summativen Evaluation beinhaltete. Im Zeitraum 2003-2006 führte die GIB verschiedene Erhebungen durch (u. a. von Prozessdaten; dreifache Befragung aller PRINT-Fachkräfte, verschiedene Befragungen von kooperierenden Institutionen, mehrere Befragungen von Schulleitungen, weitere Analysen von Projektunterlagen).

Auf Grundlage des letzten Zwischenberichtes 2006 werden nachfolgend einige der zentralen Evaluationsergebnisse zusammengefasst, die für das Thema dieses Bandes von besonderer Relevanz sind. Aufgrund ihrer breiteren Aufgabenstellung ist der Fokus hierbei insbesondere auf die Grundbausteine gerichtet:

- Etwa 2/3 der integrationsrelevanten Institutionen habe ihre Kooperationsbezüge im Projektzeitraum in unterschiedlicher Hinsicht verbessert.
- Die Öffnung der projektbeteiligten Schulen hat sich wie in der Abbildung dargestellt verändert (Tab. 1):

Tab. 1: Quelle: GIB (2006, S. 15)

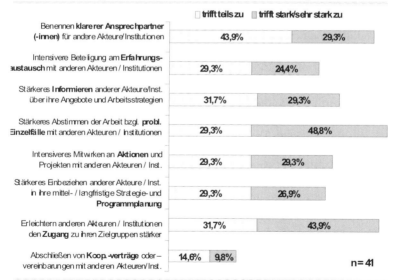

In Bezug auf die durch die PRINT-Aktivitäten ausgelösten Veränderungen bei der öffentlichen Jugendhilfe zeichnet sich folgende Situation ab:

Tab.2: Quelle: GIB (2006, S. 18)

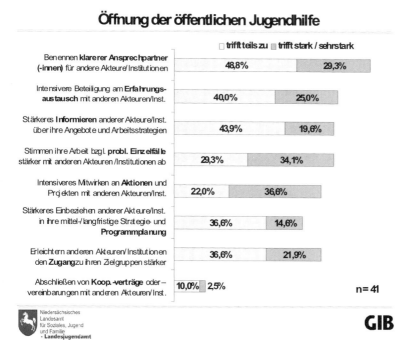

Vom Projektbeginn bis zur Zeitpunkt der Erhebung in 2006 wurden mit den breit gefächerten Projektaktivitäten ca. 62.000 Jugendliche erreicht. Das Niveau und der zeitliche Umfang der professionellen Begegnung und Unterstützung waren dabei sehr unterschiedlich. Die wissenschaftliche Begleitforschung ergab bei folgenden Aspekten positive Entwicklungsschritte:

a) stärkeres Engagement in Freizeit- und Nachmittagsangeboten (ca. 3.375 Jugendliche)
b) Erhöhung der sozialen Kompetenzen (ca. 3.300 Jugendliche)
c) aktivere Lebensgestaltung (ca. 2.500 Jugendliche)
d) Erhöhung der schulischen Kompetenzen (ca. 1.990 Jugendliche)

e) erhöhtes Interesse an Schule oder Ausbildung (ca. 1.740 Jugendliche)
f) Bewältigung von individuellen Problemlagen (ca. 1.290 Jugendliche)

Weitere Wirkungsergebnisse ergaben sich wie folgt:

- Im gesamten Projektzeitraum konnten insgesamt etwa 15.000 zusätzliche MultiplikatorInnen gewonnen werden, die sich für die Zielgruppe der Kinder und Jugendlichen in belasteten Sozialräumen engagieren.
- Durch die Aktivitäten in den Schwerpunktbausteinen konnte eine feststellbare Öffnung von weiteren Institutionen für die Zielgruppe eingeleitet werden.
- Insbesondere die Grundbausteine leisteten an vielen Projektstellen einen wesentlichen Beitrag bei der Entwicklung von Schulen zu Ganztagsschulen: Knapp 2/3 der Fachkräfte der Grundbausteine haben sich stark bzw. sehr stark an der Diskussion und am Prozess zur Ganztagsschule eingebracht.
- Darüber hinaus ist es aufgrund der vielerorts etablierten Vernetzungsleistungen von PRINT gelungen, auch neue Impulse und Aufgabenbereiche zu integrieren. Seit dem Jahr 2005 konnten durch Förderung des Niedersächsischen Landwirtschaftsministeriums zusätzliche Projekte zur Ernährungsaufklärung umgesetzt werden.
- Im Vergleich zu den Schulen aus einer Kontrollgruppe konnten an den projektbeteiligten Schulen Rückgänge bei Sachbeschädigungen und Schulverweigerungen verzeichnet werden.
- In Bezug auf die Nachhaltigkeit der Projekte bildet die nachfolgende Grafik (Tab. 3) die wesentlichen Aspekte ab:

Tab. 3: Quelle: GIB (2006, S. 34)

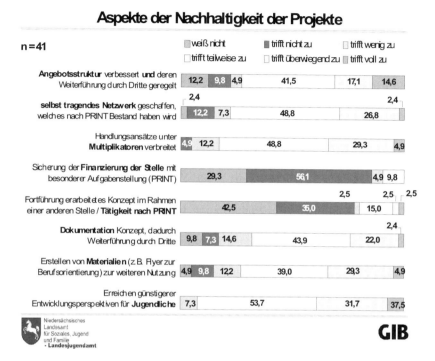

Diese komprimierte Zusammenfassung der Evaluationsbefunde ist aus Perspektive der fachlichen Praxisbegleitung der zuständigen Ministerien durch einige Bemerkungen in Bezug auf die erzielten Wirkungen zu ergänzen:

Mit den nahezu in allen niedersächsischen Landkreisen und kreisfreien Städten installierten PRINT-Projekten wurde unter Trägerschaft der Jugendhilfe eine vielerorts fruchtbare und gewinnbringende Zusammenarbeit mit Schulen und anderen maßgeblichen Institutionen in Niedersachsen erzielt. Um eine erfolgversprechende Zusammenarbeit zum Wohl der Kinder, Jugendlichen und auch der Familien insgesamt zu erreichen, sind die hinlänglich bekannten Aspekte in der Diskussion um das Verhältnis zwischen Jugendhilfe und Schule elementare Grundvoraussetzungen (z. B. gleichberechtigte Partnerschaft, Kooperationsvereinbarungen, abgestimmte Konzeption, feste Kommunikationszeiten, transparentes Handeln). Hier diente das Präventions- und Integrationsprogramm an mancher Stelle als Experimentier- und Lernfeld für alle Beteiligten. Diese (zu Projektbeginn mitunter zähen) Abstimmungsprozesse konnten bei vielen Stellen dank großem persönlichen Engagement und hoher Mitwirkungsbereitschaft in stabile und kontinuierliche Kooperationsbezüge übergeleitet werden. Wenngleich an vielen Stellen der Arbeitsschwerpunkt lediglich auf ausgewählte Gemeinden bzw. Stadtteile gerichtet war und die landkreis- bzw. stadtweite Strahlung i. d. R. begrenzte Wirkungen entfaltete, war deutlich erkennbar, welche Initialzündung und welche Impulse, aber auch welche Begehrlichkeiten die PRINT-Aktivitäten geweckt haben.

Aus Einschätzung der fachlichen Begleitung sind Wirkungen der Jugendarbeit dort festzustellen, wo bei zahlreichen Projekten wertvolle Zugänge zu einem erweiterten Kreis von Kindern und Jugendlichen erschlossen, eine erweiterte Kontaktaufnahme zu ihren Eltern geebnet und auch eine Platzierung und Profilbildung in Bezug auf die Zusammenarbeit von Jugendhilfe und Schule hergestellt werden konnte. Aufgrund der positiven Gesamtbewertung von PRINT wurde ab 01.01.2007 ein Folgeprogramm „NiKo" (Niedersächsische Kooperations- und Bildungsprojekte) aufgelegt, welches die weitere Förderung von insgesamt 77 Projekten an schulischen Standorten umfasste und auf die Stärkung von Bildungs-, Erziehungs- und Gesundheitskompetenzen in Kooperation zwischen Jugendhilfe, Schule und Familien in sozialen Brennpunkten zielt.

3. Überblick über weitere Praxisbeispiele

Im Folgenden wird anhand weiterer Programme zur Kooperationen zwischen Jugendarbeit und Schulen vorgestellt, inwiefern diese auf die Beteiligten – SchülerInnen, LehrerInnen und SchulleiterInnen, Fachkräfte der Jugendarbeit – sowie deren Institutionen wirken.[1] Dabei wird in Stichworten ein erster Einblick in verschiedenste *Ebenen* von Wirkungen gegeben, die an späterer Stelle (4) vertieft dargestellt werden.

---

1 Dieser Abschnitt beruht auf einer Zusammenstellung durch Stud.-Päd. Miriam Pott (Universität Siegen).

3.1 Baden-Württemberg: „Hier wird gebildet!"[2]

Beschreibung: Das Projekt fasst die Evaluation des Förderprogramms „Kooperation Jugendarbeit und Schule" zusammen und stellt Bedeutungen und Wirkungen einer Zusammenarbeit von Jugendarbeit und Schule dar, die von den beteiligten SchülerInnen, Lehrkräften und JugendarbeiterInnen positiv geschildert werden. Zudem werden Rahmenbedingungen und Perspektiven zur Weiterentwicklung von Kooperationen aufgezeigt, die für eine erfolgreiche Zusammenarbeit erforderlich sind.

Ziele: Im Projekt wurden Effizienz und Effektivität des Förderprogramms überprüft. Rahmenbedingungen der Kooperation von Jugendarbeit und Schule wurden hinsichtlich förderlicher und hemmender Bedingungen beleuchtet. Des Weiteren wurden Wirkungen der Zusammenarbeit in der Praxis sowie Lernprozesse bei den beteiligten Kindern und Jugendlichen aufgezeigt. Zudem wurden Veränderungen im Hinblick auf Strukturprinzipien und Arbeitsmethoden der Jugendarbeit dargestellt und Perspektiven zur Weiterentwicklung aufgezeigt.

Wirkungen:[3] Bezüglich der Wirkungen auf die *Kinder und Jugendlichen* selbst konnte gezeigt werden, dass die Kooperation von Jugendarbeit und Schule entwicklungsfördernde Impulse freisetzt: Mädchen und Jungen wurden angstfreier, selbstbewusster und selbständiger im Umgang mit alltäglichen Arbeiten. Es wurde der Zugewinn an Kritikfähigkeit und Offenheit geschildert sowie die Veränderung des Lehrer-Schüler-Verhältnisses betont. Angebotene Projekte wurden als Abwechslung zum Schulalltag gesehen; es entstanden größere Freiräume, weniger Druck und eine freiere und lockere Atmosphäre. Zu verzeichnen waren zudem Entspannung und Freundlichkeit seitens der SchülerInnen. Lernen im Projekt wurde als unbewusster Prozess wahrgenommen, Lernerfahrungen im sozialen Miteinander wurden gemacht, die Meinungsbildung gefördert. Neben dem Zugewinn von Wissen (z. B. politische Bildung) wurde auch die Klassengemeinschaft gestärkt. Es eröffneten sich neue Erfahrungsräume; neue Chancen und Möglichkeiten wurden erkannt, um Erfahrungen im Umgang mit Neuem oder Fremdem zu machen. Nicht zuletzt waren diese Wirkungen unter Berücksichtigung persönlicher Interessen und Bedürfnisse zu verzeichnen.

---

2 Laufzeit: 1999-2003: Rahmenbedingungen, Wirkungen und Perspektiven einer erfolgreichen Kooperation von Jugendarbeit und Schule". Quelle: http://www.ljrbw.de /ljr/service/publikationen/ arbeitshilfen.php (auch als Publikation beziehbar oder abrufbar unter http://www.ljrbw.de/ljr/ service/publikationen/pubilkationen_download/handbuecher/ kooperationjuaschule.pdf) Träger: Landesjugendring Baden-Württemberg in Zu-sammenarbeit mit dem Ministerium für Kultus, Jugend und Sport Baden-Württemberg

3 Die Evaluation operierte mit qualitativen Interviews und begleitenden Gesprächen.

Bezüglich der *Einrichtungen* konnten PraktikerInnen durch die Kooperation mit Schulen eine größere Aufmerksamkeit in der Öffentlichkeit beobachten; zudem wurden verbesserte Einbindungen der Einrichtungen in die Sozialräume sowie eine größere Akzeptanz bei den Zielgruppen festgestellt. Im Hinblick auf die eigene *Berufspraxis* beobachteten die Fachkräfte, dass ihre Entwicklung von Toleranz und Verständnis für die Kooperationspartnerin Schule zunahm. So konnten Inhalte und Methoden der Zusammenarbeit bedarfsgerecht zugeschnitten und eigene Konzepte und Arbeitsansätze gezielt weiterentwickelt und professionalisiert werden.

Bei *Arbeitsprinzipien und -ansätzen*, registrierten die Fachkräfte der Jugendhilfe, dass Strukturprinzipien der Jugendarbeit in Kooperation mit Schulen nicht vollständig übergangen oder außer Kraft gesetzt wurden: Grundsätze wie Freiwilligkeit, Offenheit und Partizipation in der Kooperationspraxis konnten zwar nicht immer in der gleichen Weise wie in der Offenen Jugendarbeit umgesetzt werden, im Rahmen der Zusammenarbeit mit Schulen gab es jedoch genügend Spielräume, um diese angemessen zu gestalten.

Zusammenfassend kann gesagt werden, dass die Strukturprinzipen der Jugendarbeit in Kooperationen mit Schulen keinesfalls ignoriert wurden, sondern z. T. eine besondere Qualität der Zusammenarbeit darstellten und als solche von allen Beteiligten geschätzt und respektiert wurden. So dienten Angebote der Jugendarbeit in Schulen dazu, ein Kontrastprogramm zum Unterricht zu bieten, fachliche sowie pädagogische Unterstützung darzustellen, durch ihre Vielfalt zu bereichern und Jugendliche ganzheitlich anzusprechen.

3.2 Baden-Württemberg: Projekt: „Bildungspartnerschaften" als Teil des Gesamtprojekts „Bildung in der Offenen Kinder- und Jugendarbeit"[4]

Das Projekt „Bildungspartnerschaften" umfasst zwei Schwerpunkte. Erstens die Erhebung und qualitative Einordnung vorhandener Kooperationsformen von Schulen und offenen Kinder- und Jugendeinrichtungen. Ziel der Erhebung ist es, einen quantitativen und qualitativen Überblick über die unterschiedlichen Formen von Zusammenarbeit zwischen Jugendarbeit und Schule zu erstellen (hinsichtlich ihrer beschriebenen, vermuteten und nachweisbaren Wirkungen). Zweitens erfolgte die

---

4 Quelle: http://www.pjw-bw.de/files/FlyerBildungspartnerschaften.pdf. Träger: Paritätisches Jugendwerk Baden-Württemberg in Zusammenarbeit mit der AGJF Baden-Württemberg. Laufzeit 2006-2007

Ausschreibung zur Beratung, Evaluierung und wissenschaftlichen Begleitung ausgewählter Modellprojekte.
Ziele: Weiterentwicklung von Kooperationen zwischen Einrichtungen der offenen Kinder- und Jugendarbeit und Schulen zu gemeinsam getragenen und verantworteten Bildungskonzepten, unter Berücksichtigung besonderer pädagogischer Handlungsfelder des informellen und nonformellen Lernens.
Wirkungen: Im aktuellen Zwischenbericht (Stand: 16.03.2007), der den bisherigen Projektverlauf zusammenfasst, sind noch keine Informationen über Wirkungen aufgeführt.

3.3 Bayern: „Jugendarbeit macht Bildung und Schule besser" (j.a.m.b.u.s)[5]

Beschreibung: Im Modellprojekt wurden die Qualität von Bildungskonzepten und Kooperationsformen zwischen Jugendarbeit und Schule untersucht. Zudem wurden interessierte Träger, die bereits mit Schulen zusammenarbeiteten oder eine Zusammenarbeit anstrebten, beraten und unterstützt.
Ziele: Das Modellprojekt j.a.m.b.u.s. hat sich zum Ziel gesetzt, Beiträge für eine Weiterentwicklung und Aktualisierung des Bildungsbegriffs der Jugendarbeit zu leisten und die Zusammenarbeit von Jugendarbeit und Schule in Bayern zu unterstützen. So sollten neue Formen der Kooperation erprobt und bereits bestehende Projekte weiterentwickelt und abgesichert werden. j.a.m.b.u.s. richtete sich an Jugendverbände und Jugendringe, weitere im Bereich der Jugendarbeit tätige freie und öffentliche Träger und Fachkräfte der Jugendarbeit sowie Schulen, Schulträger und politisch Verantwortliche.
Wirkungen: In der Veröffentlichung „Gemeinsam für Bildung. Praxismodelle aus dem Projekt j.a.m.b.u.s. – Jugendarbeit macht Bildung und Schule ... besser" (April 2005) wird beispielsweise vom Praxismodell des Stadtjugendrings Augsburg („Oberhausen is(s)t gut") von positiven Erfahrungen berichtet, die seitens der *Kinder und Jugendlichen* zu verzeichnen seien. So wurden beteiligte SchülerInnen von Lehrkräften als interessierter und aufgeschlossener im Unterricht beschrieben und die Atmosphäre des Schulalltags als entspannter bezeichnet. Kinder und Jugendliche zeigten sich zuverlässig und kooperativ. Insgesamt wurde die Kooperation seitens der KlassenlehrerInnen als spürbare Belebung des Alltags gewürdigt.

---

5   Quelle: http://www.jambus.bjr.de; Träger: Bayerischer Jugendring. Laufzeit 2003-2006

3.4 "Ideen für mehr! Ganztägig lernen."[6]

Beschreibung: Im Schulhalbjahr 2005/2006 wurde an Ganztagsschulen und deren Kooperationspartner appelliert, ihre Erfahrungen in einem Wettbewerb zu dokumentieren. Im Bericht wird die thematische und methodische Vielfalt der Zusammenarbeit aus Sicht der beteiligten Lehrkräfte, Partner und SchülerInnen dargestellt und die 25 besten Beispiele werden aufgeführt. In Kapitel 4 und 5 werden die Kooperationswirkungen aus Sicht der Partner, SchülerInnen, Eltern und Lehrern vorgestellt.

Ziele: Darstellung verschiedenster Kooperationsbeispiele von Ganztagsschulen sowie deren Wirkungen auf alle an der Zusammenarbeit Beteiligten.

Wirkungen[7]: Beobachtet wurde aus Sicht von SchülerInnen, dass beteiligte *Kinder und Jugendliche* viel Spaß und Freude in der Freizeit und in Arbeitsgemeinschaften entwickelten. In außerschulischen Experten sahen Kinder Vorbilder; mit „anderen" Erwachsenen, die weder Eltern noch Lehrer sind, erlebten sie Beziehungen und Identifikationen. Die SchülerInnen übernahmen Verantwortung für die Beschäftigung mit lebensnahen Themen, wie sich im Erfahrungslernen zeigte: ihr Lernen wurde ganzheitlicher, bedürfnisgerechter und gebrauchsfähiger. Kinder und Jugendliche fühlten sich in ihren Bedürfnissen wahrgenommen; gerade bei außen stehenden Personen fanden sie Hilfen zur Lebensbewältigung. Betont wird, dass außerschulische Partner besonders geeignet seien, Kindern die Möglichkeit zu geben, Bedürfnisse nach Beratung, Vertrauen und Unterstützung zu befriedigen.

Aus Sicht der *Lehrkräfte* wurde beobachtet, dass sich das Schulklima positiv entwickelte: Schule selbst wurde nicht mehr nur als Ort des Lehrens und Lernens, sondern als Verantwortungs-, Identifikations- und Erfahrungsraum gesehen. Hierdurch stärkte die Kooperation die Persönlichkeitsentwicklung und Sozialerziehung der SchülerInnen. Aus schulpädagogischer Sicht steigerte die Zusammenarbeit von Jugendarbeit und Schule Motivation und Lerninteresse, da besonders die Bedürfnisse und Interessen der SchülerInnen berücksichtigt werden konnten. Der positive Auftritt der Schule in der Öffentlichkeit wurde betont; unterschiedliche Arten der Förderung von Benachteiligung positiv vermerkt. Für die LehrerInnen bot die Zusammenarbeit Innovationen durch neue Lernformen und Qualifizierungseffekte; sie erlebten Rollenveränderungen und konnten notwendige Aufgaben delegieren.

---

6   Träger: Deutsche Kinder- und Jugendstiftung in Zusammenarbeit mit dem Bundesministerium für Bildung und Forschung: Projekt: „Zeigt her Eure Schule – Kooperation mit außerschulischen Partnern" (Praxisbericht zum zweiten Ganztagsschulwettbewerb); Laufzeit: Schulhalbjahr 2005/2006Quelle: http://www.ganztaegig-lernen.org/ media/ web/download/AH-05-WEB.pdf (auch als Publikation beziehbar); siehe auch http://www.ganztaegig-lernen.org/www/ web523.aspx.

7   Die Datenerhebung basiert auf den Selbstbeschreibungen seitens der teilnehmenden Institutionen.

Auch *Fachkräfte* der Jugendarbeit stellten fest, dass die Zusammenarbeit die enorme Vielfalt der Angebote ihres Arbeitsbereiches betont und sie durch wachsende Präsenz in der Öffentlichkeit an Ansehen gewinnen. JugendarbeiterInnen brachten durch ihre Qualifikation zusätzliche Kompetenzen mit, die den Alltag der schulpädagogischen Lehrkräfte bereicherten. Den sozialpädagogischen Fachkräften bereitete die Arbeit mit Kindern und Jugendlichen an Schulen besondere Freude; zudem wurde betont, dass der Eigennutz ihrer Institutionen in der Zusammenarbeit mit Schulen nicht anrüchig sei: Die Mitarbeit im Ganztagsschulbetrieb ermöglichte Ihnen einen schnelleren und leichteren Kontakt zu SchülerInnen, anstatt darauf zu warten, dass diese den Schritt in ihre Einrichtung machen. Auf die Jugendarbeit wirkt die Zusammenarbeit mit Ganztagsschulen somit zukunftsichernd; Kooperationsgewinne wurden nicht nur in den Schulen selbst gemacht, sondern auch im außerschulischen Bereich (z.B. durch Mitgliederzuwachs). Betont wurde ein doppelter Nutzen der Jugendarbeit, indem Fachkräfte an Schulen für die SchülerInnen nicht nur Lerneffekte bewirkten (z. B. soziales Lernen), sondern gleichzeitig Werbung für ihre übrigen Angebote machen konnten.

3.5 *Studie zur Entwicklung von Ganztagsschulen (StEG)* [8]

Beschreibung: Forschungsprogramm zur Entwicklung von Ganztagsschulen und -angeboten, das u. a. Wissen darüber erarbeitet, wie zufrieden Eltern und SchülerInnen mit ganztägigen Angeboten sind und ob sich die Lern- und Unterrichtskultur durch die Einführung der Ganztagsangebote verändert.

Ziele: Die Studie ist auf die Verknüpfung der drei Schwerpunkte „Entstehungsbedingungen und Implementation ganztägiger Angebote", „Schul- und Lernkultur/ pädagogische und organisatorische Gestaltung der Angebote" und „Verhältnis zum sozialen Umfeld" ausgerichtet und versucht darzustellen, dass sich sowohl innerhalb der Schule als auch im Zusammenwirken zwischen Schule und Umfeld ermitteln lässt, welche Bedingungen eine erfolgreiche Gestaltung ganztägiger Schulen hat und wie Ganztagsangebote ihrerseits die Entwicklung der Schule und deren sozialen Kontext verändern.

---

[8] Träger: Deutsches Jugendinstitut (DJI), Deutsches Institut für Internationale Pädagogische Forschung (dipf), Institut für Schulentwicklungsforschung (IfS) der Universität Dortmund; Projekt: Studie zur Entwicklung von Ganztagsschulen (StEG) (Laufzeit: 01.10.2004 - 31.12.2010) Quelle: http://www.projekt-steg.de

Wirkungen[9] *:* Im Rahmen einer Pressekonferenz wurden am 19.03.2007 zentrale Ergebnisse der Öffentlichkeit präsentiert.[10] Wirkungen auf *Kinder und Jugendliche* wurden wie folgt festgestellt: Ganztagsangebote erweitern die Lernkultur der Schule und der SchülerInnen, letztere reagierten positiv auf die angebotenen Projekte, sahen ihre Interessen vermehrt berücksichtigt und schätzten die Beziehungen zu den Erwachsenen. Die Kooperationsangebote erreichten auch benachteiligte SchülerInnen: aufgrund des leicht erhöhten MigrantInnenanteils an Ganztagsschulen beurteilten gerade diese den Nutzen der Angebote für ihr Lernen besonders positiv. Die Teilnehmerzahl an den Angeboten blieb jedoch leicht hinter den Erwartungen zurück: So wurde festgestellt, dass gerade Jugendliche ab Klasse 7 weniger Interesse am Nachmittagsprogramm zeigten. Fühlten sich die SchülerInnen in der Beziehung zu ihren Lehrkräften wohl, konnten sie aus einer breiten Angebotspalette wählen und waren auch die Eltern von der Qualität der Angebote überzeugt, so steigerte dies das Interesse am Ganztagsunterricht.

Auch das Familienklima und die Zeit, die der *Familie* für gemeinsame Aktivitäten zur Verfügung steht, wurden eher positiv beeinflusst. Besonders im Umgang mit Hausaufgaben wurden die Angebote der Ganztagsschule als Entlastung wahrgenommen. Bezüglich der Kooperation zwischen Schulen und *Vereinen* wurde betont, dass beide Partner zum wechselseitigen Nutzen zusammen arbeiteten.

4. Ebenen der Wirkung

Aus den kurz vorgestellten Praxisbeispielen werden nachfolgend *verschiedene Wirkungsebenen* von Jugendarbeit im Kontext von Schule destilliert und erläutert. Vorweg ist festzuhalten, dass die Zielsetzungen der Programme weitgehend den (währenddessen oder hinterher) festgestellten Wirkungen entsprechen: ein Umstand, der nicht zuletzt darauf zurückzuführen sein dürfte, dass es sich in seltensten Fällen um (freie) Forschung handelt, sondern zu allermeist um (beauftragte) Eva-

---

09 StEG operiert mit quantitativ-standardisierten Befragungen, deren Besonderheiten in der Multiperspektivität der Datenerhebung, dem Längsschnitt-Design und der umfassenden repräsentativen Stichprobe liegen. Die Studie berücksichtigt die Ansichten sämtlicher an Kooperationen von Schulen mit Jugendarbeit Beteiligter, so dass knapp 65.000 Angaben von Personen in die Auswertung einfließen.

10 (Quelle: Presseerklärung, http://www.projekt-steg.de/pk070319/ Presseerklaerung_ 19_03_ 07.pdf). Aus den Ergebnissen der ersten von drei Erhebungswellen der Studie geht hervor, dass außerunterrichtliche Angebote im Wesentlichen darauf ausgerichtet sind, Kinder und Jugendliche besser zu fördern und ihnen vermehrt Zugänge zu Bildungs- und Freizeitmöglichkeiten zu bieten (Arnoldt/Quellenberg/Züchner 2007). Mittlerweile ist die Studie auch in Buchform erschienen: siehe Holtappels/Klieme/Rauschenbach/Stecher (2007).

luationen, die nicht zuletzt legitimatorische Funktionen zu erfüllen haben. Zudem wird selten auf Einzelheiten eingegangen, stattdessen überwiegen generelle Aussagen.
Laut Projektdarstellungen, -evaluationen, -wettbewerben bzw. -studien wirkt Jugendarbeit in Kooperation mit Schulen auf alle *Beteiligten:*

- Auf *Kinder und Jugendliche*, weil die Zusammenarbeit Entwicklungsfördernde Impulse in sämtlichen Bereichen freisetze: indem die SchülerInnen ihre LehrerInnen außerhalb des Unterrichtes kennen lernen und so ihre Beziehungen stärken würden; weil sie sich durch die (freiwillige) Wahl von Angeboten in verschiedensten Bereichen nicht gezwungen fühlten, sondern sich nach eigenem Belieben und Interesse an Aktivitäten beteiligen könnten; weil Lernen über den Schulunterricht hinaus als unbewusster Prozess geschehe (informell) und nicht als Pflicht angesehen werde.
- Auf *Eltern*, weil sich Familie und Beruf durch längere Betreuungs- und Beschäftigungsmöglichkeiten (Mittagessen, Hausaufgabenbetreuung, Aktivitäten am Nachmittag) besser vereinbaren ließen (mehr Zeit für gemeinsame Unternehmungen).
- Auf die *Institution Schule*, weil sie durch ihre Auswahl an Angeboten nach Unterrichtsende mehr Interesse wecke und höheres Ansehen in der Öffentlichkeit gewinne; weil die Lernkultur erweitert werde; weil sie in Konkurrenz zu anderen Schulformen ohne Ganztags- oder sonstige Nachmittagsangebote stehe.
- Auf *Einrichtungen der Jugendarbeit bzw. ihre Träger*, weil sie durch Angebote Zeichen setzen und Werbung für sich machen könnten.
- Auf *LehrerInnen und SchulleiterInnen*, weil sie Kinder und Jugendliche außerhalb des Unterrichts entspannter und stressfreier wahrnähmen; weil sich das Verhältnis zwischen LehrerInnen und SchülerInnen positiv verändere, da man nicht der gewohnten Situation im Klassenraum ausgesetzt sei; weil Angebote der Jugendarbeit den Schulalltag belebten.
- Auf *Fachkräfte der Jugendarbeit und sonstiges pädagogisches Personal*, weil diese für Kinder und Jugendliche weder Eltern noch Lehrer seien und so anders wahrgenommen würden; weil sie differenzierter mit SchülerInnen arbeiten könnten als Lehrkräfte; weil Toleranz und Verständnis für den Kooperationspartner Schule zunehme, sodass eigene Konzepte und Arbeitsansätze ausgebaut und professionalisiert würden.
- Auf *Arbeitsprinzipien und -ansätze*, weil Grundsätze wie Freiwilligkeit, Offenheit und Partizipation auch in der Schule genügend Gestaltungsspielraum hätten, Anwendung fänden und so die besondere Qualität der Zusammenarbeit darstellten.

Zusammengefasst werden – ausschließlich positive – Wirkungen berichtet in drei von vier Dimension der Jugendhilfeforschung: Adressaten, Organisationen, Personal. Angaben über Wirkungen in Bezug auf die vierte Dimension: Disziplin/ Theorie fehlen – jedoch ist der vorliegende Band dafür ein guter Beleg. Es fehlen allerdings auch Berichte über negative, unerwünschte oder kontraproduktive Wirkungen. Dies könnte ein Effekt sowohl der grassierenden ‚Projekteritis' (anstelle von Regelangeboten[11]) sein, wie auch der prinzipiellen Grenzen vieler Evaluationen (s. dazu den Beitrag von v. Spiegel/ Sturzenhecker in diesem Band), und deshalb soll abschließend der Forschungsstand ins Auge gefasst werden, um das hier Zusammengestellte einordnen zu können.

5. Einordnung in den Forschungsstand und Ausblick

Abschließend werden die praktischen Beispiele und die theoretisch destillierten Ebenen in den Forschungsstand zur sozialpädagogischen Ganztagsschulforschung eingeordnet[12]: Für die ganztagsschulbezogene Forschung ist aus dem Spektrum der Sozialen Arbeit fast ausschließlich das Handlungsfeld der Kinder- und Jugendhilfe relevant, vor allem die Kindertagesbetreuung und die Jugendarbeit (seltener die Hilfen zur Erziehung). Aus diesem Grund liegt es nahe, die fünf Ebenen der Jugendhilfeforschung (vgl. Flößer u. a. 1998, S. 229) als Struktur für einen Überblick zu nutzen:[13]

1. Handlungsfelder
2. Organisationen/ Institutionen
3. Professionen/ Personal
4. direkte/ indirekte Adressaten
5. Disziplinen/ Theorien

Diese fünf Ebenen müssen differenziert und vielfältig gefüllt werden:

---

11 Problematisch sind hier die kurzen Laufzeiten, die – zumal oft ohne externe Evaluation – wenig Aufschluss über Wirkungen zulassen. Die bundesweit unübersichtliche Anzahl von Initiativen ohne übergreifende Sekundäranalyse lässt weiterhin offen, welchen Stellenwert die Jugendarbeit (trotz evtl. Professionalisierungschancen) im Kontext von Ganztagsarrangements einnimmt.
12 Siehe dazu ausführlich Coelen (2007).
13 Hingegen deckt die Schulentwicklungsforschung nicht alle, aus sozialpädagogischer Sicht relevanten Themen der Ganztagsschulforschung ab: Während ihr exklusiver Beitrag das Segment der Unterrichtsforschung bzw. der Lernleistungen ist, werden von ihr nur Teile der Ebenen Organisation und Profession berücksichtigt.

1. Von den Handlungsfeldern der Jugendhilfe sind die Kindertagesbetreuung zum Teil, die Jugendarbeit in großem Umfang (und auch die HzE in geringem Maße) involviert. Interessant wäre ein Überblick über gemeinsame Anlässe und Inhalte der Handlungsfelder; hinzu kommen müsste eine Betrachtung unterschiedlicher Settings (wie Unterricht, Gruppenarbeit, Projekte, Pausen, Jugendarbeit, Freizeit etc.) in ihrer ggf. vorhandenen Verschränkung sowie die darin vertretenen Bildungsmodalitäten (formell, nicht-formell, informell).
2. Unter organisatorischen Gesichtspunkten sind vor allem die Kooperationsformen, ihre Trägerschaft und Finanzierung, die Steuerungsstrukturen, die Verzahnung von unterrichtlichen und außerunterrichtlichen Settings (Lernkultur, Rhythmisierung) sowie die schul- bzw. unterrichtsbezogenen Funktionen der nicht-formellen Settings sowie spezifische Programme/ Profile/ Konzepte relevant.
3. Im Hinblick auf das die Ganztägigkeit gewährleistende Personal sind ihre formalen Ausbildungsgänge und inhaltlichen Ausbildungsrichtungen, ihre Beschäftigungsverhältnisse und Fortbildungen sowie das gesellschaftliche Ansehen der Tätigkeiten von Belang.
4. Aus Sicht der Kinder und Jugendlichen als unmittelbaren Adressaten wie auch ihrer Eltern (als indirekten Adressaten) der Bildungs- und Betreuungsarrangements sind vor allem die pädagogisch-institutionell verbrachten Zeitbudgets, die Rechtsgrundlagen für den Besuch der Einrichtungen, die ggf. zu entrichtenden Beiträge, die Partizipationsmöglichkeiten und eben die Wirkungen der institutionellen Arrangements von Interesse.
5. Unter einem disziplinär-theoretischen Blickwinkel sind u. a. die verbreiteten – ggf. gemeinsamen – Leitbegriffe und der Grad der akademischen Vernetzung relevant sowie Herausforderungen an die Forschungsmethodik.

Die nachfolgende Übersicht (Tab. 4) gibt auf den fünf Untersuchungsebenen, aus sozialpädagogischer Sicht wichtige Dimensionen für die empirische Ganztagsschulforschung an:

Tab. 4: Ebenen und Dimensionen für die Empirie ganztägiger Bildungsarrangements

Ebenen \ Dimensionen	Handlungs-felder	Institutionen Organisationen	Personal Professionen	Adressaten	Disziplin-Theorie
	Kindertagesbetreuung	Familie, Peer group, Medien	Formalstatus der Studien- bzw. Ausbildungsgänge	Zeitbudgets	Leitbegriffe
	Jugendarbeit	Kooperation	Ausbildungsrichtungen	Rechtsgrundlagen	Akademische Vernetzung
	Hilfen zur Erziehung	Träger und Finanzierung	Beschäftigungsverhältnisse	Vereinbarkeit	
	Schulformen	Rhythmisierung und Funktionen nicht-formeller Settings	Schulklima	Akzeptanz	
	Anlässe und Inhalte		Fortbildungen	Wirkungen	Forschungsmethodik
	Settings	Steuerungsstrukturen	gesellschaftliches Ansehen	soziale Herkunft	
	Bildungsmodalitäten	Programme/Profile und Konzepte	Studium	finanzielle Beiträge	
			Arbeitsmarkt	Förderung	
				Partizipation	

Als kontrastierende Variablen für die empirische Forschung über Ganztagsarrangements sind zusätzlich Rahmendaten über die außerschulische Pädagogik vonnöten: Besucher- bzw. Mitgliederzahlen, Nutzungszeiten und Inhalte etc.[14] Der praktische Grund für die Berücksichtigung dieser Variablen ist das aufkommende „doppelte Konkurrenzproblem" (Rauschenbach/ Otto 2004, 28): Wenn Kinder und Jugendliche zunehmend Zeit im Rahmen der schulischen Organisation verbringen und dort auch vermehrt sozialpädagogische Inhalte und Methoden nutzen können, dürfte es für die außerschulische Pädagogik schwerer als bisher werden, Heranwachsende für ihre Angebote zu begeistern. Und in theoretischer Hinsicht können die Daten zu ganztägigen Einrichtungen nur mithilfe solcher kontrastierender Variablen in den Rahmen der Gesamtlandschaft von Sozialisationsinstanzen eingeordnet werden.

Ganztagsbetreuung ist – neben dem Übergang vom Kindergarten in die Grundschule – mittlerweile das größte Kooperationsfeld zwischen Jugendhilfeeinrichtungen und Schulen[15]: Kindertageseinrichtungen sind die am stärksten beteiligten Jugendhilfeeinrichtungen; Jugendarbeit und Schulsozialarbeit liegen an zweiter bzw. dritter Stelle.[16] Jedoch gibt es offenbar zu den verschiedenen Bereichen der Ju-

---

14 Zu den Rahmendaten der Jugendarbeit in Deutschland siehe Rauschenbach/ Düx/ Züchner (2002) und die entsprechenden Abschnitte in Rauschenbach/ Schilling (2005).
15 Vgl. zum Folgenden die Ergebnisse einer Befragung von Jugendämtern in NRW bei Deinet/ Icking (2005, 14-16)
16 Uneinheitlich ist die Wahrnehmung über die Beteiligung der Hilfen zur Erziehung: Während Landkreise für dieses Handlungsfeld eine große Aktivität angeben, nennen es kleine Kommunen

gendarbeit im Kontext der Ganztagsschule bisher keine größere empirische Studie.[17] Das ist angesichts der vielen theoretischen und konzeptionellen Vorarbeiten nicht nur erstaunlich, sondern besonders bedauerlich, weil dieses Handlungsfeld am intensivsten an der „Ganztagsbildung" (Coelen 2002) der 10-16-Jährigen beteiligt ist. Auch zur vieldiskutierten Schulsozialarbeit und zur Jugendberufshilfe unter den veränderten Bedingungen gibt es bisher offensichtlich keine Forschung.[18]

So muss der Titel des vorliegenden Beitrags in doppelter Weise in der Möglichkeitsform gelesen werden: Jugendarbeit kann potentiell in der Praxis mit Schulen wirken. Und die Wirkung von Jugendarbeit im Kontext mit Schule kann möglicherweise auch empirisch gezeigt werden.

Literatur

Arnoldt, B./ Quellenberg, H./ Züchner, I. (2007): Ganztagsschulen verändern die Bildungslandschaft. In: DJI Bulletin 78, S. 9-14.
Coelen, Th. (2002): „Ganztagsbildung" – Ausbildung und Identitätsbildung von Kindern und Jugendlichen durch die Zusammenarbeit von Schulen und Jugendeinrichtungen. In: neue praxis (32. Jg.), H. 1, S. 53-66.
Coelen, Th. (2007): Dimensionen empirischer Ganztagsschulforschung aus sozialpädagogischer Sicht. In: Bettmer, F./ Maykus, S./ Prüß, F./ Richter, A. (Hrsg.): Ganztagsschule als Forschungsfeld. Wiesbaden (i. D.).
Deinet, U./ Icking, M. (2005): Schule in Kooperation – mit der Jugendhilfe und mit weiteren Partnern im Sozialraum. In: Appel, S./ Ludwig, H./ Rother, U./ Rutz, G. (Hrsg.): Jahrbuch Ganztagsschule 2006. Schulkooperationen. Schwalbach/ Ts, S. 9-20.
Flößer, G./ Otto, H.-U./ Rauschenbach, Th./ Thole, W. (1998): Jugendhilfeforschung. Beobachtungen zu einer wenig beachteten Forschungslandschaft. In: Rauschenbach, Th./ Thole, W. (Hrsg.): Sozialpädagogische Forschung. Gegenstand und Funktionen, Bereiche und Methoden. Weinheim und München, S. 225-261.
GIB – Gesellschaft für Innovationsforschung und Beratung mbH (C. Becker, J. Sommer, St. Ekert) (2006): Evaluation des Niedersächsischen Landesprogramms PRINT: Präventions- und Integrationsprojekte an schulischen Standorten. Im Auftrag des Niedersächsischen Landesjugendamtes. Berlin.

---

    ohne Jugendamt nur selten. Inwiefern z. B. Erziehungsberatung, Soziale Gruppenarbeit oder Betreute Wohnformen von der ganztägigen Beschulung tangiert werden, ist unbekannt.
17 An der Universität Rostock läuft zu diesem Themenkomplex seit August 2006 eine Detailstudie zum lokalen Jugendbericht (Leitung v. Wensierski/ Coelen). Laut einer internen Vorauswertung schreiben PädagogInnen (79 außerschulisch Tätige und 93 innerschulisch Tätige) ihrer jeweiligen Arbeit folgende besonders differierende Wirkungen zu: Allgemeinbildung: 31 % der außerschulisch Befragten und 75 % der innerschulisch Befragten; Berufsvorbereitung: 35 % außerschulisch und 63 % innerschulisch; Identitätsbildung: 63 % außerschulisch und 38 % innerschulisch. Die vollständige Auswertung wird im Herbst 2007 fertig gestellt sein.
18 Im Auftrag der Hans-Böckler-Stiftung und der Max-Träger-Stiftung führte OBIS e.V. derzeit eine Untersuchung durch, um die Angebote und Konzepte der Schulsozialarbeit in Berlin und Bayern zu vergleichen

Höhmann, K. /Holtappels, H. G. /Schnetzer, Th. (2005): Ganztagsschule: Konzeptionen, Forschungsbefunde, aktuelle Entwicklungen. In: Holtappels, H.-G./ Klemm, K./ Pfeifer, H./ Rolff, H.-G./ Schulz-Zander, R. (Hrsg.): Jahrbuch der Schulentwicklung, Bd. 13. Weinheim, S. 253-289.

Holtappels, H. G. /Klieme, E./ Rauschenbach, Th./Stecher, L. (2007) (Hrsg.): Ganztagsschule in Deutschland. Ergebnisse der Ausgangserhebung der „Studie zur Entwicklung von Ganztagsschulen (StEG). Weinheim u. München

Rauschenbach, Th./ Düx, W./ Züchner, I. (2002): Jugendarbeit im Aufbruch. Selbstvergewisserungen, Impulse, Perspektiven. Münster

Rauschenbach, Th./Otto, H. (2004): Die neue Bildungsdebatte – Chance oder Risiko für die Kinder- und Jugendhilfe? In: Otto, H.-U./ Rauschenbach, Th. (Hrsg.): Die andere Seite der Bildung. Zum Verhältnis von formellen und informellen Bildungsprozessen. Wiesbaden, S. 9-29.

Rauschenbach, Th./ Schilling, M. (2005) (Hrsg.): Kinder- und Jugendhilfe-Report 2. Analysen, Befunde und Perspektiven. Weinheim

Wolfgang Ilg

Jugendreisen auswerten: Methodik und ausgewählte Ergebnisse der Evaluation von Gruppenfahrten

Jugendarbeit wirkt – besonders dann, wenn sie intensiv erfahren wird. Und so gehören alle Formen der Gruppenfahrten zu den nachhaltigsten Eindrücken, die Jugendliche über die Jugendarbeit in Kopf und Herz behalten. Wer das Vergnügen hat, mit „ehemaligen Jugendlichen" in Erinnerungen über die Jugendarbeitszeit zu schwelgen, wird das Gespräch kaum ohne Berichte über Gewitterstürme im Zelt, Anbandelungsversuche beim Zähneputzen oder abenteuerliche Busfahrten beenden. Jugendgruppenfahrten (ob als „Freizeiten" einer bestehenden Gruppe oder in Form von internationalen Jugendbegegnungen mit Partnergruppen) sind aus gutem Grund bei TeilnehmerInnen und MitarbeiterInnen beliebt. Dabei ist das Feld in einiger Bewegung: Kommerzielle Anbieter wie RUF-Jugendreisen berichten jährlich über deutliche Zuwachsraten, Jugendliche sind früher und unabhängiger „auf Achse". Die zunehmende Verschulung des Wochenalltags bedroht traditionelle Formen der Jugendgruppenarbeit, weil die Kinder und Jugendlichen oftmals schlicht nicht da sind. Der Jugendarbeit in der schulfreien Zone – den Ferien – kann dadurch ein größeres Gewicht innerhalb des Geflechts verbandlicher Angebote zukommen.

Wie aber kann sichtbar gemacht werden, welche Auswirkungen Jugendgruppenfahrten haben? Wie kommen Verantwortliche zu umfassenden Rückmeldungen der TeilnehmerInnen, die über die (zweifellos hilfreichen) Feedbackrunden hinausgehen? Mit den seit 2007 vorliegenden Materialien aus dem Projekt „Freizeitenevaluation" wird die Selbst-Evaluation solcher Maßnahmen für jeden Veranstalter autonom möglich.

Wie es dazu kam, welche Grundgedanken hinter dem Evaluationsverfahren stecken und worin die Chancen und Grenzen der Evaluation liegen, das beleuchtet der vorliegende Artikel. Dabei geht es an dieser Stelle vorrangig um die Methodik – Ergebnisse werden nur an wenigen Stellen zur Illustration eingestreut.

1. Hintergrund

Sowohl Jugendfreizeiten als auch internationale Jugendbegegnungen sind oft mit enormem Zeitaufwand für die „Macher" verbunden. Während die meist ehrenamtlichen Teams in die Vorbereitung solcher Fahrten viel Zeit und Mühe investieren, läuft die Auswertung vielerorts nach dem „Schön-war's"-Prinzip: Beim gemütlichen Sit-In im Italiener tauschen die TeamerInnen drei Wochen nach der Freizeit noch einmal ihre Erinnerungen aus, schauen Fotos an und feiern die erfolgreiche Unternehmung. Zwischen Pizza und Tiramisu klopft dann einer der Mitarbeiter ans Glas: „Sollten wir nicht noch eine kurze Reflexionsrunde einlegen, um die Fahrt gemeinsam auszuwerten?" Die Zeit ist gekommen, dass die Truppe reihum bestätigt: „Schön war's". Was soll man sich auch den Kopf zerbrechen, jetzt, wo alles vorbei ist und der Nachtisch naht?

Eine systematische Auswertung, gar unter dem Modewort Evaluation, erschien lange Zeit nicht als notwendig, denn die Dinge liefen ja und alle waren irgendwie zufrieden. Dass man vielleicht doch davon profitieren könnte, von den TeilnehmerInnen ein differenzierteres Feedback einzuholen, dämmert erst seit den 1990er Jahren vielen Veranstaltern. So werden allerorts handgestrickte Fragebögen entworfen, die man häufig ausfüllen lässt und (weniger häufig) auswertet. Vor dem Stapel von ausgefüllten Bögen setzt die Ernüchterung ein: Soll man die Antworten jetzt in Strichlisten übertragen oder Schaubilder malen? Sind die Fragen überhaupt sinnvoll gestellt? Wie kann man Ergebnisse interpretieren, wenn keine Vergleichszahlen vorliegen? Der Ruf nach einem professionell ausgearbeiteten Evaluationssystem wurde immer lauter und führte im Juli 2004 zu einem Workshop-Treffen des „Forscher-Praktiker-Dialogs zur internationalen Jugendbegegnung" in Frankfurt/ Main, bei dem Trägervertreter und Evaluationswissenschaftler sich über Möglichkeiten und Bedarfslagen austauschten. Ein ausgearbeitetes und funktionsfähiges Evaluationssystem, das dort vorgestellt wurde, stammte aus dem Evangelischen Jugendwerk in Württemberg, einem der größten kirchlichen Jugendverbände in Deutschland. Dort war im Jahr 2001 in Zusammenarbeit mit der Universität Tübingen das Verfahren „Freizeitenevaluation" entwickelt und bei über 1300 Teilnehmern und 300 Mitarbeitern von Jugendfreizeiten erfolgreich getestet worden. (Ilg 2005)

In der Folge des Frankfurter Workshops kristallisierten sich zwei Entwicklungsprojekte heraus, die sich auf ein paralleles methodisches Vorgehen einigten und beide das Projekt Freizeitenevaluation mit der wissenschaftlichen Leitung beauftragten: Grundlagenstudien im Jahr 2005 sollten zu standardisierten Fragebögen und einem allgemeinverständlichen Auswertungsverfahren führen. Beide Projekte hatten einen eigenen wissenschaftlichen Beirat und eigene Schwerpunkte:

1) Im *bundesweiten Evaluationsprojekt* schlossen sich Verbandsvertreter, Praktiker und Wissenschaftler zum „Kreuznacher Beirat" zusammen.[1]
2) Im Projekt *Evaluation Internationaler Jugendbegegnungen* kooperierten das Deutsch-Französische Jugendwerk (DFJW), das Deutsch-Polnische Jugendwerk (DPJW) und die Bundesvereinigung Kulturelle Jugendbildung (BKJ). Ihr Ziel war die Bereitstellung eines Evaluations-Instrumentariums für internationale Begegnungsmaßnahmen in deutscher, französischer und polnischer Sprache. Der Prozess wurde in einer trinational besetzten Steuerungsgruppe wissenschaftlich begleitet. Später wurde noch eine englischsprachige Ergänzung vorgenommen, die allerdings nicht die strengen Testdurchläufe der anderen Sprachversionen absolviert hat und daher nur als Vorläufer-Version betrachtet werden kann. Ein zusätzliches Pilotprojekt versuchte, das Evaluationssystem auch für die Auswertung von Teamer-Schulungen einzusetzen – hier kam es allerdings bisher noch zu keinem Standardverfahren.

Die Bundeszentrale für politische Bildung unterstützte die Verbreitung der beiden Vorhaben durch die Herausgabe der CD-ROM „Jugend und Europa" (2007), die alle Evaluationsmaterialien sowie das viersprachige Statistikprogramm GrafStat enthält, mit dem auch ungeübte Nutzer gut zurechtkommen können (Bundeszentrale für politische Bildung 2007).

2. Die Idee des Evaluationssystems

Wer Evaluationsmethoden einsetzt, wird rasch feststellen: Das Thema ist erstaunlich emotional besetzt. Während die Einen vor lauter Qualitätsmanagement am liebsten ganz auf den Kontakt mit real existierenden Jugendlichen verzichten würden, reagieren andere fast allergisch auf das Reizwort „Evaluation". Die Ängste vor Kontrollmechanismen, vor Normierung und der Einführung übergenauer Standards (womöglich mit der Drohung von Zuschusskürzungen verbunden) führen bei manchen JugendarbeiterInnen zur reflexartigen Abwehr aller Quantifizierungsversuche von sozialen Prozessen.

---

1 Die organisatorische Koordination übernimmt transfer e.V., den Beirat koordiniert Prof. Dr. Andreas Thimmel von der FH Köln. Ziel war es, ein Evaluationssystem für Freizeiten und Jugendreisen von deutschen Reiseveranstaltern bereitzustellen. Finanziert wurde das Projekt über den „Forscher-Praktiker-Dialog internationale Jugendbegegnung". Parallel dazu wurde in Zusammenarbeit mit dem IJAB (Internationaler Jugendaustausch- und Besucherdienst der Bundesrepublik Deutschland e.V.) eine Reihe von Evaluationstrainings im Rahmen der IJAB/ transfer-Trainingsseminare gestartet (ein Seminar in 2005, eins in 2006, zwei in 2007, weitere sind in Planung)

In den Projekten der Freizeitenevaluation nahm man solche Ängste von Anfang an ernst und arbeitete eng mit Experten und Praktikern zusammen. Deren Wünsche wurden immer wieder in Konsultationen und Testläufen aufgenommen und in die Entwicklung einbezogen. Die daraus hervorgegangenen Leitgedanken der Freizeitenevaluation lassen sich wie folgt zusammenfassen:

- Das subjektive Gefühl vieler MitarbeiterInnen, Freizeiten und Begegnungen seien für die Jugendlichen von wichtiger Bedeutung, ist nicht aussagekräftig, solange nicht die TeilnehmerInnen eine Bewertung abgeben. Daher stehen deren Bewertungen im Zentrum der Evaluation. Experten für Jugendgruppenfahrten sind schließlich die Jugendlichen selbst.
- Nach der Reise ist vor der Reise. Die Ergebnisse einer Fahrt können nicht nur rückwärtsgewandt als Auswertung der vergangenen Reise verwendet werden, sondern bieten eine ideale Grundlage für die konzeptionelle Fein-Justierung an Konzepten – insbesondere, wenn dieselbe Fahrt im nächsten Jahr nochmals angeboten wird.
- Aufwand und Nutzen stehen im angemessenen Verhältnis. Es gibt hochwissenschaftliche Evaluationsverfahren, die auf qualitativen Analysen von Interviews oder Teilnehmer-Aufsätzen beruhen. Für eine einmalige Studie mag dies passend erscheinen – als Standard-Verfahren sind solche Methoden kaum denkbar. Evaluation muss auch zeitökonomisch erledigt werden können. Das neue Evaluationsverfahren setzt daher im Großteil der Fragebögen auf geschlossene Fragen, deren Ergebnisse sich durch statistische Kennwerte leicht darstellen lassen. Die Dateneingabe und -auswertung einer Fahrt mit 6 BetreuerInnen und 30 TeilnehmerInnen lässt sich innerhalb von ca. zwei Stunden am PC durchführen. Außer den Kopierkosten und einer Schutzgebühr für die CD in Höhe von 4 Euro fallen keine Ausgaben an.
- Nur ein wissenschaftlich erarbeiteter Fragebogen ermöglicht seriöse Aussagen. Die Formulierungen und Übersetzungen der Fragen sowie die Gestaltung der Fragebögen (zumeist 7-fach gestufte Ankreuz-Skala) wurden in einem langen Prozess immer weiter verfeinert und haben sich inzwischen bei Tausenden von TeilnehmerInnen bewährt. Im Fragebogen sind nur solche Fragen enthalten, die sich als sinnvoll erwiesen haben und deren Ergebnisse auch über einen längeren Zeitraum stabil bleiben (dies wurde durch Nachbefragungen sichergestellt). Damit liegt ein Befragungsinstrument vor, auf dessen Ergebnisse man sich verlassen kann. Zugleich wird dem Bedürfnis Rechnung getragen, gezielte Fragen zum individuellen Zuschnitt der eigenen Reise zu ergänzen: In die vorgefertigten Fragebögen können selbst formulierte Items zusätzlich eingetragen

Methodik und ausgewählte Ergebnisse der Evaluation von Gruppenfahrten

werden. Evaluation soll schließlich die Konturen eines Programms deutlich machen und nicht die Vielfalt unterschiedlicher Profile über einen normativen Einheitskamm scheren.

- Um sinnvoll auswertbar zu sein, muss der Fragebogen eine wichtige Hürde nehmen: Die TeilnehmerInnen müssen ihn verstehen und zum Ausfüllen bereit sein. Um das sicherzustellen wurde in der Grundlagenstudie erfragt, wie die Jugendlichen das Ausfüllen des Fragebogens bewerten. Die in Abbildung 1 dargestellten Rückmeldungen zeigen, dass der überwiegende Teil der Befragten das Ausfüllen der Fragebögen in Ordnung findet oder sogar Spaß daran hat (obwohl der Entwicklungsfragebogen in der Grundlagenstudie deutlich länger war als der daraus hervorgegangene Standardbogen!). Wenn man intensiv zwei Wochen miteinander verbracht hat, ist man eben gerne bereit, sich 20 Minuten für einen Rückmeldebogen zu nehmen.

Abbildung 1: TeilnehmerInnen: N=1415; MitarbeiterInnen: N=225

Das Ausfüllen des Fragebogens...

	hat Spaß gemacht	finde ich okay	hat mich genervt
Teilnehmer	23%	62%	15%
Mitarbeiter	10%	78%	12%

Daten der internationalen und bundesweiten Grundlagenstudien vom Sommer 2005

- Fragebögen sind ein Beitrag zur Auswertung – keine Allzweckwaffe. Was die Freizeitenevaluation „ausspuckt" sind zunächst nur Zahlen. Wenn 93 % der TeilnehmerInnen sagen, sie könnten eine solche Fahrt auch anderen Freunden weiterempfehlen, ist das erfreulich (und auch für Marketingzwecke nicht ohne Wirkung). Wenn das Essen im Durchschnitt die Schulnote 4 erhält, sollte man vielleicht über einen Wechsel der Unterkunft nachdenken. Aber alle diese Zahlen bleiben blass, wenn sie nicht durch persönliche Eindrücke der TeamerInnen und Reflexionsrunden der TeilnehmerInnen ergänzt werden. Die Fragebögen können ab einem Alter von ca. 13 Jahren eingesetzt werden. Fahrten für Kinder lassen sich dagegen nicht mit den vorliegenden Fragebögen auswerten. Die Weiterentwicklung des Standard-Fragebogens für Jugendfreizeiten zu einer Kurz-Version für Kinder ab ca. 8 Jahren wird im Sommer 2007 mit einem Vortest geprüft[2] und soll voraussichtlich ab 2008 professionell entwickelt werden. Allerdings ist bei Fahrten mit Kindern der Einsatz spielerischer Mittel für Auswertungszwecke oftmals angemessener.

- Das Evaluationspaket ermöglicht eine vollständig autonome Durchführung der Evaluation, ohne dass Daten an übergeordnete Institutionen gegeben werden müssten. Herr des Verfahrens bleibt der Träger bzw. das Mitarbeiterteam. So kann ausgeschlossen werden, dass die Evaluationsmethodik als Kontrollinstrument missbraucht wird. Und nur so ist gewährleistet, dass die TeilnehmerInnen von ihrem Team nicht animiert werden, den Bogen möglichst freundlich auszufüllen, sondern ihre positiven und negativen Erfahrungen offen zurückmelden.
- Die Interpretation von Daten ist vor allem dann interessant, wenn man Vergleichsdaten zur Verfügung hat und so für die eigene Fahrt eine Stärken-Schwächen-Analyse vornehmen kann. Die Daten der Grundlagenstudien im Sommer 2005 (mit insgesamt 1477 befragten TeilnehmerInnen und 237 befragten MitarbeiterInnen) liegen als Vergleichsstichprobe vor, anhand derer jeder Träger seine Daten kritisch einordnen kann. Die CD „Jugend und Europa" enthält Vergleichstabellen, auf denen man die eigenen Resultate mit denen der Grundlagenstudie direkt nebeneinanderstellen kann (vgl. Abbildung 2, hier für internationale Jugendbegegnungen).

Abbildung 2: Vergleichstabellen mit „Graubereich" (hier liegen zwei Drittel der Mittelwerte)

Teilnehmer-Zufriedenheitsbewertungen im Vergleich
Skala von 1 = „damit war ich überhaupt nicht zufrieden" bis 10 = „damit war ich voll zufrieden"

Zufriedenheitsbewertung	Unser Wert	Mittelwert 2005	„Zwei-Drittel-Bereich"
Anreise		7,6	
Unterbringung		7,9	
Essen		7,7	
Wetter		6,8	
Programm		7,9	
Gruppenaktivitäten		7,7	
freie Zeit		7,6	

---

2 Ein wichtiger Kooperationspartner der Freizeitenevaluation ist bei diesem Teilprojekt der Landesjugendring Schleswig-Holstein.

- Die Individualität verschiedener Freizeittypen soll durch die Datenauswertungen nicht glatt gebügelt, sondern im Gegenteil kenntlich gemacht und gewürdigt werden: Nach dem Motto „Eine gute Freizeit ist die, die ihre selbst gesteckten Ziele erreicht" werden die Ziele der MitarbeiterInnen (die zu Beginn der Freizeit durch einen Mitarbeiterfragebogen erhoben werden) mit den Aussagen der TeilnehmerInnen am Freizeitende verglichen. Hier wiederum ist es äußerst interessant, die Daten mehrerer Freizeiten nebeneinander stellen zu können. Es zeigt sich dann, ob und inwiefern die Ziele der MitarbeiterInnen in den Teilnehmer-Rückmeldungen Niederschlag finden. Abbildung 3 zeigt exemplarisch einen solchen Zusammenhang für den Bereich politischer Anstöße: Jeder Punkt steht für eine Freizeit der Grundlagenstudie und verzeichnet auf der x-Achse die Ausprägung des durchschnittlichen Mitarbeiterziels „Die Teilnehmer sollen Anstöße zu gesellschaftlichen / politischen Themen bekommen". Die y-Achse steht für die durchschnittliche Teilnehmer-Rückmeldung zur Aussage „Ich habe mich bei dieser Freizeit mit gesellschaftlichen / politischen Themen auseinandergesetzt". Die Punktewolke verdeutlicht den hohen Zusammenhang zwischen dem, was die MitarbeiterInnen erreichen wollen und was die Freizeiten tatsächlich auslösen (Zielerreichungskorrelation $r = 0{,}76$): Niedrige Mitarbeiter-Zielsetzungen gehen mit niedrigen Teilnehmer-Werten einher, hohe Zielsetzungen mit hohen Werten. Ob politische Diskussionen erwünscht sind, entscheidet jedes Team selbst. Deutlich wird aber: Wer politische Diskussionsprozesse initiieren will, erreicht das in aller Regel auch. Ähnliches gilt für viele andere erfragte Themenbereiche. Ein solcher nachweisbarer Einfluss von vorab definierten pädagogischen Zielen auf die von den Jugendlichen beschriebenen Wirkungen findet sich in der pädagogischen Forschung selten genug. Wenn die Freizeitenevaluation dazu beiträgt, dass Teams ihre Zielsetzungen schärfen und sich der Wirkung und des Einflusses ihres Tuns bewusst werden, dann ist viel erreicht.

Abbildung 3: Zielerreichungskorrelation am Beispiel „politische Anstöße".

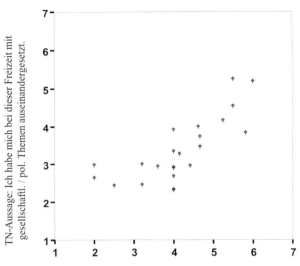

Abbildung 4: Fragebogen (hier für Freizeiten); Ausschnitt

Fragebogen zur Auswertung der Freizeit (BS-FTN)

Deine Meinung hilft uns, zukünftige Freizeiten noch besser zu machen.
Bitte antworte ganz ehrlich - der Fragebogen wird anonym ausgewertet!
Füll' diesen Fragebogen alleine aus - Du hast ja schließlich eine eigene Meinung!

Mit „Freizeit" ist hier Eure Fahrt gemeint, auch wenn Ihr vielleicht einen anderen Begriff (Ferienfahrt, Jugendreise, ...) dafür verwendet. „Betreuer" sind alle, die als erwachsene Begleiter/innen bei der Freizeit mitarbeiten. Vielen Dank!

Wie zufrieden warst Du mit...

Bitte gib hier mit **Schulnoten** von 1 bis 6 an, wie zufrieden Du mit einzelnen Bereichen warst.
Verwende bitte keine Zwischennoten, sondern nur ganze Zahlen.
(1 = sehr gut; 2 = gut; 3 = befriedigend; 4 = ausreichend; 5 = mangelhaft; 6 = ungenügend)

Anreise	Bademöglichkeiten	Freiheit
Unterbringung	Atmosphäre	Regeln
Sanitäre Anlagen	Organisation	Urlaubsland
Naturerlebnis	Essen	Wetter
Gruppenaktivitäten	Spaß	Landschaft
Sport	Betreuer	Gesamturteil
Programm	Gruppe	

Fragen zum Ankreuzen

Im Folgenden findest Du Aussagen zu verschiedenen Themen.
Bitte kreuze jeweils an, wie sehr diese Aussage Deiner Meinung nach zutrifft.
Beispiel:
Du findest, Du hast eher zu wenig von dem Land, in dem Du warst, gesehen - dann kreuzt Du so an:
(trifft gar nicht zu / trifft nicht zu / trifft eher nicht zu / weder noch / trifft eher zu / trifft zu / trifft voll zu)

Ich habe viel vom Gastland gesehen. ☐ ☐ ☒ ☐ ☐ ☐ ☐

J01: Ich habe bei dieser Freizeit neue Freunde gefunden. .... ☐ ☐ ☐ ☐ ☐ ☐ ☐ 206

J02: Ich habe mich erholt und hatte Zeit zum Relaxen. .... ☐ ☐ ☐ ☐ ☐ ☐ ☐ 034

J03: Wir Teilnehmer hatten die Möglichkeit, das Programm der Freizeit mitzugestalten. .... ☐ ☐ ☐ ☐ ☐ ☐ ☐ 074

J04: Ich habe neue Seiten und Fähigkeiten bei mir entdeckt. .... ☐ ☐ ☐ ☐ ☐ ☐ ☐ 094

3. Anwendung und Nutzen

Alle Materialien für die eigene Evaluation liegen auf der genannten CD-ROM vor, zusätzliche Informationen gibt es unter www.freizeitenevaluation.de. Die Durchführung der Evaluation erfolgt in zwei Schritten:

1) Fragebögen werden von den Befragten anonym in einen Umschlag gesteckt und von der Leitung mit nach Hause genommen.
2) Die Auswertung erfolgt mit dem einfach zu bedienenden Statistikprogramm „GrafStat", das von der Bundeszentrale für politische Bildung entwickelt und bereitgestellt wurde. Die Antworten der Jugendlichen werden als Zahlen in die Datenmaske eingegeben (Abbildung 5) – den Rest erledigt GrafStat automatisch. Die Nutzerin erhält so auf Knopfdruck Daten, Grafiken und Mittelwerttabellen für viele Bereiche der Freizeit. Erfragt werden unter anderem soziodemografische Daten (beispielsweise Alter und Schulart), Zufriedenheitsbewertungen (Anreise, Essen, Regeln usw.) sowie die Antworten zu zentralen Aussagen wie „Wir Teilnehmer hatten die Möglichkeit, das Programm der Freizeit mitzugestalten" (vgl. Abbildung 6).

Um übergeordnete Auswertungen weiterhin zu ermöglichen, sind alle Träger aufgerufen, ihre Daten nach der Eingabe per E-Mail an die wissenschaftliche Leitung der Evaluationsprojekte zu senden, wo diese anonymisiert gesammelt und systematisch ausgewertet werden können. Als Dank dafür bekommen die Veranstalter kostenlos Profilgrafiken, aus denen sie Stärken- und Schwächen ihrer Freizeit/Begegnung ablesen können.[3]

---

[3] Alle Schritte auf dem Weg zur eigenen Freizeitenevaluation sind in einer ausführlichen Anleitung erläutert, die sich ebenfalls auf der CD befindet.

Methodik und ausgewählte Ergebnisse der Evaluation von Gruppenfahrten

Abbildung 5: Dateneingabe in GrafStat

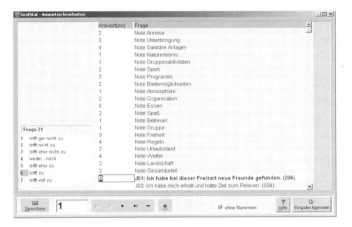

Abbildung 6: Beispiel-Ergebnisgrafik in GrafStat

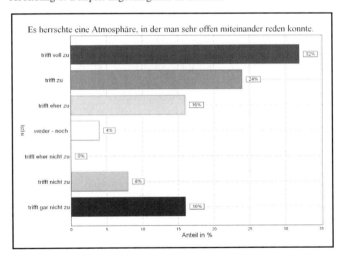

4. Exemplarische Ergebnisse aus der Grundlagenstudie zur Nachhaltigkeit von Freizeitwirkungen

Die Daten aus den beiden Grundlagenstudien im Sommer 2005 bieten einen detaillierten Einblick in die Erlebniswelt von Jugendfreizeiten und Jugendbegegnungen aus der Perspektive Jugendlicher. Aus der Fülle des Datenmaterials werden im Folgenden nur einige Erkenntnisse zur Nachhaltigkeit von Freizeiteffekten dargestellt – exemplarisch am Thema „Gesundheitslernen".

In den Fragebögen am Ende der Freizeit waren einige Aussagen enthalten, in denen die Jugendlichen prognostische Selbsteinschätzungen abgeben sollten, inwiefern ihr Alltagsleben sich aufgrund der bei der Freizeit gemachten Erfahrungen ändern würde. Aufgrund der Kooperation mit dem Projekt GUT DRAUF betrafen einige Items auch die Bereiche Bewegung, Entspannung und Ernährung. Diese Aussagen können über Korrelationsrechnungen mit den Aussagen aus der Nachbefragung in Zusammenhang gebracht werden, um zu überprüfen, inwiefern die Absichten verhaltenswirksam wurden. Je höher die Korrelationen zwischen Absichtserklärung (Hauptbefragung) und berichteter Umsetzung (Nachbefragung drei Monate später) sind, desto eher ist der Transfer in den Alltag gelungen.

Abbildung 7: Zusammenhang von Absicht und berichteter Umsetzung auf Ebene der Teilnehmer

		N104: Ich habe aufgrund der Freizeit einige Dinge in meinem Leben verändert.			Summe:
		Nein (1,2,3)	weder - noch (4)	Ja (5,6,7)	
T102: Ich habe mir vorgenommen, einige Dinge in meinem Leben nach dieser Freizeit zu verändern.	Nein (1,2,3)	28 %	6 %	3 %	37 %
	weder - noch (4)	10 %	6 %	4 %	19 %
	Ja (5,6,7)	13 %	10 %	20 %	43 %
Summe:		51 %	22 %	27 %	100 %

Die Aussage T102 „Ich habe mir vorgenommen, einige Dinge in meinem Leben nach dieser Freizeit zu verändern" korreliert mit der Aussage aus der Nachbefragung N104: „Ich habe aufgrund der Freizeit einige Dinge in meinem Leben verändert" zu r=0,51** (N=134). Wer also am Ende der Freizeit mit „guten Vorsätzen"

Methodik und ausgewählte Ergebnisse der Evaluation von Gruppenfahrten

in den Alltag geht, vergisst diese nicht etwa gleich wieder. Vielmehr ergibt sich ein deutlicher Zusammenhang mit den in der Nachbefragung berichteten Änderungen im Lebensstil. Abbildung 7 verdeutlicht den Zusammenhang bezüglich der Verteilung der Teilnehmerantworten: Zwar kann ein Teil derjenigen, die sich am Freizeitende Änderungen vorgenommen haben, drei Monate später nicht über solche Änderungen berichten. Knapp die Hälfte derjenigen mit gutem Vorsatz macht aber wahr, was sie sich vorgenommen hat.

Ob eine Freizeit zu Lebensstiländerungen führt oder nicht, hängt in hohem Maße von der Art der Freizeit ab. Eine Freizeit, an deren Ende viele Jugendliche der Aussage T102 zustimmen, kommt auch in der Nachbefragung auf deutlich höhere Werte zur Aussage N104. Grafisch lässt sich dieser Zusammenhang über die Durchschnittswerte der zwölf Freizeiten darstellen, die in die Nachbefragung der bundesweiten Studie 2005 einbezogen waren.

Abbildung 8: Korrelation zwischen Absicht und Wirkung auf Ebene der Freizeitmittelwerte: Die Freizeitmittelwerte korrelieren zu r=0,83** (N=12 Freizeiten mit 134 Befragten).

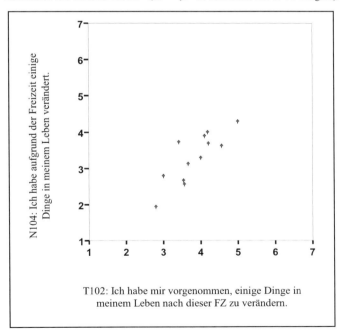

Abbildung 8 zeigt die bivariate Verteilung der Freizeitmittelwerte für beide Aussagen. Während bei einigen Freizeiten die Zustimmung der TeilnehmerInnen zur Aussage T102 auf der 7-stufigen Skala ganz im unteren Bereich bleibt, gibt es etliche Freizeiten mit Mittelwerten zwischen 4 und 5. Diese Freizeiten sind es dann auch, deren TeilnehmerInnen in der Nachbefragung die höchsten Bewertungen zur Aussage N104 abgeben. Die Selbstauskunft der Jugendlichen am Ende der Freizeit erweist sich damit als guter Prädiktor dafür, inwieweit die TeilnehmerInnen drei Monate später ihren Lebensstil verändert haben.

Abbildung 9 stellt den Zusammenhang für den Bereich „körperliche Aktivität" wiederum grafisch auf Ebene der Freizeitmittelwerte dar. Der Zusammenhang zwischen körperlicher Aktivität bei der Freizeit und mittelfristig verändertem Aktivitätsniveau im Alltag erweist sich als überraschend hoch. Die beiden Freizeiten mit den höchsten Werten sind die Freizeiten, die beim Programm GUT DRAUF beteiligt waren. Freizeiten scheinen in der Tat ein geeignetes Setting zu bieten, um Lebensgewohnheiten von Jugendlichen gezielt zu beeinflussen und diese nachhaltig zu verändern – wie hier für das Beispiel „körperliche Aktivierung" gilt das auch für andere Bereiche.

Abbildung 9: Korrelation „körperliche Aktivität" auf Ebene der Freizeitmittelwerte. Die Freizeitmittelwerte korrelieren zu r=0,79** (N=12 Freizeiten mit 133 Befragten).

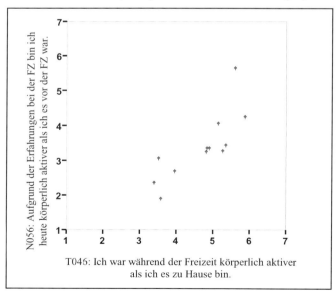

Methodik und ausgewählte Ergebnisse der Evaluation von Gruppenfahrten   275

5. Ausblick

Bereits ein Vierteljahr nach Erscheinen der CD „Jugend und Europa" im Frühjahr 2007 musste ein Nachdruck in Auftrag gegeben werden – die CDs erfreuen sich großer Beliebtheit quer durch die Veranstalterpalette. In Verbindung mit den IJAB/transfer-Trainingsseminaren zu Evaluation und Qualitätsmanagement gibt es bereits Projekte zur Weiterentwicklung des Verfahrens. Dabei sind insbesondere multinationale Begegnungen/ Workcamps, Klassenfahrten, Kinderfreizeiten sowie Fahrten mit besonderen Schwerpunkten, bspw. im Bereich politischer Bildung oder des Sports im Blick[4]. Die Modulbauweise der Freizeitenevaluation ermöglicht die Erweiterung auf solche spezifischen Zuschnitte.

Die Zusammenarbeit zwischen verschiedenen Institutionen in der Entwicklung des Evaluationssystems gelang beispielhaft – auch die enge Kooperation zwischen den Feldern „Jugendreisen" und „internationale Jugendbegegnungen" erwies sich als hilfreich. Durch viele gleich formulierte Fragen in den Bögen beider Evaluationssysteme wird nun erstmals der Vergleich von Effekten dieser unterschiedlichen Gruppenreise-Typen ermöglicht.

Damit die Evaluation im „Do-it-yourself-Verfahren" nicht unter der Hand als Kontrollinstrument, bspw. in Verbindung mit Kürzungsandrohungen von Zuschussleistungen, missbraucht werden kann, haben die Beiräte sowohl im Bereich Freizeiten als auch im Bereich internationale Jugendbegegnungen eine Art Ethik-Code verabschiedet:

Grundsätze für das Instrument zur Evaluation Internationaler Jugendbegegnungen / bzw. zur bundesweiten Freizeitenevaluation

- Ziel ist, jedem Träger / Veranstalter möglichst einfach und günstig die Selbst-Evaluation zu ermöglichen.
- Das Evaluations-Instrument wird ausschließlich zur Qualitätsentwicklung und nicht als „Überwachungsinstrument" verwendet.
- Wer mit den Daten arbeitet, verpflichtet sich zum vertraulichen Umgang damit. Die Anonymität bleibt auf allen Ebenen gewährleistet.
- Die Daten der einzelnen Träger / Veranstalter sollen laufend gesammelt und zusammengeführt werden.
- Die Kenntnisnahme und Auswertung der Daten ist offen und selbstkritisch.
- Die Bewertung und Interpretation erfolgt in Zusammenarbeit mit den Beteiligten.

---

4   Interessierte Träger sind eingeladen, sich mit der Projektleitung in Verbindung zu setzen und werden mit entsprechenden Arbeitsgruppen auf Wunsch in Kontakt gebracht.

- Eine Weiterentwicklung des Instruments ist wünschenswert, allerdings nur mit den gesetzten wissenschaftlichen Standards.
- Wer das Evaluations-Instrument einsetzt, sorgt innerhalb seines Zuständigkeitsbereichs für eine transparente Umsetzung und Einhaltung dieser Grundsätze.
- Das Copyright für das entwickelte Instrumentarium liegt ...
  – für die Evaluation Internationaler Jugendbegegnungen: ... gemeinsam bei DFJW, DPJW, BKJ und dem Projekt Freizeitenevaluation.
  – für die bundesweite Freizeitenevaluation: ... gemeinsam beim Kreuznacher Beirat und dem Projekt Freizeitenevaluation (siehe:www.freizeitenevaluation.de /bundesweit.htm)

Diese Grundsätze wurden jeweils einstimmig verabschiedet

- von der Steuerungsgruppe des internationalen Evaluationsprojekts: im Februar 2006 in Warschau,
- vom Kreuznacher Beirat: im September 2006 in Bad Kreuznach.

Die Diskussion darüber, welche jugendpolitischen Konsequenzen zu ziehen sind, steckt noch ganz in den Anfängen. Ebenso steht die Veröffentlichung der Ergebnisse aus den Grundlagenstudien 2005 noch aus – eine dreisprachige Buchpublikation über die Daten der internationalen Pilotstudie ist derzeit in Vorbereitung. Viele der Daten belegen sowohl für den Bereich des Jugendreisens als auch für internationale Jugendbegegnungen die hohe Prägekraft solcher Gruppenfahrten für die beteiligten Jugendlichen. Angesichts der oft vernachlässigten Wahrnehmung des Jugendreisens in politischen Kontexten könnte dies eine Wende markieren. Mit den Daten der Freizeitenevaluation können sowohl Jugendreisen/ Jugendfreizeiten als auch internationale Jugendbegegnungen ihre pädagogische Wirksamkeit selbstbewusst darstellen. Dies wird umso besser gelingen, je mehr Träger durch Einsendung ihrer Ergebnisse dazu beitragen, dass kontinuierlich die Daten aus dem Arbeitsfeld für die Fachöffentlichkeit zugänglich gemacht werden. Mit harten Daten ist eben doch mehr Politik zu machen als mit nostalgischen Erinnerungsrunden früherer TeilnehmerInnen – auch wenn Letzteres zugegebenermaßen genauso unverzichtbar sein dürfte.[5]

---

5 Material-Hinweise: Unter www.freizeitenevaluation.de finden sich aktuelle Informationen sowie Materialien zum Download. Auf dieser Internetseite kann man auch die CD „Jugend und Europa" bestellen. Die Fragebögen und das Programm GrafStat sind auf der CD in Deutsch, Englisch, Französisch und Polnisch enthalten. Der Versand erfolgt mit Rechnung über 4 Euro (inkl. Porto).

Literatur

Bedke, A./ Ilg, W. (2006). Verknüpfungen schaffen – Ergebnisse einer empirischen Studie. In: Großer, A./ Schlenker-Gutbrod, K.: Verknüpfen. Jugend- und Konfirmandenarbeit, Aktivgruppen gründen, Freizeit- und Gruppenarbeit. Stuttgart, S. 182-202.

Bundeszentrale für politische Bildung (2007): CD „Jugend und Europa": Software und Materialien für Befragungen. Bonn

Friesenhahn, G. J. / Thimmel, A. (2005) (Hrsg.): Schlüsseltexte. Engagement und Kompetenz in der internationalen Jugendarbeit. Schwalbach/ Ts.

Ilg, W. (2005). Freizeiten auswerten – Perspektiven gewinnen. Grundlagen, Ergebnisse und Anleitung zur Evaluation von Jugendreisen im Evangelischen Jugendwerk in Württemberg. 2 durchges. Aufl. Bielefelder Jugendreiseschriften Band 7. Bremen

Ilg, W./ Krebs, R./ Weingardt, M. (2007): Jugendgruppenarbeit – Auslaufmodell oder Zukunft der außerschulischen Jugendbildung? Ergebnisse aus empirischen Studien. In: deutsche jugend, 55 Jg., 2007 (4), S. 155-161.

Ilg, W./ Weingardt, M. (2007) (Hrsg.): Übergänge in der Bildungsarbeit mit Jugendlichen. Empirische Studien zu den Nahtstellen von Jugendarbeit, Schule und Freizeit. Weinheim u. München

Porwol, B. (2001): Qualität im Jugendtourismus – die zentrale Bedeutung der Kundenzufriedenheit; eine empirische Untersuchung. Bielefeld

Teil III

Konzeptionelle, analytische und reflektierende Kommentare

Marc Schulz

Evaluation als praktische Haltung in der Kinder- und Jugendarbeit

Innerhalb der letzten Jahre wurde der Jugendarbeit gerade im Kontext der Bildungsdebatte immer häufiger die Frage gestellt, was – jenseits ihrer programmatischen Ansprüche, Wunsch- und Zielvorstellungen – die tatsächliche Wirkung in ihrer täglichen Arbeit sei. So muss sie nachweisen können, ob und wie sie sich in ihrer sozialräumlichen Verortung faktisch an den Bedürfnissen und Themen der Jugendlichen orientiert. Das Ermöglichen von elementaren Erfahrungen wie „Teilhabe und Verantwortung", „Wirksamkeit des eigenen Handelns", „Aneignung und Gestaltung von Räumen" oder die erfolgreiche „Lebensbewältigung" (vgl. Rauschenbach u.a. 2004, S. 24f.) soll demnach nicht nur als Leistungsziel, sondern als Effekt der Arbeit dargestellt werden. Zugleich wurden durch Projekte wie WANJA (2000) oder das von Hiltrud von Spiegel (2000) ausdifferenzierte und feingliedrige Konzepte in Form von Checklisten und Arbeitshilfen vorgestellt, wie sich die Strukturen, Prozesse und Ergebnisse der Offenen Jugendarbeit operationalisieren und evaluieren lassen.

So hilfreich diese Handreichungen sind, so sind die Effekte mancher Evaluationsanleitungen in ihrer Praxisanwendung kontraproduktiv. Da sie mancherorts zur Quantifizierung, Formalisierung und Verknappung des Berichtswesens führen, werden sie von ihren Anwendern als mechanistisch und statisch empfunden. Jedenfalls sind ähnliche Rückmeldungen immer wieder aus der Praxis zu hören: Eine Jugendarbeiterin berichtete beispielsweise in einem Gespräch über ihre Erfahrungen mit Evaluationsinstrumenten, dass damit Qualitätskriterien abgearbeitet würden. Dadurch ginge die Vielschichtigkeit des pädagogischen Alltags verloren und die schriftlich fixierten Ergebnisse wirkten letztendlich „blutleer". Das Verschwinden dieser Vielschichtigkeit der pädagogischen Praxis brachte eine Jugendarbeiterin im Rahmen einer Fortbildung anders auf den Punkt: Selbst wenn sie die Wirkungen genau beschreiben und darstellen wollte, gäbe es in den von ihr auszufüllenden Formularen keinen Platz. Dieses Unbehagen der pädagogischen Fachkräfte gegenüber den vorliegenden Evaluationsinstrumenten muss ernst genommen werden, nach Lösungen zu suchen, welche die Vielschichtigkeit der Jugendarbeit angemessen evaluieren kann.

Zugleich lässt sich, vielleicht auch als Antwort auf die oben beschriebenen Lücken, ein vermehrtes Interesse an ethnographischen Forschungsansätzen als „verstehende" Ansätze innerhalb der Jugendarbeit feststellen. Diese Zugänge werden sowohl als *Forschungszugang* wie auch als *berufliche Haltung* programmatisch diskutiert. Sie erscheinen als Chance zur Lösung des Theorie-Praxis-Dilemmas und zur Optimierung lebenswelt- und sozialraumorientierter Arbeit. Jedoch liegen bislang kaum Materialien vor, wie diese ethnographischen Ansätze für die Handlungspraxis transformiert werden können. Denn mit dem schlichten Hinweis, dass der pädagogische Blick nur einfach verfremdet werden sollte, um im eigenen Arbeitsfeld etwas anderes sehen zu können, ist niemandem geholfen. Daher sollen hier besonders vor dem Hintergrund neuer Forschungsergebnisse und Fortbildungserfahrungen die Möglichkeiten der Ethnographie als beruflicher Haltung und als Selbstevaluationsinstrumentarium für die individuelle und einrichtungsbezogene Reflexion näher vorgestellt werden.

1. Ethnographie als Forschungszugang

Als sozialwissenschaftliche Erhebungsmethode ist Ethnographie darauf spezialisiert, kulturelle Praxen von sozialen Gruppen in ihrer Umgebung zu beschreiben und ihre Sinnzusammenhänge aus der Perspektive der handelnden Akteure – dem „native point of view" – zu entschlüsseln. Es geht also nicht um die Rekonstruktion einzelner personaler Fälle, wie sie in der sozialpädagogischen Kasuistik praktiziert werden, sondern um die soziale Situation. Das zentrale Instrument der Ethnographie ist die teilnehmende Beobachtung: Die Forschenden begeben sich ins Feld und nehmen an den Feldaktivitäten teil. Dabei gibt es verschiedene Grade der Beteiligung am Feldgeschehen: Vom eher passiven „hanging around" bis hin zur beobachtenden Teilnahme. Diese Beobachtungen können durch Befragungen der Feldteilnehmenden oder mediale Aufzeichnungsverfahren ergänzt werden. Wichtig ist dabei, dass die Beobachtenden nicht nur die Situation selbst, die sie beobachten, beschreiben, sondern dass sie genau so mit aufzeichnen, wie sie selbst als Teil der Situation jene miterleben. Diese Teilnahme der Forschenden stellt die Grundlage dafür da, lebensweltliche Informationen zu sammeln, den Situationssinn zu rekonstruieren und eine existentielle Innensicht zu erlangen (vgl. dazu Hirschauer/Amann 1997).

Für die Jugendarbeit erweist sich diese radikale Subjektperspektive, so zeigt es exemplarisch die jugendarbeiterische Bildungsdebatte, als entscheidend für ihre Legitimation: Während das Verständnis von gesellschaftlicher Kontextsensibilität

(Böhnisch/ Münchmeier 1987) in der Fachdiskussion auf breiter Front aufgegriffen wurde und die Konzepte von Jugendarbeit entsprechend unterfütterte, fehlte bislang weitgehend ein vergleichbares Konzept für die alltäglichen Praxen, also die Mikroebene der Jugendarbeit (vgl. Müller/Schulz 2007). Bereits in den ersten programmatischen Überlegungen zum Stellenwert der Ethnographie in der Jugendarbeit (Lindner 2000) wurde darauf verwiesen, dass das jugendliche Subjekt und dessen Praxen radikal im Vordergrund stehen müssen. Erst dieses Beobachten und dessen Verstehen ermögliche, so der fachliche Grundtenor, einen Zugang zu jugendlichen Lebenswelten. Notwendig sei daher vermehrt eine gezielte pädagogische Ethnographie, die nicht nur die jugendkulturellen Praxen betrachtet, sondern auch die intergenerativen Interaktionen. Die Ethnographie kann helfen, auf der Mikroebene das berufliche Handeln und die spezifischen Interaktionen zwischen Fachkräften und Jugendlichen an diesem institutionellen Ort oder auch anderen pädagogischen Orten lebensweltnah explizit zu untersuchen. So arbeiten und arbeiteten einzelne aktuelle Jugendarbeitsstudien mit ethnographischen Feldmaterial, um Konstitutionsbedingungen der Jugendarbeit (Cloos/ Köngeter/ Müller/ Thole 2007), Genderinszenierungen (Rose/ Schulz 2007), informelle Bildungsgelegenheiten (Delmas/ Scherr 2005, Müller/ Schmidt/ Schulz 2005) oder die Mikrostrukturen einer Einrichtung zu rekonstruieren (Küster 2003). Diese können zugleich als Beispiele gelesen werden, wie mit einem ethnographischen Zugang exemplarische Ausschnitte des pädagogischen Alltags dokumentiert und als Basis für Selbstevaluationsprozesse analysiert werden können.

2. *Ethnographie als berufliche Haltung.* Kompetenz des genauen Wahrnehmens

Seit Beginn der Ethnographiedebatten in der Jugendforschung wurde gleichfalls darüber diskutiert, inwiefern die ethnographische Haltung als Evaluationsinstrument in der jugendarbeiterischen Handlungspraxis angewendet werden kann: Zum einen als eine empirisch fundierte Außendarstellung der jeweiligen Qualitäten, zum anderen intern als Reflexionsinstrument für die Strukturen, Prozesse und Ergebnisse. Denn die neueren Studien stellen nicht nur fest, dass Jugendarbeit reich an förderlichen Strukturbedingungen ist, sondern dass zugleich die pädagogische Nutzung dieser Strukturbedingungen von der Qualität des pädagogischen Blicks abhängt. Die Voraussetzung für ein mögliches Gelingen aller jugendarbeiterischen Konzepte ist, dass pädagogische Fachkräfte „genau (…) wahrnehmen können, was Kinder und Jugendliche im Feld der Jugendarbeit tun" (Müller/ Schmidt/ Schulz

2005, S. 32). Die Qualität dieses Blicks als Selbstevaluationsinstrument besteht darüber hinaus nicht nur in der Fremdbeobachtung und -beschreibung, also dessen, was Jugendliche im Arbeitsfeld tun, sondern auch in der Selbstbeobachtung und -beschreibung, d.h. das, was pädagogische Fachkräfte tun, wenn Jugendliche etwas tun. Die dafür notwendige Haltung seitens der Fachkräfte ist die der immer wieder neuen Selbstdistanzierung vom Feld, um gleichsam mit einem fremden und neugierig-forschenden Blick die verschiedenen Ebenen der Interaktionen entdecken zu können (vgl. Anregungen zur Methodisierbarkeit bei Müller/Schulz 2007). Erst diese Herstellung der „Distanz zwischen Darsteller und dargestellten Person schafft Raum für den Kommentar" (Schechner 1990, S. 17).

So viel versprechend dieser ethnographische Blick ist, so gilt doch zu beachten, dass bei aller Euphorie der externe Forschungsblick nicht ohne Weiteres von den Fachkräften selbst realisierbar ist. Während beide, sowohl die Forschenden als auch die Fachkräfte, an der Kultivierung ihres Blicks und der Ausgestaltung ihrer teilnehmenden Beobachtung arbeiten müssen, um das Alltägliche und Gewöhnliche wieder entdecken zu können, unterscheiden sie sich doch grundsätzlich in ihrem Auftrag und in der Haltung zum Feld. Fachkräfte müssen im Gegensatz zum Feldforscher eine zum eigenen Feld beobachtende Distanz immer wieder herstellen, um ihre pädagogischen Aufgaben auf den Prüfstand zu stellen und gegebenenfalls aktualisieren zu können. Dies ist im Gegensatz zu externen Beobachtern insofern schwieriger, da die Routinisierung der Abläufe notwendig für die Handlungsfähigkeit der Fachkräfte ist und dabei aber die beobachtende Distanz erschwert. PädagogInnen sind in ihren Berufsrollen immer auch Teil dieses zu beobachtenden Feldes und stehen dadurch, im Gegensatz zu den externen Forschenden, auch unter Handlungsdruck. Fachkräfte müssen sowohl situativ, rückblickend und im Blick auf längerfristige Perspektiven in den Arbeitsbeziehungen angemessen handeln, auch wenn sie mit den Blickwechseln arbeiten. Dahingegen sind die Arbeitsbündnisse der Forschenden, da sie sich nur zeitlich begrenzt im Feld aufhalten, kürzer und auf wissenschaftliches Erkenntnisinteresse bezogen.

Diese Kultur des Beobachtens und sich Gegenseitig-Erzählens ist in den Teamkulturen der Fachpraxis bereits etabliert und wird als Informations- und Auswertungsinstrument genutzt, um Angebote oder etwaige Hilfeleistungen zu optimieren. Diese fachlichen Kompetenzen können dennoch verfeinert werden. Der doppelte Blick als „befremdende" Zugangsmöglichkeit zum eigenen Arbeitsfeld kann so die Selbstevaluation der eigenen Angebote ermöglichen, um diese nicht nur auf der Inhalts-, sondern auch auf der Bedeutungsebene zu erfassen. Für die Tradierung einer organisationalen Reflexionskultur ist jedoch eine schriftliche Dokumentation notwendig.

3. Tradition des Geschichten-Erzählens

Für eine Evaluation, die sich nicht nur als eine forschende Haltung, sondern gleichfalls als lernender Feldzugang versteht (vgl. Wolff/ Scheffer 2003), ist jedoch nicht nur eine Kultivierung der Wahrnehmung, sondern auch die der Beschreibung und Dokumentation für weitere Reflexionsschritte notwendig. Ein weiterer Schritt zur Herstellung von Distanz ist daher die „Entäußerung" der Beobachtung durch die Verschriftlichung. Prinzipiell ist die reflexive und verschriftlichte Erzählung des beobachteten pädagogischen Alltags nichts radikal Neues: Ernst-Uwe Küster hat in seiner Studie „Fremdheit und Anerkennung" (2003) nachgezeichnet, dass es bis in die 1970er Jahre zurückgehend eine Vielzahl an Beschreibungen des pädagogischen Alltags gibt, die dann fachlich reflektiert wurden (vgl. ebd., S. 27). Dennoch ist die pädagogisch-reflexive Erzählung der Alltagspraxen nach wie vor in der pädagogischen Berufskultur nicht systematisiert und stellt gleichfalls keine gängige Praxis dar. So verwiesen Sabine Ader und Remi Storck (2000) auf die Praxisfremdheit gegenüber einer konzeptionellen pädagogischen Schreibkultur (vgl. ebd., S. 117f.). Diese fehlende Beschreibungsroutinen lassen sich auch in anderen Kontexten beobachten: Die ersten Texte sind anfänglich oftmals „dünne Beschreibungen" (vgl. Geertz 1983, S. 11f.), die oberflächlich beobachtete und lückenhafte Situationsbeschreibungen mit impliziten Interpretationen verbinden und den Beschreibenden als interpretierenden Beobachter hinter dem Text gleichsam verschwinden lassen. Die ethnographischen Beschreibungen unterscheiden sich grundsätzlich von den im pädagogischen Bereich bekannten ergebnisorientierten Berichtswesen, wie Jahres- oder Projektberichten: Als „dichte Beschreibungen" (Geertz 1983) sind sie bereits Interpretationen der erlebten Situationen. Entscheidender Unterschied zu den pädagogischen Fallgeschichten ist jedoch, dass sie weniger personen- und dabei fallbezogen arbeiten, sondern vielmehr soziale Situationen beschreiben. Diese lassen nicht nur Reflexionen über die im Text auftretenden Personen zu, sondern sind vor allem Rekonstruktionen sozialer Situationen und als eigene Textkonstruktionen auch als implizite Selbstauskunft über die eigenen subjektiven Bilder, Konstrukte und Vorstellungen des Arbeitsfeldes zu lesen.

In komplexen, irritierenden oder konflikthaften Situationen, in denen die Fachkräfte zudem selbst noch verstrickt sind, reduzieren und kanalisieren diese selbstreflexive Beobachtungen, verwechseln gleichsam „innere" und „äußere" Bilder, Beschreibungs- mit Interpretationsebenen – so zeigen es jedenfalls die Erfahrungen bisheriger Fortbildungen. Die folgende Workshopsituation ist ein Beispiel dafür, wie zentral die Erarbeitung und im Idealfall vollständige Ausformulierung des

Beobachtungstexts als Arbeitsgrundlage ist, um diese Verwechslungen thematisieren zu können.

Praxisbeispiel eines Blickwechsels
Anhand eines Beispiels aus einer Schreibwerkstatt will ich die gemeinsame Annäherung an die ethnographische Haltung darstellen. Ausgangspunkt war die Beschreibung einer konkreten Situation aus dem pädagogischen Arbeitsalltag, die im Rahmen des Workshops schriftlich dokumentiert werden sollte. So beschrieb eine erfahrene Jugendarbeiterin in ihrem Text ihre Idee eines „Sinne-Nachmittags" mit dem Wirkungsziel der jugendlichen Geschmacks- und Sinnesverfeinerung.[1] Ihre Beobachtung war, dass die Jugendlichen, die ihre Einrichtung besuchen, kaum mehr wüssten, wie eine Frucht frisch aus dem Garten schmecke. Dies hätte sie unter anderem mehrfach bei Kochaktionen beobachtet. Sie sah darin einen Bedarf für ein pädagogisches Angebot. So hatte sie aus ihrem eigenen Garten Pfirsiche mitgebracht, die sie, wie sie selbst sagte, „mühevoll gezüchtet" habe. Als die Früchte auf dem großen Tisch des offenen Bereichs lagen, haben einige Jugendliche nach den Pfirsichen gefragt. Sie erklärte ihnen, dass sie diese aus ihrem Garten mitgebracht hätte und diese zum Essen da wären. Plötzlich seien alle „darüber hergefallen und haben ratzfatz alles weg gefressen", so die Pädagogin, und sie habe nicht einmal Zeit gehabt, „Piep!" zu sagen. Danach seien alle davon gelaufen. Für sie war der Tag „gegessen" und ihre Idee vorerst gestorben. Die darauf folgende Thematisierung im Team stabilisierte das implizite Erklärungsmuster von Jugendlichen als gierige und undisziplinierte Raupen, die über alles Essbare herfallen: Ernüchtert stellte das Team fest, dass das Ziel des Angebots eine gut gemeinte Vorstellung war, aber das Angebot der Sinnesschule zu hoch angesetzt hätte, da den Jugendlichen entsprechende basale Vorraussetzungen dafür fehlten. Das Ergebnis ihrer Teamevaluation war, dass die Vermittlung der fehlenden Basics der eigentliche pädagogische Ansatzpunkt sein müsse. Es wiederholt sich auch hier ein grundlegendes Deutungsparadigma der Jugendarbeit: Nicht das Angebot, das pädagogische Setting oder die Fachkräfte selbst sind für das Scheitern verantwortlich zu machen, sondern allein die Jugendlichen selbst.

Nach der Vorstellung des Textes in der Workshopgruppe reproduzierte sich in der anschließenden Interpretation die Frustration über das in den Augen der Pädagogin gescheiterte Angebot und die Erklärungsmuster für das jugendliche Verhalten: Diese Jugendlichen verhielten sich einerseits unzivilisiert und futterneidisch,

---

1 Da die in den Workshops erarbeiteten Erzählungen nicht zur Publikation bestimmt und diese gleichfalls nicht anonymisiert sind, werden hier nur Ausschnitte aus dem Text wiedergegeben.

hätten keinen Anstand und seien gierig; andere mutmaßten, dass die Jugendlichen von Haus aus unterversorgt wären und deshalb großen Hunger hätten, oder dass die familiären Essensriten ähnliche wären und sie es eben einfach nicht anders kennen würden.

Die eigene tiefe emotionale Verstrickung der Pädagogin wurde zunächst nicht thematisiert, auch nicht die verschiedenen, zum Teil diskreditierenden Bilder, die die PädagogInnen selbst von den Jugendlichen entworfen hatten. Über die familiären Tischrituale sprechend fragte eine Fachkraft nach der Funktion und Position des Jugendhaustischs, da dies im Text nicht beschrieben sei. Dieser sei, so die Pädagogin, eher „verwaist", da er im Durchgang stehe und meistens säßen „nur wir", also sie und ihre KollegInnen, dort. Dies würde ihr erst jetzt, wenn sie danach gefragt würde, auffallen. In der weiteren mündlichen Erzählung zeichnete sie jedoch ein überaus dichtes und gut beobachtetes Bild zu den jugendlichen Nutzungspraxen der Einrichtungsräume und -zonen nach. Dies veränderte die weitere Diskussion von der personenzentrierten Interpretation weggehend hin zur Deutung der sozialen Situation. So wurde in der Diskussion der Tisch als räumliche, die Interaktion strukturierende Bedingung immer mehr als Erwachsenenort lokalisiert, an dem Jugendliche kaum eine „Aufenthaltsberechtigung" fänden, wenn sie nicht etwas zu fragen oder tun hätten. Zugleich fand eine weitere Kollegin ihre Bildsprache witzig, da sie die Pfirsiche vor den Gartenschädlingen bewahrt hätte und nun die „Jugendhausschädlinge" alles weg fräßen. Mit dieser Spiegelung konnte die Gruppe das Thema der „inneren" Bilder und Vorstellungen, die sie von Jugendlichen haben, artikulieren. Die Gruppe arbeitete anhand des Textes heraus, wo die Pädagogin implizite Unterstellungen und Zuschreibungen vorgenommen hatte, die dem Text dann die Möglichkeit einer vielschichtigen Interpretation nehmen.

Die in der Diskussion hergestellten Verknüpfungen zwischen personalen, thematischen und räumlichen Strukturen ermöglichten im Verlauf eine andere Blickweise, eine andere Qualität der Evaluation der eigenen Arbeit. Die Fachkräfte lösten sich von der anfänglich funktionalistischen Soll/ Ist-Vergleichsdarstellung, sondern produzierten im Rahmen ihrer kollegialen Beratung reflexive Schleifen einer genauer Selbst- und Fremdbeobachtung. So besehen ist die Grundhaltung des genauen Wahrnehmens ein konstitutives Merkmal einer gelingenden Jugendarbeitspraxis und – dies ist entscheidend – sie ist keine Frage einer individuellen Begabung, sondern als eine Herangehensweise erlernbar.

4. Ethnographische Blickschneisen. Die soziale Gestaltungskraft der Räumlichkeiten

Wie eingangs bereits beschrieben, können die ethnographischen Beobachtungen der Jugendarbeitsforschung als mögliche Blickschneisen für das eigene Praxisfeld gelesen und nachvollzogen werden. Im beschriebenen Workshopbeispiel verschob sich die Konzentration von der Beziehung zwischen Pädagogin und den „defizitären" Jugendlichen hin auf die materiell-räumlichen Rahmenbedingungen der „misslungenen" pädagogischen Situation. Die sozialen Wirkungen der Lokalität – in diesem Fall des Tischs – zu begreifen, verweist auf eine bislang wenig beachtete Realität: die enge Kopplung von Räumen und Interaktionen. Das, was in den Zonen der Jugendarbeit als Ereignis inszeniert wird, ist stark durch die Eigengesetzlichkeit der performativ hergestellten sozialen Räume bestimmt (Rose/ Schulz 2007).

Die einzelnen Jugendarbeitsräume stellen keine inhaltsleeren Container dar, in denen vorrausetzungslos und beliebig alles stattfinden kann. Vielmehr sind Orte wie Billardtische, SingStar-Konsolen, Theken, Tischtennisplatten, Tanzflächen, Küchen oder Computerplätze selbst materiell geronnene soziale Gestaltungen, die das, was in ihnen vollführt wird, vorformen, beeinflussen, begrenzen und mit spezifischen Sinnhaftigkeiten unterlegen, ohne jedoch statisch zu sein. Die jugendlichen Interaktionen haben, je nach Ort, verschiedene Gestalten und Prozessdynamiken, die nicht unbedingt in gleicher Weise an anderen Orten so existieren. Raumstrukturen und -ausstattung und sachliche Funktionszuweisungen haben eine spezifische Kanalisierung der Nutzungsskripts zur Folge. Sie beinhalten „knowledge schemas" (Tannen/ Wallat 1987), die den Akteuren sagen, was an den Orten zu tun ist und was nicht: So gibt es Orte im Jugendhaus, an denen sich öffentlich-spektakuläre Aktionen häufen. Jugendliche inszenieren diese Aktionen, um damit aufzufallen und sich dabei von anderen zusehen zu lassen. Solche Räume sind vor allem der Offene Bereich und der Billardtisch. Jugendliche müssen diese Räume selbst mit Ereignissen füllen, ihn für sich und andere interessant und faszinierend machen. Diese schwach strukturierten Räume fordern unentwegt situative Bühnenstücke heraus und bieten den Anderen einen relativ unkomplizierten Einstieg in eventuelle Co-Akteursrollen an – genau deshalb werden sie vermutlich auch aufgesucht. Für die einen bieten sie den Reiz der Selbstdarstellung, für die anderen tragen sie das Versprechen in sich, dass hier Spannendes geschieht und zu beobachten ist.

Die Jugendarbeitsräume lassen sich von daher nach ihrer performativen Bühnenqualität unterscheiden: Es gibt Orte, an denen die Interaktionen körperlich aktiv-expressiver sind, wie z. B. am Billardtisch, und weniger aktiver, wie z. B. in der

Küche, auf dem Sofa oder am Tisch. Darüber hinaus sind Räume auszumachen, die hochgradig ritualisiert sind und andere, die sehr viel mehr Spielräume zu lassen, wie beispielsweise der Offene Bereich. Diese „knowledge schemas" der Orte begrenzen jedoch nicht nur, sondern sind Ansporn zu Umdeutungen: So werden öffentliche Plätze explizit als Bühnen für intime Aufführungen genutzt oder pädagogisch als harmlos eingestufte Bastelangebote von Jugendlichen so umgemodelt, dass jugendliche Grenzübertritte symbolisch möglich sind (vgl. ausführlich dazu Rose/ Schulz 2007).

Die Qualität des ethnographischen Blicks läge darin zu verstehen, welche Räume welche Dynamiken und Modifikationen erzeugen; welche Räume von den Fachkräften eng kontrolliert und reguliert sind und wo Generationenvermischungen üblich sind und in welchen Jugendlichen eher manchmal oder völlig unter sich sind, könnten leitende Beobachtungsfragen sein – ohne umgehend und reflexhaft diese Räume gleich pädagogisch okkupieren zu wollen. Für die Selbstevaluation ist es vielmehr wichtig zu zeigen, wie das Jugendhaus als pädagogische Institution feine Nuancen räumlicher Binnendifferenzierungen schafft und wie diese von den Jugendlichen und Fachkräften hergestellt werden. Die erwachsene und pädagogische Präsenz ist nämlich nicht allgegenwärtig – und muss auch nicht sein –, sondern gestaltet sich raumbezogen. Es gibt Schnittstellen wie Theke, Sofagruppen oder Küche, die intergenerative Sphären erzeugen, wie es auch separierende Räume gibt, in denen die Peers unter sich sind und in die sich die Fachkräfte tendenziell zurückziehen. Im Rahmen einer Selbstevaluation wäre somit der Frage nachzugehen, welche performativen Logiken die Räumlichkeiten aufweisen und welche Bedeutungen sie für die Jugendlichen einerseits und für die PädagogInnen andererseits entwickeln.

5. Pädagogische Fachkräfte zwischen Haupt- und Nebenrollen

Die Art der Interaktionen zwischen pädagogischen Fachkräften und Jugendlichen muss demnach immer kontextbezogen beschrieben und entschlüsselt werden. Die Rolle der pädagogischen Fachkraft als eine durchgängig zentrale Figur im Alltagsgeschäft der Jugendarbeit scheint sich, nach den neueren Studien zu urteilen, zunehmend zu relativieren (vgl. Cloos et al. 2007): Sie ist in vielen Interaktionen marginal, in wenigen dominant und zentral. Die Notwendigkeit der Jugendarbeit als „Ort alltäglicher, freiwilliger Umgangsverhältnisse der Generationen" (Hafeneger 1999, S. 338) scheint sich in einem Ort der Peergroup-Geselligkeit aufzulösen. Ähnliches erleben auch die Fachkräfte vor Ort: Es ist nichts Ungewöhnliches, wenn eine Pädagogin von einer Besucherin erzählt, die zu keinem von den Fachkräften einen „Draht" habe, obwohl sie schon seit Monaten käme. Vielmehr agiere dieses Mädchen nur in der eigenen Peergroup. Mit dieser Situation war die Fachkraft, wie sie im Gespräch berichtete, dennoch verunsichert und stellte folgende Fragen: Ist es denn nicht auch ein Qualitätskriterium guter Jugendarbeit, zu möglichst vielen BesucherInnen und Besuchern eine gute Beziehung zu haben? Und: Ist es die Ablehnung der dort arbeitenden Personen selbst oder die Ablehnung der Angebote? Innerhalb ihrer Teamreflexion fand sie keine befriedigende Antwort auf diese Fragestellung.

Nachvollziehen lassen sich diese Unsicherheiten, wenn sich Jugendarbeit selbst mit den institutionellen Rahmenbedingungen anderer pädagogischer Orte und deren Beziehungsarten vergleicht und nicht ihre eigenen Relationalität beachtet. Wie sehr der institutionelle Rahmen das Geschehen mit den jeweiligen Funktionsrollen vorstrukturiert, lässt sich kontrastierend am Rahmen der Schule verdeutlichen: Der schulische Unterricht hat die primäre Aufgabe, Lerninhalte zu vermitteln. Durch die institutionellen Rollenvorgaben werden die Beziehungen zwischen Schülern und Erwachsenen als jeweilige „Jobs" (vgl. Breidenstein 2006) definiert, die unter hoch ritualisierten Bedingungen die Aufgaben von Co-Akteurinnen und -Akteursrollen wahrnehmen (vgl. Wagner-Willi 2005). Diese klare Ritualisierung der intergenerativen Beziehung ist jedoch in der Jugendarbeit so nicht vorhanden. Diese Vergabe von „Jobs" ist nicht klar geregelt und kann deshalb auch auf pädagogischer Seite zu den oben beschriebenen Unsicherheiten führen. Jugendliche können, müssen aber nicht mit den dortigen Fachkräften und den anderen Besuchern in Beziehung treten, da der institutionelle Rahmen der Jugendarbeit nur minimale Anforderungen an ein Miteinander stellt. Es ist also nicht der „Job" von Jugendlichen in der Jugendarbeit, sich mit den dort anwesenden Erwachsenen oder anderen Jugendlichen in direkte Beziehung zu setzen. Gleichfalls entfaltet Jugendarbeit ihre Wirksamkeit darin, dass Erwachsene in bestimmten Räumlichkeiten an-, aber auch abwesend sind.

So wird für eine Evaluation der Beziehungsqualität nicht ausschließlich die quantifizierbare Kontaktdichte Parameter gelingender Praxis, sondern der Blick auf die Relationalität des Feldes: An welchen Orten und in welchen Situationen sind Erwachsene gefordert als AnsprechpartnerInnen, Mitspielende oder erwünschte Wächter über das Ganze; und wann werden sie explizit von Jugendlichen ausgeschlossen. Und: Wie stellen sich diese Kontakte und Nichtkontakte performativ her? Sich als PädagogIn nur darauf zurück zu ziehen, dass diese Kontakte einer Jugendarbeit als grundsätzlich freiwilliger Raum geschuldet sind, reicht als Evaluationsergebnis nicht aus. Viel mehr müsste kritisch nachgefragt werden, wie trotz dieser offenen Bedingungen Kontakte hergestellt werden können.

6. Fazit

Ethnographische Beobachtungen aus der Jugendarbeit – ob eigene oder auch die anderer – können als Grundlage für selbstevaluierende Reflexionsprozesse genutzt werden. Die Bemühungen, die fachlichen Kompetenzen der Fachkräfte mit dem ethnographischen Blicks zu erweitern und diesen weiter als Qualifizierungsinstrument zur kultivieren, müssen jedoch auch immer selbst Gegenstand der Reflexion sein. Denn der ethnographische Blick kann eine Kehrseite haben. Er kann zu der Vorstellung verleiten, dass durch möglichst genaues Beobachten der jugendlichen Handlungen die eigene pädagogische Arbeit zunehmend optimaler auf deren Bedürfnisse zugeschnitten werden kann und dies die pädagogische Arbeit von selbst verbessere. Implizit findet man diese Vorstellung der Optimierung des lebensweltlichen Verstehens auch in den verschiedenen Plädoyers für die ethnographische Haltung. Trotz dieser angemahnten Vorsicht ist die ethnographische Haltung als Kernkompetenz der Jugendarbeit fachlich notwendig, wenn es um das Verstehen sozialer Situation geht: Sie produziert elementare Perspektivenwechsel und Reflexionsschleifen, indem sie den Anfang im beobachteten Handeln sucht.

Für diese Reflexionsprozesse ist die Qualität der dichten Beschreibungen grundlegend: Clifford Geertz sah ihren Wert auch darin, dass sie „gigantischen Begriffen" (Geertz 1983, S. 33), mit der auch die Praxis der Jugendarbeit sich auseinandersetzt, „jene Feinfühligkeit und Aktualität verleihen kann, die man braucht, wenn man nicht nur realistisch und konkret über diese Begriffe, sondern – wichtiger noch – schöpferisch und einfallsreich mit ihnen denken will." (ebd., S. 33f.) So bleiben zentrale pädagogische Begriffe wie etwa Gender, Subjektorientierung oder Bildung, die den Fachkräften vor Ort manchmal als von außen zugewiesen und als Zumutung erscheinen, nicht nur abstrakt. Im Gegenteil, diese werden zu eigenen, im pädagogischen Alltag wahrnehmbaren Begriffen, mit denen gearbeitet werden kann – dies zeigen die Erfahrungen mit Fachkräften wie auch Studierenden. Ethnographisches Wahrnehmen und Beschreiben kann damit nicht nur mit anderen Evaluationskonzepten verschränkt werden, sondern mit der Selbstevaluation im Sinne von St. Wolff / Th. Scheffer (2003) auch die Organisation in ihren Zielvorgaben reflektieren: Jugendarbeit muss lernen, sich im Kontext der Selbstevaluationen beantwortbare und damit bescheidene Fragen zu stellen und Globalfragen, mit denen sie immer wieder überfrachtet wird und sich selbst überfrachtet, abzulehnen. Die Organisation lernt, dass Evaluationen nicht nur von außen gesetzte Kontroll- und Zugriffsmöglichkeiten sind, sondern sie zum reflexiven Handeln befähigt – vielleicht besser, als es ihr bislang möglich war.

Mit der Feststellung der Potentiale ist jedoch noch keine abschließende Antwort auf die konkrete Methodisierung und Didaktisierung gegeben. Die Hinweise dieses Texts sind erfahrungsgestützte Anregungen, dass routinisierte Formen der Selbstbeobachtung entwickelt werden sollten, die Basis von Selbst- und Teamreflexionen sind. Darüber, wie diese Formen aussehen können, muss zukünftig noch diskutiert werden. Daher versteht der Text sich als Beitrag zur Etablierung von forschenden und lernenden Haltungen im Sinne einer reflexiven Evaluationskultur in der sozialpädagogischen Profession – und das nicht nur als individuelle, sondern auch als institutionelle Kompetenz. Solche Haltungen sind keine Frage von natürlichen Begabungen, sie sind förder- und erlernbar.

Literatur

Ader, S./ Storck, R. (2000): Prozessbegleitung – Hilfreiche Unterstützung und kritisches Korrektiv. In: von Spiegel, S. 106-130.
Böhnisch, L./ Münchmeier, R. (1987): Wozu Jugendarbeit? Weinheim und München.
Breidenstein, G. (2006): Teilnahme am Unterricht. Ethnographische Studien zum Schülerjob. Wiesbaden.
Cloos, P./ Köngeter, St./ Müller, B./ Thole, W. (2007): Die Pädagogik der Kinder- und Jugendarbeit. Wiesbaden.
Delmas, N./ Scherr, A. (2005): Bildungspotentiale der Jugendarbeit. In: deutsche jugend, H. 3, S. 105-109.
Hirschauer, St./ Amann, K. (1997) (Hrsg.): Die Befremdung der eigenen Kultur. Frankfurt / Main
Geertz, C. (1983): Dichte Beschreibung. Beiträge zum Verstehen kultureller Systeme. Frankfurt/ Main
Hafeneger, B. (1999): Nachdenken über eine pädagogisch begründete Theorie der Jugendarbeit. In: deutsche jugend; 47.Jg, S. 330-339.
Küster, E.-U. (2003): Fremdheit und Anerkennung. Ethnographie eines Jugendhauses. Weinheim, Basel, Berlin.
Lindner, W. (2000) (Hrsg.): Ethnographische Methoden in der Jugendarbeit. Zugänge, Anregungen und Praxisbeispiele. Opladen.
Müller, B./ Schmidt, S./ Schulz, M. (2005): Wahrnehmen können. Informelle Bildung und Jugendarbeit. Freiburg i B.
Müller, B./ Schulz, M. (2007): Vom Beobachtung zur Handlung – und umgekehrt: „Wahrnehmen können" als konzeptioneller Sockel im Alltag der Kinder- und Jugendarbeit. In: Deinet, U./ Sturzenhecker, B. (Hrsg.): Konzeptentwicklung der Kinder- und Jugendarbeit. Reflexionen und Arbeitshilfen für die Praxis. Weinheim und München, S. 99ff.
Projektgruppe WANJA (2000): Handbuch zum Wirksamkeitsdialog in der Offenen Kinder- und Jugendarbeit. Münster.
Rauschenbach, Th. u.a. (Hrsg.) (2004): Konzeptionelle Grundlagen für einen Nationalen Bildungsbericht – Non-formale und informelle Bildung im Kindes- und Jugendalter. Berlin.
Rose, L./ Schulz, M. (2007): Gender-Inszenierungen. Jugendliche im pädagogischen Alltag. Königstein i. T.
Schechner, R. (1990): Theater-Anthropologie. Spiel und Ritual im Kulturvergleich. Reinbek bei Hamburg.

Spiegel, H., v. (2000) (Hrsg.): Jugendarbeit mit Erfolg. Arbeitshilfen und Erfahrungsberichte zur Qualitätsentwicklung und Selbstevaluation. Münster.
Wagner-Willi, M. (2005): Kinder-Rituale zwischen Vorder- und Hinterbühne. Der Übergang von der Pause zum Unterricht. Wiesbaden.
Wolff, St./ Scheffer, Th. (2003): Begleitende Evaluation in sozialen Einrichtungen. In: Schweppe, C. (Hrsg.): Qualitative Forschung in der Sozialpädagogik. Opladen, S. 331-351.
Tannen, D./ Wallat, C. (1987): Interactive frames and knowledge schemas in interaction: examples form a medical examination/interview. In: Social Psychology Quarterly 50, S. 205-216.

Joachim König

Qualitätskriterien zur Selbstevaluation in der Kinder- und Jugendarbeit

Selbstevaluation meint die Beschreibung und Bewertung von Ausschnitten des eigenen alltäglichen beruflichen Handelns und seiner Auswirkungen nach selbst bestimmten Kriterien. Diese Definition enthält im Wesentlichen vier Gedanken:

- Selbstevaluation hat immer mit Beschreibung und mit Bewertung unseres Alltagsgeschäfts zu tun.
- Es ist notwendig, Praxisausschnitte zu definieren, die der Beschreibung und Bewertung unterzogen werden sollen. Die Gesamtheit des beruflichen Handelns ist in aller Regel viel zu komplex.
- Sowohl das berufliche Handeln als auch seine Auswirkungen (z.B. in Form von Reaktionen, Ereignissen oder Entwicklungen bei Kindern und Jugendlichen) können Gegenstand der Beschreibung und Bewertung sein.
- Messlatte für die Bewertung des Beschriebenen sind immer explizit formulierte, aber *selbst* gewählte Kriterien, zunächst unabhängig davon, woher sie letztlich stammen.

Vor allem die letzte Überlegung lässt aufhorchen: Dass durch das ‚Selbstorganisationsprinzip' die legitime Forderung nach Objektivität der Ergebnisse sozusagen qua Definition außer Kraft gesetzt ist, muss natürlich eingestanden werden und gerade deshalb ist Selbstevaluation als eine Methode, die systematisches und regelgeleitetes Arbeiten für sich beansprucht, in ganz besonderer Weise auf andere, offen zu legende Kriterien zur Einschätzung ihrer Glaubwürdigkeit und Reichweite jenseits der Forderung nach Objektivität angewiesen. Und dies vor allem

- um den Selbstverpflichtungscharakter des methodisch gesicherten Vorgehens zu erhöhen,
- um dadurch künftig besser negativen Konnotationen wie ‚Eigennutz', ‚Privat- und Partialinteresse' oder ‚reine Subjektivität' eher entgegen treten zu können und
- um die Wirkungen von Selbstevaluationsprozessen nicht nur in der Praxis selbst, sondern auch im politischen und fachlich-professionellen Umfeld auch voll entfalten zu können.

Aber auch zwei weitere Gründe sprechen dafür, die Qualität der Selbstevaluation selbst zum Gegenstand der Überlegungen zu machen:

- *Ein formativer Nutzen:* Fehler, die bereits im Verlauf der Evaluation passieren, können rechtzeitig erkannt und behoben werden. Wenn Kriterien zur Beurteilung des Evaluationsverlaufs von Anfang an zur Verfügung stehen und im Verlauf der Evaluation mit angewendet werden, dann kann jederzeit ein Urteil darüber abgegeben werden, ob auch wirklich gültige und deshalb verwertbare Ergebnisse produziert worden sind.
- *Ein summativer Nutzen*: Die Glaubwürdigkeit der Ergebnisse nach Abschluss der Evaluation kann erhöht werden. Wenn zum Abschluss der Evaluation – das Vorgehen zusammengefasst bewertet – der plausible Nachweis erbracht werden kann, dass die Ergebnisse gültig sind, dann wird dadurch die ‚äußere' Akzeptanz bei der Umsetzung der Ergebnisse wesentlich erhöht werden.

Welches sind nun aber die entscheidenden Kriterien, mit denen wir die ‚Güte' der Selbstevaluation selbst beurteilen, also Aussagen über die Qualität des Verfahrens machen können? In der Literatur werden sinnvoller Weise übergeordnete Gütekriterien zur Beurteilung von Evaluationsvorhaben generell beschrieben. Wir finden sie

- sowohl ganz allgemein für die *Empirische Sozialforschung* und den Bereich der *Qualitativen Sozialforschung* (vgl. dazu Bortz & Döring, 2002³),
- als auch spezieller zugeschnitten auf Projekte und Vorhaben in der *Praxisforschung* für die Soziale Arbeit und auf *Evaluation* im sozialpädagogischen Bereich (vgl. dazu Sanders, 1999 & Deutsche Gesellschaft für Evaluation, 2006).

Solche allgemeinen Überlegungen bilden die Grundlage für die Entscheidung darüber, welche Kriterien denn sinnvoller Weise auf *Selbst*evaluationsprojekte anzuwenden sind. Wenn wir uns an die besondere Definition von Selbstevaluation erinnern, dann wird sehr schnell deutlich, dass zwei Arten von Gütekriterien *nicht* übertragbar sind:

- Einerseits die auf *Objektivität* angelegten Standards: Wenn wir selbst evaluieren, können wir dies selbstverständlich nicht unabhängig von unserer eigenen Person und ihren Interessen tun!
- Andererseits die *sehr aufwändigen Güteprüfverfahren*: Wir haben in aller Regel nicht die zeitlichen und fachlichen Ressourcen. Es geht immer um die ‚nebenher zu erledigende' Beurteilung unseres Alltagsgeschäfts.

Gerade vor dem Hintergrund dieser Dilemmata und vieler weiterer Fragen sind in der Deutschen Gesellschaft für Evaluation unter Federführung von Hildegard

Müller-Kohlenberg und Wolfgang Beywl (2003) in einem sehr langfristig und aufwändig angelegten Diskussions-, Konsultations- und Beratungsprozess und mit Beteiligung einer großen Zahl von Fachkräften und ExpertInnen aus vielen Feldern der Sozialen Arbeit die ‚Standards für Selbstevaluation' entwickelt worden. Selbstevaluationen sollen demnach vor allem vier grundlegende Eigenschaften aufweisen: Nützlichkeit, Durchführbarkeit, Fairness und Genauigkeit. Diese vier Anforderungen werden von den AutorInnen folgendermaßen weiter differenziert:

1. Nützlichkeit

- *(N1) Identifizierung der Beteiligten und Betroffenen*: Das Selbstevaluations-Team soll die am zu evaluierenden Gegenstand beteiligten und/oder von ihm betroffenen Personen identifizieren.
- *(N2) Zwecksetzung der Selbstevaluation*: Es soll deutlich bestimmt sein, welche Zwecke mit der Selbstevaluation verfolgt werden, so dass die Beteiligten und Betroffenen Stellung beziehen können. Das Selbstevaluations-Team soll im gesetzten Rahmen seinen Arbeitsauftrag präzisieren, und darin den Stellenwert von Qualitätsentwicklung des Programms und eigener Weiterqualifizierung klären.
- *(N3) Glaubwürdigkeit und Vertrauensschutz*: Selbstevaluationen sollen in einem Klima der Transparenz, des Vertrauens und des konstruktiven Umgangs mit Fehlern durchgeführt werden, damit bei den Evaluationsergebnissen ein Höchstmaß an Glaubwürdigkeit und Akzeptanz erreicht wird. Selbstevaluatorinnen müssen hohe Feldkompetenz im Bereich des Evaluationsgegenstandes mitbringen.
- *(N4) Umfang und Auswahl der zu gewinnenden Informationen*: Das Selbstevaluations-Team soll über Auswahl und Umfang des Evaluationsgegenstandes sowie über die zu gewinnenden Informationen entscheiden, um die Behandlung sachdienlicher Fragen im Rahmen der zeitlichen und finanziellen Vorgaben sicher zu stellen.
- *(N5) Transparenz von Werten*: Das Selbstevaluations-Team soll offen legen, an welchen Sichtweisen, Gedankengängen und Kriterien es sich orientiert, so dass die Grundlagen der Interpretationen und Werturteile ersichtlich sind. Unterschiedliche Auffassungen sollen explizit dargestellt werden.
- *(N6) Vollständigkeit und Klarheit der Berichterstattung*: Selbstevaluationsberichte sollen den Evaluationsgegenstand einschließlich seines Kontextes ebenso wie die Ziele, die Fragestellungen, die Verfahren und Befunde der Evaluati-

on beschreiben, damit die wesentlichen Informationen zur Verfügung stehen, leicht verstanden werden und allen Beteiligten und Betroffenen zugänglich sind.
- *(N7) Rechtzeitigkeit der Selbstevaluation*: Selbstevaluationsvorhaben sollen so rechtzeitig begonnen und abgeschlossen werden, dass ihre Prozesswirkungen und Ergebnisse den angestrebten Zwecken dienen können.
- *(N8) Selbstverpflichtung auf die Bedürfnisse von Zielgruppen*: Selbstevaluationen sollen so geplant werden, dass Fachkräfte sich selbst, ihr Team und die Einrichtung bzw. den Dienst dabei unterstützen, die Interessen, Bedürfnisse und Bedarfe der verschiedenen Zielgruppen zu berücksichtigen und die Aktivitäten danach auszurichten.
- *(N9) Nutzung und Nutzen der Selbstevaluation*: Planung, Durchführung und Darstellung einer Selbstevaluation sollen alle Beteiligten und Betroffenen neugierig machen auf die Ergebnisse und sie dazu aktivieren, sich am Prozess zu beteiligen und die Ergebnisse zu nutzen, so dass sie insbesondere der Verbesserung des praktischen Handelns und der Weiterqualifizierung dienen können.

2. Durchführbarkeit

- *(D1) Ressourcenbewusste Verfahren*: Selbstevaluationsverfahren sollen so konzipiert werden, dass die benötigten Informationen beschafft und genutzt werden können, wobei die beteiligten und betroffenen Personen und andere knappe Ressourcen nur soweit notwendig belastet werden und der Arbeitsprozess nach Möglichkeit unterstützt wird.
- *(D2) Herstellung von Akzeptanz und diplomatisches Vorgehen*: Selbstevaluationen sollen unter Berücksichtigung der unterschiedlichen Positionen der verschiedenen Interessengruppen geplant und durchgeführt werden. Einwände und Bedenken sollen nach zuvor festgelegten Verfahrensweisen mit dem Ziel beachtet und berücksichtigt werden, einen möglichst breiten Konsens herzustellen.
- *(D3) Wirtschaftlichkeit des Verfahrens*: Selbstevaluationen sollen Informationen und Nutzen mit einem Wert hervorbringen, welche die eingesetzten Mittel rechtfertigen.

3. Fairness

- *(F1) Formale Vereinbarungen*: Die Selbstverpflichtungen der Vertragsparteien einer Selbstevaluation (was, wie von wem, wann getan werden soll) sollen

schriftlich festgehalten werden, damit die Parteien dafür eintreten, alle Bedingungen dieser Vereinbarungen zu erfüllen oder diese neu auszuhandeln und erneut zu dokumentieren.
- *(F2) Schutz individueller Rechte*: Selbstevaluationen sollen so geplant und durchgeführt werden, dass die Rechte der Beteiligten und Betroffenen respektiert und geschützt sind (z.b. Persönlichkeitsrechte, Arbeitnehmerrechte, Datenschutz).
- *(F3) Wertschätzend gestaltete Interaktion*: Die Zusammenarbeit in der Selbstevaluation soll so angelegt werden, dass die Kontakte zwischen den Beteiligten von gegenseitiger Achtung und Wertschätzung geprägt sind.
- *(F4) Vollständige und faire Überprüfung*: Selbstevaluationen sollen in der Überprüfung und in der Darstellung der Stärken und Schwächen derjenigen Evaluationsgegenstände, auf die man sich geeinigt hat, vollständig und fair sein, so dass die Stärken weiter ausgebaut und die Problemfelder behandelt werden können.
- *(F5) Offenlegung der Ergebnisse und Recht zur Stellungnahme*: Das Selbstevaluations-Team soll möglichst frühzeitig im Ablauf einer Evaluation (zusammen mit Vorgesetzten) festlegen, in welcher Weise Evaluationsergebnisse weiter gegeben und Betroffenen zugänglich gemacht werden. Wichtige Zwischenergebnisse und ein Schlussdokument sollen durch das Selbstevaluations-Team weiteren Beteiligten so rechtzeitig zur Kenntnis gebracht werden, dass diese vor der Weitergabe zum Evaluationsprozess und den Ergebnissen Stellung nehmen können.
- *(F6) Deklaration von Interessenkonflikten*: Interessenkonflikte sollen offen behandelt werden, damit sie das Selbstevaluationsverfahren und seine Ergebnisse möglichst wenig beeinträchtigen und zugleich die weitere Zusammenarbeit im Team gewährleistet ist.

4. Genauigkeit

- *(G1) Beschreibung des Evaluationsgegenstandes*: Der Evaluationsgegenstand, insbesondere einzelne Aspekte, die als klärungs- oder verbesserungswürdig angesehen werden, soll dokumentiert und beschrieben werden. In der Selbstevaluation sind das praktische Handeln des Selbstevaluations-Teams und seine Konsequenzen als die zentralen Elemente des Evaluationsgegenstandes auszuweisen.

- *(G2) Kontextanalyse*: Der Einfluss des Kontexts auf den Evaluationsgegenstand – z.b. soziale, kulturelle, politische und ökonomische Faktoren der Organisation oder des Umfeldes – sollen identifiziert und dokumentiert werden.
- *(G3) Beschreibung von Zwecken und Vorgehen*: Zwecke, Fragestellungen und Vorgehen der Evaluation sollen ausgehandelt und dokumentiert werden, so dass diese nachvollzogen werden können.
- *(G4) Angabe von Informationsquellen*: Die in einer Selbstevaluation genutzten Informationsquellen sollen genau beschrieben werden, damit die Angemessenheit der Informationen in Bezug auf die Fragestellung eingeschätzt und nachvollzogen werden kann. Die Auswahl sowie der Einsatz der Verfahren soll transparent und nachvollziehbar erfolgen, so dass Auswahlentscheidungen und Ergebnisse der Evaluation kritisierbar bleiben.
- *(G5) Valide und reliable Informationen*: Es sollen solche Verfahren zur Gewinnung von Informationen ausgewählt oder entwickelt werden, die das Selbstevaluations-Team auf Basis seiner Qualifikation beherrscht und / oder die durch externe Methodenberatung gesichert werden.. Die fachlichen Maßstäbe sollen sich an den Gütekriterien qualitativer und quantitativer Sozialforschung orientieren.
- *(G6) Systematische Fehlerprüfung*: Die in einer Selbstevaluation gesammelten, aufbereiteten und präsentierten Daten und Informationen sollen im gegenseitigen Austausch systematisch auf Fehler überprüft werden.
- *(G7) Analyse qualitativer und quantitativer Informationen*: Qualitative und quantitative Daten und Informationen einer Selbstevaluation sollen systematisch analysiert werden, damit die gestellten Fragen durch die Evaluation effektiv beantwortet werden können.
- *(G8) Begründete Schlussfolgerungen und praktische Konsequenzen*: Die in einer Selbstevaluation gezogenen Folgerungen und praktische Konsequenzen sollen ausdrücklich begründet werden, damit die Beteiligten und Betroffenen diese nachvollziehen und einschätzen können. Unterschiedliche Auffassungen hierzu werden dokumentiert.
- *(G9) Meta-Evaluation*: Metaevaluationen können zur Weiterentwicklung der Methode der Selbstevaluation und der Kompetenzen für Selbstevaluation dienen. Deshalb sollen Selbstevaluationen in geeigneter Form dokumentiert archiviert werden.

Wir brauchen diese Standards *gerade* für Selbstevaluation aus dem bereits erwähnten Grund ganz besonders: Selbstevaluation funktioniert wesentlich nach, profitiert ganz entscheidend von und bekennt sich auch ganz eindeutig zum so genannten

‚Selbstorganisationsprinzip' (vgl. König, 2000, S. 46f). Das heißt: Fachkräfte werden im Laufe einer Selbstevaluation sinnvoller Weise zu „ForscherInnen in eigener Sache" (Heiner, 1998) und können gerade dadurch im Verlauf *gelingender* Prozesse nach allen Erfahrungen einen enormen Nutzen aus solchen Vorhaben ziehen, der weit über die reine Kontroll- und Praxisverbesserungsfunktion von Evaluation hinaus geht:

- Die eigene Weiterqualifizierung im Sinne eines zusätzlichen (empirischen) Inventars methodischen Handelns,
- die systematische Aufklärung der eigenen Praxis an zentralen Stellen, die der komplexen Diffusität des Alltagsgeschäfts im Sinne von Klarheit und Durchschaubarkeit entgegen tritt und
- die Möglichkeit der nachhaltigen Legitimierung der Praxis

sind die wohl wichtigsten zusätzlichen Erträge in diesem Zusammenhang. Ihnen allen liegt der Gedanke einer stärkeren Partizipation zugrunde, einer direkten Beteiligung derjenigen am Evaluationsprozess und damit an der Gesamtverantwortung, die an der Basis, also z.B. in der Praxis der Jugendarbeit für das Alltagsgeschäft verantwortlich sind.

Die vier folgenden, teilweise auch kritisch anklingenden Anmerkungen und Gedanken sollen die Notwendigkeit solcher Standards in keiner Weise in Frage stellen. Vielmehr sind dies konstruktiv angelegte Überlegungen, die es im Hinblick auf die Anwendung der Standards in der Praxis vor dem Hintergrund praktischer Erfahrungen im Auge zu behalten gilt (vgl. dazu ausführlicher König 2003).

Wer sind die ‚Beteiligten und Betroffenen'?
Hier herrscht m.E. noch immer deutliche Unklarheit. Sind das zwei getrennt zu betrachtende Gruppen oder kann es Überschneidungen geben? Sind vielleicht Beteiligte immer auch betroffen? Oder vielleicht automatisch nie? Obwohl mit diesen beiden Begriffen so häufig hantiert wir, hat eine eindeutige Klärung bisher nicht stattgefunden. Dieses Problem wiegt umso schwerer, als beide Begriffe vor allem in der Tradition der Sozialen Arbeit eine nicht unerhebliche ‚Schwere' erreicht haben, etwa im Hinblick auf Partizipationsfragen oder auf das Machtverhältnis zwischen HelferInnen über die KlientInnen. Hilfreich wäre m.E. da die vorrangige Frage, wer denn im einzelnen Fall die *Akteure* in Selbstevaluationsprozessen sind, um dann auf der Basis dieser Entscheidung klären zu können, welche dieser Akteure konkret am Prozess *beteiligt* und welche von ihm *betroffen* sind. Erst dann

lässt sich klären, welche Folgen die Beteiligung oder Betroffenheit von Personen oder Gruppen im Einzelnen denn hat bzw. welche Konsequenzen daraus zu ziehen sind. Geklärt werden könnte dies mit einer einfachen Mehrfeldertafel, die für jedes einzelne Vorhaben auszufüllen wäre.

Akteure im Laufe einer Selbstevaluation?		Leitungs-kräfte	externe BeraterIn	evaluierende Fachkräfte	andere Fachkräfte	Ziel-gruppe(n)
An der Selbstevaluation beteiligt?	ja	O	O	⊗	O	O
	nein	O	O	O	O	O
Von der Selbstevaluation betroffen?	ja	O	O	O	O	O
	nein	O	O	O	O	O

Transparenz, Offenheit und Vertrauen.
Dass der besonderen Situation, in der sich SelbstevaluatorInnen (,Doppelrolle') befinden, Rechnung getragen werden muss, ist unbedingt notwendig. Besonders hervorzuheben ist dabei neben den Hinweisen auf die organisatorischen, materiellen und strukturellen Rahmenbedingungen vor allem die zentrale Rolle der ,*psychologisch-gruppendynamischen*' Bedingungen. Weil in Evaluationssituationen Verunsicherungen, Rationalisierungsängste und Abwehrhaltungen der Betroffenen gegenüber Veränderungstendenzen (mit unklarem Ausgang) etwas völlig Normales sind, muss der Offenheit, Klarheit und Transparenz in der Klärung von Zuständigkeiten und Kompetenzen, in der Kommunikation zwischen den Hierarchieebenen und in der Informationspolitik insgesamt eine ganz besondere Bedeutung zugemessen werden. Die Schlussfolgerung allerdings, dass dann, wenn diese Bedingungen nicht erfüllt sind, eher Fremdevaluationen angeraten seien, ist deswegen zu bezweifeln, weil auch in diesem Fall – vielleicht sogar noch verstärkte – Verweigerungshaltungen und Abwehrstrategien des Personals die Validität möglicher Ergebnisse wohl noch viel eher als äußerst fraglich erscheinen lassen.

Aus verschiedenen Blickwinkeln
Obwohl mit der Forderung nach Analyse quantitativer *und* qualitativer Daten ein hoher Anspruch formuliert wird (der natürlich auch leicht als Überforderung erscheinen könnte), steckt hier eine wichtige methodische Option selbstevaluatorischer Strategie (vgl. Flick, 2003): Im Sinne einer *Triangulation* multiperspektivisch vorzugehen (verschiedene Datenquellen zu verwenden oder verschiedene Erhebungsmethoden einzusetzen), könnte nämlich die berechtigten Vorwürfe mangelnder Objektivität von Selbstevaluation im Sinne einer größeren Intersubjektivität des Verfahrens zumindest teilweise relativieren.

Liegt die Messlatte zu hoch?
Es scheint ein grundsätzliches Dilemma zu sein: Obwohl die Notwendigkeit der vorliegenden Standards gerade für Selbstevaluationen evident erscheint, werden an vielen Stellen der Standards hohe methodische und den Aufwand betreffende Ansprüche formuliert. Es macht daher Sinn, über eine Bündelung und Konzentration der wesentlichen Aussagen der Standards nachzudenken – wohlgemerkt: Nicht um diese zu ersetzen, sondern um sie zu ergänzen und dadurch interessierten und motivierten PraktikerInnen einen zusätzlichen, jedoch kürzeren (evtl. als eine Art ‚summary' oder Kurzfassung formulierten) Überblick zu ermöglichen. Vielleicht könnte so verhindert werden, dass der fatale Eindruck entsteht, der Aufwand im Zusammenhang mit der Sorge um die Qualität des Evaluationsverfahrens könnte noch größer sein als der, der mit der Sorge um die Qualität der eigentlichen Arbeit, um die es ja primär geht, verbunden ist. Vor dem Hintergrund solcher Überlegungen und vieler Erfahrungen in der Begleitung und Beratung von Selbstevaluationsprozessen in der Praxis vieler Felder der Sozialen Arbeit bleiben u.E. im Sinne einer solchen ‚Bündelung' der wesentlichen Gehalte der erfahrungsgemäß wichtigsten Standards die folgenden fünf Kriterien, die uns – in Frageform formuliert – unverzichtbare Anhaltspunkte für die Beurteilung der Qualität unseres Vorgehens liefern. Der Übersicht und der Vollständigkeit wegen wird dazu jeweils in Klammern der Bezug zu den oben dargestellten, ausführlicheren Standards hergestellt:

Kriterium 1: **Angemessenheit** (vgl. N5, N8, G4, G5) – bezieht sich auf die Auswahl der Methoden und der Datenquellen.

- Sind unsere Methoden geeignet, die Evaluationsziele zu verfolgen, die wir vorher formuliert haben? Passen sie zur Ausgangsfrage, die der Evaluation zu Grunde liegt?
- Sind die Methoden dem Untersuchungsgegenstand angemessen? Erheben wir tatsächlich das, was wir wissen wollen?
- Passen die Methoden zu den Personen, von denen wir Informationen (Daten) haben wollen? Ist sie für die Befragten transparent, verständlich, nachvollziehbar?

Kriterium 2: **Realisierbarkeit** (vgl. R3, R4, R6, R7, R8, F1, F2, F3, N3, D1, D2, D3) – bezieht sich auf die Bedingungen, Ressourcen und die Effizienz des Verfahrens.

- Sind die Bedingungen geschaffen, damit die ausgewählten oder entwickelten Methoden überhaupt einsetzbar sind? Gibt es Ressourcen, die zur Verfügung stehen müssen, damit Methoden überhaupt einsetzbar werden? (Geräte, PCs, Software...)

- Haben wir genügend methodisches Know-how im Team? Wenn nicht, besteht die Möglichkeit, sich in den wesentlichen Fragen und Entscheidungen Rat und Unterstützung von außen zu holen?

Kriterium 3: **Regelgeleitetheit** (vgl. G1, G3, G4, G9) – bezieht sich auf die Offenlegung und Dokumentation der Systematik des Verfahrens insgesamt.

- Gelingt es, die Vorgehensweise in allen wichtigen Schritten zu dokumentieren?
- Können die wesentlichen Entscheidungen, die unserem Vorgehen zu Grunde liegen, für ‚außenstehende Interessierte' nachvollziehbar dargestellt und begründet werden?

Kriterium 4: **Gültigkeit** (vgl. N4, G1, G3) – bezieht sich auf die Auswahl, Formulierung und Operationalisierung des Gegenstandes

- Haben wir den Gegenstand gut operationalisiert? D.h.: Passen die gewählten Indikatoren zum Gegenstand? Bilden sie ihn vollständig ab?
- Sind unsere Indikatoren konkret genug? D.h.: Können wir sie wirklich direkt im Alltag erfassen?

Kriterium 5: **Verwertbarkeit** (vgl. F5, G8) – bezieht sich auf die Umsetzung der Ergebnisse im Sinne der Ziele des Verfahrens.

- Sind unsere Ergebnisse umsetzbar und in der Praxis anschlussfähig?
- Können wir eine für unsere Praxis passende Verwertungsstrategie entwickeln, die auf den Ergebnissen aufbaut?

5. Praxisbeispiel

In dem folgenden Praxisbeispiel aus der Offenen Jugendarbeit soll – exemplarisch und sehr kurz zusammen gefasst – verdeutlicht werden, wie die Umsetzung dieser Kriterien gelingen könnte (vgl. dazu auch ausführlicher für die Jugendhilfe König, 2006):

In einem Kooperationsprojekt zwischen Kreisjugendring und einer Hauptschule geht es um die Entwicklung neuer gemeinsamer Maßnahmen zur Gewaltprävention im Zuge der Entwicklung einer Konzeption zur Ganztagsbetreuung. Im Vorfeld wollen die Fachkräfte dabei etwas über das Ausmaß an Gewaltbereitschaft bei den Jugendlichen mit dem Ziel herausgefunden werden, nach Ablauf des Projekts auch einschätzen zu können, ob sich durch die sozialpädagogische Arbeit positive Veränderungen im Verlauf des Projekts ergeben haben.

Der theoretische Begriff ‚Gewalt' muss dazu zunächst operationalisiert, d.h. in seine erfassbaren, beobachtbaren ‚Bestandteile' zerlegt werden. Dazu werden in einem ersten Schritt die drei Dimensionen ‚körperliche Gewalt', ‚psychische Gewalt' und ‚Gewalt gegen Sachen' gewählt. Danach werden diese drei Dimensionen in einem zweiten Schritt jeweils in einzelne Indikatoren ‚zerlegt', die letztlich im Projektalltag beobachtbar bzw. erfragbar sind, wie z.B.

- *Anzahl der Schlägereien für die Dimension ‚körperliche Gewalt'*
- *Anzahl der Erpressungsversuche für die Dimension ‚psychische Gewalt'*
- *Anzahl der Zerstörung von Werkzeugen oder Material für die Dimension ‚Gewalt gegen Sachen'. Nur so kann letztlich etwas über Ausmaß, Qualität und Veränderungen von Gewalt in einem Projekt ausgesagt werden.*

Ein entsprechendes ‚Operationalisierungsschema', in das der Gegenstand, seine Dimensionen und schließlich die einzelnen ‚messbaren' Indikatoren eingetragen werden, könnte dann folgendermaßen aussehen und so einen wesentlichen Beitrag zur Gültigkeit des Verfahrens (Kriterium 4) leisten:

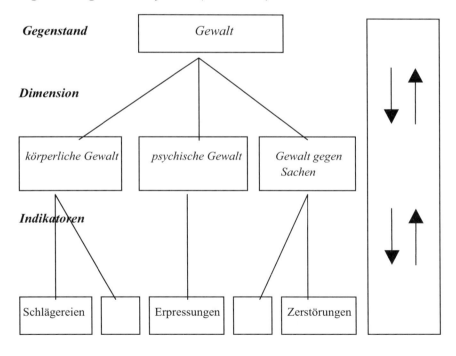

Die an der Evaluation beteiligten SozialpädagogInnen und LehrerInnen entwickeln angemessene Befragungs- und Beobachtungsmethoden, um die so operationalisierten Indikatoren bei den SchülerInnen undKollegInnen, evtl. auch bei den Eltern, zu erfassen, damit sie die gewünschten Informationen auch erhalten. (Kriterium 1)

Das Evaluationsteam hat vor dem Start des Projekts sowohl Klarheit über den zu erwartenden Aufwand an Zeit und Ressourcen hergestellt, als auch Vereinbarung getroffen, wer welche Aufgaben übernimmt. Außerdem sind sich alle einig, dass im Team das notwendige empirisch methodische Know-How zur Verfügung steht, um alle Arbeitsschritte bewältigen zu können. Realisierbarkeit erscheint gegeben. (Kriterium 2)

Die Systematik des gesamten Verfahrens orientiert sich an vorgegebenen Arbeitschritten eines Evaluationsleitfadens (vgl. z.B. König, 2000). Im Rahmen der Aufgabenverteilung und der Erstellung eines Arbeitsplanes wurde geklärt, wer in welchem Umfang für die methodische und inhaltliche Dokumentation des Verfahrens und für die Erstellung eines Berichtes zuständig ist. Das Evaluationsprojekt kann daher als regelgeleitet bezeichnet werden (Kriterium 3).

Bereits bei der Planung des Projekts wurde diskutiert und festgelegt, worin der erwartete Nutzen der Evaluationsergebnisse liegen sollte (Kontrolle der Wirkungen sozialpädagogischer Angebote, Anhaltspunkte für konzeptionelle Weiterentwicklung usw.) Es liegt daher nahe, von der Verwertbarkeit des Vorhabens ausgehen zu können (Kriterium 5).

Abschließend sei noch einmal auf das zentrale Problem hingewiesen, das in jedem Fall bestehen bleibt, auch wenn wir die oben genannten Gütekriterien für die Beurteilung einer Selbstevaluation zugrunde legen: nämlich die Forderung nach *Objektivität* des Verfahrens und damit der Ergebnisse. Berechtigterweise wird grundsätzlich angestrebt, dass Forschungsergebnisse generell und damit auch Evaluationsergebnisse objektiv, d.h. unabhängig von den Personen zu Stande kommen sollen, die für das Vorhaben verantwortlich und mit seiner Durchführung betraut sind. Hier stoßen wir auf ein grundsätzliches Problem, an einen zentralen, nicht ohne weiteres lösbaren Widerspruch in der Logik von Selbstevaluation. „Kann ein Täter Richter sein?" könnte die zugespitzte Frage an dieser Stelle auch lauten. (vgl. dazu auch Kähler 2006) Oder anders gefragt: Haben wir die *Kompetenz* und das *Recht*, beschreibende und vor allem bewertende Aussagen über die Qualität unseres eigenen Alltagsgeschäfts zu machen? Die eindeutige Antwort auf beides lautet: Ja. Denn gerade in der Doppelrolle der Fachkräfte als helfende *und* forschende Akteure liegt neben vielen angesprochenen methodischen Unwägbarkeiten der große Vorteil von *Selbst*evaluationsverfahren – nämlich der, richtige, realitäts- und damit wahrheitsgetreue Erkenntnisse über den Untersuchungsgegenstand zu erhalten. Objektivität (d.h. Unabhängigkeit der Ergebnisse von den Evaluierenden) und Validität (Gültigkeit der Ergebnisse) stehen zwar somit in einem grundsätzlich nicht lösbaren Konflikt miteinander. Das Wissen über diesen Widerspruch ist die einzige und daher besonders wichtige Gewähr dafür, dass es funktioniert, ‚Täter' und ‚Richter' in einer Person zu sein. Unter einer Bedingung: Wir können nicht beides gleichzeitig tun. Wir brauchen für die Richterrolle Distanz und Freiraum zur Reflexion unserer eigenen Praxis, Entlastung vom Entscheidungsdruck des Alltags, in dem wir als Fachkräfte arbeiten. Ohne diese Voraussetzung kann Selbstevaluation nicht gelingen. D.h.: nahe bei denen zu sein, um die es geht und vieles schon zu wissen, was für die Bewertung des jeweiligen Gegenstandes von Bedeutung ist, kann dann aber – gerade *unter* dieser Voraussetzung – als entscheidender Vorteil und als eigenständiges, selbstevaluationsspezifisches Qualitätsmerkmal verstanden und genutzt werden. Sie wird dann gerade *nicht* zur subjektiven Beliebigkeit im Vorgehen verleiten. Ganz im Gegenteil: Die Regelgeleitetheit und Nachvollziehbarkeit einer Selbstevaluation bringt auf diese Weise eine Grundhaltung zum Ausdruck, die um Offenlegung der eigenen Vorgehensweise bemüht ist.

Literatur

Beywl, W./ Müller-Kohlenberg, H. (2002): Selbstevaluationen sollen vier grundlegende Eigenschaften aufweisen: Nützlichkeit – Durchführbarkeit – Fairness – Genauigkeit. Entwurf, vorgelegt zur Jahrestagung des AK Soziale Dienstleistungen der Deutschen Gesellschaft für Evaluation am 15./16.3.2002 in Remscheid.
Bortz, J./ Döring, N. (2002): Forschungsmethoden und Evaluation. Berlin, Heidelberg, New York, Tokyo.
Deutsche Gesellschaft für Evaluation (2006): Standards für Evaluation. http://www.degeval.de/index.php?class=Calimero_Webpage&id=9023.
Flick, U. (2004): Triangulation. Wiesbaden.
Heiner, M. (1994) (Hrsg.): Selbstevaluation als Qualifizierung in der Sozialen Arbeit. Fallstudien aus der Praxis. Freiburg.
Kähler, H.-D. (2006): Barrieren der Selbstevaluation – und wie man sie umgehen, überwinden oder schleifen kann. In: Unsere Jugend, 58 (1), S. 3-12.
König, J. (2000): Einführung in die Selbstevaluation. Ein Leitfaden zur Bewertung der Praxis Sozialer Arbeit. Freiburg.
König, J. (2003): Weniger ist mehr – Kommentar zu den Standards für Selbstevaluation der Deutschen Gesellschaft für Evaluation. In: Zeitschrift für Evaluation, 1, S. 83-88.
König, J. (2006): Ein Praxisleitfaden zur Selbstevaluation in der Jugendhilfe. In: Unsere Jugend, 58 (1), S. 13-20.
Müller-Kohlenberg, H./ Beywl, W. (2003): Standards der Selbstevaluation. Zeitschrift für Evaluation, 2, S. 79-93.
Sanders, J. R. (1999) (Hrsg.): Handbuch der Evaluationsstandards. Die Standards des „Joint Committee on Standards for Educational Evaluation". Opladen.

Benedikt Sturzenhecker/Hiltrud von Spiegel

Was hindert und fördert Selbstevaluation und Wirkungsreflexion in der Kinder- und Jugendarbeit?

Es gibt viele methodische Anleitungen zu Qualitätsentwicklung und Selbstevaluation, die zudem von sich behaupten können, für die Praxis (auch der Kinder- und Jugendarbeit, vgl. Mannheim-Runkel/Taplik 1998, Projektgruppe WANJA 2000, v. Spiegel 2000) entwickelt und an ihr erprobt zu sein. Dennoch sind kaum Selbstevaluationen und Projekte der Wirkungsreflexion aus der Kinder- und Jugendarbeit bekannt. Es stellt sich die Frage, warum die Praxis dieses Verfahren nicht zur Selbstveränderung (Optimierung) und zur Legitimation ihrer Arbeit nutzt. Das scheint umso erstaunlicher, als die Erfahrungen mit durchgeführten Projekten zeigen, dass es sehr gute Gründe für eine solche Selbsterforschung der Kinder- und Jugendarbeit gibt, und dass mit ihr zahlreiche positive Effekte verbunden sind (vgl. Breede 2007/ v. Spiegel/ Sturzenhecker 2002).

Im Folgenden werden wir daher mögliche Gründe für diese Abstinenz von Selbstevaluation und Wirkungsanalysen in der Kinder- und Jugendarbeit aufführen. Wir unterteilen diese in vier Dimensionen, nämlich zeitliche und finanzielle Ressourcen (1); spezifische Bedingungen des Handlungsfeldes der Kinder- und Jugendarbeit (2); externe Einflüsse und Rahmenbedingungen (3) und schließlich die professionellen Kompetenzen der Fachkräfte (4). In Einschätzung dieser Hindernisse unternehmen wir anschließend einen Exkurs auf eine grundsätzlichere Ebene und reflektieren über derzeitige politische Erwartungen zum Thema Ziel- und Wirkungsorientierung in der Kinder- und Jugendarbeit (5). Wir beschreiben, was unserer Meinung nach möglich und nötig ist und schlagen abschließend einige konstruktive Möglichkeiten des „niederschwelligen" Einstiegs in Selbstevaluation und Wirkungsreflexion vor (6).

1. Zeitliche und finanzielle Ressourcen

Als einen der wichtigsten Hinderungsgründe für die Umsetzung von Projekten der Selbstevaluation und Wirkungsreflexion geben Fachkräfte immer wieder die mangelnde *Zeit* an. Dieser Zeitmangel ist einerseits objektiv begründet, nämlich in der aufwändigen Arbeitsweise einer vielschrittigen und komplexen Evaluation eigener Arbeit (vgl. v. Spiegel/ Sturzenhecker/ Deinet 2002) Will man diese Arbeit für eine größere Einheit der Jugendarbeit (etwa ein Jugendhaus oder die Ortsgliederung eines Verbandes) durchführen, ist dies kaum unter einem Jahr zu leisten. Selbst wenn man das Evaluationsprojekt auf einen Teilbereich der Arbeit begrenzt, sind immer noch viele Tage und Stunden zu investieren. Zeitmangel wird andererseits auch subjektiv empfunden bzw. die vorhandenen Zeitressourcen werden von Fachkräften unterschiedlich priorisiert. Zudem kann sich hinter dem Argument des Zeitmangels auch die Verweigerung von Prioritätensetzungen verstecken, was auch bedeutet, dass man sich selbst an einen ungeplanten und als belastend empfundenen Arbeitsfluss ausliefert.

Eine weitere wichtige Ressource ist eindeutig *Geld*. Fachkräfte verfügen bislang selten über Kompetenzen und Erfahrungen bzgl. der Durchführung von Evaluationsprojekten. Solche Projekte in ihrem diffusen und anstrengenden Arbeitsalltag zusätzlich selber zu entwerfen und umzusetzen ist eine außerordentlich hohe Anforderung. Deshalb brauchen sie zumindest anfangs eine externe Anleitung und Begleitung. Der Einkauf von Fachberatung verlangt aber ein zusätzliches und angesichts des Zeitaufwandes auch vergleichsweise erhebliches finanzielles Budget, das in der knapp ausgestatteten Kinder- und Jugendarbeit kaum vorhanden ist und selten von Finanziers gewährt wird.

2. Spezifische Bedingungen des Handlungsfeldes

Kinder- und Jugendarbeit unterscheidet sich in mancher Hinsicht von anderen Handlungsfeldern der Sozialen Arbeit; ihr spezifisches Setting beinhaltet Konstellationen, die ein evaluatives Vorgehen erschweren. Angesichts der hohen Komplexität und Diffusität des pädagogischen Alltags in den Settings der Offenen Arbeit und der Jugendverbandsarbeit ist ein klassisches Untersuchungsdesign nicht einfach zu entwickeln. So bestehen kaum vergleichbare, wiederkehrende Grundstrukturen (wie etwa das Setting des Schulunterrichts) und auch gemeinsame Arbeitsmethoden, die eine Vergleichbarkeit von Ergebnissen erlauben würden. Die lokalen Bedingungen und Typen von Jugendarbeit sind hoch differenziert. Die Breite von Funktionen und Aufträgen der Kinder- und Jugendarbeit (anders als die Qualifikationsfunktion von Schule oder die Hilfeplanung im Bereich der Erziehungshilfen) erschwert es, zentrale Themen für Evaluationen herauszuarbeiten. Angesichts der Vielzahl möglicher Fragestellungen (die kaum hierarchisiert werden können), gibt es neben den Arbeitsschritten für eine Selbstevaluation kein stabiles Set von Untersuchungs- und Auswertungsmethoden. Jedes Evaluationsprojekt ist ein Unikat und muss extra für die Untersuchungsfrage zugeschnitten werden, was eine besondere Souveränität im Umgang mit Methoden der empirischen Sozialforschung verlangt. Wir haben es hier mit einer strukturell begründeten Unsicherheit zu tun, die einen Einstieg in Selbstevaluation be- oder verhindern kann.

Um in diesem diffusen und komplexen Setting handlungsfähig zu bleiben, entwickeln die Fachkräfte Strategien zur Komplexitätsreduktion. Ein wesentliches Handlungsmotiv bildet der Wunsch, gegenüber den Kindern und Jugendlichen und ihren wechselnden Herausforderungen handlungsmächtig zu bleiben, in der „organisierten Anarchie" des Jugendarbeitsalltags Sicherheit zu erlangen, indem man auf bekannte und wiederholbare Handlungsmuster zurückgreift. Selbstevaluation hingegen verlangt das Gegenteil: sie fordert, Komplexität zu erweitern (also differenzierter hinzuschauen und zu analysieren), und sie ist darauf angelegt, eigenes Handeln zu hinterfragen und somit auch zu verunsichern oder gar zu bedrohen. Eine Folge davon kann die Abwehr solcher Verfahren sein.

Neben den Gemeinsamkeiten der beiden großen Felder der Offenen Arbeit und der Jugendverbandsarbeit gibt es auch unterschiedliche Spezifika, die Evaluationspraxis erschweren:

- In der *Offenen Kinder- und Jugendarbeit* kommen zur Komplexität und Diffusität die Unverbindlichkeit und der Wechsel der Teilnahme. Wie will man die Wirkung von pädagogischem Handeln auf Zielgruppen beobachten und auswerten, wenn die Beteiligten arhythmisch und sporadisch erscheinen und wenn sie sich darüber hinaus auch noch – typisch jugendlich – mit wechselnden Themen beschäftigen? Reale Handlungsprozesse folgen in der Jugendarbeit fast nie didaktisch geplanten Kombinationen von Zielen und Vorgehensweisen (wie man es zumindest tendenziell für strukturiertere Settings annehmen könnte). Die „Kunst" pädagogischen Handelns in der Jugendarbeit liegt gerade darin, Handlungsentwürfe beständig zu revidieren, um spontan die jugendliche Selbsttätigkeit begleiten zu können (vgl. Sturzenhecker 2007 c). Umso schwerer ist es dann, abgelaufene Prozesse systematisch zu rekonstruieren und diese auch noch evaluativ auf im Voraus gesetzte Ziele und Handlungspläne zu beziehen.
- In der *Jugendverbandsarbeit* liegt ein wesentliches Hindernis in der Dominanz ehrenamtlicher Arbeit. Ehrenamtlichen ist weder zeitlich noch methodisch die komplexe Vorgehensweise von Evaluationen zuzumuten. Zudem ist mit der Ehrenamtlichkeit auch der grundsätzliche Milieucharakter von Jugendverbandsarbeit verbunden (vgl. Sturzenhecker 2007 a). Die jeweils im Verband Aktiven

erzeugen eine selbstverständliche, gemeinschaftliche Kultur, die ihren Wünschen und Interessen genügt (Fauser/ Fischer/ Münchmeier 2006). Der Verband und seine Qualität entstehen genau aus dem, was und wie die Mitglieder miteinander tun und eher nicht aus von außen gesetzten Aufträgen. Für das Milieu selbst besteht (solange alles zur gemeinsamen Zufriedenheit funktioniert) kaum ein Grund, Wirkungen der eigenen Gemeinschaft und Aktivitäten auszuwerten. Die Selbstorganisation der verbandlichen Milieus macht sie zu einer Sonder- oder Randsituation sozialpädagogischen Handelns: wenn nur implizite und selbstgesetzte „Aufträge" gelten und diese auch nicht (so sehr) durch Hauptamtliche, sondern durch die Beteiligten selbst realisiert werden, besteht kaum eine Notwendigkeit zur Evaluation pädagogischen Handelns.

3. Externe Einflüsse und Rahmenbedingungen

Die Art und Weise, wie Träger und Politik (besonders auf der lokalen Ebene) mit Kinder- und Jugendarbeit umgehen, welche Rahmenbedingungen sie setzen und wie sie sich Wirkungszusammenhänge und Evaluationen und deren Ergebnisse vorstellen, hat starken und meistens hinderlichen Einfluss auf die Evaluationsbereitschaft und -praxis der Fachkräfte. Diese erleben die Haltungen ihrer Träger und Finanziers häufig als einen Double-bind: Einerseits lautet die Botschaft: „Jugendarbeit kann doch nichts und bringt doch nichts!" und zum anderen lautet die Forderung: „Beweist doch mal, was ihr könnt!"

Öffentlich-politische Konstruktionen von Offener Kinder- und Jugendarbeit stellen diese als wirkungsschwach bis wirkungslos dar (gemessen an den eigenen technologischen Fantasien wirksamer erzieherischer Normierung und Disziplinierung von Jugend). Sie unterstellen eine Unfähigkeit, die jeweils durch Politik fokussierten „Problemgruppen" wirksam zu erreichen sowie ein Missverhältnis von (zu) vielen Fachkräften zu wenigen Kindern und Jugendlichen. Vorurteile werden medial wirksam inszeniert (z.B. durch den Kriminologen Christian Pfeiffer, im Widerspruch dazu vgl. Sturzenhecker 2007 b). Dass diese Behauptungen und Generalisierungen angesichts wissenschaftlicher Erkenntnisse als falsch und verzerrend belegt werden können, zeigt ausdrücklich das vorliegende Buch. Dies ficht allerdings bisher weder die Kritiker an, noch erreichen diese Gegenargumente die Fachkräfte selber. Im Gegenteil: letztere übernehmen zunehmend in einer Art sich selbst erfüllender Prophezeiung die Etikettierungen von außen. Wenn man aber von der eigenen pädagogischen Mangelhaftigkeit überzeugt ist, möchte man sich diese nicht auch noch durch Evaluationen vor Augen führen. Dann schaut man lieber nicht so genau hin und hofft, dass es andere auch nicht tun.

Das Problem verschärft sich mit der zweiten Seite des Double-bind, nämlich der Forderung, nun endlich Wirksamkeit zu beweisen. Wirksamkeitsdialoge, Qualitätssicherung, Leistungsvereinbarungen, Berichtswesen und Controlling werden der Jugendarbeit von außen aufgegeben. Diese Verfahren werden meist bürokratisch und technokratisch oktroyiert und eher selten auf die spezifischen Bedingungen des Feldes zugeschnitten oder gar mit den Fachkräften der Jugendarbeit zusammen entwickelt. Damit einher geht die Drohung, Kinder- und Jugendarbeit „wegzusparen", wenn sich ihre mangelnde Leistungsfähigkeit erweist. In einer Atmosphäre von Fehlerfeindlichkeit, voreingenommener Abwertung und Einspardrohung entsteht aber Angst, sich einem offenen Selbsterforschungsprozess bzgl. der Wirkungen der eigenen Arbeit zu stellen. Warum sollte man denn selbst zur Einsparung des eigenen Arbeitsplatzes beitragen? Der Leistungs- und Legitimationsdruck der Kommunalpolitik und teilweise auch der Träger verhindert somit genau das, was sie doch andererseits fordern.

In der Zusammenschau ergibt dies einen Wirkungskreis, bei dem die Kinder- und Jugendarbeit nur verlieren kann. Man unterstellt ihr Wirkungsmängel und Leistungsunfähigkeit, fordert Beweise des Gegenteils, tut aber nichts, um das auch qualifiziert zu ermöglichen und betrachtet die Passivität der Fachkräfte in Sachen Evaluation dann wiederum als Beweis der bereits unterstellten Inkompetenz und Irrelevanz. Und auch dort, wo mit großer Anstrengung in Wirksamkeitsdialogen differenzierte Belege der Leistungsfähigkeit von Kinder- und Jugendarbeit erbracht wurden, werden diese Ergebnisse oft genug kaum gewürdigt und gehen in einem indifferenten Desinteresse der Verantwortlichen unter.

Außerdem wechselt die politische Aufmerksamkeit bzgl. der Probleme, die Kindern und Jugendlichen zugeschrieben werden rapide und mit ihnen wechseln die Arbeitsaufträge: Kriminalität, Probleme der Geschlechtssozialisation (Jungen!), mangelnde Schulleistungen, Desintegration von Migranten, Gesundheitsprobleme, Drogenmissbrauch, sexuelle Gewalt, Rechtsextremismus und vieles mehr werden der Kinder- und Jugendarbeit zur Lösung überantwortet und durch finanzielle Zuwendungen gesteuert. Die Fachkräfte bekommen kaum ausreichende Zeit, geeignete Arbeitsweisen zu entwickeln, die Arbeit zu entfalten und sie dann auch noch auszuwerten, weil derweil schon wieder andere Forderungen gestellt werden. Es entsteht der Eindruck einer hektischen, vor allem legitimatorischen Interessen der Politik dienenden Betriebsamkeit, die kein wirkliches Interesse daran hat, dass die Aufgaben tatsächlich auch ausgeführt werden.

4. Professionelle Kompetenzen und berufskulturelle Haltungen und Selbstbilder der Fachkräfte

Die Gründe für die Abstinenz der Kinder- und Jugendarbeit gegenüber Evaluationen können aber selbstverständlich nicht nur externen Faktoren und strukturellen Bedingungen des Handlungsfeldes zugeschrieben werden. Deutliche Hinderungen erwachsen auch aus der mangelnden Ausprägung professioneller Kompetenzen sowie aus spezifischen berufskulturellen Haltungen und Selbstbildern der Fachkräfte.

Zunächst zu den Hindernissen, die u.E. aus mangelnden *professionellen Wissen und Können* für die Umsetzung solcher Selbsterforschungsprojekte erwachsen: Häufig sind die Methoden von Konzeptentwicklung und Selbstevaluation weder bekannt noch geübt. Zum einen gehören diese methodischen Fähigkeiten noch nicht besonders lange zu den Studieninhalten der Hochschulen; zum anderen informieren sich Fachkräfte eher selten in der Fachliteratur über neue Erkenntnisse und Konzepte für die Kinder und Jugendarbeit. Was sie aber nicht kennen, können sie auch nicht erproben (vgl. hierzu die Studien von Thole/ Küster-Schapfl 1997 und Ackermann/ Seek 1999). So kommt es zu konzeptionellen Unklarheiten und/ oder Lücken bzgl. der relevanten Wissensbestände, die den Fachkräften helfen könnten, Situationen und Probleme mehrperspektivisch zu analysieren und zu deuten. Stattdessen benutzen sie lieber undifferenzierte berufskonventionelle Chiffren wie etwa „Beziehungsarbeit" oder „soziales Lernen" zur Beschreibung und zur Legitimation ihrer Arbeit. So zeigt etwa die Studie von Delmas/ Scherr (2005) zur Einschätzung von Bildungswirkungen Offener Jugendarbeit, dass die befragten Fachkräfte kaum in der Lage waren, ihre Arbeitsweisen und die Einschätzung von Wirkungen in Bezug auf theoretische Konzepte der Jugendarbeit zu reflektieren. Die befragten Jugendlichen hingegen konnten wichtige und positive Wirkungen ihrer Erfahrungen in der Offenen Arbeit weitaus klarer als die beteiligten Fachkräfte benennen. Hinzu kommen negative berufskulturelle Haltungen und Selbstbilder. Wir haben den Eindruck, dass – allerdings verbreiteter in der Offenen Arbeit als in der Jugendverbandsarbeit – bereits lange eine Selbstwahrnehmung unter den Fachkräften vorherrscht, die sich als marginal, vernachlässigt, beschimpft, kaputt gespart usw. empfindet. Man versteht sich als wehrloses Opfer der Ignoranz und Missachtung von äußeren Mächten und Bedingungen, namentlich von Trägern und Politik, was ja durchaus eine reale Seite hat. Angst vor Kritik und von außen unterstellte (oder reale?) Absichten der Störung, ja Zerstörung der Arbeitsbedingungen tun ein Übriges. Wer nicht mehr an den Wert („Value") der eigenen Arbeit glaubt, wird sich kaum trauen sie zu *evalu*ieren.

5. Kritische Anmerkungen zur Ziel- und Wirkungsorientierung

Die Vorgabe für diesen Aufsatz stellte sich für uns zunächst als eine positive Herausforderung dar. Es sollte ja darum gehen, Ideen für eine Verbesserung der Evaluationskultur in der Kinder- und Jugendarbeit zu entwickeln. Nach unserer gemeinsamen Reflexion über Hindernisse – wir sind selbst überrascht, wie viele wir gefunden haben – ist unsere Skepsis gewachsen. Wir möchten daher einige Schritte zurücktreten und die Funktionen der politischen Legitimation und des Nachweises der Zielerreichung reflektieren, um daraus Schlüsse für unser Thema ziehen; wir beginnen mit dem Legitimationsthema:

Ziele und Zwecke der Sozialen Arbeit sind gesellschaftlich definiert und institutionell organisiert. Fachkräfte müssen balancieren zwischen wechselnden und auch widersprüchlichen kommunal- bzw. verbandspolitischen und institutionellen Vorgaben einerseits und den Bedürfnissen und Interessen ihrer AdressatInnen andererseits. Dieses sog. doppelte Mandat ist ein wesentliches Charakteristikum der Sozialen Arbeit und somit auch strukturgebend für die Offene Kinder- und Jugendarbeit (vgl. v. Spiegel 2004).

Dem Staat – hier überwiegend in Gestalt der Kommunalpolitik – obliegt die Pflicht zur Bereitstellung einer angemessenen sozialen Infrastruktur bei möglichst niedrigen Kosten. Wenn es um Geld geht, scheinen sich Anleihen beim betriebswirtschaftlichen Denken anzubieten; die meisten der seit 15 Jahren eingeführten Verfahren und Ideen zum Qualitätsmanagement stammen aus der Betriebswirtschaft (z.B. Kosten-Nutzen-Analysen, Finanzierung nach Erfolgsquoten u.a.). Allerdings sperrt sich die Soziale Arbeit allgemein und im besonderen Maße die Offene Kinder- und Jugendarbeit aufgrund ihrer besonderen Charakteristika gegen eine betriebswirtschaftliche Vermessung und eine darauf bezogene Steuerung: man bekommt weder das Feld noch die Kosten wirklich „in den Griff". Es gelingt nicht systematisch, wirkungsförderliche Aspekte von überflüssigen oder gar schädlichen zu trennen.

Politiker und ihre Controller tun sich sehr schwer mit der Rationalität des Feldes; sie pflegen ein technologisches Wirkungsverständnis und ärgern sich darüber, dass die Fachkräfte dieses zurückweisen (müssen). Andererseits ist bekannt, dass politische (und öfter einmal auch betriebswirtschaftliche) Entscheidungen eher nicht auf der Basis von Evaluationsergebnissen getroffen werden. Fachkräfte können auch nicht damit rechnen, von Kürzungen verschont zu werden, wenn sie „gute" Ergebnisse vorweisen können. Daher ist zu fragen, auf welche Aspekte der geforderten Legitimation sie sich konzentrieren sollen. Was will die Politik mit der Frage nach Wirkungen bezwecken? Unsere Hypothese ist, dass es in erster Linie um den Nachweis geht, das Nötige getan zu haben („die tun was"). Politik reagiert zuerst auf Katastrophenszenarien; dieses Bedürfnis hat die Kinder- und Jugendarbeit lange mit ihren Versprechen bedient. Sie hat sich aber damit in eine prekäre Lage gebracht, denn sie konnte mit *ihren* Mitteln natürlich keine Lösungen für all die Aufgaben und Probleme anbieten, die ihr (auch angesichts ihrer „Lösungs"- Angebote) zugeschoben wurden. In solchen Fällen (etwa der Gewaltprävention, oder gar der Senkung von Jugendkriminalitätszahlen) lassen sich auch mit ausgeklügelten Evaluationsstrategien kaum eindeutige Wirkungen nachweisen. Da hilft es nur, politisch über realistische Ziele für die Jugendarbeit und über Kriterien für Erfolg zu streiten und in diesem Zusammenhang auch Aufträge an die Politik zurück zu verweisen. Häufig ist nämlich gar nicht klar, *was* überhaupt evaluiert werden soll und schon gar nicht, wozu die Ergebnisse dienen sollen. Statt sich politisch wechselnden Zielvorgaben anzubiedern, ginge es darum, politisch für die Anerkennung fachlich und gesetzlich (vgl. §§ 11 und 12 SGB VIII) relevanter Ziele der Kinder- und Jugendarbeit zu kämpfen.

Da es wegen des strukturell bedingten Technologiedefizits der gesamten sozialen Arbeit ohnehin nicht möglich ist, *lineare* Verbindungen zwischen „guter Arbeit" und „guten Ergebnissen" herzustellen, ist die prinzipiell auf Ergebnisse erpichte Politik immer weniger bereit, sich mit der Prozessdimension von Sozialpädagogik zu befassen. Bevor man Geld in undurchschaubare Prozesse pumpt, überlässt man es lieber den Trägern, unter Konkurrenzbedingungen und zu möglichst niedrigen „Produktionskosten" die gewünschten Ergebnisse zu erzielen, ohne sich um die Herstellungsbedingungen kümmern zu müssen (vgl. dazu die Diskussion um die wirkungsorientierte Steuerung der erzieherischen Hilfen, v. Spiegel 2007).

Wenn die Kinder- und Jugendarbeit aber nicht beweisen kann, dass gerade und besonders in diesem Feld die Qualifizierung der *Prozessebene* das Ausschlaggebende ist, bekommt sie existenziell bedrohliche Legitimationsprobleme. Das Feld ist viel zu marginal, als dass man es um seiner selbst willen bestehen lassen könnte. Das lässt sich auch daran ablesen, dass es hier – und im Gegensatz zum Bereich der Hilfen zur Erziehung – so gut wie keine staatlich finanzierten Evaluationsaufträge gibt. Evaluationen können aber durchaus zeigen, was „geht", *wie* also Prozesse in der Offenen Kinder- und Jugendarbeit ablaufen und welchen Nutzen die Arbeit für die AdressatInnen hat. Sollte man also aufklärend wirken? Dieses hätte Sinn, wenn Politik ihrerseits bereit wäre, sich den diffizilen Fragen im sozialpädagogischen Feld zu stellen; der politische Wirksamkeitsbegriff ist allerdings grobschlächtig und populistisch und oft noch nicht einmal auf explizite Ziele bezogen, obwohl dieses eigentlich nötig wäre.

Ziele mit all ihren fachlichen und betriebswirtschaftlichen Facetten bilden seit Beginn der Qualitätsdebatte die Bezugspunkte für „Erfolg" und „Wirkung". Auch *unsere* Empfehlungen zu Konzeptionsentwicklung und Selbstevaluation betonen – wie andere auch – die Bedeutung operabler Ziele, die es möglich machen, darauf bezogene Arrangements und Angebote zu entwickeln und den Grad der Zielerreichung zu reflektieren (was ja bekanntlich noch nicht mit „Wirkungen" bei den AdressatInnen gleichzusetzen ist). Sind aber diese zielorientierte Modelle angemessen und wirklich alternativlos?

Kinder und Jugendliche sind keine „Objekte", die man geplant und zielgerichtet beeinflussen (oder gar prägen) kann. Sie sind von Geburt an „Subjekte", die Bedürfnisse und Interessen haben und sich die Welt selbsttätig aneignen. Sozialpädagogische Arbeit und Bildungsförderung bestehen daher überwiegend aus der Gestaltung förderlicher, anregender und demokratisch-partizipativer Settings, aus verlässlichen Beziehungen, aus wertschätzenden Haltungen und aus „geduldigem Zuwarten". Fachkräfte sind in der Rolle der „Koproduzenten"; sie assistieren den AdressatInnen bei den Prozessen der „Produktion" ihres Lebens. Sie erleben daher dezidierte Zieloperationalisierungen und darauf bezogene Evaluationen leicht als eine realitätsferne und wenig hilfreiche Zumutung, die gerade *nicht* abbilden, woraus ihre „eigentliche" Arbeit besteht, und was als Erfolg oder als Wirkung gewertet werden kann. Die Erreichung von konzeptionell gesetzten Zielen ist es jedenfalls nicht allein; Wirkungen sind u.a. Ergebnisse dessen, was die AdressatInnen mit den für sie konstruierten Angeboten (und aus dem „Rest der Welt") gemacht haben. Solche Bildungswirkungen lassen sich nur durch die Subjekte und nur retrospektiv erschließen. Ob damit die politisch gewünschten und/ oder konzeptionell angestrebten Wirkungen erzielt wurden, bzw. welche Wirkungen es überhaupt gibt, lässt sich wegen des Technologiedefizits nicht durch einfache Messungen feststellen. Hierfür sind aufwändigere Evaluationen als Wirkungsreflexionen notwendig, die über einen längeren Zeitraum anzulegen wären. Aber genau hierfür fehlt meist das Geld; zudem fordert Politik *kurzfristig* Wirkungs- und Erfolgsnachweise.

Was bedeutet dies für die Kinder- und Jugendarbeit? Wir empfehlen *nicht*, auf Ziele zu verzichten, sondern einen relativierten, „revisionären" Umgang mit Zielen zu pflegen. Ziele haben im Wesentlichen eine visionäre und heuristische Funktion; sie dienen der Verständigung über die Richtung der professionellen Arbeit. Sie sind unabdingbar für die Konzeption, die den Rahmen für die Konstruktionen beschreibt, innerhalb derer sich das Geschehen entfaltet. Realistische Ziele halten somit die Arbeit fachlich begründbar und legitimierbar, müssen aber im Prozess der Assistenz selbsttätiger Bildungsprozesse von Subjekten immer wieder angepasst, also revidiert werden.

Wir empfehlen aber keine alleinige Messung der Zielerreichung oder der Wirksamkeit bestimmter „Maßnahmen" oder „Angebote". Statt Wirksamkeits*analysen* sollte es um Wirkungs*reflexion* gehen, um plausibilisierbare Begründungen der Annahme von Wirkungszusammenhängen, besonders unter Beteiligung der AdressatInnen selber und somit um die fachliche Qualifizierung der pädagogischen Arbeit. Darüber hinaus sollte wesentlich stärker in den Blick genommen werden, welchen konkreten (Gegenwarts-)*Nutzen* die Kinder/ Jugendlichen aus ihrer Teilnahme im Jugendverband oder im Jugendhaus ziehen (vgl. hierzu die Beiträge im zweiten Teil dieses Buches), denn die subjektiven Einschätzungen der AdressatInnen können erheblich von denen der Fachkräfte und der Politik abweichen. Beides lässt sich gut mit Strategien der Selbstevaluation realisieren und kann auch zur Legitimation der Arbeit beitragen. Somit ist nicht nur die pädagogische Arbeit eine Koproduktion mit den AdressatInnen (vgl. v. Spiegel 2004), sondern auch deren Bewertung (Koevaluation).

6. Niederschwellige und konstruktive Bedingungen für den Einstieg in Selbstevaluation und Wirkungsreflexion in der Kinder und Jugendarbeit

Wie könnten Fachkräfte Motivation zur Evaluation ihrer Arbeit entwickeln? Ihnen noch einmal die Argumente und Belege aufzuzählen, die zeigen, dass solche Projekte die eigene Fachlichkeit steigern, die Legitimation herstellen helfen, Teamkooperation klären und insgesamt die Leistungspotenziale von Kinder- und Jugendarbeit zeigen können, wird wenig helfen. Ohne die *Erfahrung*, dass die oben beschriebenen positiven Effekte für die Fachkräfte selbst tatsächlich eintreten, werden sie sich kaum den guten Gründen beugen.

Eher scheint es hilfreich zu sein, ihnen den Einstieg in Selbstevaluation zu erleichtern in der Hoffnung, dass sie „auf den Spuren ihres eigenen Erfolgs" weiter voran gehen. Das kann auf zwei Weisen geschehen: zum einen müssten Politik (und Träger) die Rahmenbedingungen für solche Projekte förderlicher gestalten und auch ihre Haltungen gegenüber den Fachkräften ändern. Zum anderen müsste der Anspruch an Wirkungsreflexionen realistisch beschrieben werden.

Zunächst geht es ganz simpel um die Ressourcen „Zeit" und „Geld": mit Fachkräften müssten gemeinsame Zeitfenster verabredet werden, die für Reflexion und Selbsterforschung der Arbeit zur Verfügung stehen. Hierfür sind finanzielle Mittel nötig, um zumindest eine gewisse externe Beratung und Begleitung einzukaufen.

Die Änderung der Haltungen bezieht sich auf die Wertschätzung gegenüber den Fachkräften, auf die Unterstützung und Fehlerfreundlichkeit statt eines vorurteilsvollen, kontrollierenden und drohenden Gestus. Aus Projekten der Organisationsentwicklung ist hinlänglich bekannt, dass mit positiven Anreizen mehr zu erreichen ist als mit Anordnungen und der Androhung negativer Folgen. An die Stelle der Unterstellung „Da läuft ja nichts!" müsste ein Interesse an der Kinder- und Jugendarbeit treten: „Was genau läuft denn da?"

Um das herauszufinden, wird es kaum möglich sein, sofort Projekte zu verlangen, die den Standards qualifizierter Selbstevaluation (wie sie auch von uns vorgeschlagen wurden) entsprechen. Stattdessen sollte man „niederschwellig" starten und so den Einstieg in eine systematische, vom Alltagsgeschäft distanzierte und kriteriengeleitete Beobachtung und Reflexion von Prozessen und ihren Wirkungen in der Jugendarbeit fördern.

Dies kann beginnen bei dem ersten und zentral wichtigen Schritt pädagogischen Handelns und Reflektierens, nämlich der *Wahrnehmung und Beobachtung*. Müller/ Schmidt/ Schulz (2005) haben mit ihrer Studie zu Bildungspotenzialen der Offenen Kinder- und Jugendarbeit die großen Chancen des Feldes für Bildungsprozesse der Teilnehmenden herausgearbeitet. Sie haben auch gezeigt, dass pädagogische Förderung bei der Wahrnehmung von Bildungsgelegenheiten und -themen der Kinder und Jugendlichen beginnen muss. Sie schlagen dazu ein Set von unterstützenden Methoden vor, das ohne großen Zeitaufwand im beruflichen Alltag umgesetzt werden kann. Mit der Dokumentation von Wahrnehmungen beginnt die fachliche Reflexion von Settings und Handlungsprozessen und ihren Wirkungen im Alltag. Aus einer Zeitreihe solcher Beobachtungen können bereits evaluative Rückschlüsse gezogen werden.

Man kann sich auch die Erfahrung zunutze machen, dass Fachkräfte gerne narrativ reflektieren. Sie erzählen „Geschichten", also individuelle Konstruktio-nen über AdressatInnen, Problemstellungen, Selbstverständnisse, Lösungs- und Bewältigungsweisen. Statt den Fachkräften also von außen Evaluationsmethoden vorzugeben, erscheint es zunächst hilfreicher, bei *ihrer* berufskulturellen Erzähl- und Reflexionsweise anzusetzen. Diese Geschichten brauchen ein interessiertes Gegenüber, und sie sollen dokumentiert werden. Ihnen Raum zu geben hieße, die Alltagserfahrungen der Fachkräfte ernst zu nehmen und ihre Deutungen grundsätzlich anzuerkennen. Hierfür brauchen Fachkräfte Arrangements, innerhalb derer sie *ihre* Geschichten erzählen können und in einen Austausch mit anderen Geschichten kommen. Das könnte der erste Schritt auf dem Weg zu einer reflexiven Nutzung der Geschichten sein. Wenn man die eigene Geschichte mit anderen vergleicht, entsteht eine reflexive Distanz. Im Übrigen beruht auch jegliche Evaluation letztlich auf (kriterienorientierten) Vergleichen (vorher/ nachher, einer Methode mit der anderen, eines Ziels mit dem „Ergebnis" usw.).

In einem zweiten Schritt kann man beginnen, die Geschichten strukturierter zu verstehen und in eine fachliche Analyse einzusteigen. Dabei sollte auch wissenschaftliches Wissen multiperspektivisch herangezogen werden, mithilfe dessen man reflexive Kategorien der „Diagnose", des Verstehens /der Erklärung und des Bewertens einführen kann. Auf diese Weise entsteht ein Setting, das als Supervision oder kollegiale Fallberatung stattfinden könnte. Um die Ergebnisse allerdings auch zu Legitimationszwecken zu nutzen, müssen diese Arbeitsweisen immer um eine Dokumentation und Präsentation von Erkenntnissen ergänzt werden. Man kann bei „Erfolgsgeschichten" beginnen, um sich dann auch problematischen Erfahrungen und Wirkungen zuzuwenden.

Träger können diesen Ansatz unterstützen, indem sie der Kinder- und Jugendarbeit Gelegenheiten bieten, ihre reflektierten Leistungen der *Öffentlichkeit* als Erfolge zu präsentieren. Statt die Fachkräfte zu zwingen, sich an negativer Kritik abzuarbeiten, könnten sie Leistungsanreize schaffen, z.B. durch die gegenseitige Präsentation „starker" Erfahrungen und Erkenntnisse. In kommunalen oder regionalen Reflexions- und Innovationsforen (in Qualitäts- und/ oder Wirksamkeitsdialogen) sollten reflexiv verdichtete Erfolgsgeschichten vorgestellt, gemeinsam reflektiert und bewertet werden.

Für alleine arbeitende Fachkräfte, die keinen Austausch im Team pflegen können, könnte der Einstieg in Selbstevaluation und Wirkungsreflexion über ein fachliches Internetforum erleichtert werden. Auch dieses bietet die Möglichkeit, Praxisgeschichten vor- und in Kontakt mit anderen Fachkräften in Frage zu stellen. Ein wissenschaftlich informierter „Webmaster" würde in diesen Fällen den notwendigen Wissenschaftsbezug erbringen. Erste Konzepte einer fachlichen Fallberatung für die Kinder- und Jugendarbeit im Internet sind bereits erarbeitet (so mit dem Verband Kinder- und Jugendarbeit Hamburg); bisher konnten allerdings keine Fördermittel dafür eingeworben werden.

Erst wenn mit solchen Ansätzen die fachliche Selbstreflexion gesteigert und Bedrohungen und Ängste genommen werden können, ist zu hoffen, dass damit auch Chancen für komplexere Selbstevaluationen und Wirkungsreflexionen in der Kinder und Jugendarbeit entstehen.

Literatur

Ackermann, F./ Seeck, D. (1999): Soziale Arbeit in der Ambivalenz von Erfahrung und Wissen. Motivation – Fachlichkeit – berufliche Identität: Ergebnisse einer qualitativ-empirischen Untersuchung. In: neue praxis, Heft 1, S. 7-22

Breede, Chr./ Spiegel, H. v./ Sturzenhecker, B. (2007): Warum Konzeptentwicklung in der Kinder- und Jugendarbeit? In: Sturzenhecker, B./ Deinet, U. (Hrsg.): Konzeptentwicklung in der Kinder- und Jugendarbeit. Juventa Verlag. Weinheim und München, S. 34-50

Delmas, N./ Scherr, A. (2005): Bildungspotenziale der Jugendarbeit. Ergebnisse einer explorativen empirischen Studie. In: deutsche jugend, 53. Jg., Heft 3, S. 105-109

Fauser, K./ Fischer, A./ Münchmeier, R. (2006) (Hrsg.): Jugendliche als Akteure im Verband Ergebnisse einer empirischen Untersuchung der Evangelischen Jugend Bd. 1. Opladen

Mannheim-Runkel, M./ Taplik, U. (1998) (Hrsg.): Konzeptentwicklung in der Jugendarbeit. Frankfurt/Main

Müller, B./ Schmidt, S./ Schulz, M. (2005): Wahrnehmen können. Jugendarbeit und informelle Bildung. Freiburg i. Br.

Projektgruppe WANJA (2000): Handbuch zum Wirksamkeitsdialog in der Offenen Kinder- und Jugendarbeit. Qualität sichern, entwickeln und verhandeln. Münster

Spiegel, H. v. (2000) (Hrsg.): Jugendarbeit mit Erfolg. Arbeitshilfen und Erfahrungsberichte. Münster

Spiegel, H. v. (2005): Qualität selbst bestimmen. Das Konzept „Qualitätsentwicklung, Qualitätssicherung und Selbstevaluation in der Offenen Kinder- und Jugendarbeit". In: Deinet, U./ Sturzenhecker, B. (Hrsg.): Handbuch Offene Jugendarbeit. 3. Aufl. Wiesbaden, S. 595-603

Spiegel, H. v. (2004): Methodisches Handeln in der Sozialen Arbeit. Grundlagen und Arbeitshilfen für die Praxis. 2. Aufl., München u. Basel,. 2006

Spiegel, H. v. (2007 a): Wirkungsorientierte Steuerung der erzieherischen Hilfen. In: Spiegel, H. v./ Middendorf, P. (Hrsg.): Zielorientierte Dokumentation in der Erziehungshilfe – Standards, Erfahrungen und Ergebnisse. Frankfurt/ Main , S. 196-217

Spiegel, H. v. (2007 b): So macht man Konzeptionsentwicklung – eine praktische Anleitung. In: Sturzenhecker, B./ Deinet, U. (Hrsg.): Konzeptentwicklung in der Kinder- und Jugendarbeit. Weinheim und München, S. 51-95

Spiegel, H. v./ Sturzenhecker, B./ Deinet, U. (2002): Qualitätsstandards Offener Jugendarbeit selbst bestimmen oder übernehmen? Die Modelle „QQS" (Qualitätsentwicklung/Selbstevaluation) und „WANJA" (Selbstbewertung) im Vergleich. In: deutsche jugend, Heft 6/2002, S. 247-255

Sturzenhecker, B. (2007 a): Zum Milieucharakter von Jugendverbandsarbeit. Externe und interne Konsequenzen. In: deutsche jugend, Heft 3/2007, S. 112-1997

Sturzenhecker, B. (2007 b): Jugendarbeit ausbauen statt an Ganztagsschule verlegen! Argumente gegen Christian Pfeiffers erneuten Vorstoß zur Auflösung der Offenen Kinder- und Jugendarbeit. In: deutsche jugend, Heft 2/2007, S. 86-90

Sturzenhecker, B. (2007 c): Revisonäre Planung – Bedeutung und Grenzen von Konzeptentwicklung in der „organisierten Anarchie" von Jugendarbeit. In: Sturzenhecker, B./ Deinet, U. (Hrsg.): Konzeptentwicklung in der Kinder und Jugendarbeit. Weinheim/München, S. 220-236

Thole,W./ Küster-Schapfl, E.-U. (1997): Sozialpädagogische Profis. Beruflicher Habitus, Wissen und Können von PädagogInnen in der außerschulischen Kinder- und Jugendarbeit. Opladen.

Werner Thole

Verkannt und unterschätzt – aber dringend gebraucht. Zur Perspektive der Kinder- und Jugendarbeit als pädagogischem Handlungsfeld

Das Handlungsfeld der Kinder- und Jugendarbeit steht gegenwärtig zum wiederholten Male im Zentrum der sozial- und bildungspolitischen Diskussionen. Angeregt wird die kritische Beobachtung nicht nur über die in solchen Diskussionen als Jederzeitargument zitierte desolate Lage der öffentlichen Haushalte, sondern auch und insbesondere über die sich deutlich abzeichnenden, strukturellen Veränderungen im Bildungs-, Erziehungs- und Sozialwesen. Die Ausdehnung der Schule auf den Nachmittagsbereich und das sich verändernde Verhältnis von Kinder- und Jugendhilfe insgesamt und hier insbesondere von Kinder- und Jugendarbeit und Schule bestimmen die Diskussion und die Realität der gegenwärtigen Veränderungen. Sicherlich ist noch nicht entschieden, welche Richtung eine Zusammenarbeit dieser beiden Sozialisationsagenturen einnimmt und welche Rolle der Kinder- und Jugendarbeit hierbei zufällt. Sicher scheint derzeit nur, dass Kinder- und Jugendarbeit am Ende des gegenwärtigen Neubestimmungsprozesses ein anderes Gesicht haben wird. Auf die Larmoyanzen, die sich gegenwärtig angesichts dieser Situation zeigen, wiesen unlängst Nanine Delmas und Werner Lindner (2005) nachdrücklich hin.

Das Aufwachsen von Kindern und Jugendlichen wird durch unterschiedliche institutionelle Kulturen geprägt. Neben der Familie, der öffentlichen Elementarerziehung, dem schulischen Primar- und Sekundarbereich sowie den Orten der tertiären Bildung erfahren in den letzten Jahren die unterschiedlichen Projekte und Angebote der informellen und non-formalen Bildung vermehrte Aufmerksamkeit (vgl. Otto/ Oelkers 2006; Rauschenbach/ Düx/ Sass 2006). Durch gesetzlich kodifizierte Richtlinien, klare institutionelle Strukturen und Hierarchien sowie ausgerichtet auf die Initiierung von Bildungsprozessen über die Verwirklichung von Unterricht ist das pädagogische Szenario Schule nachvollziehbar gerahmt. Auf annähernd vergleichbar klare und allgemein gültige Rahmungen können weder die Orte non-formaler und noch weniger die informellen Bildungsprozesse verweisen. Dies gilt auch für das außerschulische Sozialisationsfeld der Kinder- und Jugendarbeit. Trotz der Fortschritte sind so bis heute auch viele Fragen in Bezug auf die Kinder- und Jugendarbeit ungeklärt, auch und insbesondere die, wie sich die Kinder- und Jugendarbeit als Arbeitsfeld konstituiert und welche Formen des pädagogischen Handelns sich hier im Alltag entfalten.

1. Bildung in der Kinder- und Jugendarbeit. Hinweise und Erinnerungen

In den Projekten und Diskussionen der Kinder- und Jugendarbeit war und ist Bildung seit den Anfängen – nicht nur im Kontext der Jugendbildungsarbeit – präsent. „Eine Jugendarbeit", schrieb beispielsweise Manfred Liebel (1970, S. 28 ff.) in einem Aufsatz, „die sich auf die Vermittlung von vorgegebenen Bildungsinhalten kapriziert, führt zwangsläufig zu einer Auslese der Bildungswilligen und drängt die Jugendlichen, die sich wenigstens in der Freizeitsphäre einen Freiraum gegenüber Leistungs- und Bildungsansprüchen erhalten wollen, an den Rand des pädagogischen Handlungsfeldes. (…) Jugendarbeit (…) kann sich deshalb nicht auf die Eruierung allgemeiner Grundbedürfnisse und mehr oder minder zufälliger Freizeitinteressen beschränken, sondern hat sich auf die klassen- und schichtenspezifischen Lebensbedingungen einzulassen und die hieraus resultierenden objektiven Interessen und das in den (…) Verhaltens- und Beziehungsmustern enthaltene Emanzipationspotential zutage zu fördern. (…) Jugendarbeit mit emanzipatorischen Anspruch müsste (…) doppelt ansetzen (…), Elemente solidarischer Beziehungen und kollektiver Identitäten fördern und (…) sie müsste selber politische, nicht nur pädagogische Praxis sein".

Dem konzeptionellen Entwurf „Aufforderung zum Abschied von der sozialintegrativen Jugendarbeit" nach, sollte die Jugendarbeit die Jugendlichen zu einer selbstorganisierten, „gesellschaftskritischen Praxis motivieren", die Jugendlichen unterstützen, ihre Interessen zu formulieren und sie animieren, gesellschaftliche Zwänge und Ausbeutungsbedingungen in Betrieb, Schule und Familie zu kritisieren (vgl. Liebel 1974). Insbesondere die „verbürgerlichte Wirkung des Schulmilieus", so M. Liebel (1974, S. 133) in einem gemeinsam mit dem früh verstorbenen Hellmut Lessing verfassten Beitrag, „dürfte heute leichter aufzubrechen sein (…). Gerade die organisatorische Starrheit der gymnasialen Binnenstruktur bietet heute (…) unzählige Ansätze zur Aktualisierung von Widersprüchen und Konflikten, von denen erwiesenermaßen mobilisierende Effekte ausgehen. Jugendarbeit wurde als pädagogisch-politisches Feld der jugendpolitischen Bildung und der Aktivierung von Jugendlichen zur Durchsetzung ihrer Interessen identifiziert".

Eine andere konzeptionelle Perspektive weist gut zehn Jahre später Hermann Giesecke (1984, S. 445 ff.), dessen frühe Schriften aufgrund ihrer Überbetonung des Pädagogischen von M. Liebel (1971) kritisiert wurden, der Jugendarbeit zu. Weil die Jugendarbeit im Freizeitsystem keinen eigenen Platz mehr ausfüllen kann und „vor den schon immer gescheiterten Versuchen, die kommerzielle Freizeit- und Konsumkultur auf ihrem eigenen Feld schlagen zu wollen", zu warnen ist, so führte er aus, könnte die paradoxe Situation entstehen, dass „die Jugendarbeit morgen mit Bildungsformen Erfolg hat, die sie gestern noch an der Schule kritisiert hat". Für H. Giesecke waren 1984 die „gesellschaftlichen Voraussetzungen für die überlieferte Jugendarbeit (...) gegenstandslos geworden". Sie schienen allenfalls noch für diejenigen interessant, die „die Beziehungsfaxen" in der Schule „dicke" hatten. Jugendliche, so seine Annahme, die „ohne Umschweife zur Sache kommen möchten, finden sich vielleicht demnächst in den entsprechenden Bildungsangeboten der Jugendarbeit wieder" (Giesecke 1984, S. 446).

Hätte die emanzipatorisch-revolutionäre Hoffnung Widerhall bei den jugendlichen AdressatInnen gefunden, sie aus dem Gleichklang mit dem bürgerlichen Gesellschaftssystem befreit und sie zu IdeenträgerInnen einer neuen Schule aktiviert, dann hätte die Konzeption einer antikapitalistischen Jugendarbeit die von ihr angestrebte Verwirklichung erlebt. Hätte H. Giesecke mit seiner Diagnose und Prognose recht behalten, dann gäbe es heute entweder keine Jugendarbeit mehr oder sie hätte in der Tat die Schule als bedeutendstes außerfamiliales Sozialisationsfeld verdrängt.

Doch weder wurde die Schule durch die von der Jugendarbeit zu revolutionären AktivistInnen gebildeten Jugendlichen neu gestaltet, noch hat sie die Schule als zentralen gesellschaftlichen Sozialisationsbereich abgelöst; und genauso wenig scheint die Kinder- und Jugendarbeit ihre Funktion als bedeutsames außerschulisches Aktionsfeld für Heranwachsende gänzlich eingebüsst zu haben. Im Kern, so könnte fast vermutet werden, haben zwar die Prognosen und gesellschaftlichen Utopien die Wirklichkeit nicht erreicht, die ihnen zugrunde liegenden Diagnosen verloren jedoch – zumindest wenn den zur Zeit hoch gehandelten Einschätzungen vertraut wird – nur wenig an Gültigkeit. Wird dem öffentlichen Bild über die Kinder- und Jugendarbeit nicht widersprochen, dann scheint dieses gesellschaftlich geförderte Sozialisationsfeld ebenfalls nicht durchgängig erfolgreich zu agieren sowie nicht in der Verfassung zu sein, die von der Schule nicht realisierten Bildungsinteressen zu befriedigen.

Kinder- und Jugendarbeit als sozial-pädagogische Arena – Zugang eins
Viele Kinder und Jugendliche sind heute in der Lage eine Alltagspraxis zu leben und auszugestalten, die den Anforderungen und Möglichkeiten der modernisierten

Gesellschaft mehr oder weniger – wenn zuweilen auch äußerst gebrochen – entspricht. Abgefedert und möglich werden diese Gestaltungen durch einen deutlich ausgeprägten Eigensinn und durch einen Zugewinn an reflexiver Kompetenz. Kinder und Jugendliche suchen und finden die Themen, die für sie von Interesse sind und setzen sich mit ihnen auseinander; sie lernen und üben die Tätigkeiten die sie zur Realisierung eines ausgefüllten Alltags meinen beherrschen zu können; sie zelebrieren und inszenieren die Kultur-, Sozial- und Sportpraxen die ihnen nahe erscheinen und von denen sie sich, im Kontext ihres sozialen Gefüges, Anerkennung versprechen.

Ausgehend von dieser Beobachtung scheint die entscheidende Frage nicht zu sein, ob die Kinder- und Jugendarbeit sich beispielsweise als Feld der Bildung definiert respektive definieren kann, also ihren konzeptionellen Grundkanon über den Bildungsbegriff ausfächern sollte. Vielmehr gilt es nachzuspüren, ob sich die AdressatInnen mit der offensiv, öffentlich präsentierten Bildungsverpflichtung dieses sozialpädagogischen Handlungsfeldes unter den Bedingungen der Freiwilligkeit überhaupt anfreunden können.

Der Blick in ein kürzlich abgeschlossenes DFG-Forschungsprojekt zu den Bedingungen der Herstellung und Performanz von Kinder- und Jugendarbeit[1] kann verdeutlichen, dass die Kinder- und Jugendarbeit als pädagogisches Feld einem Hochseilakt gleicht, der zu misslingen droht, wenn pädagogische Anliegen zu deutlich pointiert werden oder sich aus Angst, die Anerkennung und den Zuspruch der Jugendlichen zu verlieren, von jedwedem inhaltlichen Anspruch verabschiedet wird.

Kinder- und Jugendarbeit erweckt bei oberflächlicher Betrachtung zuweilen den Eindruck, als sei sie gar kein von den alltäglichen Freizeitbeschäftigungen von der Kinder und Jugendlichen abgegrenzter Ort, sondern übergangslos darin eingebettet, chaotisch, ja zuweilen anarchistisch strukturiert und mit einer Tendenz zur Beliebigkeit versehen. Die Rekonstruktionen von Gesprächen mit MitarbeiterInnen und Jugendlichen der Kinder- und Jugendarbeit sowie von Alltagsszenarien legen nahe, davon auszugehen, dass dieser Eindruck täuscht, aber auch nicht zufällig entsteht. Folgen wir unseren Befunden, dann wird Kinder- und Jugendarbeit wesentlich dadurch geprägt, dass sie die Übergänge zwischen verschiedenen Sphä-

---

1 Das von der Deutschen Forschungsgemeinschaft geförderte Projekt »Ko.perform« (Konstitution und Performanz in der Kinder- und Jugendarbeit) ist an der Universität Kassel und der Universität Hildesheim angesiedelt. Neben dem Autor arbeiten an dem Projekt Burkhart Müller, Peter Cloos und Stefan Köngeter mit. Neben den beiden zuletzt genannten, die wesentlich die Feldarbeit des Projektes realisierten und auch die Auswertungen des Materials weitgehend durchführten, ist den Mitgliedern der Kasseler Rekonstruktionswerkstatt für ihre Beiträge bei der Aufschließung des erhobenen Materials zu danken.

ren des Alltags begleitet und bearbeitet. Die Kinder- und Jugendarbeit konstituiert quasi eine eigenständige, sozial-pädagogische Arena. Sozial-pädagogische Arenen der Kinder- und Jugendarbeit

1. sind Orte die dadurch strukturiert sind, dass ein nicht unwesentlicher Teil der dort stattfindenden Aktivitäten ohne die direkte Anwesenheit oder den direkten Einfluss von Erwachsenen bzw. Professionellen geschieht, diese jedoch zugleich permanent anwesend sind.
2. sind performativ hergestellte und sensorisch erfahrbare Orte für verschiedene Formen des „Sich-In-Szene-Setzens" und der passiven Beobachtung des Geschehens.
3. ermöglichen eine Gleichzeitigkeit und den schnellen Wechsel von dezentrierter und zentrierter Interaktion, von Mitmachen und Rückzug, Aktion und Ruhe. Hierin unterscheidet sich das Handeln in der Kinder- und Jugendarbeit im Wesentlichen von vielen anderen pädagogischen Arbeitsfeldern.
4. ermöglichen ein Geschehen, das in einem hohen Grade unvorhersehbar ist. Das hat zur Folge, dass jede Interaktion unter den prekären Bedingungen der Diskontinuität stattfindet.
5. sind Austragungsorte für Wettkämpfe und Spiele, die immer vor dem Hintergrund eines realen Kampfes um Anerkennung unter Jugendlichen und zwischen Jugendlichen und Erwachsenen zu sehen sind
6. stellen Zugehörigkeit und Gemeinschaft über die Auseinandersetzung und Abgrenzung von anderen Subgruppen und Personen her, indem je eigene symbolische Zugehörigkeiten szenisch ins Spiel gebracht werden.
7. realisieren einen Großteil des Handelns unter den Bedingungen von interner Öffentlichkeit. Intimität ist hier nur unter den Bedingungen von Öffentlichkeit möglich.
8. stellen eine doppelte Bühne zur Verfügung, erstens für das Publikum, das sich aus den direkten TeilnehmerInnen rekrutiert, und zweitens eine Bühne, die von einer externen Öffentlichkeit beobachtet und beeinflusst wird.

Zusammengefasst lässt sich die Arena der Kinder- und Jugendarbeit als sozialer Ort unterschiedlichster Kommunikationsstile und -formen beschreiben. Hierbei nehmen alltägliche Kommunikationen und jugendkulturell geprägte Kommunikationsstile einen zentralen Stellenwert ein.

Diese Rahmung stellt sich zwar nicht immer gesteuert und bewusst geplant, keineswegs – zumindest da, wo sie gelingt – jedoch chaotisch oder anarchistisch her. Die Konstituierung unterliegt zumindest den Regeln der Sparsamkeit, des Mitmachens und der Sichtbarkeit der PädagogInnen als „Andere unter Gleichen".

- Die *Sparsamkeitsregel* beinhaltet, dass die MitarbeiterInnen nicht jede Situation zum Anlass für Transformations- und Modulationsversuche in Richtung einer pädagogischen Rahmung auf Grundlage einer asymmetrischen Arbeitsbeziehung nehmen können. Sie müssen – personen- und situationsabhängig – ständig neu über das jeweilige Sparsamkeitsmaß entscheiden.
- Durch das *Mitmachen* wird demonstriert, dass man sich mitten im Geschehen der öffentlichen Arena befindet und an den Aufführungen, Spielen und Wettkämpfen teilnimmt. Indem die MitarbeiterInnen zeigen, dass sie Spaß an diesen Aktivitäten haben, können sie die Kinder und Jugendlichen animieren, an den Aktivitäten teilzunehmen.
- Die *Sichtbarkeitsregel* verweist darauf, dass die PädagogInnen in der Kinder- und Jugendarbeit regelmäßig Stellung zu den Äußerungen, Bewertungen und Handlungen der Kinder und Jugendlichen beziehen und sich als Personen mit bestimmten Werthaltungen und Normvorstellungen erkennbar machen.

Da die Jugendlichen die PädagogInnen in der alltäglichen Konversation in der Regel immer wieder herausfordern, Stellung zu beziehen und zu handeln, stellt sich für die PädagogInnen folgendes Dilemma. Verhalten sie sich neutral oder markieren sie zu stark die Differenz zu den Jugendlichen – lassen diese „abtropfen" –, würden sie sich unnahbar und damit auch als wenig vertrauenswürdig erweisen. Verhalten sie sich dagegen konsequent gemäß ihrer eigenen Werthaltungen, würden sie die Arbeitsbeziehung gefährden. Die Regel der Sichtbarkeit ist ein alltagskommunikativer Ausweg aus diesem Dilemma. Einerseits kann so die Alltäglichkeit der Kommunikation weitergeführt werden. Andererseits wird so den Jugendlichen ein Hinweis gegeben, wie sie die PädagogInnen einzuschätzen haben.

Gerahmt und alltagsfunktional akzeptabel wird diese Hinterbühnenarchitektur durch den Handlungstypus „Andere(r) unter Gleichen". Und genau und gerade hierüber konturiert sich die Differenz zu anderen sozialpädagogischen, medizinischen, therapeutischen Handlungsfeldern, in denen zwar die diffusen Beziehungsanteile nicht gänzlich außer Acht gelassen werden können, jedoch Mitmachen, Sparsamkeit und Sichtbarkeit in der oben beschriebenen Form eine geringere Rolle zu spielen scheinen.

Das Bildungsanliegen und die -möglichkeiten stellen sich unter den genannten Rahmenbedingungen her. Kinder- und Jugendarbeit, das ist die Botschaft, konstituiert sich auch im offenen Feld der Einrichtungen nicht zufällig, sondern äußerst planvoll und strukturiert nach bestimmten Regeln. Werden sie von den PädagogInnen nicht als solche intuitiv erkannt oder verletzt, werden die Möglichkeiten, Bildungsprozesse zu initiieren dezimiert. Nur ihre kontinuierliche Reaktivierung eröffnet der Kinder- und Jugendarbeit die Chance, sich als Bildungsraum zu präsentieren.

Bildung als Grundvokabel der Kinder- und Jugendarbeit – Zugang zwei
Favorisiert und diskutiert wird gegenwärtig ein umfassender Bildungsbegriff, der unterschiedliche, formelle, nicht-formelle und informelle Formen von Bildung integriert und die Pluralität vielfältiger Bildungsorte, -gelegenheiten und -zeiten jenseits einer Fixierung auf schulische beziehungsweise berufliche Wissensverwertung und institutionelle Zuständigkeiten unterstellt (vgl. Rauschenbach u. a. 2004). Die Bildung des Subjekts bleibt dabei immer rückgebunden an kollektive Formen der Lebensführung und an die Integration des Subjekts in die Gesellschaft (vgl. Rauschenbach 2004). Das Bildungsprojekt der Kinder- und Jugendarbeit ist biographie- und lebensweltbezogen. Unter Bezug auf die Typologie der Aufgaben von Lebenswelten von Jürgen Habermas (1981) sind drei Kerndimensionen einer sozialpädagogischen Bildung hervorzuheben (vgl. Abb. 1).

1. In Bezug auf das kulturelle Erbe einer Gesellschaft hat Soziale Arbeit Menschen, wenn diese selbständig dazu nicht oder nicht mehr in der Verfassung sind, dabei zu unterstützen, das kulturelle Wissen der Gesellschaft anzueignen und Orientierungs- und Erziehungskrisen zu bearbeiten. Der Blick wendet sich hier den Formen der „kulturellen Reproduktion" zu korrespondiert dementsprechend mit der Initiierung von „kulturellen Bildungsprozessen".
2. Krisen auf der Ebene der sozialen Integration, des Verlustes von Zugehörigkeit und Anerkennung sowie Praxen der Renitenz bis hin zu kriminalisierbaren Handlungen können im Kontext der Sozialen Arbeit durch Formen der „sozialen Bildung" eine Bearbeitung und Thematisierung finden.
3. Verunsicherungen der Identität, Erosionen der Motivation und psychische Beeinträchigungen der individuellen Integrität finden in einer über Bildung aufgefächerten Sozialen Arbeit durch Projekte des „soziales Lernens" Beachtung und Bearbeitung.

Die Bestimmung der Bedeutung von Bildung in der Kinder- und Jugendarbeit hat sich vor diesem Hintergrund gegenwärtig, neben der Notwendigkeit einer präzisen inhaltlichen Ausbuchstabierung, insbesondere drei Problemkomplexen und den darin eingelagerten und im sozialpädagogischen Alltag nur schwer auszubalancierenden, paradoxen Ambiguitäten zu stellen:

- Erstens hat sie die Dimensionierung der Bildung als Projekt der „Erziehung" zu mehr Autonomie unter den Bedingungen von Freiwilligkeit zu thematisieren,
- zweitens Bildung als Bezugspunkt im Kontext der Identifizierung der Sozialen Arbeit als ein gesellschaftliches Handlungsfeld „sozialer Kontrolle und Disziplinierung" praktisch wie theoretisch zu konzeptualisieren und

- drittens die Konturierung der Bildungsidee im Zuge der Normalisierung der Sozialpädagogik und damit auch der Kinder- und Jugendhilfe fortzuschreiben, ohne zu übersehen, dass die Gesellschaft weiter von der Realität sozialer Ungleichheiten (vgl. Berger/Vester 1998) strukturell geformt ist.

Abbildung 1: Bildungsdimensionen und Reproduktionsfunktionen lebensweltorientierten Handelns

strukturelle Komponenten	Kultur (Krisenerscheinung)	Gesellschaft (Krisenerscheinung)	Persönlichkeit (Krisenerscheinung)
Reproduktionsprozesse			
Kulturelle Reproduktion **„Kulturelle Bildung"**	Überlieferung, Kritik, Erwerb von kulturellem Wissen (Sinnverlust)	Erneuerung legitimationswirksamen Wissens (Legitimationsentzug)	Reproduktion von Bildungswissen (Orientierungs- und Erziehungskrise)
Soziale Integration **„Soziale Bildung"**	Immunisierung eines Kernbestandes von Wertorientierungen (Verunsicherungen der kollektiven Identität)	Koordinierung von Handlungen über intersubjektiv anerkannte Geltungsansprüche (Anomie)	Reproduktion von Mustern sozialer Zugehörigkeit (Entfremdung)
Sozialisation **„Identitätsbildung"**	Enkulturation (Traditionsabbruch)	Wertinternalisierung (Motivationsentzug)	Persönlichkeitsentwicklung (Psychopathologien)

In Anlehnung an Habermas 1981/2, S. 217 ff.

Gerade dieser, zuletzt genannte Gesichtpunkt scheint nicht nur von besonderer Brisanz, sondern auch von einer exklusiven Relevanz zu sein. Die Lokalisierung und theoretische Kodierung der Zusammenhänge zwischen Bildung, Ausbildung und der Produktion respektive der Reproduktion sozialer Ungleichheiten stellt spätestens seit den 1960er Jahren eines der zentralen Themen der Soziologie und der Erziehungswissenschaft dar.

Gleichwohl gewannen insbesondere in den vergangenen anderthalb Jahrzehnten biographische Blicke auf Sozialisationsprozesse sowie subjektbezogene Fragestellungen an Bedeutung – auch weil kulturelle Pluralisierungsprozesse im Kontext gesellschaftlicher Individualisierungsvorgänge, eine deutlich ausgewiesene Bildungsexpansion, die zunehmend ausgeprägtere Partizipation von Mädchen und Frauen an dem gesellschaftlich vorgehaltenen Bildungskapital sowie ein sich insgesamt durchlässiger gestaltendes Bildungssystem für eine Auflockerung sozialer, kultureller und ethnisch geprägter Ungleichheitslagen sprechen. Zudem scheinen Schullaufbahnentscheidungen weitgehend emanzipiert vom sozio-ökonomischen Status der Eltern und dem hier verorteten Bildungskapital getroffen zu werden. Diese Wertung der gesellschaftlichen, insbesondere der sozial- und bildungspolitischen Modernisierung lässt zuweilen allerdings in Vergessenheit geraten, dass das „bildungspolitische Postulat der Gleichheit der Bildungschancen (…) bis heute mehr Programm bleibt, als dass es in der Praxis verwirklicht worden wäre" (Büchner 2003, S. 6; vgl. auch Böttcher/ Klemm 2000). So lässt sich vielmehr attestieren, dass

- sich die allgemeinen Formen und Praxen der Bildungsaspiration nach wie vor herkunftsabhängig beziehungsweise über die gewählten Familienformen regeln, wenn auch nicht zu übersehen ist, dass sich die lebenslagen- und milieuspezifischen Differenzen im Bildungsverhalten in den letzten drei Jahrzehnten verringerten (vgl. Schimpl-Niemanns 2000; Schlemmer 2004);
- schulische Bildungsbeteiligung und Bildungserfolg milieu- und herkunftsbedingte Prägungen zeigen und diese sich im Verlauf des Weges durch die Schule biographisch ausdifferenzieren und verschärfen (vgl. Rolff 1997) sowie sich spätestens beim Einstieg in den Beruf sozial und herkunftsbedingt Vorteile für diejenigen dokumentiert finden, die in familialen Kontexten mit hohen Bildungsressourcen respektive in gesellschaftlich anerkannteren Milieus aufwachsen;
- Übergangsentscheidungen, genereller formuliert, insbesondere von dem Primar- in den Sekundarbereich über das soziale Herkunftsmilieu gesteuert werden, Schullaufbahnempfehlungen herkunftsmilieuabhängig erfolgen und Eltern aus Milieus mit einer niedrigeren gegenüber denen mit einer hohen Bildungsaspiration häufiger zu ungunsten langfristiger Bildungskarrieren votieren;

- der oftmals beschriebene Fahrstuhleffekt, wonach die durchschnittlich höhere Bildungsbeteiligung alle einige Etagen höher gebracht hat, die schlichte Tatsache ignoriert, dass die Abstände zwischen den Stockwerken nicht kleiner geworden sind (vgl. Büchner 2003, S. 16);
- zwar die Figur vom „katholischen Arbeitermädchen vom Lande" als Beschreibungsfolie für soziale Distinktionen an Stimmigkeit verliert, regionale und geschlechterspezifische Disparitäten für Schullaufbahnpräferenzen an Bedeutung verlieren, hierüber aber nicht auf die Auflösung sozialer Bildungsungleichheiten geschlossen werden kann, zumal die zitierte Figur durch die des „männlichen Großstadtbewohners mit Migrationshintergrund" abgelöst wurde und soziale Schließungsprozesse gegenwärtig insbesondere gegenüber Familien mit Migrationshintergrund auszumachen sind;
- insbesondere sekundäre Effekte der über die Herkunftsmilieus präformierten Bildungsabsichten und -wege zu beobachten sind, weil Bildungszertifikate von Kindern, Jugendlichen und Erwachsenen in ihrem Nutzen unterschiedlich bewertet und auch different gesellschaftlich anerkannt werden und hierüber nachdrücklich indiziert wird;
- eine ungleiche Aspiration an den gesellschaftlichen Bildungsressourcen nicht nur Ungleichheitslagen reproduziert, sondern im Zuge des Bedeutungsgewinns von Wissen auch deutlich konturierte Milieus von »Bildungsarmut« hervorbringt und bildungsrelevante Kompetenzen mit den Anerkennungsbeziehungen in Gleichaltrigengruppen korrespondieren (vgl. Grundmann u. a. 2003).

Die hier kursorisch referierten Befunde aus der Ungleichheitsforschung fundieren die Beobachtung, dass die Herkunftsfamilie – trotz sich historisch verändernder Bildungschancen und -barrieren (vgl. Büchner 2003; Schlüter 1999; Baumert u. a. 2003) – eine zentrale Variable für die Öffnung oder Schließung von Bildungs- und Qualifizierungskarrieren bleibt. Der Zusammenhang zwischen Schicht- und Milieuzugehörigkeit, sozialer Lage, den sozialen Kapitalressourcen und sozial-kulturellen Orientierungen sowie den Formen des Kompetenzerwerbs ist über die gesellschaftlichen Veränderungen der letzten Jahrzehnte nicht eliminiert worden. Nach wie vor sind beispielsweise die Chancen eines Jugendlichen aus einem Facharbeiterhaushalt, eine gymnasiale Schulform zu besuchen, sieben Mal schlechter als die von Kindern und Jugendlichen aus dem Milieu der oberen Dienstleistungsberufe (vgl. Baumert u. a. 2003, S. 50). Schlichte Prozesse der sozialen Zuschreibung von Kompetenzen durch die beurteilenden PädagogInnen scheinen hierfür ebenso verantwortlich zu sein wie unterschiedliche subjektiv kognitive und sozialkulturelle Kompetenzen als Resultat von unterschiedlichen Lebenslagen und den darüber ausbuchstabierten Sozialisationskontexten.

Konfrontiert sind wir gegenwärtig mit der Entstrukturierung von über Kapitalvermögen und Einkommen, Geschlecht, Ethnizität, Bildungsaspiration, Territorium, Alter und kulturelle Orientierungen präformierten Ungleichheitslagen, die eine potenzielle „Prekarisierung" von zunehmend mehr Bevölkerungsgruppen zur Folge hat. Insbesondere diese „Prekarisierung", in deren Folge zunehmend soziale Gefährdungen und Risiken, individuelle Problemlagen, soziale und kulturelle Verunsicherungen mithilfe der vorgehaltenen Lebensbewältigungskompetenzen nicht mehr erfolgreich bearbeitet werden können, fordert die Soziale Arbeit insgesamt und damit natürlich auch die Kinder- und Jugendarbeit heraus. Insgesamt ist eine soziale Destrukturierung der Betroffenheit von prekären Lebenssituationen zu beobachten, die nicht nur diejenigen spüren, die sie erleiden. Zu den Folgen des Phänomens der „neuen" Prekarität gehört auch, dass sie überdies „Auswirkungen auf die von ihr dem Anschein nach Verschonten" hat und sie sich „niemals vergessen lässt (...); sie ist zu jedem Zeitpunkt in allen Köpfen präsent" (Bourdieu 1977, S. 34). Über das „Ankommen" von individuellen, sozialen, materiellen und kulturellen Krisen und Problemen, die mit den lebensweltlich vorgehaltenen Ressourcen nicht mehr bewältigt und bearbeitet werden können, in den gesellschaftlichen Kernmilieus und -klassenlagen ist empirisch die genannte potenzielle Prekarisierung dieses „Zentrums" angezeigt.

Bildung im Zeitalter der Permanenz von Statuspassagen – Zugang drei
Die bis hierher gezeichnete Argumentationsfigur ist relativ einfach und schlicht konfiguriert. Bildung ist unhintergehbar in der Kinder- und Jugendarbeit als eine zentrale Grundkategorie eingelagert und hat sich explizit insbesondere an diejenigen Kinder und Jugendliche zu adressieren, die von den gesellschaftlichen, materiellen, aber insbesondere auch von den sozialen und kulturellen Exklusions- und Deprivationsprozessen betroffen sind. Diese Figur enthält jedoch eine explosive Sprengkraft, die zuweilen und zu häufig übersehen oder mit der Diagnose vom „Werteverfall" und dem darüber begründeten Loblied auf die wieder zu entdeckende Disziplin zu kompensieren erhofft wird. Eine trügerische, ja gefährliche Perspektive, denn Bildung kann nicht mehr als ausschließlich lineares „Geschäft" zwischen den Angehörigen unterschiedlicher Generationen begriffen werden.

Die Initiierung von Bildungsprozessen im klassischen Sinn setzt auf die Ungleichheit zwischen den Generationen, akzentuiert sich über die Differenz zwischen Wissen und Noch-Nicht-Wissen und lagert diese Differenz als eine zwischen den Generationen. Schon Siegfried Bernfeld (1967, S. 49) wusste zu berichten, dass Erziehung und Bildung diesen Unterschied voraussetzt, denn kämen die Heranwachsenden „als körperlich, geistig und sozial reife Individuen zur Welt, so gäbe es keine Erziehung". Die Rede über Bildung im traditionellen Sinn basiert auf eben dieser Annahme von Unterschiedlichkeit. In den letzten beiden Jahrzehnten musste die Gesellschaft jedoch beschleunigt erfahren und akzeptieren, dass von dieser Differenz nicht mehr generell und ohne weiteres ausgegangen werden kann – und das macht die Sache so unendlich kompliziert. Weder ist das Noch-Nicht-Wissen heute noch per se auf der Seite der Heranwachsenden zu orten, eine Tatsache, die Erwachsene zuweilen mit einer fast schon traumatischen Qualität erleben, noch ist die Frage der produktiven Bewältigung von Übergängen – und gelungene Bildung hofft immer auf Übergänge – an diese Altersphase gebunden:

- Die in der Jugend oder Postadoleszenz gewählte Berufsentscheidung hat heute keine garantierte lebenslange Gültigkeit mehr, denn weder individuelle Leistung noch soziale Anrechte münden in berufliche Kontinuität. Die Frage ist damit nicht ob, sondern wie oft die ursprüngliche Berufswahl durch den Eintritt in ein erneutes Moratorium korrigiert werden muss;
- die einmal getroffene Wahl eines Partners oder einer Partnerin kann, muss aber keine Dauer mehr „bis zur Trennung durch den Tod" haben;
- kulturelle und soziale Orientierungen können auf Grund der Aufweichung fester sozialer Milieus und normativer Bezugssysteme heute leichter gewechselt werden und werden es auch;
- die Einbindung in informelle Netzwerke und Freundschaften ist nicht mehr primär wohnortgebunden und durch den Zugewinn an Mobilität häufigeren Veränderungen unterworfen und
- gewählte Lebensstile sowie ästhetisch-kulturelle Muster und Präferenzen unterliegen mehr denn je häufigen Veränderungen und prägen nur noch in den seltensten Fällen die Kontur einer Lebensbiographie.

Das Erleben und Durchleben von Übergängen hat sich inzwischen von der Jugendphase entkoppelt und ist nicht nur in der vor einigen Jahren entdeckten Postadoleszenzphase zu beobachten (vgl. Stauber 2001). Übergangsphasen sind inzwischen biographisch querverteilt, begegnen den Menschen episodenhaft auf verschiedene Lebensabschnitte verteilt und können sogar als Gegensätze zwischen einzelnen Lebensabschnitten auftauchen. Biographische Moratorien werden nicht mehr ausschließlich in der Jugendzeit für alle Zeiten abgefeiert. Kaum jemand ist von dem erneuten Eintreten in Statuspassagen geschützt, auch nicht diejenigen Berufsgruppen, deren primäre Aufgabe es ist, die StatusübergängerInnen durch Umbruchphasen zu führen oder zu begleiten – deutlicher: Auch LehrerInnen, SozialpädagogInnen und die sonstigen Berufstätigen in der Kinder- und Jugendhilfe durchleben Phasen des Übergangs im Erwachsenenalter neu, die denen der von ihnen betreuten und zum Subjekt von Bildung auserkorenen Kindern und Jugendlichen nicht unähnlich sind. Vielleicht sind sie nicht mehr mit den jugendtypischen Verunsicherungen und Identitätsdiffusionen verbunden, bewältigt und durchschritten werden müssen sie jedoch auch von den Erwachsenen. Die Frage, die darüber aufgeworfen wird, ist einfacher Natur: Wie und mit welchen professionellen Ressourcen kann jemand bildend agieren, der von dem Anlass der Bildungsabsicht ebenso betroffen ist wie derjenige, dem die Bildung zuteil werden soll?

Die Problematik der Entzeitlichung von Statusübergängen und identitätssuchenden Phasen scheint in den Reflexionen über die Bildungsmöglichkeiten und -grenzen der Kinder- und Jugendhilfe bisher vernachlässigt worden zu sein. Sie zu thematisieren scheint angebracht und notwendig, wenn der Neubelebung der Kinder- und Jugendhilfe als Bildungsprojekt nicht schon zu Beginn des Neudenkens der wünschenswerte „Esprit" entzogen werden soll.

2. Die Kinder- und Jugendarbeit als Bildungsprojekt

Die Wiederentdeckung der Bildung reaktiviert keine neue, andere Kinder- und Jugendarbeit. Dass Bildung nicht nur eine immanente, sondern auch eine explizit hervorgehobene Bezugsgröße in den zukünftigen Konzeptualisierungen darstellen wird, dürfte weitgehend unstrittig sein. In welcher Kontur jedoch, ist noch nicht enthüllt – und: Bildung in der Kinder- und Jugendhilfe allgemein und in der Kinder- und Jugendarbeit insbesondere – dies konnte hoffentlich verdeutlicht werden – lässt sich nicht methodisch und didaktisch präzise umgrenzen und in ein „curriculares Bett gießen".

Kinder- und Jugendarbeit als spezifischer pädagogischer Handlungsort mit einem ebenso charakteristischen Handlungstypus erfordert von den pädagogischen MitarbeiterInnen ein aktives Engagement – wie vorgestellt – als „Andere unter Gleichen" und eine Teilnahme in dieser Rolle an den alltäglichen Kommunikationen der Jugendlichen.

Die besondere Kontur dieses pädagogischen Szenarios konstituiert die Eigenständigkeit der Kinder- und Jugendarbeit und den Kontrast zu anderen pädagogischen Institutionen und Handlungsfeldern, der sich schon explizit in den Modalitäten des Eintritts dokumentiert. Die Rahmenbedingungen pädagogischen Handelns in schulischen Feldern und die hier anzutreffenden Regularien der Herstellung von Zugehörigkeit sind strukturell klar und institutionell geformt. Zugehörigkeit – der Übergang vom vor-schulischen, familialen Alltag und den Gleichaltrigenkontexten zum „schulischen Alltag" – wird nicht nur über gesellschaftlich und rechtlich abgesicherte Modalitäten, sondern auch durch vorfindbare Gestaltungen der pädagogischen Handlungsstrukturen ermöglicht und gesteuert.

Schule gliedert sich – jahrgangsweise und an den Leistungen der SchülerInnen orientiert – in Klassen und in Schultypen. Hier strukturieren geregelte Zeittakte den Schulalltag; das pädagogische Personal sortiert sich in unterschiedliche hierarchische Stufen und in der Regel über eine Wissens- und Generationendifferenz von den SchülerInnen differenziert; normative Regelwerke rahmen die sozialen Modalitäten und der Erwerb von Bildung verwirklicht sich über didaktisierte Lehr-Lern-Prozesse leistungsbezogen und selektiv. Hierüber wird eine sozialkulturelle Realität erzeugt, die die Formen der Zugehörigkeit nicht nur formal, sondern auch die Transformation von den Kinder- und Jugendlichenidentitäten in die des SchülerInnendasein und von die des Nur-Erwachsenen in die der LehrerInnen steuert (vgl. Fürstenau u. a. 1972; Merkens 2006; Fend 1980). Schon über den Eintritt in die Schullaufbahn wird dieser Prozess des Übergangs und damit verbunden die hier gemeinte „Rollentransformation" formal angeregt.

Auf eine entsprechende oder auch nur vergleichbare Rahmung ihres institutionellen Settings kann die Kinder- und Jugendarbeit nicht zurückgreifen. Über den Eintritt der Kinder und Jugendlichen – von „draußen" nach „drinnen" – in eine der Einrichtungen dieses sozialpädagogischen Handlungsfeldes wird eine analoge Rollentransformation wie beim Übergang in die Schule nicht automatisch angestoßen und ein Wechsel in die Rolle des „Kinder- oder Jugendhausmitgliedes" initiiert. Kinder und Jugendliche müssen ihre Alltagsidentitäten mit dem Eintritt in die Projekte der Kinder- und Jugendarbeit nicht abstreifen oder sie mit „neuen" Rollen kombinieren, sondern sind aufgefordert, sie in einem besonderen Raum gerade ins Spiel zu bringen. Die Phänomene des Übergangs – die Herstellung von Zugehörigkeit und Gemeinschaft – stellen in der Kinder- und Jugendarbeit damit keineswegs nur Randzonen dar, die von einem „eigentlichen" Kerngeschäft zu unterscheiden wären. Vielmehr ist die Gestaltung jener Phänomene selbst wesentlicher Bestandteil dessen, was Kinder- und Jugendarbeit in ihrer Heterogenität performativ konstituiert. Und gerade in diesem besonderen Profil liegt die Stärke der Kinder- und Jugendarbeit gegenüber der Schule. Und diese gilt es zu betonen und zu kommunizieren. Herauszustellen ist auch, dass sich die Kinder- und Jugendarbeit keineswegs chaotisch und anarchisch vorstellt, sondern sich nach relativ klaren, wenn auch reflexiv häufig nicht rückgekoppelten und somit unthematisiert bleibenden „konstitutiven" Regeln herstellt. Die Mitmach-, die Sichtbarkeits- und die Sparsamkeitsregel sind grundlegend für das Gelingen von Pädagogik und zu vergleichen mit den schulischen Regeln, die Unterricht möglich machen. Das pädagogische Engagement dokumentiert sich dabei in dem Modus des Handelns als „Anderer unter Gleichen". Und – im optimalen Fall – auch weit entfernt von stigmatisierenden, etikettierenden Zuschreibungen; denn allzu oft tendieren die sozialpädagogischen Professionellen dazu, die BesucherInnen der Kinder- und Jugendeinrichtungen alltagssalopp als „gewaltbereit, vergnügungs- und konsumsüchtig, medienfixiert, frühreif, antriebsarm, unverbindlich, konfliktunfähig ohne Durchhaltevermögen, sexistisch und rassistisch" (Rose 2006, S. 511) zu beschreiben.

Die Kinder- und Jugendarbeit ist ein pädagogischer Ort, an dem sich die pädagogischen Intentionen – im Kontrast zur Schule – quasi versteckt auf der Hinterbühne lokalisieren und realisieren: Spielen sich in den schulischen Bildungswelten die sozialen Platzierungskämpfe, Rivalitäten und Beziehungsauseinandersetzungen im Rücken des eigentlichen Lern-Lehr-Szenarios ab, so finden diese in den Einrichtungen und Projekten der Kinder- und Jugendarbeit quasi auf der Hauptbühne ihren Platz. Im Schatten dieses Alltagsszenarios, und erst über dieses möglich wie zugleich darin eingewoben, realisieren sich die Beratungs- und Hilfeleistungen sowie die non-formalen Bildungsanlässe der Kinder- und Jugendarbeit, auch und in einer besonderen Form mit und in Bezug auf jüngere Jugendliche und Kinder (vgl. Thole/ Witt 2006).

Wird den vorgetragenen Überlegungen gefolgt, dann realisiert sich Bildung in der sozial-pädagogischen Arena der Kinder- und Jugendarbeit durchaus erfolgreich, vorausgesetzt, dass die Prämisse „sparsamer", zurückhaltender pädagogischer Intervention im Vollzug eines immer auch „mitmachenden" Handelns, in denen andere Orientierungen und Perspektiven auf die Welt kommuniziert und sichtbar von den PädagogInnen vorgetragen werden, auf Akzeptanz trifft. Die in der Kinder- und Jugendarbeit von den AdressatInnen zu generierende Bildung basiert auf dieser Übereinkunft und auf der Aneignung von nur informell erfahrbarem Wissen. Sie ist vornehmlich lebensweltbezogene, Alltagskommunikation abstützende, sozial und kulturell kanonisierte Bildung eines nicht-formalisierten Lernvorgangs und basiert auf Wissen, auf das zur Realisierung und Abstützung des Alltags routiniert zurückgegriffen werden kann. Das Bildungsprojekt der Kinder- und Jugendarbeit kann somit denjenigen Chancen eröffnen, Anschluss an die Errungenschaften der modernen Gesellschaft zu erhoffen und zu erlangen, denen dies auf Grund unterschiedlicher Zugangsverschließungen ansonsten wahrscheinlich nicht gelingen würde.

Auch wenn die wünschenswerte Erweiterung der schulischen und vorschulischen Ganztagsangebote die bisherigen Angebotsformen der Kinder- und Jugendarbeit verändern und erweitern dürfte, kann nicht übersehen werden, dass Kinder und Jugendliche soziale Kontexte suchen, brauchen und wünschen, in denen sie sich – auch mit der Erwachsenengeneration – auseinandersetzen, aber auch ihren

"Eigensinn" leben können. Kinder und Jugendliche wünschen und erwarten ihre Autonomie akzeptierende gesellschaftliche Netzwerke der Bildung und der Unterstützung (vgl. Thole/ Küster 2004). Sie wünschen und erwarten Anerkennung für die von ihnen entwickelten sozialen Modalitäten und Verständigungsformen, die Unverletzlichkeit ihrer sozialen Orte und kulturell-ästhetischen Muster sowie Respekt vor den von ihnen entwickelten Formen und Regularien der Selbstsozialisation. Schule alleine bietet für diese Interessen der Heranwachsenden nicht den geeigneten Ort. Die Kinder- und Jugendarbeit kann ihn bieten, wenn sie die gegenwärtigen qualitativen Entwicklungen und Veränderungen der Sozial- und Bildungssysteme nicht „verschläft", sondern ernst nimmt. Die Kinder- und Jugendarbeit ist keine „Schönwetter-Veranstaltung" (vgl. Delmas/ Lindner 2006, S. 525), die sich nur bei Sonnenschein in die Öffentlich zu treten traut – sondern auch bei stürmischem, politischem Gegenwind ihre Anliegen dokumentiert.

Die sozialpädagogische Botschaft an die gegenwärtigen bildungspolitischen Diskussionen kann somit nur lauten, dass eine auf Nachhaltigkeit und die Zukunftsfähigkeit setzende Bildungspolitik ohne Sozialpolitik nicht denkbar ist (vgl. Thole/ Cloos/ Rietzke 2006). Deutlicher: Eine moderne Bildungspolitik kann sich nur als Teil einer auf soziale Gerechtigkeit setzenden Sozialpolitik konzipieren – und die ist ohne die Kinder- und Jugendarbeit kaum vorstellbar.

Literatur

Baumert, J. u. a. (2003): Disparitäten der Bildungsbeteiligung und des Kompetenzerwerbs. In: Zeitschrift für Erziehungswissenschaft, 6. Jg., Heft 1, S. 64-73.
Berger, P. A./ Vester, M. (1998): Alte Ungleichheiten – Neue Spaltungen. In: Dies. (Hrsg.): Alte Ungleichheiten – Neue Spaltungen. Opladen, S. 9-30.
Bernfeld, S. (1967): Sisyphos oder die Grenzen der Erziehung. Frankfurt/ Main
Böttcher, W./ Klemm, K. (2000): Das Bildungswesen und die Reproduktion von herkunftsbedingten Benachteiligten. In: Frommelt, B. u. a. (Hrsg.): Schule im Ausgang des 20. Jahrhunderts. Weinheim, S. 11-43.
Bourdieu, P. (1997): Die männliche Herrschaft. In: Dölling, I./ Krais, B. (Hrsg.): Ein alltägliches Spiel. Geschlechterkonstruktion in der sozialen Praxis. Frankfurt/ Main, S. 153-216.
Büchner, P. (2003): Stichwort: Bildung und Soziale Ungerechtigkeit. In: Zeitschrift für Erziehungswissenschaft, 6. Jg., Heft 1, S. 5-25.
Cloos, P./ Köngeter, S./ Müller, B./ Thole, W. (2007): Die Pädagogik der Kinder- und Jugendarbeit. Wiesbaden
Demas, N./ Lindner, W. (2005): Salto mortale rückwärts? Strategie für magere Jahre? In: deutsche jugend, Heft 12, S. 520-529.
Fend, H. (1980): Theorie der Schule. Weinheim.
Fürstenau, P. u. a. (1972): Zur Theorie der Schule. Weinheim u. Basel.
Giesecke, H. (1984): Die Jugendarbeit. München.

Grundmann, M. (2003): Milieuspezifische Bildungsstrategien in Familie und Gleichaltrigengruppe. In: Zeitschrift für Erziehungswissenschaft, 6. Jg., Heft 1, S. 25-46.
Habermas, J. (1981/2): Theorie des kommunikativen Handelns. Frankfurt/ Main
Hafeneger, B. (2005): Jugendarbeit zwischen Veränderungsdruck und Erosion. In: deutsche jugend, Heft 1, S. 11-18 u. Heft 2, S. 57-68.
Liebel, M. (1970): Aufforderung zum Abschied von der sozialintegrativen Jugendarbeit. In: deutsche jugend, 18. Jg., Heft 1, S. 28-34.
Liebel, M. (1971): Überlegungen zum Praxisverständnis antikapitalistischer Jugendarbeit. In: deutsche jugend, 19. Jg., Heft 1, S. 13-26.
Liebel, M. (1974): Zum Problem der sozialen Schichtung in der neueren westdeutschen Jugendforschung. In: Liebel, M./ Lessing, H. (1974): Jugend in der Klassengesellschaft. München, S. 60-74.
Merkens, H. (2006): Pädagogische Institutionen. Wiesbaden.
Otto, H.-U./ Oelkers, J. (2006) (Hrsg.): Zeitgemäße Bildung: Herausforderung für Erziehungswissenschaft und Bildungspolitik. München.
Pothmann, J./ Thole, W. (2001): Wachstum ins Ungewisse. In: Rauschenbach, Th./ Schilling, M. (Hrsg.): Kinder- und Jugendhilfereport 1. Münster, S. 73-97.
Rauschenbach, Th. (2004): Lernen für die Zukunft. Das Projekt „Bildung" in veränderter Gesellschaft. In: Sozial Extra, 28. Jg., Heft 5, S. 11-19.
Rauschenbach, Th. u. a. (2004): Nonformale und informelle Bildung im Kinder- und Jugendalter. Konzeptionelle Grundlagen für einen Nationalen Bildungsbericht. Bundesministerium für Bildung und Forschung. Reihe Bildungsreform, Band 6. Bonn.
Rolff, H.-G. (1997): Sozialisation und Auslese durch die Schule. Weinheim
Schimpl-Neimanns, B. (2000): Soziale Herkunft und Bildungsbeteiligung. In: Kölner Zeitschrift für Soziologie und Sozialpsychologie, 52. Jg., S. 637-669.
Schlemmer, E. (2004): Familienbiographien und Schulkarrieren von Kindern. Wiesbaden
Schlüter, A. (1999): Bildungserfolge. Eine Analyse der Wahrnehmungs- und Deutungsmuster und der Mechanismen für Mobilität in Bildungsbiographien. Opladen.
Stauber, B. (2001): Übergänge schaffen. In: Hitzler, R./ Pfadenhauer, M. (Hrsg.): Techno-Soziologie. Opladen, S. 119-136.
Thole, W./ Küster, E.-U. (2004): Kinder- und Jugendarbeit im „Dickicht der Lebenswelt". Karriere, Missverständnisse und Chancen einer Metapher. In: Grundwald, K./ Thiersch, H. (Hrsg.): Praxis lebensweltorientierter Sozialer Arbeit. Weinheim u. München, S. 213-232.
Thole, W./ Witt, D.: Zur „Wiederentdeckung" der Kindheit. Kinder und Kindheit im Kontext sozialpädagogischer Diskussionen. In: neue praxis, Heft 1, S. 9-25.
Thole, W./ Cloos, P./ Rietzke, T. (2006): „Bildungsbremse" Herkunft. Zur Reproduktion sozialer Ungleichheit im Vorschulalter. In: Otto, H.-U./ Oelkers, J. (Hrsg.): Zeitgemäße Bildung. Herausforderung für Erziehungswissenschaft und Bildungspolitik. München, S. 287-315.

Verzeichnis der AutorInnen

Bisler, Wolfgang; Dr. Prof. em.; Katholische Fachhochschule Norddeutschland, Fachgebiet Allgemeine Soziologie, Soziologische Theorie, Gesellschaftstheorie unter Einschluss gesellschaftstheoretischer und sozialwissenschaftlicher Grundlagen Sozialer Arbeit.
Kontakt: Dr.W.Bisler@t-online.de

Cloos, Peter; Prof. Dr., Universität Hildesheim; Juniorprofessur für die Pädagogik der frühen Kindheit, Institut für Erziehungswissenschaft; aktuelle Arbeitsschwerpunkte: Professionsforschung, Elementarpädagogik, Qualitative Forschungsmethoden.
Kontakt: cloosp@uni-hildesheim.de

Coelen, Thomas; PD Dr.; Vertretung einer Professur für Sozialpädagogik an der Universität Siegen, Fachbereich 2 (Erziehungswissenschaft – Psychologie); Leiter des Kommunalpädagogischen Instituts in Hamburg (www.kopi.de); Arbeitsschwerpunkte: Theorie der Ganztagsbildung (im internationalen Vergleich), Identitäts- und Sozialraum-Konzepte, Demokratiepädagogik.
Kontakt: coelen@erz-wiss.uni-siegen.de

Corsa, Mike; Generalsekretär der Arbeitsgemeinschaft der Evangelischen Jugend in der Bundesrepublik Deutschland e.V. (aej) und Mitinitiator des kombinierten Forschungs- und Praxisentwicklungsprojekts „Realität und Reichweite von Jugendverbandsarbeit am Beispiel der aej".
Kontakt: mike.corsa@evangelische-jugend.de

Deinet, Ulrich; Dr. rer. soc., Dipl.-Pädagoge, Professor für Didaktik und methodisches Handeln/ Verwaltung und Organisation im Fachbereich 6 (Sozial- und Kulturwissenschaften) an der Fachhochschule Düsseldorf, langjährige Praxis in der Offenen Kinder- und Jugendarbeit, Veröffentlichungen u. a. zu den Themen: Kooperation von Jugendhilfe und Schule, Sozialräumliche Jugendarbeit, Sozialraumorientierung, Konzept- und Qualitätsentwicklung.
Kontakt: Ulrich.Deinet@t-online.de

Delmas, Nanine; Dipl.-Päd., Referentin bei der Outlaw gGmbh Greven; Arbeitsschwerpunkte: Kooperation Jugendhilfe und Schule, Bildung in der Jugendhilfe
Kontakt: NDelmas@gmx.net

Düx, Wiebken; Dipl.-Päd., wissenschaftliche Mitarbeiterin im Forschungsverbund Universität Dortmund/ Deutsches Jugendinstitut; aktuelle Arbeitsschwerpunkte: Freiwilliges Engagement, Bildung, Jugendarbeit.
Kontakt: wduex@fb12.uni-dortmund.de

Hafeneger, Benno; Dr. phil. Professor für Erziehungswissenschaft an der Philipps-Universität Marburg; Arbeitsschwerpunkte: Jugend- und Erwachsenenbildung, Geschichte der Jugend und Jugendarbeit, Professionalisierung und Professionalität in der Jugendarbeit/-bildung, Jugendkulturen, Jugend-Gewalt-Rechtsextremismus, Bildung und Partizipation von Jugendlichen.
Kontakt: hafenege@staff.uni-marburg.de

Heese, Anna; Dipl.-Psychologin, ehem. Mitarbeiterin im Forschungsprojekt „Langzeitwirkungen internationaler Jugendarbeit" an der Universität Regensburg; Abteilung für Sozial- und Organisationspsychologie. Seit 2006 Ausbildung zur Psychologischen Psychotherapeutin in Trier.
Kontakt: anna_heese@yahoo.de

Ilg; Wolfgang; Dipl.-Theol,. Dipl.-Psych.; freiberuflicher Evaluator; wissenschaftlicher Mitarbeiter an der Universität Tübingen; Evaluationsprojekte für Jugendfreizeiten, internationale Jugendbegegnungen, Jugendarbeit, Konfirmandenarbeit.
Kontakt: Wolfgang.Ilg@gmx.net

Klöver, Barbara; Dipl. Soziologin, Institut für Praxisforschung und Projektberatung.
Kontakt: kloever@ipp-muenchen.de

Köngeter, Stefan; Dipl.-Päd., Universität Hildesheim, Institut für Sozial- und Organisationspädagogik, aktuelle Arbeitsschwerpunkte: Kinder- und Jugendhilfeforschung, Professionssoziologie, qualitative Sozialforschung.
Kontakt: koengeter@rz.uni-hildesheim.de.

König, Joachim; Dr.; Professor an der Evangelischen Fachhochschule Nürnberg, Fachbereich Sozialwesen, Allgemeine Pädagogik und Empirische Sozialforschung. Studienschwerpunkte: Jugend(sozial)arbeit sowie Jugend- und Erwachsenenbildung. Leiter der Arbeitsstelle für Praxisforschung und Evaluation.
Kontakt: joachim.koenig@efh-nuernberg.de

Kreher, Thomas; Dr.; Institut für Regionale Innovation und Sozialforschung (IRIS) e.V. Dresden; Arbeitsschwerpunkte: Geschlechterforschung, Übergänge in Arbeit, Strukturwandel der Arbeitsgesellschaft.
Kontakt: kreher@iris-ev.de

Lindner, Werner; Dr. phil; Dipl.-Päd., Dipl.-Sozialarbeiter; Professor an der Fachhochschule Jena, Fachbereich Sozialwesen; Fachgebiet Kinder- und Jugendarbeit; Arbeitsschwerpunkt in Lehre und Forschung: Theorie und Praxis der Kinder- und Jugendarbeit; Qualitätsentwicklung und Evaluation, Praxisforschung; Theorie und Praxis sozialpädagogischer Bildung, Jugendkultur; Jugendforschung, ethnografische Methoden.
Kontakt: Werner.Lindner@fh-jena.de

Moser, Sonja; Dipl. Sozialpädagogin, Doktorandin an der LMU München

Perl, Daniela; Dipl.-Psychologin, ehem. Mitarbeiterin im Forschungsprojekt „Langzeitwirkungen internationaler Jugendarbeit" an der Universität Regensburg; Abteilung für Sozial- und Organisationspsychologie. Seit 2006 Ausbildung zur Psychologischen Psychotherapeutin in Münster.
Kontakt:daniperl@gmx.net

Pothmann, Jens; Dr. wissenschaftlicher Mitarbeiter im Forschungsverbund Universität Dortmund/ Deutsches Jugendinstitut; Arbeitsschwerpunkt: Statistik der Kinder- und Jugendhilfe.
Kontakt: jpothmann@fb12.uni-dortmund.de

Sass, Erich; Soziologe M.A.; wissenschaftlicher Mitarbeiter im Forschungsverbund Universität Dortmund/Deutsches Jugendinstitut, aktuelle Arbeitsschwerpunkte: Freiwilliges Engagement, Bildung, Jugendarbeit.
Kontakt: esass@fb12.uni-dortmund.de

Schack, Stephan; Sozialpädagoge/ Sozialarbeiter (FH); bis Ende 2006 Pädagogischer Mitarbeiter der Europäischen Jugendbildungs- und Jugendbegegnungsstätte Weimar; Projektleiter „Schule und Ausbildung für Toleranz und Demokratie"; Trainer und Berater für Demokratiepädagogik und Interkulturelle Verständigung; Projektmanager der Initiative „mitWirkung!" bei der Bertelsmann Stiftung.
Kontakt: Stephan.Schack@gmx.de

Schäfer, Erich; Dipl. Soz., Dr. phil.; Professor für Methoden der Erwachsenenbildung am Fachbereich Sozialwesen der Fachhochschule Jena; Forschungsgebiete: Medienpädagogik, wissenschaftliche Weiterbildung, Methoden der Jugend-, Erwachsenen- und Weiterbildung.
Kontakt: Erich.Schaefer@fh-jena.de

Schulz, Marc; Dipl.-Päd.; wissenschaftlicher Mitarbeiter an der Fachhochschule Frankfurt/Main, Lehrbeauftragter an der Universität Hildesheim und freiberuflich in der Weiterbildung tätig. Arbeitsschwerpunkte: Pädagogik der Jugend, Jugendarbeit und Bildung, Ästhetik und Gender, Ethnographie.
Kontakt: informellebildung@web.de

Schröder, Achim, Dr. phil.; Professor an der Fachhochschule Darmstadt Arbeitschwerpunkte: Jugendarbeit und Kulturpädagogik, Adoleszenz und Kultur, Gruppenarbeit, Theorie der Jugendarbeit, Szenisches Spiel, Praxisforschung; Evaluation der politischen Jugendbildung.
Kontakt: achim.schroeder@h-da.de

von Spiegel, Hiltrud; Dr. phil., Dipl.Päd., Dipl. Soz.Päd.; Professorin an der Fachhochschule Münster. Arbeitsschwerpunkte: methodisches Handeln und Theorien der Sozialen Arbeit mit dem Schwerpunkt Qualitätsentwicklung und Evaluation.
Kontakt: vonspiegel@fh-muenster.de

Straus, Florian; Dr., Dipl-Soz., Geschäftsführer des Instituts für Praxisforschung und Projektberatung in München; Arbeitsschwerpunkte: Kooperation und Vernetzung, Netzwerkanalysen, Identitätsentwicklung und Fragen kollektiver Identitätsbildung; Interkulturelles Handeln; Bürgerschaftliches Engagement; Jugendhilfe- und Sozialplanung.
Kontakt: strauss@ipp-muenchen.de

Sturzenhecker, Benedikt; Dr. phil., Dipl. Päd., Supervisor (DGSv), Mediator; Professor für Erziehung und Bildung mit dem Schwerpunkt „Jugendarbeit" an der Fachhochschule Kiel, Fachbereich Soziale Arbeit und Gesundheit; Arbeitsschwerpunkte: Kinder- und Jugendarbeit als Bildung, Konzeptentwicklung, Demokratiebildung, Jungenarbeit, Freiwilliges Engagement.
Kontakt: benedikt. sturzenhecker@fh-kiel.de

Thole, Werner; Dr. phil. habil., Dipl.-Päd., Dipl.-Sozialpädagoge; Professor für Jugend- und Erwachsenenbildung am Fachbereich Sozialwesen der Universität Kassel; Arbeitsschwerpunkte: Jugend und Kindheit, Kinder- und Jugendhilfe, insbesondere der außerschulischen Pädagogik mit Kindern und Jugendlichen, Theorie, Professionalisierungs-, Kindheits- und Jugendforschung, Theorie und Praxis der Sozialpädagogik.
Kontakt: wthole@uni-kassel.de

Wahner-Liesecke, Ingrid; Dipl.-Sozialarbeiterin/Sozialpädagogin; von 2001-2006 im Niedersächsischen Landesamt für Soziales, Jugend, und Familien – Fachgruppe Kinder, Jugend und Familie, zuständig für die fachliche Begleitung des PRINT-Programms.
Kontakt: Ingrid.Wahner-Liesecke@ms.niedersachsen. de

Wendt, Peter-Ulrich; Dr. disc. pol., Soziologe, Sozialmanager, Jugendreferent und Leiter der Kommunalen Kinder- und Jugendförderung der Stadt Salzgitter, Lehrbeauftragter am Pädagogischen Seminar der Universität Göttingen und der HAWK Hildesheim/Holzminden/Göttingen (Fachhochschule Holzminden – Fakultät Soziale Arbeit); aktuelle Arbeitsschwerpunkte: Navigation als professionelles Handeln (sozial-) pädagogischer Fachkräfte, Planung und Beteiligung in der Sozialen Arbeit, Neue Steuerung in der Kinder- und Jugendhilfe.
Kontakt: pu@puwendt.de

Handbücher Soziale Arbeit

Thomas Coelen / Hans-Uwe Otto (Hrsg.)
Grundbegriffe Ganztagsbildung
Ein Handbuch.
2008. ca. 800 S. Geb. ca. EUR 59,90
ISBN 978-3-531-15236-3

Ganztagsbildung ist zu einem Schlüsselbegriff in der gegenwärtigen Bildungsdebatte geworden, der neue Perspektiven auf ein Bildungsverständnis in der Wissensgesellschaft eröffnet. Das Handbuch bietet pädagogischen Leitungs- und Fachkräften sowie WissenschaftlerInnen und Studierenden erstmalig einen umfassenden Überblick, in dem das Handlungsfeld terminologisch systematisiert wird.

Barbara Kavemann /
Ulrike Kreyssig (Hrsg.)
Handbuch Kinder und häusliche Gewalt
2., überarb. Aufl. 2007. 475 S.
Br. EUR 39,90
ISBN 978-3-531-15377-3

„Dieses Buch war überfällig, seitdem in breiteren Kreisen bewusst geworden ist, dass Gewalt gegen Frauen auch die Kinder belastet und schädigt. Hier wird der gegenwärtige Erkenntnisstand aus Forschung und Praxis auf international höchstem Niveau verfügbar gemacht. Versammelt in diesem Band sind die herausragenden ExpertInnen aus allen relevanten Fachgebieten. Dies wird ein unentbehrliches Handbuch für Ausbildung, Praxis,

Politik und weitere Forschung in den kommenden Jahren."
Prof. Dr. Carol Hagemann-White,
Universität Osnabrück

Werner Thole (Hrsg.)
Grundriss Soziale Arbeit
2., überarb. und akt. Aufl. 2005. 983 S.
Br. EUR 44,90
ISBN 978-3-531-14832-8

Der „Grundriss Soziale Arbeit" ist ein sozialpädagogisches Lehrbuch mit der Funktionalität eines Nachschlagewerks und das sozialpädagogische Nachschlagewerk mit ausgesprochenem Lehrbuchcharakter.

Ulrich Deinet /
Benedikt Sturzenhecker (Hrsg.)
Handbuch Offene Kinder- und Jugendarbeit
3., völlig überarb. Aufl. 2005. 662 S.
Geb. EUR 59,90
ISBN 978-3-8100-4077-0

„Den Herausgebern, beide ausgewiesene Kenner der Materie, ist es gelungen, fast eine Enzyklopädie, jedenfalls ein Produkt vorzulegen, welches den Charakter eines Standardwerks der Offenen Kinder- und Jugendarbeit (OKJA) für sich beanspruchen darf, das die ganze Breite des Arbeitsfeldes repräsentiert."
Forum für Kinder- und Jugendarbeit,
03/2005

Erhältlich im Buchhandel oder beim Verlag.
Änderungen vorbehalten. Stand: Juli 2007.

www.vs-verlag.de

VS VERLAG FÜR SOZIALWISSENSCHAFTEN

Abraham-Lincoln-Straße 46
65189 Wiesbaden
Tel. 0611.7878-722
Fax 0611.7878-400

Lehrbücher Soziale Arbeit

Bernd Dollinger / Jürgen Raithel (Hrsg.)
Aktivierende Sozialpädagogik
Ein kritisches Glossar.
2006. 233 S. Br. EUR 19,90
ISBN 978-3-531-14973-8

Lutz Finkeldey
Verstehen
Soziologische Grundlagen
zur Jugendberufshilfe
2007. 128 S. Br. EUR 16,90
ISBN 978-3-531-15338-4

Michael Galuske / Werner Thole (Hrsg.)
Vom Fall zum Management
Neue Methoden in der Sozialen Arbeit
2006. 134 S. Br. EUR 14,90
ISBN 978-3-531-14972-1

Katharina Gröning
Pädagogische Beratung
Konzepte und Perspektiven
2006. 166 S. Br. EUR 16,90
ISBN 978-3-531-14874-8

Franz Herrmann
Konfliktarbeit
Theorie und Methodik Sozialer Arbeit
in Konflikten
2006. 211 S. Br. EUR 19,90
ISBN 978-3-531-15067-3

Heiko Kleve
**Die Praxis der
Sozialarbeitswissenschaft**
Eine Einführung in den Theoriediskurs
2008. ca. 140 S. Br. EUR 14,90
ISBN 978-3-531-15521-0

Michael May
**Aktuelle Theoriediskurse
Sozialer Arbeit**
Eine Einführung
2007. ca. 210 S. Br. EUR 19,90
ISBN 978-3-531-15647-7

Brigitta Michel-Schartze (Hrsg.)
Methodenbuch Soziale Arbeit
Basiswissen für die Praxis
2007. 346 S. Br. EUR 19,90
ISBN 978-3-531-15122-9

Hans J. Nicolini
Finanzierung für Sozialberufe
Grundlagen – Beispiele – Übungen
2006. 232 S. Br. EUR 21,90
ISBN 978-3-531-15012-3

Herbert Schubert (Hrsg.)
Sozialmanagement
Zwischen Wirtschaftlichkeit
und fachlichen Zielen
2., überarb. und erw. Aufl. 2005.
352 S. Br. EUR 22,90
ISBN 978-3-531-33604-6

Erhältlich im Buchhandel oder beim Verlag.
Änderungen vorbehalten. Stand: Juli 2007.

www.vs-verlag.de

Abraham-Lincoln-Straße 46
65189 Wiesbaden
Tel. 0611.7878-722
Fax 0611.7878-400